Jiaotong Gongchengxue

交通工程学

（第 二 版）

李作敏 主编

人民交通出版社

内 容 提 要

本书全面阐述了交通工程学与道路运输管理的联系及其在道路运输企业、行业管理工作中的作用。主要内容有:交通工程学及其应用,驾驶员的交通特性,交通流特性与交通调查,交通流理论,道路通行能力,道路交通规划,交通事故与安全评价,交通管理与控制,智能运输系统,机动车辆保险知识等。

本书可作为交通系统大、中专学校公路运输管理类专业教材,亦可作为交通运管站(所)长及其他公路运输企业、行业管理人员的岗位培训教材使用。

图书在版编目(CIP)数据

交通工程学/李作敏主编.-2版.-北京:人民交通出版社,2000.4
ISBN978-7-114-03652-1

Ⅰ.交… Ⅱ.李… Ⅲ.交通工程学 Ⅳ.U491

中国版本图书馆CIP数据核字(2000)第09006号

交 通 工 程 学
(第二版)
李作敏 主编
版式设计:刘晓方 责任校对:戴瑞萍 责任印制:张 恺
人民交通出版社出版发行
(100011 北京市朝阳区安定门外外馆斜街3号)
各地新华书店经销
北京鑫正大印刷有限公司印刷
开本:787×1092 1/16 印张:14.25 字数:352千
1993年6月 第1版
2000年6月 第2版
2017年6月 第2版 第22次印刷 总第26次印刷
印数:86901-87400册 定价:28.00元
ISBN 978-7-114-03652-1

前　　言

在多年的教学及研究工作中，尤其是与地(市)、县交通局长、交通运政管理、公路路政管理及公路运输企业管理人员的共同探讨中，我们深刻认识到交通工程学的理论、方法与公路交通的各个方面(含交通规划、交通运政管理、公路路政管理、道路养护、道路运输企业管理及高速公路管理等)有着密切的联系。这些部门的管理人员和大、中专院校相关专业的学生应该学好、用好交通工程学知识。

本书正是为适应各大、中专院校公路工程管理、交通运输管理类专业教学及相关专业技术人员、管理干部继续教育、岗位培训的需要编写的。本书第一版自1993年出版以来，受到读者的普遍欢迎，多次重印，已发行20 000余册。

现为了更好地满足读者需要，结合近几年交通工程学研究的成果和公路交通及公路运输管理发展的实际，我们在第一版的基础上，重新编写了《交通工程学》(第二版)。

在编写过程中，我们在多方听取意见的基础上，确定继续坚持以交通工程学的基本内容为主线，紧密结合公路运输管理、公路养护及路政管理、高速公路管理，尤其是交通运输安全管理的需要，既全面介绍交通工程学的基本内容、基本理论、基本方法，又侧重其在实际工作中的应用。在第一版的基础上，对其内容进行了较大的调整，加强了有关交通安全管理、交通规划及高速公路管理及控制等内容。同时，对智能运输系统的研究及应用前景作了概述，使之更突出了其较强的针对性和适用性。

本书由李作敏、曹江洪、张凡安、郭培宏编写，李作敏任主编并统稿。在本书第一版编写过程中，得到了中国交通工程学会理事长杨盛福、副秘书长夏越超、北京工业大学教授任福田、刘小明、交通部公路司李刚等同志的热情帮助和鼓励，在第二版出版之际，再次向他们表示衷心感谢。

由于我们水平所限，本书在内容和结构编排上的缺点及不足之处在所难免，恳请读者批评指正。

编　　者

2000年4月

目　录

第一章　交通工程学及其应用

第一节　道路交通的特点

道路交通是人、车在道路上的移动。

透过简单的交通现象用系统科学的观点分析，道路交通是人类为满足人们出行和货物运输的需要，由人、车、路、环境等交通要素构成的复杂的动态系统。它有以下三个特点：

1. 系统性　所谓系统，是由相互作用和相互依赖的若干组成部分构成的、具有特定功能的有机整体。人、车、路、环境几个互不相同的要素，在构成道路交通这样一个具有特定功能的整体时，它们之间就产生了相互依赖、相互作用的特定的不可分割的联系，因而具有系统性。系统中任何一个要素的行为或性质的变化都不再具有独立性，都会对道路交通整体发生影响。

2. 动态性　在交通过程中，随着时间的推移和外界交通环境的改变，行人和驾驶人员随时产生心理和生理状态的变化；交通流的流量、车辆的运行速度、车辆密度等也随时发生变化；人、车、路、环境之间的协调、配合关系亦随时处于变化和调整之中。这种道路交通状态随时间变化的特性，说明它不仅是一个系统，而且是一个动态系统。

3. 复杂性　在交通系统中，由于行人、车辆、道路、交通环境及驾驶员之间相互影响，使得它们之间的关系错综复杂，不确定因素甚多。一条道路上车辆间的相互制约，可能引起交通拥挤；交通现象不仅产生于一点一线，而是分布在整个交通网络上，并且交通网络中行人及车流的运动和分布是随机的、时变的，要对其进行描述和确定系统中各要素及整体的运动规律相当困难；交通流的运行还时常受外界因素的干扰。此外，交通系统一方面受城乡经济、人口分布、产业布局、能源供应、环境保护及科技水平的制约；另一方面，交通的有效性、经济性、安全性等又直接或间接地影响整个社会的工作效率、经济效益、人民生活及社会秩序等。这些都说明道路交通不仅是动态系统，更是一个复杂的系统。

第二节　交通工程学的定义、建立与发展

一、交通工程学的定义

交通工程学是一门正在发展中的学科，人们从不同的角度，用不同的观点和方法去进行研究和认识，因此对其定义亦有多种提法，目前尚无世界公认的统一的定义。

早在 20 世纪 40 年代，美国交通工程师协会给交通工程学下了一个定义：所谓交通工程学是研究道路规划、几何设计及交通管理，研究道路网、车站及与其相邻接的土地与交通工具的关系，以便使人和物的移动达到安全、有效和便利。

澳大利亚著名的交通工程学教授布伦敦给交通工程学下的定义是：交通工程学是关于交通和旅行的量测科学，是研究交通流和交通发生基本规律的科学。为了使人和物安全有效移

动,把这些科学知识应用于交通系统的规划、设计和运营。

前苏联交通工程学专家将交通工程学定义为:交通工程学是研究交通过程的规律和交通对道路结构、人工构造物的影响的科学。

日本渡边新三、佐佐木纲等学者认为:交通工程学研究的是:结合客、货运输的安全、方便与经济,探讨公路、城市道路及其相连接的整体用地规划、几何线形设计和运营管理等问题。

根据我国道路交通的实际和20世纪70年代以来我国学者对交通工程学理论的研究,北京工业大学任福田教授将交通工程学定义为:交通工程学是研究交通规律及其应用的一门技术科学。它的研究目的是探讨如何安全、迅速、舒适、经济地完成交通运输任务;它的研究内容主要是交通规划、交通设施、交通运营管理;它的探究对象是驾驶员、行人、车辆、道路和交通环境。

这里,所谓交通规律是指交通生成、交通分布、交通流流动、停车等规律。根据这些规律可以采取规划、工程、组织管理等各种措施,改善交通状况。

总之,交通工程学是以人(驾驶员和行人等)为主体、以交通流为中心、以道路为基础,将这三方面有关的内容统一在道路交通系统中进行研究,综合处理道路交通中人、车、路、环境之间的时间与空间关系的科学。它寻求的是道路通行能力最大、交通事故最少、能源机件损耗与公害程度最低、运输效率最高而费用最省的科学措施,从而达到安全、迅速、经济、舒适和低公害的目的。

二、交通工程学的建立与发展

交通工程学是伴随着汽车工业和公路运输的发展而建立的,是在近代科学技术发展的推动下而发展起来的。

(一) 公路运输的发展促使交通工程学建立

1885年,道格力普·达勒姆制造了一辆实验性的燃汽油的四轮汽车,同年德国人卡尔·奔茨也制造了一辆燃汽油的三轮汽车。1888年,在市场上首次出售奔茨汽车。从此,世界上出现了近代汽车。

1903年,美国开始大量生产汽车,至1920年,全国已有800多万辆汽车;到1930年,平均每1 000个居民拥有180辆汽车。小汽车已成为美国人生活中不可缺少的交通工具。此时,美国已有400万 km的公路。

汽车的大量生产、公路的迅速修建,使以马车为主要交通工具的时代宣告结束,道路交通进入了汽车时代。公路运输随之获得了迅速发展。

迄今为止,公路运输大体经历了三个阶段:第一阶段,从19世纪末到第一次世界大战前是初期发展阶段,这时期汽车数量不多,公路也不够发达,公路运输还只是铁路、水运的辅助手段,承担部分的短途客、货运输任务。第二阶段为两次世界大战期间,是中期发展阶段。第一次世界大战结束后,由于一些资本主义国家把军事工业转为民用工业,促使汽车生产迅速发展,同时还将过剩劳动力用于公路建设,使道路里程日有增加、道路质量不断提高。随着小客车的大量增加,汽车逐渐成为人们的主要交通工具。货运方面,由于运输条件的改善,公路运输的优越性逐渐显示出来,它不仅成为短途运输的主要工具,而且在长途运输中,也开始与铁路、水运竞争。第三阶段,从第二次世界大战到现在,这是公路运输发展的新时期。40多年来,欧、美各国先后建成了比较完善的全国公路网,同时大力兴建高速公路,战后恢复和重建的汽车工业也已形成了一个比较完整的体系,这些都为公路运输的进一步发展创造了条件,使公路运输在综合运输体系中起到了主导作用，承担了80%以上的客货运量。

全世界的汽车保有量1900年只有1 000辆左右，到1945年就达到6 000万辆；1985年达到4.5亿辆。可见汽车保有量的增长速度是相当惊人的。从表1-1可以看到世界部分国家汽车拥有量的增长情况。

一些国家部分年份汽车拥有量(万辆) 表1-1

国家＼年份	1960	1970	1980	1990	1991	1992	1993	1994	1995	1996
美国	7 385.8	10 840.7	15 589.0	18 879.8	18 813.6	19 000.0	19 277.5	19 673.0	20 019.5	20 365.9
日本	189.4	1 781.7	3 783.8	5 778.9	6 001.2	6 200.0	6 300.0	6 500.0	6 724.5	6 924.4
德国	639.1*	1 553.8*	2 459.5*	3 217.4*	3 300.0	3 362.6	3 431.4	4 196.8	4 270.6	4 335.1
英国	943.9	1 332.5	1 691.8	2 260.3	2 206.1	2 217.5	2 245.6	2 277.8	2 307.7	2 339.2
法国	718.1	1 431.5	2 164.6	2 829.0	2 900.0	2 900.0	2 900.0	3 000.0	3 010.5	3 055.8

* 为原联邦德国数据。

数据来源：

1. World Road Statistics 1974～1998. IRF

2. 交通工程手册，人民交通出版社. 1998

在整个二十世纪里，世界汽车的保有量一共增长了大约7亿辆。目前，世界汽车年产量稳定在3 500万辆至4 000万辆之间，保有量的年增长值大约在1 600万辆左右。

汽车保有量的增加、汽车运输的发展，促进了人类社会的文明、进步，极大地方便了人民生活，但同时，它也给人类社会带来了许多有害的影响，对人民的身体健康构成了威胁。

由于原有道路是供马车行驶的，随着汽车的使用，道路立即表现出不相适应，出现了交通拥挤、阻塞和交通事故，这样就迫切要求改建道路。同时，各种交通工具并存混行，相互干扰，险象环生。1899年，美国发生世界上第一起汽车交通事故，压死了一名叫蓓蕾斯的妇女。随着汽车交通迅速发展，交通事故和伤亡人数直线上升，到1906年美国因交通事故死亡人数达到400人，1910年为1 900人，翻了两番多；到1915年死亡6 600人，比1910年又翻了近两番。到1920年，死亡12 500人，比1915年又翻了一番。从1906年至1920年的15年中，交通事故死亡人数总共翻了五番。同美国的情况相似，世界上其他国家的交通事故也是越来越严重(图1-1)。

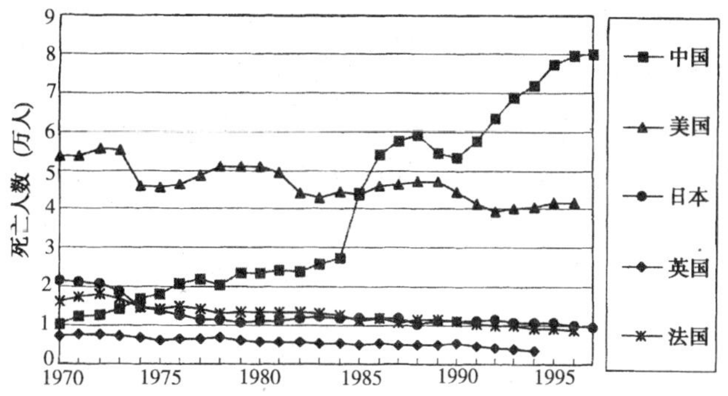

图1-1 几个国家的交通事故死亡人数(折算为30天的死亡人数)

有资料表明，全世界已有3 300多万人死于交通事故。这个数字几乎是第一次世界大战的死亡人数的两倍，接近第二次世界大战死亡的人数(第一次世界大战约死亡1 700万人，第二次世界大战死亡3 760万人)。现在全世界每年死于交通事故的人数在50万左右，受伤人数约1 000万。

事实告诉人们，交通事故已成为世界各国共存的严重社会问题之一。这引起了人们对交通问题的重视和研究。研究的结果认为，发生交通事故等诸多交通问题的主要原因是：

(1)道路和汽车的数量、质量的发展比例失调；

(2)对交通系统的四个基本要素——人、车、路、环境缺乏系统、综合的研究,没有对这些要素从交通规划、道路设施及现代交通管理手段等方面综合治理,使这些要素得以协调地发展;

(3)未能及时筹建、发展新的交通系统。

这三项原因,尤其是前两项原因,有待建立一门新兴的学科来解决,这样交通工程学就应"需"而"生"了。

1921年,美国任命了专门从事交通工程工作的交通工程师;1926年,美国哈佛大学设立道路交通工程专修科来培养交通工程人才;1930年,从事交通工程的科技人员联合起来成立了交通工程师协会,标志着作为一门独立学科的交通工程学正式诞生了。

(二)现代科学技术的发展推动交通工程学发展

如前所述,交通问题是非常复杂的社会问题之一。道路交通是由人、车、路、环境等要素构成的复杂动态系统。解决如此复杂的交通问题,只作定性分析、不作定量计算是不行的,并且只用一般的数理知识又难以奏效。因此,交通工程学建立初期其作用不够明显,自身的发展也受到了一定限制。

随着应用数学、运筹学和系统工程的兴起和发展,为解决复杂的交通问题奠定了理论基础。现代控制理论、检测技术和计算机技术的发展和应用,特别是电子计算机又为解决复杂的交通问题提供了强有力的计算工具,使以前人工不能胜任的复杂计算成为可能。

例如,最早的信号灯是用手扳动的,1868年,在伦敦威斯敏斯特地区首次安装了一台煤气信号灯。这台信号灯是两色信号灯,后因煤气爆炸炸伤了岗位上的警察,才使试验结束。以后又发展成使用电照明的信号灯手动信号及机械式的定时信号。电子计算机、自动控制以及各种检测器的发展,给交通自动检测及各种交通自动控制信号的研制和应用提供了条件,使交通控制的自动化程度和指挥交通的效率逐步提高。

由此可见,公路运输的发展是促使交通工程学建立的物质基础;近代科学技术的新成就,为交通工程学提供了理论依据和实践条件,是推动交通工程学发展的理论基础。

(三)交通工程学的发展概况

以1930年美国成立交通工程师协会为标志,交通工程学自萌芽、创立到发展成如今的一门独立、完整的学科只有70年的历史。

交通工程学创立的初期(20世纪30年代),其主要工作是如何通过交通管理来减少交通堵塞和交通事故,采取诸如设立交通标志、安装手动信号、路面划线等措施。

20世纪40年代,交通工程师们开始意识到,只靠交通管理无法根治交通问题。不按交通量大小修建道路带有很大的盲目性。于是,交通工程的内容增加了交通调查、交通规划。在修路之前,首先进行交通调查,预测远景交通量。根据车流的流量、流向,对道路布局标准、线形几何设计提出要求,以适合车辆运行的需要。并且,考虑交通管理方案、配备必要的交通设施,还要综合考虑不同交通方式的特点,使道路交通与铁路、水运、航空、管道运输衔接。

20世纪50年代以来,各工业发达国家汽车工业的发展和高速公路的兴起,促使汽车拥有量迅速增加,形成了"汽车化"运输的新局面。因此,将道路通行能力问题、线形设计、立体交叉设计、停车场问题等列为交通工程学的研究课题。

从交通安全方面看,由于道路条件逐步改善,特别是高速公路的发展,要求车辆的驾驶行为与车辆的机械性能两者结合考虑。因此,四五十年代的交通工程研究已经开始注意研究人—车—路的相互影响问题。

20世纪60年代,由于"汽车化"的结果,促使汽车数量激增。美、英、德、法、日等国的汽车密度逐渐趋于饱和。1969 年,这些国家汽车拥有量按每千人拥有量计算:美国 518 辆,法国 275 辆,英国 235 辆,德国 226 辆,日本 149 辆。因此,交通拥挤、阻塞现象严重。在纽约、巴黎、伦敦等城市的中心街道上,平均车速每小时只有十多公里。同时,交通事故与日俱增,越来越严重地威胁人们的生命安全。美国 60 年代平均每分钟伤 4 人,每小时死亡 6 人,十年的经济损失几乎等于全国道路新建、改建和养护管理等费用的总和。其他国家交通事故也急剧上升,交通事故死亡人数占非疾病死亡人数的 2/3,成为社会最大的公害。为了疏导交通,减少事故,提高行车速度,提出了综合治理交通的设想。于是研究车流特性,倡导"交通渠化",试用计算机控制交通。此外,设计道路不仅要注意线形标准,各元素之间保持协调,而且要考虑对所在地区的影响,如空气污染、噪声干扰、城市景观、环境协调等。至此,交通工程学发展为一门综合研究人—车—路—环境之间相互依存关系的综合性学科。

到 20 世纪 70 年代,由于汽车化交通的发展,促使人类日常活动的范围、城市活动半径迅速扩大。大量人口聚集在城市,造成道路上交通密度过高、交通拥挤严重、通行效率大大降低。大量汽车排出的废气对空气严重污染,噪声、振动危及人们的健康。再加之 70 年代初的能源危机,迫使人们不得不从宏观上研究如何组织城市交通问题。这样,就开始重点研究并拟定合理的交通规划,减少不必要的客流,缩短行程,倡导步行,恢复并优先发展公共交通,给汽车选择最佳运行路线;从根本上改变交通组成,从而减少交通拥挤程度和交通事故,同时加强防治交通对环境的污染。这一系列措施必将引起交通规划、交通方式、交通政策、交通组织管理等各方面的变革,推动交通工程学不断向前发展,使之成为研究人—车—路—环境—社会动态间的相互关系,以期使交通运输发挥最佳服务效能的系统科学。

20 世纪 80 年代乃至 90 年代初以来,交通工程学又有较大的发展,主要表现在:在人的交通特性方面,开展了对驾驶员和行人的心理、生理特性以及生物节律的研究;道路通行能力的研究;汽车行驶性能(制动、转弯、撞击)以及汽车碰撞时如何保证乘车人及驾驶员安全的研究;人—机系统的研究和应用范围进一步扩大。在公路几何设计方面,过去主要是以汽车运动力学平衡原则为线形设计基础,现在发展到要考虑驾驶员的驾驶生理和心理要求,线形组合要考虑对驾驶员的视觉诱导等方面的研究。在交通规划方面,研究经济发展对交通的定量需求和交通对经济发展的影响,并体现在交通规划和道路网设计上。从宏观上研究了路网密度的理论和计算公式。在交通控制方面,进行了在主要干线和主要街道上设置自动控制系统的研究以及反光标志、标线、可变标志的研究;在交通管理方面,按照交通工程学原理制定交通法规的研究;对车辆实行强制保险的研究。在设备与手段方面,交通控制与车辆检测、测试、调查分析方面的自动化程度大大提高。在公害防治和环境保护方面,进行了汽车交通噪声控制和限制废气排放标准、采取措施等工作。

特别需要指出的是,目前世界各工业发达国家均集中大量人力、物力、财力,采用各种高、新技术,研究智能运输系统(Intelligent Transport Systems, ITS),或称"智能车路系统"(Intelligent Vehicle Highway System, IVHS)。日本和欧洲动手较早,从 80 年代后期即开始运行。美国起步较晚,在 1991 年美国"地面运输方式效率法案"(Intermodel Surface Transportation Efficiency Act of 1991, ISTEA)通过后,才得到联邦政府的重视和支持。在该法案的第六章中,明确规定了 IVHS 的研究工作。美国起步虽晚,但进展较快,美国国会指令运输部最迟到 1997 年要建成自动高速公路的第一条试验路。整套智能车路系统建成后,将会大大提高公路交通的安全度和通行能力,使整个公路交通完全实现智能化。目前世界各工业发达国家已形成北美(美国、加拿大)、欧洲(有 10 多个国家参加)和日本三大研究集体,每个集体均组织了跨部门的上百个企业、高校和科研机构，积极进行子系统的开发研究。目前开发的项目很多，但概括起来不外以下几个方面：先进的汽车控制系统（Advanced Vehicle Control System，AVCS），或称智能汽车控制系统；先进的交通管理系统（Advanced Traffic Management System，ATMS）或自动高速公路系统；先进的驾驶员信息系统（Advanced Driver Information System，ADIS）。以上三项为主要的组成部分。另外，还有先进的公共运输系统、先进的公路运输系统及商用车辆运营系统等针对各个运输部门和企业的子系统。

随着现代城市的发展，人们的活动半径越来越大。城间的公路运输，其经济运距已延长到数百公里，可与其他运输方式相抗衡。这些都必将引起交通规划、交通方式、交通政策、交通组织管理等各方面的变革，推动交通工程的理论与实践不断地向前发展。目前的"交通工程学"已发展为"运输工程学"（Transportation Engineering），它囊括了道路交通、铁路交通、航空交通、水路交通和管道交通五种运输方式涉及到的有关问题。当前交通工程学中如下的研究方向值得我们注意：

1. 共同研究交通供给管理和交通需求管理，力求减少交通需求，增大交通供给，缓解交通紧张状况；

2. 对各种运输方式综合运用的研究。主要是研究各种运输方式的功能与适用条件，尽量发挥各自的优势。另外，还要研究各种运输方式的衔接，以便形成有效的交通系统。在城市交通中，还研究向立体空间发展的"新交通体系"。

总之，在交通工程学发展过程中，其研究内容不断拓宽。随着计算机科学的普及、系统科学、信息科学、控制论等现代科学的发展，交通工程学理论必将得到进一步丰富和发展。

第三节　交通工程学的研究内容及相关学科

一、交通工程学研究的主要内容

交通工程学的主要内容包括：

1. 交通特性　为了研究某一地区的交通，首先应掌握该地区的交通特性及其发展倾向。这部分内容包括：

(1) 车辆的交通特性

车辆拥有量　它具体体现了一个城市或一个地区的交通状况。要研究车辆历来的增长率、按人口平均的车辆数、车辆的增长与道路发展的关系、车辆组成、车辆拥有量的预测及如何合理地控制车辆拥有量的盲目增加。

车辆运行特性　研究车辆的尺寸大小与质量、操纵特性、通行性能、加速性能、制动性能、安全可靠性、经济特性与交通效率。

(2) 驾驶员和行人的交通特性　驾驶员和行人是道路、车辆的使用者。应当从交通心理学的角度来研究驾驶员的视觉特性、反应特性、酒精对驾驶的危害性、驾驶员的驾驶适合性，以及疲劳、情绪、意志、注意力等对行车的影响。

(3) 道路的交通特性　道路是交通的基本组成部分之一。交通工程学研究道路规划指标如何适应交通的发展；研究线形标准如何满足行车要求；研究线形设计如何保证交通安全；研究道路与环境如何协调。

(4) 交通流的特性　交通流的运行有其规律性，因此要对定义交通流的三个参数——交通量、车流速度、密度进行研究，同时要研究车头时距分布、延误。因为只有对交通流进行定量分析，掌握了各种参数的具体数据，才便于进行线形设计和交通管理。

2. 交通调查　交通调查是开展交通工程研究的基础工作。交通工程学包括的主要调查项目有：交通量、车速和车流密度调查；行程时间和延误调查；停车调查；公共交通客流调查；公路客、货流调查；道路通行能力调查；交通事故调查；交通环境调查；居民出行调查；起讫点调查。如何进行以上调查(包括调查时间、地点、方法)，如何取样，如何进行数据分析，都是交通工程学要研究的问题。

3. 交通流理论　研究各种不同密度的交通流特性与其表达参数之间的关系，寻求最适合交通状态的模型，推导表达公式，为制定交通治理方案、增建交通设施、评定交通事故提供依据。目前已有用概率论、流体力学理论、动力学、排队论等方法研究交通流。

4. 交通事故与安全　在全世界范围内交通事故是一个严重的问题。研究和掌握发生交通事故的规律，弄清交通事故与人、车、路、环境之间的关系，以及如何减少交通事故等，对保证交通安全极为重要。故需对交通事故的变化规律、影响因素和交通事故心理等进行广泛研究。

5. 交通规划　是现代发达社会中，与社会经济发展和生活水平有关的总体规划程序中的一个重要组成部分。交通设施的供应情况是依靠整个社会上可用的经济资源，此外，交通规划还取决于对诸如环境条件等因素的评价。而用于交通规划中的各种数据的采集、分析以及交通规划所采用的许多理论和方法正是交通工程学研究的内容之一。交通规划本身就是交通工程学研究和解决交通问题的一个重要途径。

6. 几何设计　是指运用交通工程学的原理对道路几何线形等工程项目的特征，进行深入研究，改进提高道路的性能，确保高等级公路上汽车行驶的快速、安全、舒适性。

7. 交通组织管理与控制　研究组织、管理、控制交通的措施和装备，主要涉及的内容有：研究符合社会制度和公众道德规范的交通法规和执法管理；组织车流在路网上合理分布，在路线上有序行进；研究标志、标线的颜色、图形、尺寸、设置尺寸和画法以及反光、发光的标识；采用电子计算机技术及各种电子设备等新技术建立各种道路交通控制系统；研究道路交通专用的通讯和数据传输系统；研究道路交通事故的快速救助处理系统。

8. 停车场及服务设施　研究停车需求，对停车场进行规划、设计和管理，讨论交通服务设施的布点、规模和经营。

9. 公共交通　讨论各种公共交通工具的特点、适用条件以及各种交通方式的配合，并探索新的交通方式，为居民提供方便的交通系统。

10. 交通环境保护　研究加强排水系统，控制水土流失，保护天然植被、平衡生态环境以及减少交通噪声、废气、振动和漂移物对环境影响的措施，保护水源，创造良好的生活环境等。

11. 交通能源节约与物资运输流量流向合理化的研究　道路交通中的机动车辆是以石油燃料为直接动力的能源消费型交通工具，减少机动车能源消费是节约能源的一大途径。研究道路交通能源节约的方法包括：对现有道路进行改善，加强交通管理，减少塞车和使车速均匀，提高运载效率减少空车运行，对新生产车辆的燃料效率标准严格控制等等。

鉴于物资供需单位分散、运力分散、重点批量物资如水泥钢材等供求关系信息不畅，未能统一调度，以致能源与运力浪费严重。必须开展对物资运输流量流向合理安排的研究，以利于控制交通流量、减少交通事故。

在上述内容中，城市公共交通、停车及停车场问题、自行车交通等问题，与目前的公路运输管理没有直接的联系，故本书在以后的章节中不作详细论述。

二、交通工程学的相关学科

综上所述,交通工程学研究的内容非常广泛,几乎涉及道路交通的各个方面。而就交通工程学这门学科来说,其基础理论是:交通流理论、交通统计学、交通心理学、汽车动力学、交通经济学。与交通工程密切相关的主要学科有:汽车工程、运输工程、人类工程、道路工程、交通规划学、环境工程、自动控制、应用数学、电子计算机等。因此,交通工程学是一门由多种学科相互渗透的新兴边缘学科。

交通工程学的研究对象、内容、目的及其相关学科可概括如图 1-2 所示。

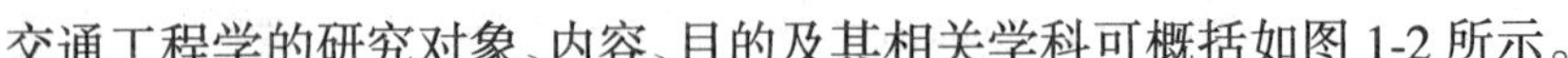

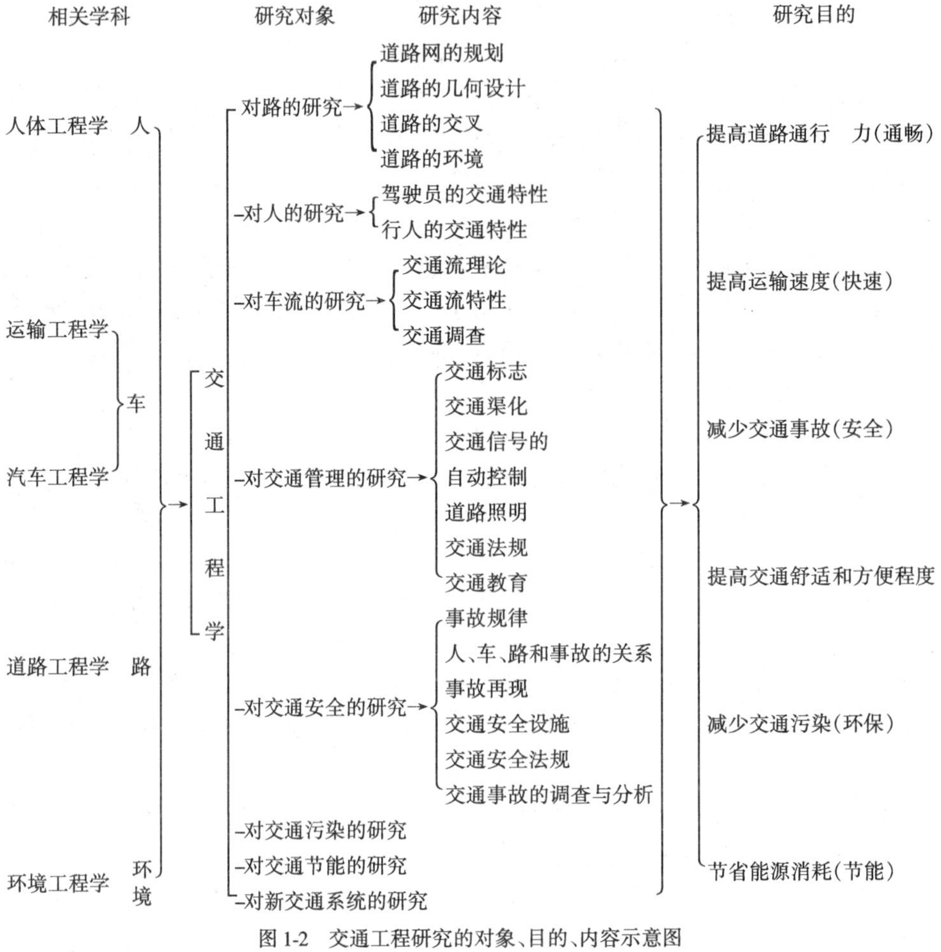

图 1-2 交通工程研究的对象、目的、内容示意图

第四节 交通工程学在道路运输管理中的作用

一、交通工程学的作用

交通工程学研究的内容涉及道路交通及运输工程的各个方面。总结国内外研究和运用交通工程学的实践以及交通工程学在发展过程中所显示的作用,可以概括为以下几点:

1. 能够促进道路交通综合治理方案的形成和实施,促使交通事故全面下降。

2. 能够有效地减少和避免交通拥挤、混乱状况,提高交通运输效率和运输企业的经济发展效益。

3. 能够通过改善道路交通环境达到既提高道路通行能力又减轻驾驶员劳动强度的效果；通过对驾驶员交通心理及生理特性的研究和运用，实施对驾驶员的科学管理，提高安全驾驶率。

4. 能够促使车辆和道路在质量和数量上协调发展，提高交通规划和公路网规划水平及道路的整体设计和施工水平。

5. 能够增进汽车驾驶员、乘客、行人、骑自行车者等道路使用者的安全感和舒适感，减少道路运输中的货物损失。

6. 能够减少空气污染、交通噪声等交通公害。

7. 能够提高各项交通工作（含车辆运行管理、公路运输行业和企业管理）管理水平、服务水平和法制教育水平等。

二、交通工程学在道路运输管理中的作用

交通工程学与道路运输管理两者之间的相互关系以及交通工程学在道路运输管理中的作用等问题，现在还没有较为系统的研究，但可以初步归纳如下。

1. 交通工程学研究的目的和道路运输管理的目的具有共同的方面，即都是为了实现公路交通运输的安全、迅速、经济和舒适。

2. 公路运输业最基本的固定设施、生产设备——公路和车辆，公路运输业的主体力量——汽车驾驶员以及包括汽车运输的基本生产活动构成的道路交通流、道路交通环境及它们之间的相互关系等，都是交通工程学研究的对象。

3. 运用交通工程学的原理，能够促进道路运输管理部门综合考虑人、车、路、环境之间的相互关系，提高管理工作的科学性和有效性。

(1) 研究道路交通流的生成及流量、流向在空间和时间上的变化规律，是合理投放运力、实施最佳营运组织和调度的有效途径。

(2) 对道路交通基本状况、通行能力、服务水平及交通环境的调查研究是审查开业、审批客运线路、站(场)设置以及确定定车、定线行驶和核定道路等级运行的重要依据。

(3) 研究驾驶员的交通特性和交通事故的成因规律、分布规律，可以有效地指导道路运输企业和其他道路运输经营者进行驾驶员的教育和科学管理工作，并制定预防交通事故的科学措施，提高全行业的交通安全水平，实现优质、安全、高效的运输目标。

(4) 研究道路交通流及交通规划的理论和方法，根据交通网现状和国民经济发展对交通运输业的要求，合理规划道路交通、科学调控道路和车辆的协调发展，有助于实现交通运政管理中综合配套、统筹规划、合理布局、全面发展、秩序良好的运输结构目标。

总之，交通工程学与道路运输管理工作有密切的联系。交通工程学的研究和应用能够促进道路运输目标的实现，而道路运输管理工作的深入和发展又会对交通工程学的研究提出新的、更高的要求，促使其发展。

复习思考题

1.什么是道路交通？它有哪些特点？

2.什么是交通工程学？它的研究对象和研究目的是什么？

3.促使交通工程学建立和发展的主要因素有哪两个？

4.交通工程学主要研究哪些内容?

5.研究和运用交通工程学有哪些作用?交通工程学与道路运输管理有什么联系?在道路运输管理中有什么作用?

6.结合本人的工作实际,谈谈交通工程学与你的工作有哪些联系、交通工程学对你的工作有什么指导作用?

第二章　驾驶员的交通特性

第一节　驾驶员交通特性概述

在构成道路交通的诸项基本要素中，有关车辆、道路及环境等学科的理论已比较成熟，在相应的课程中也有详细阐述，而对于道路交通基本要素之一的人的交通特性的研究则不够成熟和普遍。

道路交通系统中的人包括驾驶员、行人、乘客和交通管理人员等，其中驾驶员是主要部分。驾驶员通过视、听、触觉器官从交通环境中获得信息，经过大脑进行处理，作出反应和判断，再支配手、脚运动器官，操纵汽车，使之按驾驶员的意志在道路上运行。在这一过程中，驾驶员受到自身一系列生理、心理因素的制约和外部条件的影响，如果在信息的搜集、处理、判断的任一环节上发生差错，都会危及交通的畅通和安全。所以，驾驶员的可靠性是非常重要的。

驾驶员的可靠性取决于三组因素：驾驶员的技术熟练程度、个性与感受交通情报的特性以及在动态交通环境中的应变能力。

对人的上述交通特性的研究是以交通心理学为理论基础，研究驾驶员及行人在交通环境中的心理、生理和行为特征。

根据道路运政管理工作的需要，在驾驶员的交通特性这一章中，我们将着重介绍驾驶员的交通心理和交通生理特征。

第二节　视 觉 特 性

在行车过程中，驾驶员需要及时感知各种交通信息。根据统计分析，各种感觉器官给驾驶员提供交通信息数的比例分布如下：视觉占80%，听觉占14%，触觉占2%，味觉占2%，嗅觉占2%。可见，视觉是最重要的。因此，对视觉机能的考核和研究是驾驶员交通特性研究的重要内容。

一、视　　觉

人的眼睛注视目标时，由目标反射出来的光进入眼内，经过眼中间物质的屈折，投射于眼睛黄斑中心窝，结成物像，再由视神经经过视路传至大脑的枕叶视中枢，激起心理反应，形成视觉。也就是说，所谓视觉，就是外界光线经过刺激视觉器官在大脑中所引起的生理反应。视觉在辨别外界物体明暗、颜色、形状等特性以及对物体空间属性如大小、远近等的区分上起着重要作用。

二、视　　力

视力是人的眼睛分辨物体形状、大小的能力。视觉敏锐度的基本特征就在于辨别两物点之间距离的大小。视力有静视力、动视力和夜视力之分。

1. 静视力　是待检人员站在视力图表前面，距视力表5m，依次辨认视标测定的视力。标准视力表共分12级。0.1至1.0每级差0.1，共10级；另有1.2和1.5两级。待检人员距视力表5m，能分辨视标上宽1.5mm缺口的方向时，其视力定为1.0。这时缺口在眼中构成的视角为1′。对数视力表共分14级，即4.0级(相当于标准视力表的0.1级)、4.1(0.12)、4.2(0.15)、4.3(0.2)、4.4(0.25)、4.5(0.3)、4.6(0.4)、4.7(0.5)、4.8(0.6)、4.9(0.8)、5.0(1.0)、5.1(1.2)、5.2(1.5)、5.3(2.0)。

我国驾驶员的体检视力标准为：两眼视力不低于标准视力表0.7或对数视力表4.9(允许矫正)，无赤绿色盲。

日本的驾驶员考核新标准规定，驾驶大客车驾驶员，视力不小于标准视力表0.5；小汽车驾驶员视力不小于标准视力表0.4。

2. 动视力　汽车行驶时，驾驶员同车体一起按一定的速度前进，也就是说驾驶员与道路环境中的物体是相对运动的。驾驶员观察物体运动的视力，称为动视力。动视力与汽车行驶速度有关，随着车速的提高，视力明显下降。此外，动视力随驾驶员年龄的不同而有所差异，年龄越高，动视力低落的幅度越大，如图2-1所示。

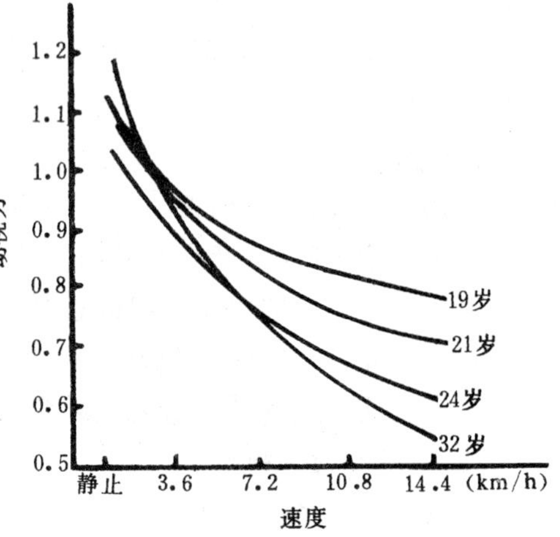

图2-1　不同年龄时车速与动视力的关系

举个例子，车辆以60km/h的速度行驶时，车内驾驶员能看清车前240m的标志，而以80km/h的速度行驶时，则在接近160m处才能看清。为保证驾驶员在发现前方有障碍物时，能有足够的时间辨认和采取相应的措施，希望车速提高时，视认距离能相应增加，可是由于生理条件的限制，结果恰恰相反。

3.夜视力　在黑暗环境中的视力称为夜视力。据研究，照度与视力成线性关系，即照度减小，视力下降。

太阳落山前，公路上的照度较高，日落后的黄昏时刻照度明显降低，在由明转暗的情况下，眼睛看东西主要靠视杆细胞起作用。而视杆细胞的感受性增加缓慢，需要30~40min的时间，才能稳定在一个水平上。由于天黑得较快，而暗适应还没充分形成，加之打开前灯，恰与周围的光度相等，不能形成对比，因此黄昏时最难驾驶并易出事故。

入夜光线更暗，在天然照明情况下，视力可降至白天视力的4%~10%，这是全靠视杆细胞活动的结果。下面介绍一下与夜间驾驶有关的视觉规律：

(1)夜间对颜色的感知　在车灯照明的条件下，能发现各种颜色的距离，如表2-1所示。

能发现各种颜色的距离　　单位：m　　表2-1

衣物的颜色	白	黑	乳白	红	灰	绿
能发现某种颜色的距离	82.5	48.2	76.6	67.8	66.3	67.6
能确认是某种物体的距离	42.9	18.8	32.1	47.2	36.4	36.4
能肯定其移动方向的距离	19.0	9.6	13.2	24.0	17.0	17.8

假如有一个穿白衣服的行人，当他离车82.5m左右，驾驶员就能看到有白色物体；离车

42.9m左右，能肯定有一个人；若离车19m，则他的动向也能看清楚了。若是穿黑衣服的行人，则要离车9.6m左右，驾驶员才能看清他是横穿马路，还是在路边行走。交通标志自然是希望驾驶员能尽早发现，故以白色、红色为最好。

(2)夜间对高低、大小和明度对比不同物体的感知　由于汽车前照灯光线较低，所以物体在车前的位置越低，夜间越容易被发现。交通标志牌的柱子应刷白漆，并应经常清洗和补刷，以使驾驶员容易发现，从而向上观察交通标志。大的物体，白天从远处就能发现，夜间因距离越远，光线越暗，所以即使远处的庞大物体，夜间有时也感知不到。明度对比大的物体，夜间较易发现，但距离比白天短53%。

(3)夜间对行人的感知　如前所述，夜间可借行人衣着的颜色及动态来判断行人与车辆的距离。白天，公路中间的行人极易发现，路旁的行人易被忽略。但在夜间会车时，情况与此不同，因两车都开示宽灯，照度低，而此时驾驶员的视线是沿道路右侧巡视的，为的是防止开出可行路面，因此道路中间的行人反而不易看到，常常会发生事故。这一事实告诉驾驶员夜间会车时，不要忘记观察道路中间。

(4)夜间对路面的观察　由于车灯直射，路面凸出处显得明亮，凹陷处感到很黑，驾驶中可根据路面明暗来避让凹坑。不过由于灯光晃动，有时判断不准。若远处发现的黑影，汽车驶近时消失，可能是小的凹坑；若黑影仍然存在，可能凹坑较大、较深。月夜路面为灰白色，积水的地方为白色，而且反光、发亮。有人概括为“亮水、白石、黑泥巴”，无月亮的夜晚，路面为深灰色。若行驶中前面突然发黑，则是公路转弯处。

三、视力适应

人的眼睛对于光亮程度的突然变化，要经过一段时间才能适应。由明亮处进入暗处，眼睛习惯、视力恢复，称为暗适应；由暗处到明亮处，眼睛习惯、视力恢复，称为明适应。暗适应，时间较长，通常要3～6min才能基本适应，约30～40min才能完全适应。而明适应则可在1min内达到完全适应。

一般，由隧道外进入没有照明条件的隧道内大约发生10s的视觉障碍；在城区和郊区交界处，由于夜晚照明条件的改变都会使驾驶员产生视觉障碍，从而影响行车安全。因此，在隧道入口处和与郊区公路连接的城区道路上应设有缓和照明，以减少视觉障碍，保证交通安全。

此外，在黄昏时路面的明亮度急速降低(特别是秋天的黄昏)，而天空还较明亮，暗适应性较困难，而此时正值驾驶员和行人都感到疲劳的时候，事故也较多，应引起重视和警惕。

还应注意，在夜间，每个人的视力适应速度是各不相同的。比如，从20岁到30岁，人的暗适应能力往往是不断提高的；而40岁以后则开始逐渐下降；60岁时，暗适应能力仅仅为20岁人的1/8。每个驾驶员都应掌握这种视力适应的变化特性，因为这对于行车安全来说，是非常重要的。

四、眩　目

眩目是由于刺目光源对眼球中角膜及视网膜间介质中所产生的散乱现象，这种现象有连续与间歇之分。夜间行驶的汽车多半是间歇性的眩目。当受到对向车灯强烈照射时，不禁要闭目或是移开视线，这种现象称之为生理性眩目。另一种是由于路灯照明反射所产生的眩目，它只使驾驶者有不愉快的感觉，这种现象称之为心理性眩目。

在暗淡光亮下的眼睛，受到强光刺激后，要产生眩感，而使视力下降。图2-2是在这种情况下视力恢复时间的一个试验例子。按此静止视力由于眩目视力下降至0.4,恢复到1.1需要20s,动视力需要40s,而且只是恢复到0.6左右。但实际对向车的前照灯灯光,一般并不一定正射在驾驶者眼睛的正中心,而且驾驶者也可以转动眼球避开直射的强光,为此如果把眩目视力降低25%看作是安全视力,则恢复视力的时间约需3~4s。

五、视 野

人的双眼注视某一目标,注视点两侧可以看到的范围叫视野。

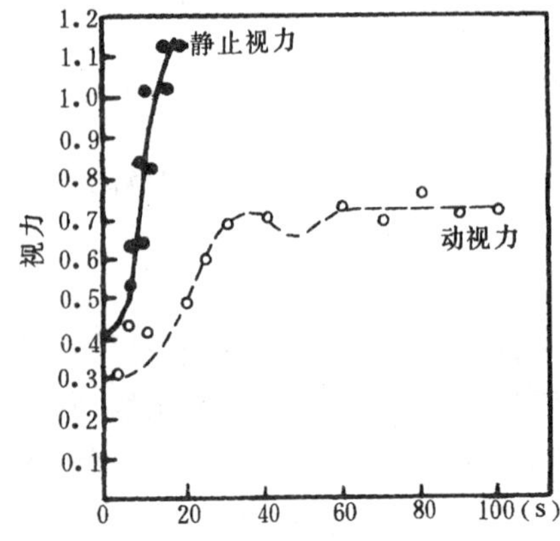

图2-2 从眩光情况下恢复视力的时间

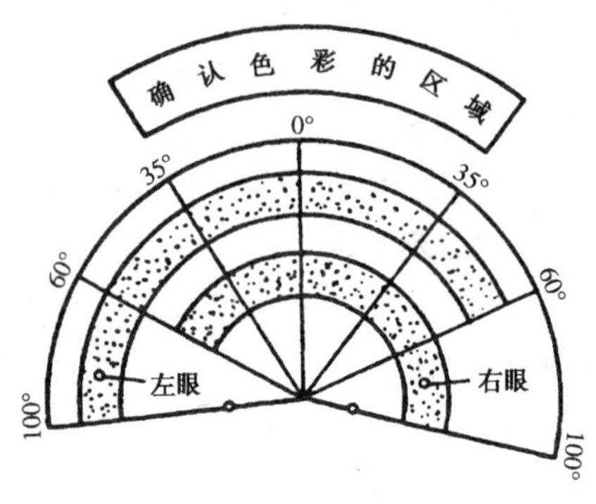

图2-3 人的视野图

用大分度器状的视野表测定视野,将视野表上的弧向各种角度回转,做成视野图(见图2-3),可知与驾驶员最有关系的视野方向主要为水平视野。

将头部与眼球固定,同时能看到的范围为静视野。

若将头部固定,眼球自由转动,同时看到的范围为动视野。

动视野比静视野大,左右约宽15°,上方约宽10°,下方无变化。正常的单眼视野范围,颞侧为90°,鼻侧为60°,上方为55°,下方为70°,两眼的视野可达160°。

驾驶员的视野与行车速度有密切关系,随着汽车行驶速度的提高,注视点前移,视野变窄,周界感减少,分别见表2-2,图2-4。

表2-2

行车速度(km/h)	注视点在汽车前方(m)	视 野(°)
40	183	90~100
72	366	60~80
105	610	40

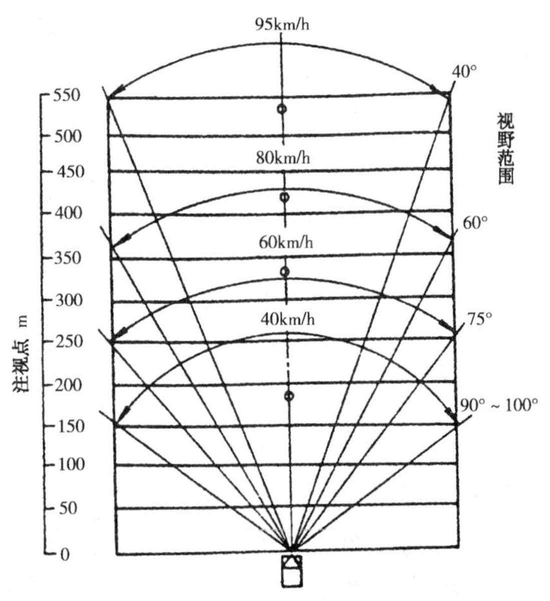

图2-4 不同车速时视野和注视点的关系

行车速度越高,驾驶员越注视远方,视野越窄,注意力随之引向景像的中心而置两侧于不顾,结果形成所谓隧洞视,与引起瞌睡的限制相类似。因此,在设计道路时,应在平面线形中限制道路直线段的长度,强制地促使驾驶员变换注视点的方向，避免打盹肇事。

此外，在汽车行驶的过程中，靠近路边的景物相对于驾驶员眼睛的回转角速度若大于72°/s时，景物在视网膜上就不能清晰的成像，感到模糊不清。所以，车速越高就越看不清路边近处的景物。因此，交通标志的设置要与驾驶员有一定的距离。根据试验，当车速为64km/h时，能看清车辆两侧24m以外的物体；而90km/h时，仅能看清33m以外的物体。小于这个距离，无法识别物体。

驾驶员年龄大，周边视力要减退，识物能力下降，戴眼镜的驾驶员，视野略窄些。

六、视觉敏锐度

视觉敏锐度是指分辨细小的或遥远的物体或物体细部的能力。在一定条件下，眼睛能分辨的物体越小，视觉的敏锐度越大。这里所谓大小是用视角来表示的，因为这样才能有比较。所以，更恰当的定义是能分辨或能看见视角越小的物体，视觉的敏锐度就越大。视觉敏锐度的基本特征在于辨别两点之间距离的大小，因此，也可以把它看作视觉的空间阈限。

视觉敏锐度是一个非常重要的指标。良好的视觉可以较早地认知和确认目标，这时发生的任何刺激，能减少总反应时间，视觉敏锐度关系到最清晰的视野，在3°~5°的锥体内，视觉最敏锐，在5°~6°的锥体内，视觉十分敏锐；在10°~12°的锥体内，视觉清晰；在20°的锥体内，有满意的视觉。

在垂直面上，视觉敏锐度的角度只是水平面上视觉敏锐度的1/2~1/3。

研究表明，辨认出道路路标上的字母的能力，随着眼的光轴与到字体方向间夹角的增大，很快地降低。如果该夹角在5°~8°以下时，有98%的驾驶员能准确地分辨字母，那么该夹角增大到16°时，就只有66%的驾驶员能准确辨认出字母。

驾驶员的年龄对视觉敏锐度有影响。若取20周岁的视觉敏锐度为100%，那么40周岁的视觉敏锐度为90%。60周岁的视觉敏锐度为74%。

七、注视(眼球转动)

行驶中的外界信息，几乎都是由驾驶员的视觉传达到大脑中，所以，眼的功能非常重要。选择必要的信息都要通过眼睛，对不重要的信息就不一定凝视，只是在视野的边缘一掠而已。对很重要的信息，在视野边缘的也要转动眼球，使之落入眼网膜的中心。所谓注视时间，就是驾驶员在行驶过程中对视觉信息的注意凝视时间。注视时间的长短，要看信息的重要程度，辨认难易而定。各种交通场面的信息对象注视时间如表2-3所示。对一般设施为0.2~0.4s，读数仪表等所需时间较长。

不同对象的平均注视时间 表2-3

信息对象	平均注视时间(s)	信息对象	平均注视时间(s)
路　面	0.19	山　腰	0.17
护　栏	0.23	标志牌	0.40
远方线形	0.26	超车车辆	0.41
车道线	0.17	里程表	0.74
跨线桥	0.23		

此外，道路两旁与交通无关的刺激信息(如商业广告、信号灯边缘增加引人注目的霓虹灯等设施)会过多地吸引驾驶员注视，增加对驾驶员的视觉干扰，应尽力避免。

八、立体视觉

立体视觉是人对三维空间各种物体远近、前后、高低、深浅和凸凹的一种感知能力。当观察一个立体对象时，由于人的两只眼睛相距大约65mm，所以两只眼是从不同角度来看这个对象的，左眼看到物体的左边多些，右眼看到物体的右边多些，在两个视网膜上分别感受着不同的视像。这就是说，在空间上的立体对象造成了两眼在视觉上的差异，即双眼视觉差。现代视差信息理论认为，双眼注视景物时产生的这种视差是人对深度感知的基础，当深度信息传至大脑枕区再经加工处理后，便产生了深度立体感知。这种把两眼具有视差的二维物像，融合分析为一个单一完整的具有立体感的三维物像过程，就是双眼视觉，即立体视觉。

立体视觉的生理基础是双眼视觉功能的正常。但双眼视力均为1.5的人，立体视觉也不一定健全。立体视觉缺乏者称为立体盲。据国外资料介绍，立体盲的发病率为2.6%，立体视觉异常者则高达30%。我国北京对349名发生过责任交通事故的驾驶员(其中男性342人，女性7人；年龄最小19岁，最大59岁)进行测定，结果是立体视觉异常者70名，占20.06%。其中有的一项异常，有的是多项异常。

对驾驶员来说，立体盲是一种比色盲、夜盲更为有害的眼病。驾驶员在交通环境中，必须准确地判断车辆与车辆之间、车辆与交通设施之间的远近距离和确切方向、位置，判断车辆的速度，正确认识交通环境中的一切事物。如果缺乏立体视觉或视觉异常，则容易发生交通事故。

根据调查(见表2-4)，肇事组驾驶员立体盲患病率显著高于非肇事组驾驶员，而立体盲驾驶员肇事中，又以对纵向距离判断不准引发肇事最为突出，此类肇事(追尾、撞车、撞人)占肇事总数的77.70%，其中追尾占44.4%；撞车、撞人分别占22.2和11.1%。

通过对2 104名驾驶员视觉功能与肇事关系的调查(见表2-5)，也说明立体视觉异常者肇事率明显高于其他人。

肇事与非肇事驾驶员立体盲比较

表2-4

类　别	受检人数	立体盲人数	患病率(%)
肇事驾驶员(车组)	349	18	5.16
非肇事驾驶员(对照组)	393	4	1.02

正常视觉功能和各项异常视觉功能与肇事关系

表2-5

	调查人数	肇事人数	肇事率(%)
正常视觉功能	1844	274	14.86
低视力	135	33	24.44
色　盲	29	8	28.57
立体视觉异常	97	37	38.14
合　计	2104	352	16.73

由此可见，立体盲是道路交通安全的重要隐患之一。美国早已把立体视觉的检查列入驾驶员考核项目。我国的《双眼视觉检查图》已于1985年4月由人民卫生出版社出版。立体视觉检查也应列入对我国驾驶员的考核项目，在职业驾驶员选择、考核时，对立体盲者应坚决予以淘汰，以积极预防交通事故。

第三节　反应特性

驾驶员的反应特性也是其最重要的交通特性之一，通常用反应时间来表示。

人的机体接受刺激，认知到这种刺激，并尽快作出反应动作，这个从接受刺激，到作出反应动作所需要的时间,称为反应时间(又称反应潜伏期)。就车辆驾驶而言,对一个特定刺激产生感知并对它作出反应,应包括四个性质截然不同的心理活动。①感知:对需要作出反应的刺激的再认识和了解;②识别:对刺激的辨别和解释;③判断:对刺激作出反应的决策;④反应:由决策引起的肢体反应。这一系列连续活动所用的总时间称为感知——反应时间。

在试验室里将此反应时间分为单纯反应时间与复杂反应时间。前者是以预先知道可能要出现的信号为条件(例如红灯一亮就按电钮)、视觉刺激为 0.25 ~ 0.3s,听觉刺激为 0.2s,触觉刺激为 0.2s,均比较短;后者是从几种刺激当中择出一个刺激反应(例如在红、黄、绿三色灯中,当红灯亮时,按电钮,其他灯亮时不按),条件愈复杂,反应时间亦愈长。如图 2-5 所示,刺激数目愈多,其反应时间愈长。

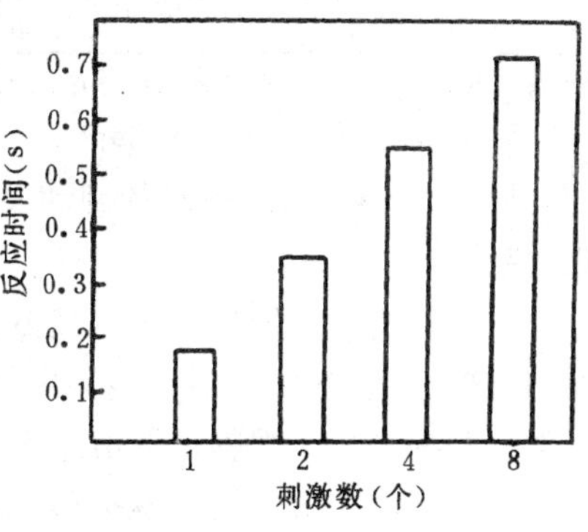

图 2-5　刺激数和反应时间

对于驾驶员来说,特别重要的是制动反应时间。以紧急制动为例来说明这个问题。驾驶员从发现紧急情况到把右脚移到制动踏板上去所需要的时间,称为制动反应时间;从开始踏制动踏板到出现最大制动力的时间(包括制动系统传递的延滞时间和制动力增长时间),称为制动器作用时间;从出现最大制动力到使车辆完全停住的时间,称为持续制动时间。这三个时间内汽车运行的距离,称为汽车制动非安全区。因为缩短制动器作用时间和持续制动时间涉及到设计和制造技术问题,所以,这里最关键的是如何缩短和控制制动反应时间。

对于制动反应时间,试验室里的假定是,确认危险(反射时间)0.4s,将脚从加速踏板挪到制动踏板 0.2s,脚接触到制动踏板和将踏板踩下 0.1s,共计 0.7s。实际的行驶情况是,外界刺激进入眼中,眼球转动需要时间,人的思维判断是否危险也需要时间。这种动作过程的必要时间,随着条件不同而异。这些动作可以看成是判断危险的一个过程,如图 2-6 所示。

在实际行驶中,不同驾驶员的制动动作反应时间测定结果一般如图 2-7 所示。

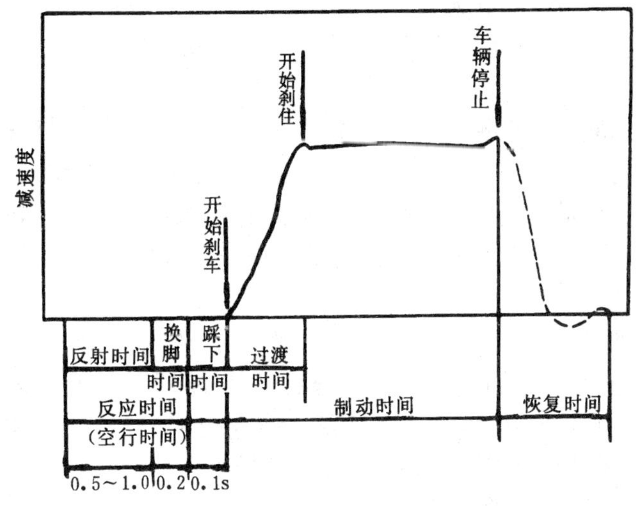

图 2-6　制动动作和制动减速度

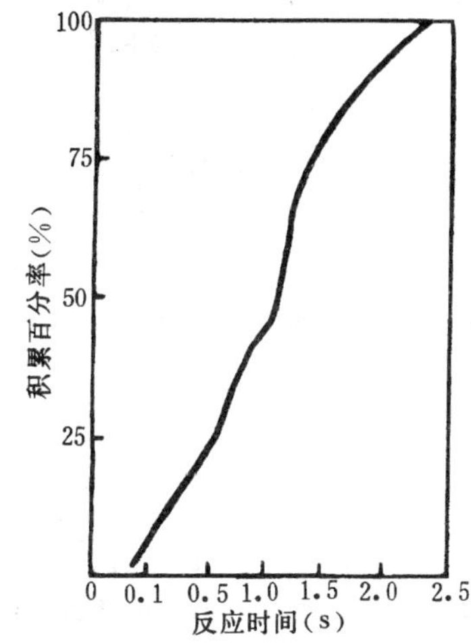

图 2-7　制动反应时间的分布(市内街道上行驶时)

国外曾有人对驾驶员的制动反应时间与事故率的关系进行过调查,结果见表 2-6。

事故次数与制动反应时间的关系 表 2-6

9个月中的事故次数	制动反应时间(平均 s)	9个月中的事故次数	制动反应时间(平均 s)
0~1件组	0.57	8~9件组	0.86
2~3件组	0.70	10~12件组	0.86
4~7件组	0.72	13~17件组	0.89

* 0~1件组,即9个月中出事故0~1件小组,余类推。本表系将驾驶员按9个月内发生事故次数的多少分成若干组,算出他们的平均制动反应时间。

从表 2-6 看出,驾驶员的制动反应时间与事故率呈正比关系,即,制动反应时间长的人,事故次数多。

反应时间的长短取决于驾驶员自身的个性、年龄、对反应的准备程度、信息的强弱、刺激时间的长短、刺激次数的多寡等。主要的影响因素有以下几个:

1.刺激信息　驾驶员的信息来自道路和交通环境,它包括道路线型、宽度、路面质量、横断面组成、坡度、交叉口及车辆类型、交通量、行车速度、机动车与非机动车的行驶情况及相互干扰情况、行人情况、交通信号、交通标志和交通标线等。在驾驶车辆的过程中,交通环境不断变换,驾驶员就随时接受外界信息,并作出相应的反应。

驾驶员所遇到的外界信息大致分为五种情况:

(1)早显信息　信息出现有一定的时间提前量,如各种交通标志预告的各种交通信息。

(2)突显信息　指突发信息。例如,在行车中,行人或自行车突然倒于车前;儿童的“跳出”事故中的信息。

(3)潜伏信息　指驾驶员不能直接观察到的信息。这种信息的特点就是它的“隐蔽性”。如没有被驾驶员发现的车辆带病行驶、与宽阔的公路连接的“羊肠小路”,以及弯道超高不够或反超高等。

(4)微弱信息　指外界信息刺激量过小,难以为驾驶员所接受的信息。这种信息被驾驶员的感觉器官反映到大脑以后,往往辨别不清、容易产生犹豫、疏忽,甚至错觉。如黄昏时,一驾驶员误将蹲在路中间系鞋带的小孩当成垃圾筐而轧死。

(5)先兆信息　指信息到来之前具有某种征兆的信息。如在行车中已发现有事故的苗头,违章驾驶、超速行车、酒后驾驶等。

对于早显信息和先兆信息都是在驾驶员有思想准备的情况下发生的,故驾驶员比较容易作出正确的判断和决策。微弱信息和潜伏信息都需要驾驶员集中注意力来捕捉和发现信息,如果疏忽大意,就会产生犹豫或错觉,造成动作迟缓,甚至作出错误判断。最困难的是突显信息,要求驾驶员在极短的时间内采取措施,如果驾驶员反应迟钝或注意力不集中,必然会措手不及,造成事故。

2.分析和判断　是大脑的思维活动过程。对于驾驶员来说一般分为三种情况:一种是驾驶员接受外界信息后,能够迅速地分辨真伪,得出正确的结论,一般有经验的驾驶员由于大脑中储存很多信息,遇到外界情况变化时,反应迅速,判断正确;第二种是对外界信息分辨不出真伪,思维混乱,以致造成判断错误;第三种是对外界信息归纳缓慢或考虑欠周,造成分析失时或犹豫不决。对于后两种情况,都是造成交通事故的重要因素,应力求避免。

3.年龄与性别　同一个人,随着年龄的增长,反应时间增大,如表 2-7 所示。年龄为 10~17 岁,人的比较与判断能力和反应速度均未达到 90%;18~29 岁,人的比较与判断能力和动作与反应速度达到了最大值;这样年龄的人,尤其是 20~25 岁这段时间,反应速度是人生中最快的。30岁以后开始有下降的趋势。从40岁开始,反应时间均匀增加,一直到50岁,比平均反应时间增加25%。50岁以后,反应时间开始明显增加。

年龄与反应速度的关系(%) 表2-7

年　龄	知　觉	比较、判断	动作与反应速度	年　龄	知　觉	比较、判断	动作与反应速度
10~17岁	100	72	88	50~69岁	76	89	92
18~29岁	95	100	100	70岁以上	46	69	71
30~49岁	93	100	97				

特别对反应时间的影响是男性驾驶员比女性驾驶员反应快。日本的交通心理学家宇留野让年龄及驾驶经历相同的男、女两组驾驶员在干燥的沥青路上,驾驶相同的小汽车作紧急制动试验,结果男性驾驶员比女性驾驶员的制动距离平均短4m。

4.交通环境　随着客观情况的复杂程度的增加,反应时间增长。在有信号控制的交叉路口的入口街道上,自由行驶的车辆对红灯制动反应时间平均为0.5s。在车流量很大,行人很多的街道上,由于驾驶员要进行观察,故对相同信号的制动反应时间增加到1.2~1.5s。

此外,驾驶员饮酒、疲劳等也影响其反应时间。

当车速为50km/h时,汽车每秒钟走14m;车速为60km/h时,每秒走17m。若反应时间增加0.2s,在紧急制动时,汽车多走2.8~3.4m。据一些交通事故分析指出,在大多数情况下,只要有零点几米的安全距离,就可以避免事故的发生。所以,每个驾驶员都应当知道自己的反应时间,而且应以零点几秒计算,以便行车过程中遇到情况适时采取措施。

美国心理学博士约瑟夫·布洛克提出了专门用于测试驾驶员反应时间的简易方法(见表2-8)。通过该图表,每个驾驶员可以测定自己的反应时间。具体做法是:在表中依次找出10~59的数字,用秒表测定呼读时间。

约瑟夫·布洛克的图表 表2-8

34	19	42	54	45
26	16	39	28	57
40	35	14	56	30
12	29	44	51	23
50	43	36	24	11
37	20	55	32	47
25	41	17	53	38
13	22	48	10	58
52	18	21	31	46
27	49	33	15	59

经过长期的研究,布洛克博士归纳出如下的规律:用10~30s找出每个接连数字的驾驶员,其反应能力为中上;超过1min的为差,这说明他精力不集中,注意力分散,还说明他在紧急情况下,缺乏迅速找到正确的解决办法的能力。

美国各州公路工作者协会建议,对所有车速在确定安全停车距离时,反应时间用2.5s;在确定交叉口视距时,用2.0s。实际上,因人而异,总的反应时间在0.5~4.0s之间。

应当指出,反应时间不单指快,而且驾驶员要动作正确。驾驶员没有权力为了避免撞车,不考虑采取的措施如何,而一味地快。这样会招致更为严重的后果。

在混合交通条件下,从众多的危险之中选择最危险的情况,正确地、冷静地、迅速地作出反应,是驾驶员必备的品质,特别是当有中等密度的行人时,更是如此。

第四节　性格倾向

性格是人的个性心理的核心,是一个人最鲜明、最重要的区别于他人的个性心理特征,是人对现时的态度以及与之相适应的行为方式的标志。根据心理学的分类原则,可以将驾驶员分为性格外向型和性格内向型两大类。

一、两种性格的特点

1.外向型　总的特点是其心理活动过程经常指向外在事物。思维速度与行为动作趋于一致、性格开朗、感情奔放、行为举止敏捷等。因此,外向型驾驶员普遍具有以下特征:自信心强、感知觉灵敏、临危反应及应变能力强,驾驶动作敏捷协调,但内在体验薄弱,易受情绪左右,好冲动,自控制能力较差,喜欢刺激和冒风险,胆大而心不细,其驾驶行为特征以快车型为代表。

2.内向型　总的特点基本与外向型相反,其心理活动过程经常指向内心世界。思维速度与动作速度反差较大,性格沉静,感情含蓄,行为谨慎,顺应困难。因此,内向型驾驶员普遍具有以下特征:勤思考,内在体验深刻而不易外露,善于自控情绪,自信心不强,办事条理性及计划性强,力求稳妥,反应缓慢,应变能力差,尤其是临危缺乏自信和果断,紧急避险失误率高,其驾驶行为特征以慢车型为代表。

二、性格倾向与违章、肇事分析

有人曾对我国某城市的147名肇事驾驶员进行性格倾向与违章、肇事跟踪调查,其分析结果见表2-9。

表2-9

序号	事故类别	违章性质	频次	驾驶员性格分类			
				外向型		内向型	
1	碰撞 46	①超速侵道	23	16	70%	7	30%
		②慢道行驶	14	5	36%	9	64%
		③临危避险失误	9	2	22%	7	78%
			46	23	50%	23	50%
2	超车刮擦 14	①强行超越	10	7	70%	3	30%
		②提前驶回	1	1	100%	0	0
		③空间判断失误	3	1	33%	2	67%
			14	9	64%	5	36%
3	碾压 63	①超速行驶制动不及	25	16	64%	9	36%
		②中速行驶制动过迟	10	2	20%	8	80%
		③制动时无绕行	23	7	30%	16	70%
		④加速绕行	5	4	80%	1	20%
			63	29	46%	34	54%
4	追尾 9	①跟车间距过小	2	2	100%	0	0
		②注意力分散	7	6	86%	1	14%
			9	8	89%	1	11%
5	翻车 8	①受超车影响	4	0	0	4	100%
		②会车过分靠边	2	0	0	2	100%
		③超速自行驶出	2	2	100%	0	0
			8	2	25%	6	75%
6	其他 7		7	5	71%	2	29%
			147	76	52%	71	48%

表中147名驾驶员分布于某市的公交公司、货运公司、出租汽车公司和某局机关车队;年龄分布为:25~35岁的60人,36~45岁的87人;男性112人,女性35人;均有三年以上驾驶经历,且近三年内均发生过不同责任的交通事故(多次事故者只记录其较重的事故并承担主要事故责任的那一次)。可见,代表面是比较广泛的。

1.肇事总体分布　统计发现,内向型肇事发生率低于外向型(4%),这与此类驾驶员的心理活动曲线趋于连续平稳,以及对交通违章持慎重态度直接相关。此类驾驶员本身具备了谨慎、沉着等心理品质,有助于养成严肃而有条理,对他人攻击性违章的容忍性和对自身行为的约束性较好，严于律己的驾驶作风，而这种驾驶风格的连续一贯性则对交通安全起到了积极保障作用。

外向型驾驶员则往往因其反应及应变素质较好而盲目自信，在行车过程中疏于律己，麻痹大意，自觉或不自觉地违章驾驶，在以往的统计中还发现，外向型驾驶员自觉遵守交通法规的水平远低于内向型驾驶员，前者的交通违章率超过后者达20%～30%。但往往由于外向型的心理品质优点（如反应灵敏、应变能力强、驾驶思维与动作协调性好等），弥补缩小了其交通违章率与肇事发生率之间的差距。

2.肇事类型分布　上述统计发现，两种性格倾向在肇事类型上均有其典型代表意义。外向型责任肇事类型以超越刮擦、追尾两项为代表，以单方（外向型一方）责任肇事为主，体现了外向型性格的积极主动特征。而内向型责任肇事类型则以碾压、翻车两项为代表，以双方共同违章肇事为主，体现了内向型性格的消极被动特征。

3.违章性质分布　上述统计还发现，双方的违章性质体现了强烈的性格倾向特征。外向型违章趋于攻击性，即违章呈主动型，明显表现于超速侵道违章（70%:30%）；强行超车（70%:30%）；超速行驶制动不及造成碾压（64%:36%）；加速绕行造成碾压（80%:20%）；追尾（89%:11%）上述违章率均远高于内向型，这与外向型心理活动，尤其是情绪易受外界事物、环境所感染支配有关。外向驾驶员常常因为自控能力较低，情绪冲动而冒险驾驶，以致最后违章肇事。

内向型违章趋于防御性，即违章呈被动型，突出表现在临危避险失误造成碰撞（78%:22%）；中速行驶制动过迟造成碾压（80%:20%）；受他车超车影响而自行翻车（100%:0）等。除此之外，在统计中仅发现一项“侵道碰撞肇事”属内向型攻击性违章肇事（64%:36%），但经实际调查发现，该项共9起属内向型违章案例中，有3起是由于受横穿行人影响而被动违章侵道，2起是由于道路右侧临深沟与有停车障碍而被动侵道，其违章性质实际上仍属于保守防御性。因此，上述违章特点与内向型驾驶员本身存在的反应判断及应变能力较差、顺应困难等心理弱点有关，在突然情况来临之际，常常犹豫不决，缺乏果断处置能力，从而丧失紧急避险时机而被动违章肇事。

由上述分析，虽然驾驶员的性格倾向与肇事频率不是显著相关的（此项调查外向型责任肇事率仅比内向型高4%），但驾驶员性格倾向与违章性质、事故类型显著相关。外向型趋于主动违章，呈攻击性肇事倾向；内向型趋于被动违章，呈防御性肇事倾向。

驾驶员的性格倾向是在其个人的教育过程中，在个性与教育的相互关系中形成的。性格倾向形成以后比较稳定，但也是可以改变的。首先，性格与人的立场、观点、理论、信念有密切联系，经过思想教育和自我修养，随着立场观点的变化，其性格也会发生变化。其次，经常稳定的刺激会使人产生与之相适应的稳定的态度和行为方式，从而形成良好的性格。

知道了自己的性格特征，可以巩固好的方面，改造不良的方面，使自己不断进取，成为一个有崇高理想、高尚道德情操和优良性格的驾驶员。知道了别人的性格，可以在一定程度上预测他的行为。此外，了解一个人的性格。就不致于无意中去惹人生厌，触人发怒，并可根据其性格来关心他，帮助他。

因此，应根据驾驶员性格倾向有针对性地组织安全行车教育。首先，要使每位驾驶员清楚地体会自己的性格倾向及其对安全行车的影响；其次要通过经常性的帮助，促使两种性格倾向的驾驶员在驾驶特征上相互渗透，以利安全行车。当然，驾驶员性格倾向有随年龄、社会生活、肇事记录、驾驶经历等影响自然由外向型向内向型转化的趋势。

第五节 驾驶疲劳

一、驾驶疲劳的概念

所谓疲劳是指作业者在连续作业一段时间以后，劳动机能的衰退和产生疲劳感的现象。这是作业者的生理、心理在作业过程中发生变化的结果，属于正常的生理现象。作业者在疲劳状态下连续作业的直接后果是工作效率下降、事故率上升。

驾驶作业虽然不是重体力劳动，但是，为了应付不测的事态和急速变化的环境，驾驶员总是处于一种应急状态，使之眼睛和神经持续地高度紧张。特别是在高速行驶时，眼球运动有时达到每分钟150次以上，使眼睛感到很累，由此引起驾驶员的中枢神经容易产生疲劳，招致感觉的钝化和知觉的下降，引起认识的不全面或迟缓、判断的失误，最严重时会产生驾驶时打瞌睡的危险现象。这种驾驶人员在连续驾驶车辆后，产生生理、心理机能以及驾驶操作效能下降的现象称为驾驶疲劳。

驾驶员长时间坐在固定的座位上，要从复杂的环境中不断获取交通情报并迅速处理。这种紧张状况时刻都增加驾驶人员的心理负担。由于驾驶工作的连续性，在行驶中常常因遇到交通堵塞或红灯信号而停车，以致心情烦恼、急燥，加重心理负担，因而容易疲劳。在一些景物单调的道路上长距离行车，也易产生疲劳。这些都称为驾驶疲劳。

二、疲劳的性质与分类

为了揭示疲劳的实质，让我们先来分析一起交通事故。通过对该事故的鉴定查明：汽车性能可靠，出车前准备工作良好，方向盘和制动系统均无故障。道路上无急转弯，无异常情况，路面干燥。然而，汽车却突然右滑，撞在路旁的一棵树上，从悬崖上翻入了山谷。结果造成三人死亡。事故发生的原因何在呢？医生们的结论是：该驾驶员在疲劳之时和疲劳之后曾入睡过几秒钟。事后查明，该驾驶员前一天曾工作到深夜，只睡了2h，便又开始了400km的行程。为了振作精神，他喝了两杯浓咖啡。此后的事态，医生们认为是这样的：

大约行驶了一半路程，驾驶员已疲惫不堪、昏昏欲睡、冉冉升起的太阳驱散空气中的薄雾，发出耀眼的光芒。由于紧张注视路上情况，双眼开始出现刺痛感。上下眼皮打架。两杯咖啡的刺激作用消失后，疲劳进一步加剧。与乘客交谈也无济于事。

这时，驾驶员已不能及时感知路上情况的迅速变化，听不清乘客的交谈，反应迟钝，脉搏跳动减缓，瞬间他打了个盹。汽车的颠簸曾使他醒过来，但随后又入睡了几秒钟，这次时间长了，真是危险。于是，不幸发生了……。

疲劳不是病态，而是一种正常的生理状态。多数专家认为，一般性疲劳，休息一天便可解除，驾驶员的体力和工作能力可以完全复原。过度疲劳，则是多次疲劳的影响积聚而成的，它可能突然以某种病态表现出来。如果说疲劳是劳动过程的产物，那么，过度疲劳则是疲劳得不到休息补偿的结果。

疲劳，一般可以分为身体疲劳和精神疲劳两种。前者由于体力劳动所致，表现在身体方面；后者由于脑力劳动所致，表现在精神方面。因为汽车驾驶作业是脑力劳动与体力劳动的结合，所以，驾驶员的疲劳是这两种疲劳的综合体现。

从疲劳恢复的时间来看，可以把疲劳分为一次性疲劳、积蓄疲劳和慢性疲劳。一次性疲劳是经过短期的休息，比如睡一夜觉就可以恢复的疲劳。这是一种由于日常的劳动所引起的疲劳，正常驾驶疲劳就是属于这一种。积蓄疲劳不能用短时间的睡眠来恢复，睡一夜觉后，第二天还是疲劳，这是由于时间过长而积累起来的疲劳。要恢复这种疲劳必须长时间休养和十分充足的睡眠。否则，这种积蓄疲劳会发展成为慢性疲劳。慢性疲劳是一种病态疲劳，一般来说是由于长时期处于疲劳状态而引起的。这种疲劳使劳动质量下降，影响身心健康。积蓄疲劳严重者也和慢性疲劳者相似，都不宜驾驶车辆。

三、驾驶疲劳的原因

驾驶疲劳的原因，可以从驾驶员本身和驾驶的客观条件中去寻找，导致驾驶疲劳的因素可以大致归纳成表 2-10。

影响驾驶疲劳的各种因素 表 2-10

<table>
<tr><td rowspan="2">驾驶员生活情况</td><td>睡　眠</td><td>睡眠时刻——几点钟开始睡眠
睡眠时间——几小时睡眠
睡眠环境——能否熟睡</td></tr>
<tr><td>生活环境</td><td>居住环境——上班路程远近
家庭环境——婚否、家庭和睦情况
业余时间——下班后时间的利用</td></tr>
<tr><td rowspan="3">行车情况</td><td>车内环境</td><td>车内温度——温度是否合适
车内湿度——湿度是否合适
噪声及振动——是否过大
车内仪表——是否易于观察
座　椅——乘坐是否舒适
与同乘者的关系——融洽或紧张</td></tr>
<tr><td>车外环境</td><td>行车时间——白天、黄昏、夜间
气　候——睛、雨、雪、雾
道路条件——道路线形、坡度以及位于市区、郊区、山区等
交通条件——通畅或拥挤
道路安全设施— 完善或不完善</td></tr>
<tr><td>行驶条件</td><td>运行条件——长距离行车或短距离行车
时间限制——到达目的地的时间是否充裕</td></tr>
<tr><td colspan="2">驾驶员本人情况</td><td>身体条件——体力与健康状况
经验条件——技术是否熟练
年　龄——青年、中年、老年
性　别——男、女
性　格—内向或外向</td></tr>
</table>

四、疲劳对安全行车的影响及疲劳的预防

(一)驾驶疲劳使驾驶员的驾驶机能失调、下降，对安全行车带来的不利影响

1. 简单反应时间显著增长　据国外研究，工作一天以后，不同年龄的驾驶员，对红色信号

的反应时间都增长了，如表 2-11 所示。

不同年龄的驾驶员疲劳前后的反应时间　　表 2-11

年龄(岁)	疲劳前的反应时间(s)	疲劳后的反应时间(s)
18～22	0.48～0.56	0.60～0.63
22～45	0.58～0.75	0.53～0.82
45～60	0.78～0.80	0.64～0.89

2.对复杂刺激(同时给红色和声音刺激)的选择反应时间也增长了，有的甚至增长 2 倍以上。

3.疲劳之后，动作准确性下降，有时发生反常反应(对于较强的刺激出现弱反应，对于较弱的刺激出现强反应)。动作的协调性也受到破坏，以致反应不及时，有的动作过分急促，有的动作又过分迟缓。有时，作出的动作并不错，但不合时机。这在制动、转向方面，表现得最为明显。

4.疲劳以后，判断错误和驾驶错误都远比平时增多。判断错误多为对道路的通畅情况，对潜在事故的可能性及应付方法考虑不周到，降雨时速度不当等。驾驶错误多为掌握方向盘、制动、换档不当。严重者可发生手足发抖，脚步不稳，动作失调，肌肉痉挛，对驾驶发生严重影响。有的人甚至进入半睡眠状态，把车开入河里、桥下或撞在岩壁上。

当然，因为疲劳的过程是渐进的，因而上述驾驶机能的变化也是逐步下降的。不同疲劳状态对驾驶行为的影响可以归纳成表 2-12。

不同疲劳状态下的驾驶行为　　表 2-12

行为＼状态	正常状态	疲劳状态	瞌睡状态
控制车速	加速、减速敏捷	加速、减速时间较长，速度较慢	速度变换很慢或干脆不变
行车方向控制	能迅速、正确地作出判断，并不断地调节操作动作	不能及时迅速地作出调节性操作动作甚至产生误动作	停止操作
身体动作	操作姿势正常，无多余动作	较多的身体动作，如揉搓颈或头，伸懒腰，吸烟，眨眼	睡眠，身体摇晃

(二)长时间驾驶引起的疲劳及预防

由于疲劳而产生的事故，其形成过程如图 2-8 所示。

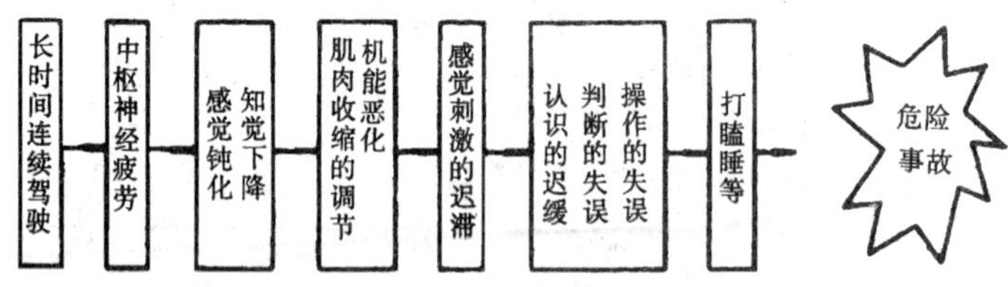

图 2-8　因疲劳而产生的事故的形成过程

从图 2-8 可知，虽然导致驾驶疲劳的因素是多方面的，但是，长时间连续驾驶是其中最关键的。可以说驾驶疲劳是伴随连续的长时间驾驶产生的。

驾驶的持续时间对驾驶员疲劳的产生、工作效率的保持以及正确、迅速地掌握道路状况的能力起着决定的作用。

日本交通心理学家把驾驶的疲劳感觉按连续行车时间长短分为五个阶段:0～2h为适应新驾驶工作的努力期;2～4h是驾驶的顺利期;6～10h为出现疲劳期,10h以后为疲劳加重期;14h以后为过劳期。前苏联的科学家研究的结果是:六分之一的肇事驾驶员的持续驾驶时间超过8h,而且所造成的也往往比其他驾驶员更严重。他们认为,交通事故发生率在8h工作以后增大,其中,第8～10h之间不甚明显,但在此之后,驾驶员的疲劳感和交通事故的危险性都大大增加,11h后尤为明显。实际调查中,驾驶员自己的体会也是,疲劳往往产生于工作10h之后。因此,对于长途行车来说,无论是从交通安全的角度,还是从经济的角度考虑,采用两班工作制,要比延长工作时间优越得多。

为了预防驾驶员疲劳行车,前苏联于1977年8月16日颁布的《关于汽车驾驶员作息时间的条例》中明确规定:每周的工时累计额不得超过41h。每周工作6d的驾驶员,每天的工时不得超过7h;休息日前一天的工时不得超过6h。在长途运输中,驾驶员的工作时间持续较长,按照累计工时核算,工作的持续时间不得超过10h,最长不得超过12h,如果在一个班次中驾驶时间不得不超过12h,那么,汽车上应备有专门的休息设备,而且在一个班次中选派两名驾驶员。

此外,长途行车中应注意,每隔2～3h要休息10～15min。稍感困倦和无端烦躁就立即打开玻璃窗,呼吸新鲜空气。也可打开收音机,但最好听轻音乐或欢快的歌曲,不要听乏味的、催眠的音乐或球赛的实况转播,因为这会分散注意力。如果这一切都无效果,应靠边停车,下去活动一下身体。如果感到疲劳过度、睡意难以解除,最好睡20～30min。一般经过短时间睡眠,睡意即可解除。

(三)瞌睡的形成及预防

驾驶员一次疲劳的极限程度是达到瞌睡状态。驾驶途中(特别是长途运输中)所遇到的交通环境千篇一律会使驾驶员昏昏欲睡,当驾驶员在单调的道路上驾驶时,他会处于意志薄弱的状态,注意力不由自主地转到与行车无关的事情上,并且会产生一些念头,分散了注意力,对周围情况漠不关心。在交通环境千篇一律的情况下,对大脑皮层某些点的重复性刺激会导致一些神经细胞群呈现抑制状态,从而使驾驶员精神委靡甚至入睡。通过研究还表明,单一的灰色沥青路面是导致驾驶员昏昏欲睡,造成交通事故的重要原因之一。另外,在高速公路上行车时,由于驾驶员长时间在路线平直而单调的环境中作简单的重复操作,车辆产生轻微而有节奏的振动,此时由于大脑反复受同样的刺激,使大脑皮层的能量消耗过多,大脑代谢功能降低(此时,乘车人往往已进入瞌睡、甚至睡眠状态),供血不足,也很容易引起驾驶员疲劳,甚至达到昏昏欲睡状态。

近几年来,因驾驶员打瞌睡引起的交通事故逐渐增多,而且多为恶性事故。驾驶员因打瞌睡而发生的交通事故在一天时间中的分布如图2-9所示。

图2-9所显示的瞌睡事故的高发时段(23:00～8:00),正是人们每天睡眠的最佳时刻。在这段时间中,人体的许多生理系统随着生物节律的循环周期而进入抑制状态。因此,从事夜间运输的驾驶员,一是要保证出发前应有不少于8h的睡眠时间;二是要比白天的工作定额时间减少1h。

预防驾驶员因瞌睡酿成交通事故的措施应是有针对性的。通常采用的措施是:

1.长时间连续驾驶引起瞌睡的预防(前已述及,略)。

2.单一的灰色沥青路面导致驾驶员瞌睡的预防。①把危险地段的路面涂上鲜艳的颜色，尤其是红颜色或黄颜色，可以刺激驾驶员的视觉器官和整个神经系统更积极地活动。例如阿尔卑斯山上的某些特别危险路段涂上鲜艳颜色后，达到了预期的效果，交通事故减少了85%～90%。由此可见，路面着色是保证交通安全的一种有力措施。②减少交通事故的另一个办法，是用浅色石块铺砌路边，或者在路边铺一层沥青。它们所形成的道路光学界线有利于驾驶员准确地判断道路的宽度和方向，尤其是弯道的宽度和方向。在美国采用这一办法后，交通事故的总数下降了19%，死亡率下降了35%，其中夜间的死亡率下降了37%。③危险路段两边对称的沥青路堑，同样可以减少交通事故。加利福尼亚州39条非常危险的路段上修筑了这种路堑之后，交通事故下降了70%。

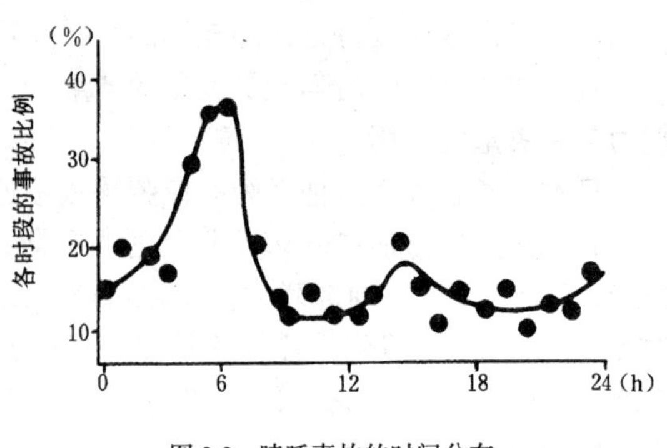

图 2-9 瞌睡事故的时间分布

3.一般来说，由于驾驶员出现“抑制状态”而造成的交通事故占交通事故总数的1%～12%，其后果也往往特别严重。这种“抑制状态”通常是几种消极因素，如心情紧张、令人焦躁的环境、道路情况千篇一律等综合作用的结果。还应指出，车上的乘客、特别是驾驶员附近的乘客睡觉，对驾驶员的消极影响是极大的。这种心理作用就如同一个人打哈欠自然会感染他人一样。足够的睡眠(不少于7h)、正确的生活方式、驾驶过程中饮食适量、驾驶室通风良好以及在不分散注意力的前提下与乘客低语，是防止产生“抑制状态”的主要手段。

在国外，因驾驶员疲劳而发生的交通事故，占全部交通事故的1%～1.5%；另据法国国家警察总署统计，交通事故中，占人身伤害事故的14.9%和死亡事故的20.6%，都是由于驾驶疲劳、瞌睡发生车祸而造成的。实际上，分析事故原因时，除非极明显的由于瞌睡或知道驾驶员出事故前没有休息好，一般很少把事故原因归结为疲劳的。如果按疲劳的原理深入分析，那么由于疲劳而引起的交通事故所占比例，应当是比较大的。

在我国，由于运输企业改革和运输市场开放后，一些单车承包者和个体运输户追求更高的运输效益，疲劳驾驶的现象比较普遍，有的甚至长时期坚持每天行车10h以上，由此引发的交通肇事逐渐增加。目前，在一些地方疲劳行车肇事占交通事故总数的比例已达到14%～16%以上。对此，应引起高度重视。

第六节　饮酒与驾驶

一、饮酒对人生理及心理的影响

酒的主要成分是酒精(化学名称为乙醇)，酒的烈性程度，就是指所含酒精浓度的大小。人饮酒之后，酒精被胃壁和肠迅速吸收，溶解于血液中，通过血液循环流遍全身，渗透到各组织内部。由于酒精与水有融合性，所以体内含水量高的组织和器官，比如大脑和肝脏等，酒精含量也高。

酒精具有麻醉作用。它作用于高级神经中枢，最初使人有些轻松，减弱了对运动神经的约束，四肢活动敏捷。随着脑及其他神经组织内酒精浓度的增高，中枢神经活动便逐渐迟钝，先使人的判断力发生障碍,而后四肢活动也变得迟缓了。

测试表明,血液中酒精浓度在0.5‰~1.0‰时,可出现颜面潮红,血压轻度升高;在1.0‰~1.5‰时,因脑皮质受抑制,饮酒者自觉舒适愉快,话多好辩;在1.5‰~2.5‰时,饮酒者颜面苍白,意识朦胧,言语含糊不清,不能正常步行,呈木僵状,伴有血压和体温下降;在4.0‰~5.0‰时,饮酒者呈深度昏迷;麻醉状态,甚至可能出现呼吸、心跳停止而死亡。

饮酒对精神和心理的影响,比对身体的影响更大,其表现为:①情绪不稳定;②理性被麻痹,对各种事物的注意力下降;③意识面变窄;④信息处理能力下降,影响其选择面;⑤预测的正确度和自制能力下降;⑥危机感被麻痹,脾气变大,喜欢超速和超车等,安全态度显著变坏;⑦记忆力下降等等。

由于饮酒对人的生理和心理能产生上述影响,所以,饮酒后驾驶员的驾驶机能会不同程度下降。实验证明,体内酒精浓度为0.8‰时,驾驶能力有所下降,浓度为1.0‰时,驾驶能力下降15%;浓度为1.5‰时,驾驶能力下降39%。在《法医学》中以表格的形式总结了酒后开车不安全因素的量的概念(表2-13)。

酒后开车的危险性 表2-13

血液的乙醇浓度(%)	酩酊程度	驾驶危险性	血液的乙醇浓度(%)	酩酊程度	驾驶危险性
0.05	几乎不呈酩酊状态	可有危险	0.20	呈酩酊状态	肯定危险
0.10	有明显影响	多有危险	0.25	高度酩酊	肯定危险
0.15	有很大影响	非常危险	0.30	重度酩酊	肯定危险

二、酒后开车与交通事故

酒精麻醉的程度是因人而异的。它取决于人的健康状况、疲劳程度、情绪状态以及进食、饮酒的习惯和人体对酒精的敏感度。酒后肇事驾驶员血液中的酒精含量通常为1.5‰~2.5‰。血液中酒精含量在0.3‰~0.9‰的驾驶员造成交通事故的可能性比头脑清醒的驾驶员一般高7倍。以此类推,酒精含量在1.0‰~1.5‰的驾驶员要高30倍,超过1.5‰的驾驶员则要高128倍。

从世界交通事故统计来看,因酒后开车造成的事故比例很大。前苏联78%的交通事故与驾驶员酒后开车有关;1986年,欧洲交通事故死伤160多万人,其中42%与饮酒有关;法国每年酒后开车造成5000人死亡,占交通事故死亡人数的43%左右。

在我国,酒后开车肇事现象也比较严重。驾驶员酒后开车造成的交通死亡事故占同时期交通事故死亡总数的5%左右。而且,从发展形势看,随着人民生活水平的逐步提高,我国人民饮酒量也在上升,驾驶员中,尤其是长途客货、山区运输及个体运输的驾驶员饮酒现象也比较普遍。

对于驾驶员酒后多久可以驾驶汽车,而又不必担心酒精的副作用导致交通肇事的问题,已经有了明确的结论。大致可以认为,人体1h内可以排出6~8g纯酒精。各类酒的酒精浓度在其商标上均有注明。一般白酒中含有酒精38%~65%,果酒中含18%~48%,啤酒中含2%~5%。饮酒后,酒类中的酒精大部分被胃壁吸收,少部分由小肠吸收,约5min后,进入人体血液中,并经血液循环渗入人体各器官和组织中。

为了防止驾驶员酒后开车,世界各国都做出了严禁酒后开车及其对违章者的明确规定。

中国:对违章者依情节轻重分别给予200元以下罚款或者警告可以并吊扣驾驶证3个月;

同时,交通违章记12分,并滞留其机动车驾驶证正证和副证,考试合格后方可发还。

土耳其:酒醉开车,驾驶员要被押送到离城20km以外,然后在监护下强迫步行回城。

美国洛杉矶:如发现驾驶员酒后开车,除罚款外,还要花300美元在车内安装一种电子装置,一旦有酒味,车就发动不起来。如不安装,将剥夺其驾驶汽车的权利。

美国加利福尼亚州:因酒后开车而被控告的驾驶员,将被强迫去参观停尸房,并观看尸体解剖,或看一部令人惨不忍睹的交通意外事故影片,以教育违章者。

日本:醉酒驾车两次以上者,将被判处6个月的徒刑。

加拿大:酒后开车者,罚款1 470美元,监禁6个月,造成人身伤亡的监禁10个月,造成死亡的,监禁14年。

第七节　生物节律

人类生活的自然环境随着时间的变化而有规律的交替,即是自然节律。如昼夜的交替、季节的变换、潮汐的涨落等。人类作为生活在自然环境中的有生命的机体,与自然环境相适应,其生理活动同样表现出有规律的变化。生理学家称这些人体内存在的生理循环为“生物节律”。生物节律的变化与人类行为有着密切的关系。研究证明,人体中没有哪一种化学变化和物理变化是没有节律的,如脉搏、呼吸、血压、排泄、睡眠、体温及妇女的经期等。

一、生物节律及其内容

对人类生理节律的研究表明,多数节律是以24h为周期循环的。人体还表现出较长时间的节律。如周期约近一个月的体力节律(23d)、情绪节律(28d)、智力节律(33d)等。这三个节律一般称为生物节律。

生物节律提出于19世纪末、20世纪初,它在某种程度上揭示了人的生理、心理变化的规律。生物节律的内容可以概括为以下几点:

1.人类行为受其固有的、可测定的生物节奏变化的影响;

2.人的体力、情绪和智力循环周期分别为23d、28d和33d;

3.这些节律从人们出生的那一时刻开始,就分别按各自的周期循环变化——从高潮期到临界期,直至低潮期;再从低潮期到临界期,直至高潮期,这样不断的循环往复,直到生命结束止。生物节律的变化如图2-10所示。

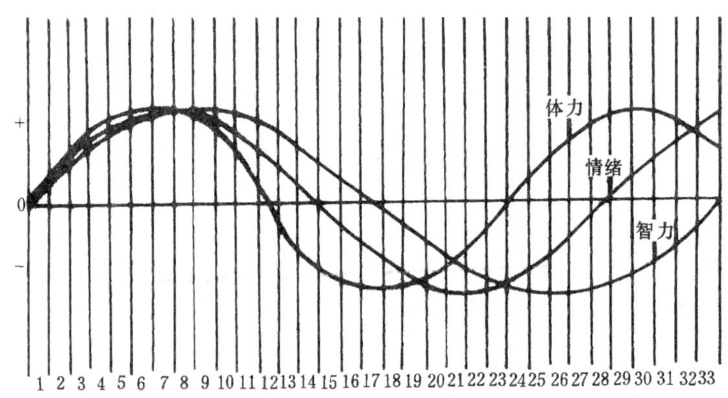

图2-10　生物节律变化图

4.每当人们的这些循环处于高潮期,人们的行为也处于最佳状态:体力旺盛、精力充沛、情绪高昂、视野开阔、思维敏捷、工作效率高;当循环处于低潮期,人们的行为适应性差,处于较差状态:体力衰弱、耐力下降、情绪低落、反应迟钝、思维抑制、工作效率低;而当这些循环处于高潮期与低潮期之间的临界期,人体内发生复杂和急剧的生理变化,各器官功能协调性差,人们的行为处于一种不稳定状态,这个时期,人们的行为很容易受外界因素的影响而出现差错或酿成事故。如果有两个以上的节律都在同一天到达临界期,则其影响更为明显。

二、生物节律对行车安全的影响

一个人从出生日到三个循环又完全重合在同一天,共经过 21 252 天。这些天中,大约经过 16 925 个非临界日,4 327 个临界日。换句话说,人生中大约在 20.36%的日子处于其生物节律的临界日状态。如果生物节律对驾驶员的行车安全没有影响,那么,在交通事故统计中,属于驾驶员临界日发生的事故也应占事故总数的 20.36%左右。

1939 年,瑞士联邦工学院的汉斯·斯旺对 700 起交通事故的驾驶员作了生物节律分析,发现发生在驾驶员临界日的事故占 57.3%。1971 年,日本东京和大阪警察厅分别报告,在他们所调查的汽车交通事故中,发生在驾驶员临界日的事故分别占 82%和 70%。美国密苏里州州立南方大学的哈罗德·威尔斯教授对 100 起汽车交通事故的研究发现,有 55%的事故发生在驾驶员临界日。我国学者对四川、陕西、上海等地近几年发生的 490 起与驾驶员责任有关的重大交通事故研究表明,属于驾驶员临界期发生的事故占 76.73%。

以上事实表明,交通事故的发生与驾驶员的生物节律有着内在的联系。运用生理节律理论推算驾驶员的节律状态,指导驾驶员安全行车,能起到防止和减少交通事故的积极作用。前苏联图拉市交通局的一个汽车场,利用上述理论安排驾驶员的工作,14 个月中,事故率下降 42.9%。1969 年,日本某铁路公司下属的一个出租汽车队,绘制驾驶员生物节律图,每当驾驶员临界日就给其发黄色卡片以示警惕,使事故减少 50%。我国成都市第二汽车运输公司汽车一队运用生物节律指导驾驶员安全行车,1987 年与 1986 年相比,在车辆行程增加 4.58%的情况下,立案事故下降 55.55%,直接经济损失下降 40.59%。福州运输公司货车二队自 1988 年试行生物节律指导安全行车,1988 年只发生 6 起事故,与 1986 年和 1987 年相比,年均事故起数减少 61.3%。事故经济损失下降 44.3%。张家口地区第一运输公司 1985 年至 1987 年共发生交通事故 110 次,造成 13 人死亡,直接损失达 26 万元之多。该公司从 1988 年起运用人体生物节律理论,向驾驶员及时通告危险的临界日以预防交通事故,1988 年至 1990 年 9 月共因交通事故造成 2 人死亡,事故次数比前三年下降 57.3%。

以上实践说明,在汽车运输企业,运用人体生物节律理论控制和预防交通事故是行之有效的。

三、生物节律的计算方法

计算生理节律的方法很多,如查表法、计算法、图像法等。计算法的基本计算公式如下:

$$Y_1 = A_1 \sin\left(\frac{2\pi}{23}X\right) \tag{2-1}$$

$$Y_2 = A_2 \sin\left(\frac{2\pi}{28}X\right) \tag{2-2}$$

$$Y_3 = A_3 \sin\left(\frac{2\pi}{33}X\right) \tag{2-3}$$

式中：Y_1、Y_2、Y_3——分别是体力、情绪、智力的节律状态，其图像为正弦曲线(如图 2-10 所示)；

X——当事人发生事故日期到出生日期的总天数，$0 < X < \infty$；

A_1、A_2、A_3——分别是体力、情绪和智力的振幅。

当节律波处于“正”象限(A 值为正)时，为高潮期；处于“负”象限(A 值为负)时，为低潮期；当 A 值为(接近于 0 时)为临界期。

人体生物节律的计算是按公历来进行的，最简单的方法，是先计算出从出生那天起，到要测算那天的总天数，然后分别以 23、28 和 33 去除总天数，得到三个余数，去对照图 2-10 或其他的生物节律变化图，即可得到所需了解那天的生物节律状态。试举例如下：

如某驾驶员是阳历 1971 年 3 月 16 日出生，试计算他在 2001 年 9 月 22 日的生物节律状态。

1.以公历为准，计算其周岁天数，即 365 × 周岁数，则

$$365 \times 30 = 10950(\mathrm{d})$$

2.计算闰年比平年多的天数(四年一闰，闰年二月份比平年多一天)，即周岁数 ÷ 4(结果取整数)，则

$$30 \div 4 = 7.5 \text{ 取 } 7\mathrm{d}$$

3.计算周岁生日距测试日的天数，按日历计算为 190d。

4.取前三项之和，计算出总天数为 11147d。

5.分别以三个周期的天数去除总天数，计算在各周期中所处的节律位置，则

体力 11147 ÷ 23 = 484……余 15

情绪 11147 ÷ 28 = 398……余 3

智力 11147 ÷ 33 = 337……余 26

6.用三个周期的余数，对照图 2-10，查得该驾驶员处于体力循环低潮期、情绪高潮期和智力低潮期。

应该指出：关于生物节律的上述观点在目前还缺乏足够的科学根据。例如人的生命活动自胚胎期就已开始，这对生物节律的计算起点是否有影响？人的一生是很复杂的，引起人的体力、智力、情绪变化的因素相当多，这些因素如何与生物节律共同影响人的日常行为？外界的各种刺激以及人体自身的健康疾病等因素对生物节律的周期是否有影响？人体机能随着年龄的增长而逐渐趋于衰老，生物节律周期是否也随年龄而有所变化？此外，人与人之间在生物节律周期上是否存在着个体差异？男女之间在生物节律上是否存在差异？这些问题尚无法解释和验证。

生物节律学说是一门新兴学科。在目前虽然有些问题尚未明了，但至少可以给我们这样一个启示：驾驶员的行为状态是有一定规律的，了解和掌握这些规律，对保证交通安全有益。

复习思考题

1.驾驶员的可靠性主要取决于哪些因素？

2.理解视觉特性的重要性，掌握有关视觉特性的基本概念及其对驾驶员安全行车的影响。

3.掌握驾驶员制动反应特性，说明影响反应时间的因素，用约瑟夫·布洛克图表测定你的反应时间。

4.简述两种性格倾向各自的性格特点及违章、肇事特点并联系你单位的一个或两个驾驶员的性格倾向予以说明。

5.什么是驾驶疲劳？导致驾驶疲劳的因素主要有哪些？疲劳对驾驶员安全行车会带来哪些影响？联系你单位实际，谈谈如何有效地保证驾驶员安全行车？

6.饮酒对驾驶员的驾驶机能有什么影响？酒后驾车对安全行车会带来什么影响？联系你所了解的一起酒后驾车的事故案例，说明严禁酒后驾车的必要性。

7.生物节律的主要内容是什么？它与安全行车有什么联系？试计算你自己下月第一天的生物节律状态。

第三章　交通量调查及分析

第一节　交通流特性概述

道路上的行人或运行的车辆构成行人流或车流，人流和车流统称为交通流。一般交通工程学研究中，没有特指时的交通流是针对机动车交通流而言的。

交通流的定性和定量特征，称为交通流特性。观测和研究发现，由于在交通过程中人、车、路、环境的相互联系和影响作用，道路交通流具有以下三个基本特性：

1.两重性　对道路上运行车辆的控制既取决于驾驶员，又取决于道路及交通控制系统。一方面，驾驶员为避免与其他车辆发生冲突，必然受到道路条件及交通控制系统的制约；另一方面，驾驶又可以在一定的时、空条件下，依据自己的意志自由地改变车速和与其他车辆的相对位置。

2.局限性　由于机动车和道路的物理尺寸所限，车辆运行中相互之间可能会相互妨碍。仅由于道路通行能力的限制和车辆间的相互制约，就有可能引起交通拥挤；另外，车速也是有限的，并视车辆和时、空条件而异。

3.时空性　由于车速是随机变化的，机动车在时间上和空间上的状态都是不相同的，因此，交通流既呈现有时间变化规律、又有其空间变化规律。

道路交通流的以上三个特性进一步说明：道路交通是一个复杂的动态系统。由这三个特性出发，将道路上的交通流用交通量、速度、密度三个基本参数加以描述。观测、整理和研究这些参数的变化规律以及它们之间的相互关系，可以为分析道路上的运营状况、交通规则、路网布设、线形设计、运输调度与组织、运力投放与调控以及为现有道路交通综合治理提供起决定作用的论证数据。

第二节　交通量的基本概念

交通量是指单位时间内，通过道路某一地点或某一断面的实际交通参与者(含车辆、行人、自行车等)的数量，又称交通流量或称流量。如果不加说明时，通常是指单位时间内通过道路某一地点或某一断面往来两个方向的车辆数，亦称为车流量。

在交通量观测和统计分析及实际应用中，常见的交通量有以下几种：

1.平均交通量　交通量不是一个静止的量，它是随时间变化的，在表达方式上通常取某一时段内的平均值作为该时段的代表交通量。如，年平均日交通量就是将一年内的交通量总数除以当年的总天数所得出的平均值。常用的平均日交通量还有月平均日交通量、周平均日交通量以及任意期间(依特定分析目的而定)的平均日交通量等。

以上平均交通量可以概括成如下的表达式：

$$平均日交通量(ADT) = \frac{1}{n}\sum_{i=1}^{n} Q_i \tag{3-1}$$

式中：Q_i——计算期内各单位时间的交通量；

n——计算期内的单位时间总数。

如果计算年平均日交通量(AADT)时，n 为 365 或 366，则

$$年平均日交通量(AADT) = \frac{1}{365}\sum_{i=1}^{365} Q_i \tag{3-2}$$

由此类推：

$$月平均日交通量(MADT) = \frac{1}{30}\sum_{i=1}^{30} Q_i \tag{3-3}$$

$$周平均日交通量(WADT) = \frac{1}{7}\sum_{i=1}^{7} Q_i \tag{3-4}$$

2.高峰小时交通量　指一天内的交通高峰期间连续 1h 的最大小时交通量。

3.第 30 位小时交通量将一年当中 8 760 个小时的小时交通量，按大小次序排列，从大到小排列序号为第 30 位的那个小时的交通量，称为第 30 位小时交通量。将一年中 8 760 小时交通量依大小次序排列，然后计算出每一个小时交通量与年平均日交通量之比值，称为小时交通量系数，以此为纵坐标，以排列次序为横坐标，可以绘制出一年中小时交通量曲线图（图 3-1）。从图上可以发现：从第 1 到第 30 位左右的小时交通量减少的比较显著，即曲线斜率大；而从第 30 位以后，交通量减少得非常缓慢，曲线较为平直，即曲线斜率小。据此规律，美国和日本等选取第 30 位小时交通量为设计小时交通量。这样，使道路设计既满足了 99.67%时间内的交通需求，将交通拥挤时间保持在最低限度（只占 0.33%），又大大降低了公路建设费用，经济合理。

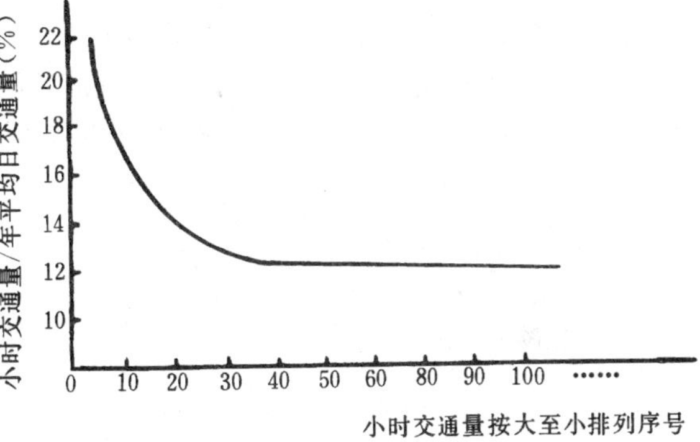

图 3-1　一年中小时交通量变化曲线图

第 30 位小时交通量是国外经验数值，由于我国公路交通组成情况不同于国外，美国日本等国的交通组成中，小汽车所占比例很高，我国则以中型载货汽车为主，并有自行车、人力车等混合交通。其次，我国公路的技术状况也不同于国外，因此，在对我国交通量调查的基本数据作了系统处理与分析之后，分析资料表明小时交通量系数曲线的显著变化位置一般在第 20 位小时交通量附近，这时的系数值偏高，而第 30 位小时之后的曲线较平缓，考虑技术与经济效益方面的因素，确定设计小时交通量的位数一般取第 30 位小时，各地可根据当地具体情况，在第 20 至 40 位小时交通量之间，选用最为经济合理的位数，作为设计小时交通量的位数。

第三节　交通量的变化特征

交通量不是一个静止不变的量，而是随时随地处于变动之中，具有随时间和空间的不同而变化的某些特征。掌握交通量的变化规律，对于组织运输生产、实施营运管理、运政管理以及交通设施、交通管理和交通安全有着重要的意义。

一、交通量随时间变化

交通量随着时间变化而出现的变化,反映了社会与经济活动等对交通的需求。这种需求随着社会和经济发展而增长并因为经济生产的季节性等影响,也使道路交通量也随之呈现随时间变化的特征。但是,这种随时间变化特征,在一个较短的时段,其分布具有相对的稳定性。

1.交通量在一年中的逐月变化　一年中每个月交通量是不相同的。以月份为横坐标、以各个月的月平均日交通量与年平均日交通量之比为纵坐标的曲线图叫交通量月变图(图 3-2);年平均日交通量与月平均日交通量之比,称为交通量月变系数 M(或称月不均系数,月换算系数),即

$$M = \frac{\text{年平均日交通量}}{\text{月平均日交通量}} = \frac{\text{AADT}}{\text{MADT}} \qquad (3\text{-}5)$$

并以各个月的月变系数表示交通量的月变规律。

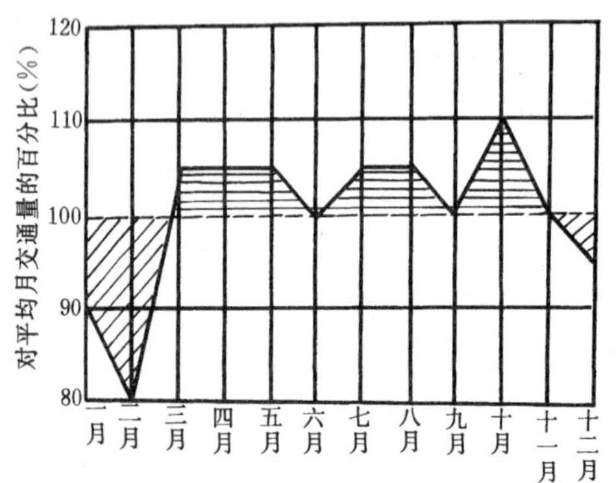

图 3-2　一年中交通量变化图

例 3-1　某交通量观测站测得各月份的累计交通量,整理列表 3-1 第一行,试计算各月份的月平均日交通量与月变系数。

解:先算,$\text{AADT} = \frac{881516}{365} = 2\ 415$ 辆/日

一月份,$\text{MADT}_1 = \frac{65785}{31} = 2\ 122$ 辆/日

二月份,$\text{MADT}_2\ \frac{42750}{28} = 1\ 527$ 辆/日

余类推,各月份 MADT 计算结果列于表 3-1 第二行:

一月份,月变系数 $M_1 = \frac{2\ 415}{2\ 122} = 1.14$

二月份,月变系数 $M_2 = \frac{2\ 415}{1\ 527} = 1.58$

余类推,各月份月变系数计算结果列于表 3-1 第三行。

交通量的月变化主要受地区经济、气候、工农业生产的季节性及人口活动习惯性行为等影响。

月平均日交通量与交通量月变系数　　表 3-1

月　份	1	2	3	4	5	6	7	8	9	10	11	12	全　年
累计交通量	65 785	42 750	67 141	73 317	77 099	72 782	70 641	70 951	83 043	91 661	88 166	78 180	881 516
MADT	2 122	1 527	2 166	2 444	2 487	2 426	2 279	2 289	2 768	2 957	2 939	2 522	AADT
M	1.14	1.58	1.11	0.99	0.97	0.99	1.06	1.05	0.87	0.82	0.82	0.96	2 415

2.交通量在一周内的逐日变化　在一周七天中,交通量也是逐日变化的。显示这种变化的曲线图,叫交通量日变图(图 3-3)。用各个周日的交通量日变系数 D 表示交通量的日变规律。

交通量日变系数 D,是以年平均日交通量(AADT);除以某周日的平均日交通量(ADT);某周日的平均日交通量等于全年所有某周日交通量的总和除以全年某周日的总天数。即

$$D = \frac{\text{AADT}}{\text{ADT}} \qquad (3\text{-}6)$$

式中：

$$ADT = \frac{全年某周日交通量总和}{全年某周日的总天数} \quad (3\text{-}7)$$

例 3-2 某交通量观测站测得各个周日的全年累计交通量，整理列表 3-2 第一行，试计算各个周日的周平均日交通量与日变系数。

解： 全年所有星期日交通量总和 = 111 469 辆/年

星期日的平均日交通量 $= \frac{111\ 469}{53} = 2\ 103$ 辆/日（全年有 53 个星期日），列于表 3-3 中第二行；

星期日的日变系数 $D = \frac{2\ 415}{2\ 103} = 1.15$ 列于第三行，余类推。

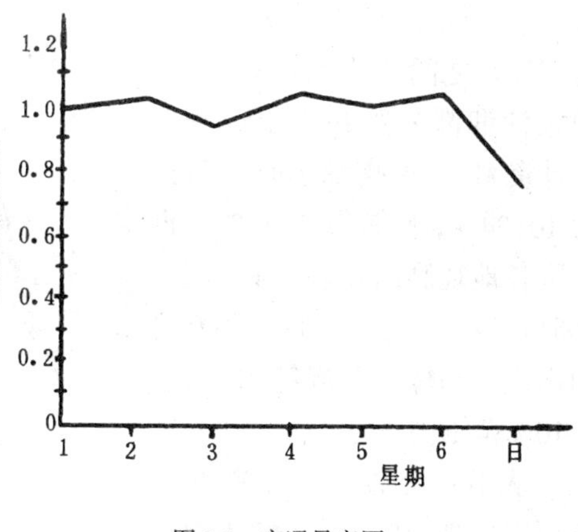

图 3-3 交通量变图

周平均日交通量与交通量日变系数 表 3-2

周 日	日	一	二	三	四	五	六	全 年
累计交通量	111 469	128 809	129 486	128 498	127 030	129 386	126 838	881 516
ADT	2 103	2 477	2 490	2 471	2 443	2 488	2 439	AADT 2 415
D	1.15	0.97	0.79	0.98	0.99	0.97	0.99	

根据某地区交通量的日变系数和月变系数，以在观测到某月某日的实际交通量后，大致预测当年的年平均日交通量。预算公式如下：

$$AADT = Q_{ij} M_i D_j \quad (3\text{-}8)$$

式中：Q_{ij}——第 i 月某天（星期 j）的实测交通量；

M_i——第 i 月的交通量月变系数；

D_j——星期 j 的交通量日变系数。

例 3-3 某地四月份 $M_4 = 0.945$，星期四 $D_4 = 1.223$，实际观测到该地某道路上 2000 年 4 月 13 日（星期四）的交通量为 3 558 辆，试推算该地此道路 2000 年的年平均日交通量。

解： 因为 $M_4 = 0.945$，$D_4 = 1.223$，$Q_{ij} = 3558$ 辆/日，所以，将以上数值代入式（3-8）得：

$$AADT = 3\ 558 \times 0.945 \times 1.223 \approx 4\ 112（辆/日）$$

则，该条道路上 2000 年的年平均日交通量大约为 4 100 辆左右。

应该说明，用上述方法预测年平均日交通量的精度不可能很高，只能是一个大概结果。在 M 与 D 均比较稳定，而且实际测试日又没有偶然因素干扰的情况下，其结果相对准确一些，反之，则准确性较差。

3.交通量在一日中的小时变化　一天 24h 内交通量分布也不均匀，若绘成分布曲线，一般呈现出两个高峰值，一个出现在上午，一个出现在下午。长沙湘潭公路井弯子观测站资料见图 3-4。由图可见，四年的统计资料具有明显的规律性，早高峰均在上午 9:00 ~ 1:00，晚高峰则在 16:00 ~ 17:00，这与观测站距离城市的位置有关。

高峰小时交通量占该日交通量的百分比，称为高峰小时流量比，反映高峰小时流量的集中程度，并可供高峰小时交通量与日交通量之间作相互换算之用。如长沙湘潭公路井弯子观测站统计资料，上午高峰小时流量比为 10.34%，下午为 9.01%。据我国各地观测站初步统计，高峰小时一般在上午 9:00 ~ 10:00 之间出现。高峰小时流量比在 9% ~ 10%范围内。

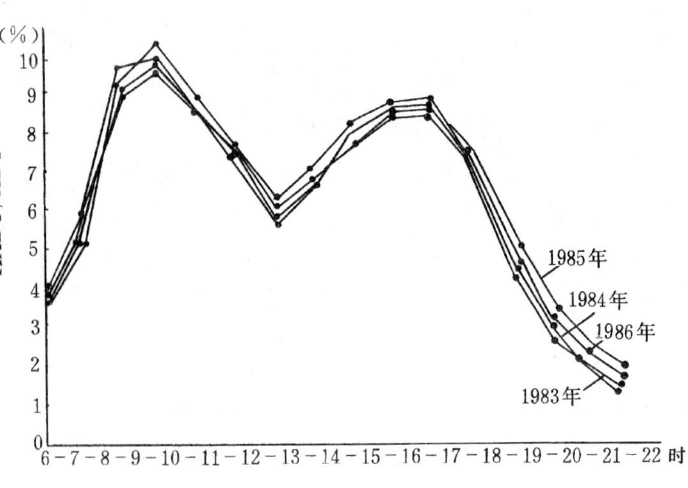

图 3-4 年平均小时交通量变化曲线图

从小时交通量变化曲线上还可以发现，在一个高峰小时内交通量不是均匀分布的，如将一个高峰小时划分成时间更短的几个高峰区间，通常 5min 或 15min 作为时段，连续 5min 或 15min 内累计交通量最大的那个时段，就是高峰小时内的高峰时段，把高峰时段内的累计交通量扩大为一个小时的交通量，可称为扩大高峰小时交通量。高峰小时交通量与扩大高峰小时交通量之比称为高峰小时系数，计算式为：

$$\text{高峰小时系数} = \frac{\text{高峰小时交通量}}{\frac{60}{t} \times (i\ \text{时段内的最高交通量})} \tag{3-9}$$

式中：t——5min 或 15min。

例 3-4 某公路交通量调查结果，已知高峰小时为 8:40 ~ 9:40(表 3-3)，高峰小时交通量为每小时 1 312 辆，求 5min 和 15min 高峰小时系数

某公路高峰小时交通量 表 3-3

时 间	东行车辆数	西行车辆数	双向合计
8:40 ~ 8:45	69	49	118
8:45 ~ 8:50	63	50	113
8:50 ~ 8:55	59	53	112
8:55 ~ 9:00	62	49	111
9:00 ~ 9:05	68	46	114
9:05 ~ 9:10	69	51	120
9:10 ~ 9:15	61	54	115
9:15 ~ 9:20	54	52	106
9:20 ~ 9:25	54	40	94
9:25 ~ 9:30	57	41	98
9:30 ~ 9:35	54	54	108
9:35 ~ 9:40	49	54	103
合 计	719	593	1312

解：由表3-3看出，9:05～9:10为5min高峰区间，5min的流量为120辆，则

$$高峰小时系数 = \frac{1\,312}{\frac{60}{5} \times 120} = 0.91$$

又由表3-3知，9:00～9:15为15min高峰区间，该区间内的流量为114 + 120 + 115 = 349辆，则

$$15min高峰小时系数 = \frac{1\,312}{\frac{60}{15} \times 349} = 0.94$$

在分析道路通行能力时，如对于高速干道、隧道、桥梁和交叉口等交通咽喉处，有必要考察高峰小时内交通量分布不均的情况，用高峰小时系数来表示是极其实用的。注意，高峰小时系数，按所选取时段不同，必须予以说明"5min(或15min)流量的高峰小时系数"。

4.交通量在一日的昼夜比例　昼夜16h(或12h)的交通量占日交通量之比，称为昼间流量比。夜间8h(或12h)的交通量占日交通量之比称为夜间流量比。由于夜间调查交通量工作量大，但年平均日交通量是一天24h的交通量。若已知昼间或夜间流量比，则只需观测昼间流量而推算出日交通量。

昼间16h通常指早6:00至晚10:00点；夜间8h则为晚10:00至次晨6:00点。

$$夜间流量比\ P_{夜} = \frac{夜间8h交通量之和}{全日24h交通量之和} \times 100\% \tag{3-10}$$

$$昼间流量比\ P_{昼} = \frac{昼间16h交通量之和}{全日24h交通量之和} \times 100\% \tag{3-11}$$

某公路交通量观测站资料见表3-4。由表可见，该站夜间8h交通量占昼夜24h交通量的比例变化在1.9%～5.3%之间，平均为2.8%；昼间16h交通量占昼夜24h交通量的流量比一般在95%以上，平均为97.2%，非常接近全日交通量。夜间流量的另一特点是季节性规律较明显，由表中数据可见，7、8、9三个月是盛夏季节，白天炎热，夜间行车增多，流量比最高达5.3%。1、2月天气寒冷，夜间行车减少，最低流量比为1.9%，春秋两季的比例介于冬夏之间。根据这一规律，并为减少换算误差，分别取4～6月、7～9月、10～12月和1～3月流量比的平均值作为季节夜间流量比以换算各月的观测值。

某公路夜间(8h)流量比和昼间(16h)流量比　　表3-4

年　　月	81.4	5	6	7	8	9	10	11	12	82.1	2	3	平　均
夜间流量比(%)	2.4	2.7	2.0	5.3	4.2	3.1	2.5	2.9	2.4	1.9	2.2	2.4	2.8
昼间流量比(%)	97.6	97.3	98.0	94.7	95.8	96.9	97.5	97.1	97.6	98.1	97.8	97.6	97.2

二、交通量在空间上的变化

在同一时间或相似交通条件下，交通量在不同区段、不同方向和不同车道上其分布情况不一样。

1.城乡分布　由于城乡之间经济发展、生产和生活对交通的需求不同，城乡之间的交通量呈明显差别。一般是城市道路交通量高于郊区道路，近郊又高于远郊，乡村道路交通量最低。

2.方向分布　一条道路往返两个方向的交通量，在较长时间内大体上是相近的。但是在某段时间内，一年中某个季节、一月中某几天，一天中某几小时，两个方向的交通量会有很大差

别。如农村公路,秋季有大量农村产品运进城镇;冬季有丰富的轻工业产品运到农村;假日节日前客流自城镇到农村的多,节日后客流自农村返回城镇;大城市联接卫星城镇的郊区道路,上下班时间的客流方向明显不同。

交通量的方向分布与道路性质及所在位置有关,一般用道路方向分布系数 K_D 表示:

$$K_D = \frac{\text{主要行车方向交通量}}{\text{双向总交通量}} \times 100 \tag{3-12}$$

据国外资料 K_D 有如下值:

上、下班线路　　70%

其他主要道路　　60%

市中心区道路　　50%

3.车道分布　当同向车行道有两条以上车道时,处于不同位置的车道,其交通量分布也不一样。每条车道交通量的大小与车道两侧干扰、慢行车的比例和进出口的数量位置有关。当车流为连续流时,主要受车速差别的影响。我国城市道路计算通行能力时,假定最靠中线的第一条车道为1。则向缘石方向的第二条车道通行能力折减系数为0.8~0.89,第三条车道的折减系数为0.65~0.78,第四条为0.5~0.65,第五条为0.40~0.52。

第四节　交通量调查方法

根据使用目的不同,交通量调查可分路网(或区域)交通量调查和特定地点(或称特定道路)的交通量调查。

为了掌握全国或某地区公路或城市道路交通流量的地域分布,历年交通量的变化和交通量年、月、日的时间分布情况,需对该区域的公路(或道路)网进行定期的交通量观测,称作路网(或区域)交通量调查。

为了对新建或改建道路进行经济核算,或为了掌握城市或城市中某一范围(包括近郊公路)的出入交通量,或对指定的交叉路口,桥隧和收费道路出入口等采取交通管理措施时,需进行指定地点的交通量调查,称为特定地点(或称特定道路)交通量调查。

交通量调查的步骤如下:

1.明确调查范围、调查目标和预期成果;

2.划分调查区间、设置流量观测站;

3.组织实地观测、收集原始数据;

4.进行资料整理、计算、汇总和上报。

一、公路网交通量调查

在设置流量观测站前,应先将调查区域范围内的每条干线和支线划分为若干调查区间,然后在已划定的各调查区间上各设一区间代表观测站,用以代表该调查区间的交通量。

1.调查区间的分类　可分观测区间和非观测区间两种。观测区间内设有区间代表观测站,非观测区间则不设观测站。一般非观测区间都在交通量比较小的短路线上,短路线上的区间,可按交通量大小划组(交通量接近的划为一组),选择组中一个区间设站,以代表该组各区间的交通量。

2.调查区间划分的原则

(1)凡交通量无显著变化,道路条件基本相仿的路段划为一个调查区间。每条路线区间的划分是连续的,即前一区间的终点是后一区间的起点。未通车的路段为非调查区间。

(2)调查区间的分段数决定了观测站的设置密度,因此调查区间需根据路段交通量大小及公路里程进行划定。一般以汽车交通量200辆/d以下、201~500辆/d、501~1 000辆/d、1 001~2 000辆/d、2001~5 000辆/d、5 001~10 000辆/d、10 000辆/d以上划分为7个控制等级,各控制等级中,还可以每相差200~300辆/d为一个分等级。区间长度一般不小于2km。

(3)适当考虑行政区划,但允许调查区间跨行政区划界线。

(4)由于邻近有新的工业区、商业区或大规模住宅开发区等原因,道路交通量及交通组成发生较大变化时,对已划定的调查区间应视情况作相应调整,在无大的变化情况下,不应经常或随意变动已划定的调查区间。

全国性的或省(市)范围内的公路网交通量调查,应从全局出发,根据公路网布局和所划定的调查区间,布置交通流量观测站。对于国道和重要省道应设置控制观测站,一般省道或地方道路设置辅助观测站,对于某些特殊地点可设置补充观测站。通过三级观测站进行交通流量观测,基本上可掌握全国或省(市)公路网的交通量分布及其变化规律。各类观测站的功能同公路交通量调查。

二、公路交通量调查

在拟调查的公路上,选择有代表性的地点建立观测站。观测站附近应没有大出入口,视距通畅,道路条件与整个路段相似,没有大量人流的干扰(除非调查是针对这些因素)。由于观测站的功能不同,可以分成下面几种。

1.连续观测站(永久性观测站或控制性观测站)　设置连续观测站的目的在于获取全年完整的交通量数据,摸清交通量的变化规律,求出交通量的各种变化系数,供其他仅有局部数据的观测站或条件类似的路段推算年平均日交通量之用,同时,为简化观测工作量,在连续观测站,每天昼夜连续观测24h,来去车辆不分,合并记数,按小时登录11种车型的绝对数,而后换算成解放牌中型载货汽车的换算汽车车辆数。观测结果按业务领导部门的要求填表上报,并绘制交通量分布示意图。图上包括混合交通量、汽车交通量(绝对数和换算数)和路线技术等级允许的交通量等。

2.间隙观测站　间隙观测站是连续观测站的辅助性测站,与连续观测站设在同一公路的不同路段上,或设在性质相似的不同公路上。在间隙观测站上每月观测1~3次,具体日期可自行规定。凡经过长期观测已得出白天交通量比重,即K_{16}系数者,可只在白天观测12~16h,12h观测是从早7点至19点。16h小时观测是从早6点至22点。观测所得到的资料,可配合连续观测站分析路段的交通量变化规律,或推算本站的年平均日交通量。围绕一个连续观测站可设几个甚至十几个间隙观测站。在间隙观测站上的观测内容与填报要求与连续观测站相同。

3.补充观测站(临时观测站)　如果特殊需要观测某一路段或某一交叉路口的交通量,而该处原来未设观测站时,临时补充设立的观测站,完成观测任务后,观测站就撤销。

观测站如使用自动计数装置,则应辅以人工调查车种。

观测站附近,如本路或平行路正在维修,附近桥梁维修,因偶然因素发生车辆阻塞等异常情况时,应在记录中详细注明,以免造成分析错误。

三、交通量调查方法

1.人工观测法　这种方法是由调查人员在规定的日期和时间，守候在指定的路侧，记录通过道路某处的交通量。

按照调查目的，分别记录车辆类型（我国交通部规定机动车按8种类型记录，即：小型载货汽车、中型载货汽车、大型载货汽车、小型客车、大型客车、载货拖挂车、小型拖拉机、大中型拖拉机）、交叉口上的转弯车辆、行驶方向、车辆牌照、车道使用情况、交叉口前排队车数等。还可记录行人和各种非机动车的数量。

记录可用一定格式的表格登记，累计记录时，应按所取时段（5min、15min或1h）分别累计。表3-5为人工观测记录表格式之一。

交通量观测记录表　　表3-5

线路________观测站________方向由________向________

日期____年____月____日星期________气候________

观测时间	小型货车	中型货车	大型货车	小型客车	大型客车	载货拖挂车	小型拖拉机	大中型拖拉机	合　计
6:00—	下	一	一	正一	下	一			
6:15—	丅	下	丅	𤴓	正一	下	丅	一	
6:30—									
6:45—									
7:00—									

人工调查法是我国最常用的方法，适合在任何地点、任何情况进行交通量调查，机动灵活易于掌握，但长时间连续观测时，精度不易保证。

2.自动计测法　是利用自动计测仪进行数据采集。自动计测仪是由检测器、数字处理机和记录显示装置构成。据传感器不同，一般可分为以下几种：

（1）气动式　这种装置是把充气密闭的橡胶管横放在道路上。当车辆通过时，由于车轮的重力作用使管内的压力产生变化，以此推动气动开关，产生信号。这种检测器原理简单，价格低廉，但可靠性较差。

（2）地磁式　采用带有磁棒的感应线圈做探头，埋设在路面下约10～20cm处。当汽车从探头上方通过时，改变了线圈内的磁力线分布，在探头的输出端感应电信号经放大整形后，驱动计数器动作。这种检测器结构简单，性能可靠，适用于行车速度大于5km/h的固定地点检测。

（3）电磁式　探头采用高导磁率的磁性材料做磁心，外绕线圈，既作为激励回路，又作为信号输出回路。探头埋设于路面下，当车辆通过时，由于外磁场的作用，激励电流出现正、负半周的振幅差，将这一差值送入电路处理后，得到车辆通过的信号。这种检测器的特点是探头体积小巧，灵敏度高，不受车速限制，但电路较为复杂。

（4）超声波式　这种检测器的基本原理为由探头向路面发射超声波，在一定的时间周期内，通过鉴别其反射波的有无，达到感知车辆的目的。其特点是探头架设在车道上方，不需破坏路面，灵敏度高，稳定性好，但成本较高且不易排除行人的干扰。

(5)红外线式　这种检测器分主动式检测和被动式检测两种类型。主动式检测依靠发射红外线,经车体反射或延挡得到车辆信号。被动式检测通过测量车辆本身所发出的红外线,达到检测的目的。这种测器设置的环境条件及安装工艺要求较高。

以上五种是我国应用较多的计测仪器。此外,尚有其他计测仪器也在我国研究试制成功,不再一一列举。

3.乘观测车调查法　是英国运输与道路研究室的华德鲁勃(Wardrop)和查尔斯沃斯(Charlesorth)在1954年提出来的。该方法灵活、方便,根据调查的数据资料,可以同时计算出交通量、平均行驶车速、平均运行时间等重要参数。

使用该方法进行调查时,一般需要观测车一辆,驾驶员1人,观测记录人员3名。其中1人记录与观测车反向行驶的会车数,1人记录与观测车同向行驶的超车数和被超车数,另1人记录观测车顺向行驶时间和反向行驶时间。当交通量较小时,可以减少观测记录人员。行程为固定路段的已知距离。总的行驶时间,根据美国国家城市运输委员会的规定,主要道路为19 min/km,次要道路为6min/km。一般往返12~16次,即可得到满意的结果。

测观路段上往返方向上的交通量分别为:

$$q_W = \frac{X_E + (Y_W - Z_W)}{t_E + t_W} \times 60$$

$$q_E = \frac{X_W + (Y_E - Z_E)}{t_E + t_W} \times 60 \tag{3-13}$$

平均行驶时间 $\bar{t}$

$$\bar{t}_W = t_W - \frac{Y_W - Z_W}{q_W}$$

$$\bar{t}_E = t_E - \frac{Y_E - Z_E}{q_E} \tag{3-14}$$

并由此而推导出平均车速 v:

$$v_W = \frac{60L}{\bar{t}_W}$$

$$v_E = \frac{60L}{\bar{t}_E} \tag{3-15}$$

式中: q_E——与测试车行进方向相同的单向交通量(辆/h);

X_W——测试车行进方向行驶时的会车数(辆);

Y_E——超越测试车的车辆数(辆);

Z_E——被测试车超越的车数(辆);

t_E——观测车沿测定方向行驶的时间(min);

$\bar{t}_E$——与测定方向相同的车流平均行车时间(min);

t_W——观测车与测定方向相反时的行驶时间(min);

L——测试路段长度(km);

v_E——在测试路段上测定方向的平均车速(km/h)。

示例:在长1.35km长的一段东西向街道上,用测试车往返12次观测同向和逆向车数的记录结果如下,求该路段的车流量和车速。

由西向东行驶	时间 t_E(min)	会车数 X_W	超车数 Y_E	被超车数 Z_E
12次平均	2.68	120	1.66	1.0
由东向西行驶	时间 t_W(min)	会车数 X_E	超车数 Y_W	被超车数 Z_M
12次平均	2.53	92.08	1.0	0.66

计算：

由西向东车流量 $q_E = \dfrac{X_W + Y_E - Z_E}{T_E + T_W} \times 60 = \dfrac{120 + 1.66 - 1.0}{2.68 + 2.53} \times 60 = 1\ 389$ 辆/h

由东向西车流量 $q_W = \dfrac{X_E + Y_W - Z_W}{T_E + T_W} \times 60 = \dfrac{92.08 + 1.0 - 0.66}{2.68 + 2.53} \times 60 = 1\ 064$ 辆/h

该路段车流量 $q = q_E + q_W = 2453$ 辆/h，

由西向东平均行车时间 $\bar{t}_E = t_E - \dfrac{(Y_E - Z_E)}{q_E} = 2.68 - \dfrac{(1.66 - 1.0)}{23.15} = 2.65\text{min}$

由东向西平均行车时间 $\bar{t}_W = t_W - \dfrac{(Y_W - Z_W)}{q_W} = 2.53 - \dfrac{(1.0 - 0.66)}{17.74} = 2.51\text{min}$

平均车速： $v_E = \dfrac{60L}{\bar{t}_E} = \dfrac{60 \times 1.35}{2.68} = 30.57\text{km/h}$

$v_W = \dfrac{60L}{\bar{t}_W} = \dfrac{60 \times 1.35}{2.51} = 32.02\text{km/h}$

用流动车法调查交通量要使观测车的车速尽可能接近车流的平均速度，当交通量很小时，则应接近调查路段的限制车速。对于多车道的情况，最好变换车道行驶。另外，要尽可能使超车数与被超车数接近平衡，特别当交通量不高时更应如此。

四、交通量调查资料整理

根据对道路交通流量的长年连续观测，可以整理出如下成果：

1.绘制小时交通量排序曲线图，用于确定道路设计小时交通量。

2.交通量变化特征参数及其分析图

(1)计算年平均日交通量，画出交通量的历年变化图；

(2)计算月平均日交通量及月变系数，绘制一年中各月交通量变化图；

(3)计算一周中各日的平均交通量及周变系数，绘制交通量周变图；

(4)整理一天中各小时的交通量，绘制流量时变图，计算高峰小时交通量，高峰小时流量比及昼间流量比、高峰小时系数等；

(5)计算路段方向不均匀系数。

3.交通量构成分析　通常，可以将交通量中的车辆构成分为客车与货车，并整理出客、货车辆中各种车型的比例，从而进一步了解交通流的构成特点。

4.对城市道路网交通量观测，除可以整理出以上几项成果以外，还可以整理以下内容：

(1)不同性质道路的变化规律及其特征参数值；

(2)不同性质交叉口的流量变化及流量分布图；

(3)整个路网高峰小时流量分布图、机动车流量高峰与自行车流量高峰形成时间的间隔大小等。

第五节　交通量调查的意义

交通量调查的意义主要体现在以下几个方面：

1.确定道路设施的规模　交通量是确定道路等级、几何尺寸、交叉口类型、交通管理设施以及道路横断面布置等方面的重要依据。

2.确定交通控制的方法　根据交通量大小及分布，可以确定交叉口交通控制的方式、信号灯周期的长短等。

3.确定交通与运营管理的依据　根据交通量资料可以掌握道路网络上的交通量分布、变化情况，掌握道路上高峰小时的时间和交通繁密的地段。据此可以制定加强交通管理的措施，以减少交通阻塞和事故，并可以根据道路交通量的时间和空间分布、变化规律，合理投放、控制运力，维持线路上运力与运量的平衡。运输企业也可以据此科学地安排、调度生产车辆，选择最佳的行车路线和时间安排，提高运输效率。

4.预测交通量发展趋势　通过逐年观测累积交通量数据，可以找出交通量增长趋势。据此来预测远景交通量并与客、货运量预测相配合，作为从宏观上调控运力、运量使之协调发展，以及交通规划的依据。

5.用于运输经济分析　筹建一条新公路，需先通过经济分析论证它的可行性，这就要看能吸引到新线上的车流量及其车速有多大，据此，可以计算出新建公路所能获得的经济效益大小，从而决定是否建新路以及筑路的先后顺序。

6.评价道路安全程度　将道路上的交通事故次数、程度等与交通量及交通流的速度联系起来分析，有助于找出事故发生的客观规律和对道路交通安全作出客观评价。例如，安全度与事故发生次数及交通量有关，一般采用下式表示：

$$路段事故率 = \frac{事故次数 \times 10^8}{总行驶车公里数}(次/亿车\cdot km) \tag{3-16}$$

根据积累交通量与相应发生的交通事故的资料，可确定相关的数学模型，利用这些模型可进行长期的事故预测，以便提出相应的管理措施。

复习思考题

1.什么是交通流？它有哪些基本特征？

2.什么是交通量？常见的交通量有哪几种？

3.什么是第30位小时交通量？用它作为道路的设计小时交通量有何意义？

4.什么是交通量的变化？交通量随时间和空间的变化说明了什么？

5.如何计算、理解 M 和 D？如何运用 M 和 D 推测 AADT？

6.交通量调查的意义、基本步骤及主要调查方法各有哪些？

第四章　交通流速度调查及分析

行车速度既是道路规划设计中的一项控制指标，又是车辆运营效率的一项评议指标。速度在某种程度上是效益的表征，对于运输安全、迅捷、经济和舒适具有重要意义。因此，了解和掌握各道路上行车速度及其变化规律是正确进行道路网规划、设计、运营、管理的基础。

第一节　交通流速度的概念

设车辆在 t 时间内、在道路上行驶 l 距离，则车速可用 l/t 形式表示。按 l 和 t 的取值不同，可定义各种不同的车速：

(一)地点车速(又叫点车速或瞬时车速)

它是车辆驶过道路上某一断面时的瞬时速度，观测距离很短，以行驶该距离的时间小于2s为限。汽车上车速里程表指示的车速、交通标志中限制的车速和雷达测速仪测得的车速均为地点车速，它是用作道路设计、交通管理和规划的依据。

(二)行驶车速

它是指车辆在某一路段所行距离，用有效行驶时间(不包括停车时间)除之所求的车速。行驶车速用来分析道路区段行驶难易程度和设计道路通行能力以及车辆运行的成本效益分析。

(三)行程车速

行程车速又称区间车速，是车辆行驶路程与通过该路程所需的总时间(包括停车时间)之比。行程车速是一项综合性指标，用以评价道路的通畅程度，估计行车延误情况。要提高运输效率归根结底是要提高车辆的行程车速。

(四)设计车速

设计车速是指在道路交通与气候条件良好的情况下仅受道路条件限制所能保持的最大安全车速，用作道路线形几何设计的标准。

(五)时间平均车速和区间平均车速

1.时间平均车速　车辆通过道路某断面时，某段时间内车速分布的平均值，称为时间平均车速，简称平均车速。它的大小就是地点车速观测值的算术平均值。其数学表达式为

$$v_{\mathrm{t}} = \frac{1}{n}\sum_{\mathrm{i}=1}^{\mathrm{n}} v_{\mathrm{i}} \tag{4-1}$$

式中：$\bar{v}_{\mathrm{t}}$——时间平均车速；

v_{i}——第 i 辆车的地点车速；

n——观测的车辆数。

2.区间平均车速(即路段平均车速)　如果说时间平均车速表征的是该路段的“点”车速，那么区间平均车速则表征了某观测路段的“线”车速。它的定义为：某瞬间道路上某区间内全部车辆车速分布的调和平均值，或者定义为一批车辆通过某一路段时，其行驶距离与各辆车行

程时间的平均值之比。其数学表达式分别为

$$\bar{v}_s = \frac{1}{\frac{1}{n}\sum_{i=1}^{M}\frac{1}{v_i}} \tag{4-2}$$

$$\bar{v}_s = \frac{l}{\frac{1}{n}\sum_{i=1}^{n}t_i} \tag{4-3}$$

式中：$\bar{v}_s$——区间平均车速；

t_i——第 i 辆车行驶 l 距离所用时间；

n——观测到的车辆数；

l——行驶路段的长度。

3.两者之间的关系　时间平均车速和区间平均车速都是描述交通流运行速度的指标。前者用于描述某地点一段时间内交通流的平均运行速度；后者用于描述某一路段某一瞬间交通流的平均运行速度。

利用下式可用时间平均车速推求区间平均车速：

$$\bar{v}_s = v_t - \frac{\sigma_t^2}{v_t} \tag{4-4}$$

式中：σ_t^2——时间平均车速观测值的方差。

当由区间平均车速推求时间平均车速时，可用下式：

$$\bar{v}_t = \bar{v}_s + \frac{\sigma_s^2}{\bar{v}_s} \tag{4-5}$$

式中：σ_s^2——区间平均车速观测值的方差。

由回归分析，得到两种车速的关系为：

$$\bar{v}_s = 1.02619\bar{v}_t - 1.88960$$

该回归方差表明：当交通流速度增加，两种车速之间的差异变小。

第二节　地点车速的观测和分析

一、观测方法

地点车速观测一般有人工量测方法和机械量测方法。

人工观测通常选取一段较短距离 l 用秒表记录车辆经过该距离的时间 t，地点车速即为：

$$v = l/t \tag{4-6}$$

观测路段的长度与车速有关，为便于观测读数，车辆经过 t 段的时间不应少于 1.5s，最好在 2s 左右。选择 l 时根据交通流的平均速度建议为：当平均车速小于 40km/h 时，l 最小值为 25m；40～65km/h 时，为 50m；大于 65km/h 时，为 75m。

机械观测方法有下面几种：

自动计数器测速　与控制测站交通量观测所用的检测仪器相同，有电感式、环状线圈式、超声波式等检测仪器。当用以测量地点车速时，需相隔一定的距离（一般可取 5m），前后各埋设一个。车辆经过前后二个检测器时即发出信号，并传送给记录仪，记录下车辆通过前后二个检测器的时间，然后用相隔的距离除以该时间，即得地点车速。

雷达测速法 雷达测速仪通常称为雷达枪,观测时放在测试车上或车行道一侧,瞄准道路上某点,当车辆通过该点时,雷达枪发射出微波,根据其反射波的多普勒效应,测定该点车辆的瞬时车速。该仪器使用方便,适用于车速高、交通量密度不大的情况。当道路上交通量大时,由于雷达测速仪的效应有一定范围,同向车辆过密或对向有车通过均会相互干扰,低速车辆亦易产生误差,故不适用于车流密度大、速度低的路段。

此外,还有**航空摄影法**、**电影摄影法**和**光电管法**等。

地点车速观测地点系根据测试目的而定。一般应选在两个交叉口之间的平坦路段上,在该段上不能有缓行、停放车辆、人行横道等交通障碍的影响。如对交通管制、改善以及对有问题地段进行分析时,应在管制区域内选择有代表性地点和事故多发地点;对交通措施、道路条件改善前后的效果进行评价对比时,改善前后调查都应选在同一地点(或同一路段),等等。

二、数据的整理和分析

观测地点车速的目的,主要为了解该段道路上车速变化的规律性,探求各种车辆运行的趋势,调查车速受外因条件的影响关系,以便采取有效的交通管理措施。

1.样本选择和取样数量 观测到的大量地点车辆数据,整理前先要按统计抽样方法进行选择,一般要求是:

(1)应选择交通流在畅通条件下具有代表性的随机样例;

(2)当车流为一车队行进时,应选择头一辆的车速,而跟随的车速在没有超车的情况下,按前一辆车速行驶,其速度受到限制,没有代表性;

(3)在车流中货车出现比率大时,应选择卡车作为速度观测;

(4)避免大部分在高速车辆中选择样例。

为了使抽样测定和统计的数据能反映整个交通流的总体情况,样本应有足够的数量。根据误差理论,最少样本数(n)为:

$$n = \left(\frac{SK^2}{E}\right) \tag{4-7}$$

式中:n——最小的样本数;

E——车速观测值允许误差(km/h),E 值决定于平均车速要求的精度,一般可取 $E = 2$km/h;

K——决定于置信水平的系数,正态分布的 K 值如表 4-1 所示;

S——估计的样本标准偏差(km/h),由于此值系估计,一般参考类似地区和道路情况选用(表 4-2)。

各置信水平的系数 K 值 表 4-1

置信水平(%)	68.3	86.6	90	95	95.5	98.8	99.7
K值	1	1.5	1.64	1.96	2	2.5	3

样本标准差参考值 表 4-2

行车地区	平均标准差(km/h)		行车地区	平均标准差(km/h)	
	双车道	四车道		双车道	四车道
乡　村	8.5	6.8	城　市	7.7	7.9
郊　区	8.5	8.5	平 均 值	8.0	8.0

例 4-1 求郊区某双车道公路上某地点车速的样本数,要求的置信水平为 95.5%,允许测

定值误差 3km/h。

解： 查表 4-2 知，S 为 8.5km/h，所以，样本数为：$n=\left(\frac{8.5\times2}{3}\right)^2=32$

2.绘制速度频率分布曲线图　将观测到的车速数据进行归纳整理，以找出车辆在自由行驶状态下的车速分布规律，通常是用绘制速度频率分布曲线的方法来显示的，其步骤如下：

(1)找出这批数据中的最大车速与最小车速。

(2)将所有数据从大到小按顺序排列并分组，各组的分级间隔 H 可按下式估算：

$$H=\frac{R}{1+3.322\lg n} \tag{4-8}$$

式中：R——最大车速与最小车速之差；

n——观测次数，即数据个数。

(3)算出各组的次数(即车辆出现次数)和相对频率。

(4)绘制速度频率分布曲线和速度累积频率分布曲线图。

下面用一示例加以说明。

实地观测地点车速数据共 200 个，其中最高车速为 83.4km/h，最低车速为 53.1km/h。

先计算分组间隔：

$$H=\frac{83.4-53.1}{1+3.322\lg200}=1.63$$

为计算方便，将各数据按每 3km/h 间隔分成 10 组，汇列于表 4-3 中第 1-3 栏内。

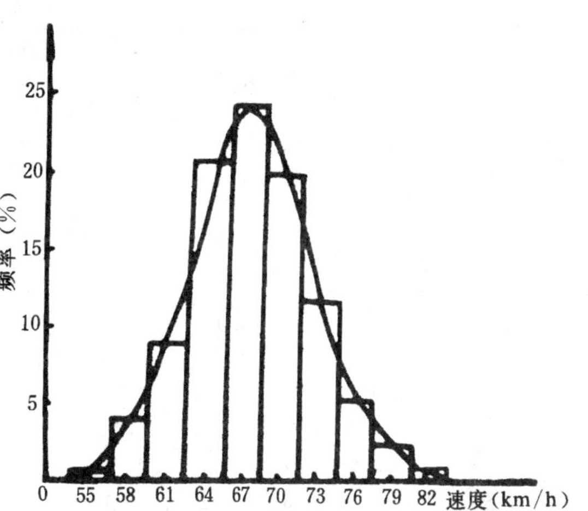

图 4-1　速度频率分布曲线

计算各组的频率 $f/\sum f$；最后算出累积频率。

由表 4-3 中 2 栏和 4 栏数据绘出速度频率分布直方图(图 4-1)；由表 4-3 中 2 栏和 6 栏数据绘出速度累积频率分布曲线(图 4-2)。

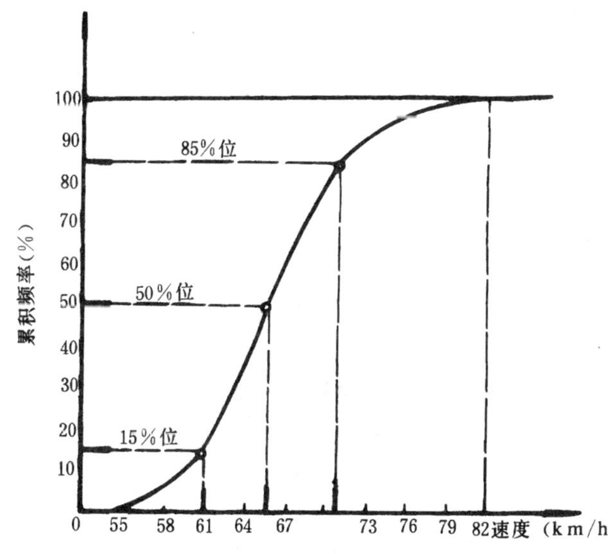

图 4-2　速度频率累积曲线

3.找出最多速度与百分速度　由速度频率分布曲线中可以找到最大频率的速度值，称为最多速度，如上例在图 4-1 和表 4-3 内均可找到，在表 4-3 中最大频率为 24.0%，相应的最多速度为 67km/h。

由累积频率分布曲线纵轴累积频率某百分率相应于横轴上的速度值称为百分速度。常用的百分速度有：

(1)85%位速度　表示在该路段上行驶的车辆中有 85% 的车辆低于该速度，如图 4-2 中，85% 位速度为 71km/h。累积频率分布曲线的斜率在 85% 处逐渐变缓，即是说大于 85% 位车速的车辆其速度值大大超过 85% 位车速，离散性高，使交通流不稳定，所以在交通管理工作中应以 85%位速度作为制定最大限制车速标准的参考值。

(2)50%位速度　表示在该路段上行驶的车辆，快速车与慢速车出现数量相等的车速，又称为中位速度。图 4-2 中的中位速度为 65.5km/h。必须注意，中位速度不一定是平均速度。

(3)15%位速度　表示在该路段上行驶的车辆中有 15%的车辆低于该速度，如图 4-2 中，15%位速度为 61km/h。15%位速度是用来确定最小限制车速，低于该速度的车辆将成为其他车辆的行驶障碍，尤其在等级较高的公路上不应当允许低于 15%位速度的车辆行驶。

地点速度分布表　　表 4-3

速度范围 km/h	中位速度 v_1	观测车辆数及频率		累计观测车辆数及累积频率	
		次数 f_1	频率($f_1/\sum f$)(%)	次　数	频率(%)
1	2	3	4	5	6
53.5~56.5	55	2	1.0	2	1.0
56.5~59.5	58	8	4.0	10	5.0
59.5~62.5	61	18	9.0	28	14.0
62.5~65.5	64	42	21.0	70	35.0
65.5~68.5	67	48	24.0	118	59.0
68.5~71.5	70	40	20.0	158	79.0
71.5~74.5	73	24	12.0	182	91.0
74.5~77.5	76	11	5.5	193	96.5
77.5~80.5	79	5	2.5	198	99.0
80.5~83.5	82	2	1.0	200	100.0
合　计		200	100.0		

4.计算平均速度　地点速度的观测结果，多用平均速度表示。平均速度由下式计算：

$$\bar{v} = \frac{\sum f_i v_i}{n} \tag{4-9}$$

式中：v_i——各分组速度的组中值(km/h)；

f_i——各分组速度的频数；

n——观测车次总数。

例 4-2　表 4-3 中，平均车速为：

$$\bar{v} = \frac{55\times2+58\times8+61\times18+64\times42+67\times48+70\times40+73\times24+76\times11+79\times5+82\times2}{200} = \frac{13523}{200} \approx 67.6(\text{km/h})$$

此平均车速即为时间平均车速。

5.计算标准偏差 S　只有平均速度值还不能反映速度分布的分散程度。要了解所测各速度值分部在平均值两侧的分散程序，可以计算标准偏差作为分析的尺度，标准偏差越大，说明观测的各速度值偏离平均速度值的分散性越大。标准偏差的计算式为

$$S = \sqrt{\frac{1}{n-1}\left[\sum(v_i^2 f_i) - \frac{1}{n}\left(\sum v_i f_i\right)^2\right]} \tag{4-10}$$

式中各符号意义同前。

利用式(4-10)计算的标准偏差也可用85%位速度与15%位速度之差的一半来估算。上例中,85%位车速为71km/h,15%位速度为61km/h,则标准偏差近似值为:

$$S = \frac{71 - 61}{2} = 5\text{km/h}$$

标准偏差大,说明道路上车辆可任意选择速度行驶,比较自由,沿途不受阻碍。当交通量增加,车辆自由行驶受到限制,地点速度下降,标准偏差也逐渐减小。

6.确定平均车速的波动范围　根据已计算出的平均车速和标准偏差,即可确定平均车速的波动范围。如本例中,平均车速的波动范围为:

$$\bar{v} \pm S = 67.6 \pm 5 = 62.6 \sim 72.6(\text{km/h})$$

第三节　行驶车速和区间车速的观测及分析

一、观测方法

1.车牌号码登记法　在调查路段的始终点各配备4~6人组成一观测组,再分上、上行两组进行观测。其中1人报汽车牌照末3位的读数,1人报车辆通过观测点的时刻,1人记录。计时宜采用电子秒表。观测完毕后,将两端记录的车辆牌照号码进行对照,计算出每辆车的运行时间。

车牌号码登记法测车速可与测交通量及车头时距同时进行。这种方法的主要优点是能实地测得各种类型车辆的行程车速。但要求观测人员有连续读秒表的技能,且劳动强度大,不适宜做大于2h的观测。整理时必须使用计算机。否则内业工作量太大。用这种方法只能测得行程车速,不能测得延误和行驶车速,无法知道路段中间停车及延误的原因。不适用于沿线交叉口多及停车点多的路段。

2.跟车测速法　用图纸量测路段全长及各交叉口间及特殊地点(如道路断面宽度变化点)间的长度,并在实地上作好标记。测速时,测试车辆必须跟踪道路上的车队行驶。车上有两名观测人员,一人观测沿线交通情况,并用秒表读出经过各标记的时间、沿线停车时间及停车原因,另一人作好记录并用表测试全程的行驶时间。

这种方法的主要优点是能量测全程各路段间的行程车速、行驶车速、停车延误时间及原因,便于综合分析与车速有关的因素;所需的观测人员少,劳动强度低,适用于交通量大、交叉口多的道路。

这种方法的缺点是量测次数受行程时间的影响,次数不可能很多,一般只能往返6~8次,有时还要受偶然因素的影响。当交通量大时,测量数据能代表道路上的实际行车速度,但当交通量小时,试验车较难跟踪到有代表性的车辆,所测车速受到试验车性能及驾驶员行车习惯的影响。

3.乘车测定法　在调查区内沿途没有进出口的路段上,调查人员可乘车在调查区间路段上行驶,调节车速追越超车数来进行调查,同时在调查区间两端配备路上调查人员。起点调查人员从试验车出发时刻起每一分钟测记一次交通量;终点调查人员从试验车到达时间起同样每隔一分钟测记一次交通量。各延续15min为止。其记录和计算方法见表4-4所示。

4.流动车测定法

参见第三章第四节“交通量调查”。

乘车测定法测定行驶速度示例 表 4-4

地段________车流方向________测定区间长 0.8km 1992 年 10 月 14 日

试验车出发时间 8:30 试验车到达时间 8:30′55″

起点			终点		
终点通过后时间(min)	终点通过交通量(辆/min)	计算	终点通过后时间(min)	终点通过交通量(辆/min)	计算
1	28	0.5×28=14.0	1	25	0.5×25=12.5
2	35	1.5×35=52.5	2	30	1.5×30=45.0
3	31	2.5×31=77.5	3	32	2.5×32=80.0
4	39	3.5×39=136.5	4	36	3.5×36=126.0
5	26	4.5×26=117.0	5	40	4.5×40=180.0
6	33	5.5×33=181.5	6	31	5.5×31=170.0
7	29	6.5×29=188.5	7	26	6.5×26=169.0
8	37	7.5×37=277.5	8	24	7.5×24=180.0
9	24	8.5×24=204.0	9	29	8.5×49=266.5
10	28	9.5×28=268.5	10	27	9.5×27=356.5
11	38	10.5×38=399.0	11	33	10.5×33=346.5
12	35	11.5×35=492.5	12	36	11.5×36=414.0
13	30	12.5×30=375.0	13	40	12.5×40=500.0
14	27	13.5×27=364.5	14	38	13.5×38=513.0
15	34	14.5×34=493.0	15	37	14.5×37=536.5
小计	474	3549.0	小计	474	3640.8
车辆通过起点加权平均时间 3549.0÷474=7.49=7′29″			车辆通过终点加权平均时间 3640.8÷474=7.68=7′41″		
车辆平均通过起点时刻 8:30′00″+7′29=8:37′29″			车辆平均通过终点时刻 8:30′55″+7′41=8:38′36″		

车辆平均通过路段的时间 8:38′38″−8:37′29″=01′07″=67″

平均速度 $\bar{v}=\frac{L}{t}=\frac{0.8\times3600}{67}=42.98=43\text{km/h}$

二、数据的整理和分析

表 4-5 为利用车牌号码登记法观测行驶车速的示例。下面以此例说明其观测数据整理和分析的方法。

平均行程速度计算表 表 4-5

观测号次	行程时间 t_1(min)	行程速度 v_i (km/h)	$v_i-\bar{v}_s$	$(v_i-\bar{v}_s)^2$	$t_1-\bar{T}$	$(t_1-T)^2$
1	2	3	4	5	6	7
1	28.4	26.4	+1.7	2.89	−1.9	3.61
2	33.8	22.2	−2.5	6.25	+3.5	12.25

续上表

观测号次	行程时间 t_1(min)	行程速度 v_i (km/h)	$v_i-\bar{v}_s$	$(v_i-\bar{v}_s)^2$	$t_1-\bar{T}$	$(t_1-T)^2$
3	36.2	70.7	-4.0	16.00	+5.9	34.81
4	21.1	35.5	+10.8	116.64	-9.2	83.49
5	30.2	24.8	+0.1	0.01	-0.1	0.01
6	27.6	77.2	+2.5	6.25	-2.7	7.29
7	32.7	22.9	-1.8	3.24	+2.4	5.76
8	38.1	19.7	-5.0	25.00	+7.8	60.84
9	79.9	25.1	+0.4	0.16	-0.4	0.61
10	25.3	79.6	+4.9	24.01	-5.0	25.00
Σ	303.3			200.45		233.22

表注：观测路段长度 12.5km

1.将车辆通过起、止观测截面的号码一一对应，并计算出车辆通过起、止截面的时间差即行程时间，列于表4-5中第2栏。

2.计算每辆车的车速 v

$$v_i = \frac{60l}{t_i} \tag{4-11}$$

式中：l——观测路段起终点距离(km)；

t_i——第 i 辆车的单程行程时间(min)。

将 $l=12.5$km 及表4-5中第2栏的行程时间值代入式(4-11)，求出 v_i 值并列入表中第3栏

$$v_1 = \frac{60\times 12.5}{28.4} = 26.4\text{km/h}$$

$$v_2 = \frac{60\times 12.5}{33.8} = 22.2\text{km/h}$$

………………

3.计算区间平均车速 $\bar{v}_s$

$$\bar{v}_s = \frac{60ln}{\sum_{i=1}^{n} t_i} \tag{4-12}$$

式中：n——观测的车辆数，此例中 $n=10$ 辆。

将表4-5中 $\sum_{i=1}^{10} t_i = 303.3$min 代入上式，则

$$v_s = \frac{60\times 12.5\times 10}{303.3} = 24.7\text{km/h}$$

4.计算行程速度标准差 σ_v

$$\sigma_v = \sqrt{\frac{\sum_{i=1}^{n}(v_i-\bar{v}_s)^2}{n-1}} \tag{4-13}$$

依次用 v_i 值(4-5中第3栏)减去 $\bar{v}_s=24.7$，将其结果列于表中第4栏并将其平方后列于表中第5栏，计算结果 $\sum_{i=1}^{10}(v_i-\bar{v}_s)^2=200.45$，代入式中，则

$$\sigma_v = \sqrt{\frac{200.45}{10-1}} = \pm 4.7\text{km/h}$$

由此可知,该路段观测时间内的实际平均速度为 20.00 ~ 29.4km/h 之间。

5.计算平均行程时间 $\bar{T}$

$$\bar{T} = \frac{\sum_{i=1}^{n} t_i}{n} \tag{4-14}$$

则 $\bar{T} = \frac{303.3}{10} = 30.3\text{min}$

6.计算行程时间标准差 σ_t

$$\sigma_t = \sqrt{\frac{\sum_{i=1}^{n}(t_i - \bar{T})^2}{n-1}} \tag{4-15}$$

依次用 t_i 值减去 $\bar{T} = 30.3\text{min}$,将其结果列于表中第 6 栏并将其平方后列于表中第 7 栏。

计算结果 $\sum_{i=1}^{10}(t_i - \bar{T})^2 = 233.22$。代入式(4-15)中,得

$$\sigma_t = \sqrt{\frac{233.22}{10-1}} = \pm 5.1 min$$

说明通过测试路段的实际平均时间在 25.2 ~ 35.4min 之间。

7.根据一条道路上各区间路段的观测、计算结果,可以汇总出整条道路按里程分区段的速度分布表和分布柱状图,从表和图上可清楚地看出道路交通流的运行情况。

第四节　影响车速变化的因素

车速随驾驶员、车辆、道路、交通及环境等因素的变化而变化,其规律简述如下。

一、驾驶员的影响

汽车行驶速度除与驾驶员的技术高低、开车时间长短有关系外,还与驾驶员的个性、年龄、性别和婚姻状况有关。一般而言,开新车长途旅行的人比本地出行的人开得快。车上无乘客时,驾驶员开车往往比有乘客时快。青年驾驶员、男性驾驶员、单身驾驶员,一般比中年驾驶员、女性驾驶员、已婚驾驶员开车快。

二、车辆的影响

车型及其车辆的技术状况对行车速度有较大影响。在我国,小客车车速最快、货车次之、大客车相对较慢。载货汽车的平均车速按轻型单机货车、中型货车、重型组合车、重型单机货车的次序下降,且随载货总重的增加而下降。

三、道路的影响

驾驶员实际开车速度在很大程度上受道路条件的影响。诸如道路类型、平纵线形、坡长、车道数和路面类型等对车速都有影响。又如道路所处的地理位置、视距条件、车道位置、侧向净空和交叉口间距等对车速也有影响。

1.道路类型　不同类型的道路，其设计行车速度不同、汽车的运行条件不同，因此，其上的实际运行速度也不同。我国公路上汽车的平均行驶速度为：

一级公路(12000 辆/d):54km/h

二级公路(5000 辆/d):45 ~ 52.5km/h

三级公路(2000 辆/d):46.4km/h

2.平面线形　一般说来，在平曲线上较在直线段上车速要低。平曲线半径越大，车速越高。设计车速较低的弯道上，平均车速接近设计车速。设计车速高的弯道上，平均车速低于设计车速、并接近于在切线段观测到的平均车速。

3.纵断面线形　道路的纵断面线形对车速影响显著，并且这种影响对货车比对小客车更为明显。下坡时与运行在平坡直线路段相比，对于货车当纵坡大至 5%，对专用大客车和小客车当纵坡大至 3%，平均车速都是增加的。当下坡超过此限度以及在上坡道，各类车辆的车速都降低。重型货车爬坡行驶表明，在一定坡度的路段上，车速随坡度的增加几乎是直线地下降，直至降到等于爬坡速度继续上坡。

4.车道数及车道位置　多于四车道时车行道的特性与四车道设施相似。四车道公路上，由于行驶时不受对向行车的约束，比双车道和三车道公路上的平均车速高。当中央有分隔带时这种差异更明显。三车道上的车速略高于相类似的双车道公路。

在行近市区的道路上，入境车辆的平均车速一般比出境车速高 3 ~ 6km/h。多车道的公路上，地点车速由靠中央分隔带的车道向靠路肩的车道逐次递减。

5.视距　道路上视距若不能满足要求，则车速明显降低。

6.侧向净空　在双车道公路上，一般侧向净空受到限制时，平均车速降低 2 ~ 5km/h，货车比客车受的影响小。

7.路面条件　路面由低级发展到高级时，地点车速逐渐增加。我国大量砂石路面改善为高级、次高级路面，车速提高了 30%左右。目前，载货汽车在高级路面上行驶，车速可达 60 ~ 80km/h；在次高级路面上行驶，车速可达 40 ~ 60km/h；在中级路面上行驶，车速可达 30 ~ 40km/h。我国干线公路调查指出，沥青路面上的汽车平均车速为 38.5km/h，砂石路面上的汽车平均车速为 30.0km/h(26.9 ~ 33.1km/h)。同一类型路面，其状况的优劣也直接影响车速。

四、交通条件的影响

1.交通量　交通量越大，交通密度越大，车速越低。这是由于交通量越大，超车越困难。超车时，超车驾驶员要提高车速，一般比被超车辆平均高 16km/h，由于超车数量的减少，快行车的潜力得不到发挥，所以平均车速要下降。

2.交通组成　快慢车分离比快慢车混合行驶车速高，在郊区公路上，畜力车越多，汽车车速越低。在城市道路上，三块板道路比一块板道路上的汽车车速高。行人，特别是横过街道的行人交通量的大小，对车速很有影响。

3.交通管理　道路渠化能使车速有比较明显的提高，这是由于车辆各行其道，减少了相互间的干扰。此外，交通信号、交通标志、交通设施及交通管理措施都对道路上的行车速度起控制影响作用。

五、环境的影响

季节、气候和地理位置的变化对车辆运行速度有影响。我国有关部门进行的车速调查表明，在山岭、重丘区公路上，载货汽车的平均运行速度为33.9km/h；在平原、微丘区的公路上平均运行车速为39.9km/h，后者较前者快15%。白天的平均车速比夜晚高，市区约高1.6km/h，效区约高出3～13km/h。在临近或穿越村镇、居民区等因素造成交通环境复杂的路段上，车速明显降低。

第五节　车速资料的应用

交通流速度是交通运行情况的基本量度，因此，交通流速度资料有很多应用，现简要介绍如下。

一、探求各种车辆速度的发展趋势

通过对道路上运行车辆的定期或不定期抽样调查，测定各种车辆的速度，得到不同车型的车速及车速随时间的变化规律，从而探求速度的发展趋势。

二、用作道路改善和运行调度的依据

根据交通流速度在道路网络上不同路段的分布情况，判断出某处道路条件与交通状况，以便有针对性地采取改善措施。

驾驶员一般选择行车时间短的路线行车。因此，运行调度部门可以根据两地之间不同道路的距离和其上的交通流速度情况帮助驾驶员选择适合的行车路线。

三、交通管理的依据

交通管理部门要经常研究交通量和车速在各道路上的分配。一条道路行车速度的快慢，在很大程度上反映出该路是通畅还是阻塞，当车速资料表明道路交通阻塞严重时，就要考虑把部分车流量分配到邻近道路上去，以维护道路的畅道。

此外，根据车速观测资料，还可以确定道路的限速值，如15%位车速和85%位车速的应用。

四、分析事故成因与确定安全系数

没有速度，也就没有交通事故的发生。因此，可以根据某条道路上的速度分布与交通事故统计资料，分析、确定交通流速度与交通事故的统计关系；在具体的事故分析中，车速更是必不可少的资料。

此外，危险路段的速度相对落差能表征汽车营运指标的下降和行车危险程度。前苏联的巴布可夫教授提出用安全系数评定交通安全，即

$$K_0 = \frac{v_b}{v_a} \tag{4-16}$$

式中：K_0——危险路段安全系数；

v_b——危险路段能保证的通行速度；

v_a——进入危险路段之前的常见速度。

安全系数 K_0 值与1的相对偏差越大，说明该路段越不安全。

五、经 济 分 析

交通流速度的提高，直接意味着运输时间的节约、成本的降低和效率的提高。如果比较采取改善某一（或某些）交通环境条件或某一（或某些）项交通管制措施实施前后车速增长变化资料，可以定量地校核改善或管制措施所带来的经济效益。

复习思考题

1.什么是速度？请说明几种常用速度的概念及其使用。

2.什么是百分速度？请分别说明15%位车速和85%位车速的概念及其作用。

3.什么是交通流速度的标准偏差？如何确定车速波动度？

4.调查区间车速常用哪几种方法？如何整理、分析调查数据？

5.什么是交通等时线图？它有什么作用？

6.影响车速变化的主要因素有哪些？

7.车速资料在交通运输管理中有哪些作用？

第五章　交通流密度与交通延误调查

第一节　交通流密度的概念

一、交通流密度的定义

交通流密度(又称车流密度)是指在某一时刻,某单位长的路段上一条车道或几条车道内的车辆数。它是反映道路上车辆的密集程度、衡量道路上车流畅通情况的重要指标。交通流密度一般可用下式表示:

$$K = \frac{N}{L} \tag{5-1}$$

式中:K——交通流密度(辆/km);

L——道路长度(km);

N——在 L 长的道路上拥有的车辆数(辆)。

例 5-1　一条双车道(双向)道路,在某一时刻,在 250m 长的路段内,每条车道上有两辆车,则

$$K_{单车道} = \frac{2}{250/1\,000} = 8(辆/\text{km})$$

$$K_{双车道} = \frac{2+2}{250/1\,000} = 16(辆/\text{km})$$

在交通流密度中,能够使道路上的交通量达到最大值时的密度,称为最佳车流密度;而道路上的车流使车辆几乎无法行进,即发生交通阻塞时的交通流密度,称为阻塞密度。

二、车头间距与车头时距

车头间距是指同向行驶的一列车队中,两连续行驶的车辆车头之间的距离。路段中所有车头间距的平均值,称为平均车头间距,单位为 m/辆。

交通密度和车头间距呈互为倒数关系,即:

$$K = \frac{1\,000}{d_n}(辆/\text{km}) \tag{5-2}$$

式中:K——交通密度;

d_n——平均车头间距(m/辆)。

在交通流的不同车头间距中,可以保证行车安全的最短车头间距,称为极限车头间距。它是同向行车运行安全的重要依据。

与车头间距相对应,在同向行驶的一列车队中,两连续行驶的车辆之车头驶过某一点时的时间间隔,称为车头时距。能够保证行车安全的最短车头时距称为极限车头时距。

三、车道占有率

由于交通密度是瞬时值,随观测的时间或区间长度的变化而变化,而且反映不出车辆长度

与速度的关系，尤其当车辆混合行驶时，交通密度的高低，并不能明确地表示出交通流的状态，所以在交通工程中又引用了车道占有率的概念来表示交通密度。

车道占有率包括空间占有率和时间占有率两种。

1.空间占有率　公路的单位面积中各车辆所占面积的总和。在实际观测中，一般将公路一定路段上的车辆总长度与路段长度之比的百分数作为空间占有率。车流密度只能表示车流的密集程度，而空间占有率则能反映某路段上车队的长度。其表达式如下：

$$R_s = \frac{1}{L}\sum_{i=1}^{n} t_i \tag{5-3}$$

式中：R_s——空间占有率（%）；

L——观测路段总长度（m）；

l_i——第 i 辆车的长度（m）；

n——该路段的车辆数。

2.时间占有率　在公路的任一短路段上，车辆通过时间的累计值与观测时间的比值，以百分数表示，即为时间占有率。其表达式如下：

$$R_t = \frac{1}{T}\sum_{i=1}^{n} t_i \tag{5-4}$$

式中：R_t——时间占有率（%）；

T——观测时间（s）；

t_i——第 i 辆车通过观测路段所用的时间（s）；

n——在观测时间内通过观测路段的车辆数。

第二节　交通流密度调查

交通流密度的调查一般采取定点观测、出入流量调查观测和摄影观测等三种方法。这里着重介绍前两种方法。

一、定点观测

这种方法是通过在某一观测点量测车速与车流量数据，根据这些数据计算车流密度。在拟观测的公路路段上，选取 100m 长的路段，标上记号，若为双车道时，可将观测人员分为四组，每组四人，分别记录通过观测路段两端的车辆牌号与交通量，测毕分别整理计算，如表 5-1。根据所测数据，以区间平均车速公式计算每区间车速如下：

测定车流密度记录表　　表 5-1

序号	车号	分组时间（时:分:秒）	起测时间（分:秒）	终测时间（分:秒）	行驶时间（分:秒）	测定时间（km/h）	汽车数量（辆）

依公式（4-3），则

$$\bar{v}_s = \frac{Ln}{\sum_{i=1}^{n} t_i} \tag{5-5}$$

式中：$\bar{v}_s$——区间平均车速(km/h)；

t_i——第 i 次行驶的行程时间(h)；

L——观测路段长度，即行程距离(km)；

n——车辆行驶于行程 L 的次数(即车辆数)(辆)。

最后，将整理后的数据填入表 5-1 中，计算平均车流密度($\bar{K}$)，公式如下：

$$\bar{K} = \frac{\bar{Q}}{\bar{v}_s}(\text{辆/km}) \tag{5-6}$$

式中：$\bar{Q}$——平均交流流量(辆/h)；

$\bar{v}_s$——空间平均车速(km/h)。

二、出入流量法

出入流量法适用于无分流的公路路段，尤其是高速公路的相邻两座互通立交之间的路段，由于中途无车辆出入，采用这种方法准确性较高。观测路段长度取 1km 左右为宜，路段长度太短，则不宜采用此法。

1.观测方法

1)在观测前准备好出入流量法观测车流密度记录整理表，如表 5-2。设定观测路段的两个端点 A 点和 B 点，并以 A 端作为车流的流入端，B 端为流出端。备好一台试验车，在 AB 路段之间往返行驶，以测定原始车辆数。

用出入交通量法调查交通密度统计表　　表 5-2

时间	A 地点交通量 ①	B 地点交通量 ②	变化量 ③	时刻	初始台数 ④	存在台数 ⑤	调整值 ⑥	修正值 ⑦	瞬间密度 ⑧	平均密度 ⑨	试验车情况
14:0′~14:1′	40	54	−14	14:1′							
1′~2′	74	60	14	2′							
2′~3′	39	40	−1	3′							
3′~4′	61	68	−7	4′							
4′~5′	37	60	−23	5′							
5′~6′	72	59	13	6′							14:6′50″进
6′~7′	52/9	48/7	4/2	7′	94/	/96	0	96	119		a = 10　b = 2
7′~8′	67	58	9	8′		150	0	105	130		14:8′20″出
8′~9′	19/24	21/26	−2/−2	9′	103/	103/101	0	101	125		
9′~10′	69	65	4	10′		105	0	105	130		
小计	563	566	−3								
10′~11′	46	66	−20	11′		85	0	85	105		
11′~12′	69	56	13	12′		98	0	98	121		
12′~13′	57	65	−8	13′		90	1	91	112	115	
13′~14′	57	59	−2	14′		88	1	89	110		
14′~15′	58	46	12	15′		100	1	101	125		
15′~16′	52	48	4	16′		104	1	105	130		
16′~17′	40	58	−18	17′		86	1	87	107		14:18′43″
17′~18′	59	59	0	18′	−5	86	1	87	107	128	进 a = 14
18′~19′	47/20	29/15	18/5	19′	105/	104/110	0	110	136		b = 3
19′~20′	49	31	18	20′		128	0	128	158		
小计	554	532	22								

续上表

时　　间	A 地点交通量 ①	B 地点交通量 ②	变化量 ③	时　刻	初始台数 ④	存在台数 ⑤	调整值 ⑥	修正值 ⑦	瞬间密度 ⑧	平均密度 ⑨	试验车情况
20′～21′	37	48	－11	21′	117	117	0	117	144		14:21′00″ 出
21′～22′	39	40	－1	22′		116	0	116	143		
22′～23′	48	59	－11	23′		105	0	105	130	125	
23′～24′	41	65	－24	24′		81	－1	80	99		
24′～25′	72	65	7	25′		88	－1	87	107		
25′～26′	65	76	－11	26′		77	－1	70	94		
26′～27′	53	63	－10	27′		67	－2	65	80		
27′～28′	56	63	－7	28′		60	－2	58	72	75	
28′～29′	46	50	－4	29′		56	－2	54	67		
29′～30′	42	43	－1	30′		55	－2	52	64		
小　　计	499	572	－73								

2)从选定的基准时刻开始，在 A 点、B 点同时观测每分钟通过的车辆数，即得每分钟的端点处交通量。

3)试验车的观测记录。事前应在试验车的明显位置标上易于识别的标志，使观测人员能区分出试验车，以便记录。试验车测试的时间应在观测 A、B 两处交通量的时间范围之内进行。

试验车观测的项目为：进入 A 端及到达 B 端的时刻和在此路段行驶时的超车次数 a 及被超车次数 b，然后计算出 $a-b$ 数值。由于需要有测试车抵达 A、B 两地点时的 A 点及 B 点处的交通量，而测试车抵达时间又不总是在测定交通量的单位时间的起点或终点，因此，在 A、B 端处，应于流量的单位观测时间内，分别记录流量观测单位时间的起点至测试车到达时的交通量，以及测试车到达时刻至观测单位时间的终了时的交通量，并将其填于表 5-2 中的相应栏目①、②栏内，前者记录于斜线上方，后者记录于下方。例如，试验车第一次进入 A 端的时刻为 14:6′50″，则 14:6′0″～14:6′50″的 50s 时间内，A 端通过的 52 辆车记录于斜线上方，而将 6′50″～7′0″通过的 9 辆车记于斜线下方，如表 5-2 第①栏所示。

2.数据的计算整理与分析

1)计算原理　从图 5-1 可知，AB 路段的车流密度应为任意时刻 AB 路段内的车辆数与该路段长度的比值。由于路段长度较易测得，因而剩下的问题就是需要测算 AB 路段内的车辆数了。AB 路段内的车辆数由三部分组成：首先是观测时已进入 AB 路段的初始车辆数，其次是观测时自 A 端流入的、使 AB 路段新增加的车辆数，再则是观测时自 B 端流出的、使 AB 路段减少的车辆数。因此，路段 AB 内某一时刻 t 的车辆数可按下式计算而得，

$$E_{(t)} = Q_{A(t)} + E_{(t_0)} - Q_{B(t)} \qquad (5\text{-}7)$$

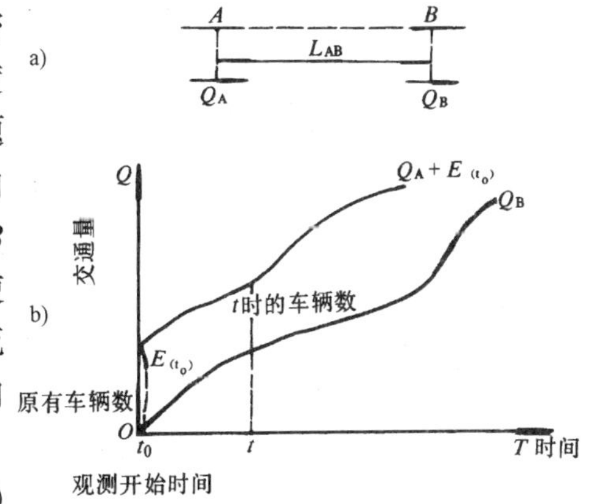

图 5-1　a)AB 路段示意图；b)路段的实际交通量

式中：$E_{(t)}$——在 t 这一时刻路段 AB 内的车辆数；

$Q_{A(t)}$——从观测开始(t_0)到计算取用的 t 时刻内，通过 A 端的双向累计交通量；

$E_{(t_0)}$——初始车辆数，即在观测开始的时刻 t_0 时已进入 AB 路段的车辆数；

$Q_{B(t)}$——从观测开始(t_0)到计算取用的 t 时刻内，通过 B 端的双向累计交通量。

上式中的 $Q_{A(t)}$ 及 $Q_{B(t)}$ 可从 A、B 两段直接观测记录整理得到，而初始车辆数 $E_{(t0)}$ 需使用测试车观测记录和推算求取。

2)记录及计算方法与数据分析

(1)初始车辆数的测试记录与计算　测试车在 A 端处的时刻为 t_0，到达 B 端处的时刻为 t_1，则自 $t_0 \sim t_1$ 的时间段通过 B 端的车辆数 q，即为 t_0 时刻 AB 路段的初始车辆数。试验车的行驶速度应尽量与同时行驶的车流速度保持一致，即不被超车也不超越其他车辆，测试结果才较为准确。若出现超车情况，则应按下式计算初始车辆数：

$$E_{(t_0)} = q + a - b \tag{5-8}$$

式中：q——在 $t_0 \sim t_1$ 这段时间内通过 B 端处的车辆数；

a——试验车超越其他车的辆数；

b——其他车超越试验车的辆数。

(2)表 5-2 为出入流量法观测车流密度记录整理表，其填写计算方法如下所述。

(i)将自 A、B 两处按分钟测得的交通量分别填入表 5-2 的第①和第②栏内，并计算 A、B 两处交通量之差，填入第③栏，即③ = ① - ②。若试验车到达端点 A 或 B 的时刻不正好是测定交通量的单位观测时间的开始或终了时刻，这时，应在单位观测时间内，分别记录流量观测单位时间的开始时刻至试验车到达时的交通量，以及试验车到达时刻至观测单位时间终了时刻的交通量，分别记录于斜线的上、下方。

(ii)在最后一栏试验车观测栏内记录如下项目：驶入端点及驶出另一端点的时刻(记录至分钟及秒钟)，试验车超越其他车辆数 a 和超越试验车的其他车辆数 b，最后计算出($a - b$)的数值。

(iii)计算初始车辆数 $E_{(t_0)}$，并填入第④栏，计算方法如下：

$$E_{(t_0)} = q + a - b$$

以试验车第一次从 A 端至 B 端测试数据计算为例，从表 5-2 可知，B 端在 $t_0 \sim t_1$ 时间内，通过的车辆数为：

$$q = 7 + 58 + 21 = 86(\text{辆})$$

则

$$E_{(t_0)} = 86 + (a - b) = 86 + 8 = 94(\text{辆})$$

同理，A 端在 $t_0 \sim t_1$ 时间内，通过的车辆数为：

$$q = 9 + 67 + 19 = 95(\text{辆})$$

则：$E_{(t)} = E_{(t_0)} = 95 + (a - b) = 95 + 8 = 103$(辆)

由于 A 端为流入端，故上式计算结果具有两方面的含义，一方面是 $t_0 \sim t_1$ 时间的 A、B 路段的实有车辆数；另一方面又是下一流量统计时刻的初始统计车辆数；

(iv)在表 5-2 中的第 5 栏内，记录每一观测单位的实有车辆数，即每个记录单位的 $E_{(t)}$ 值。由式(5-8)可知，t 时刻的 AB 路段的实有车辆数 $E_{(t)}$ 为已于上述算出的初始车辆数 $E_{(t_0)}$ 与经过单位观测时间后的车辆变化量(即第③栏)之和。例如表 5-2 中第⑤栏：

在 14:07′时刻：$E_{(t)} = 94 + 2 = 96$(辆)

在 14:08′时刻：$E_{(t)} = 96 + 9 = 105$（辆）

在 14:09′时刻：$E_{(t)} = 105 + (-4) = 101$（辆）

⑤表 5-2 中第⑥栏为误差调整值，即经测试车测试计算所得的 $E_{(t_0)}$ 与根据前次测试推算而得的数值不相等。例如 14:19′时测得的 $E_{(t_0)}$ 为 105 辆，而由前面推算下来为 104 辆（即 86 + 18 = 104），这是由于前面累计计算的误差所引起的，由于数值不大，对精度的影响也就不大，为了保持数据的一致性，可凭对测试车观测记录及计算的结果为准，把此项误差分配于前后两次试验车的测试时间范围内的第⑥栏内，作为调整值。

⑥表 5-2 第⑦栏为修正后的实有车辆数，即⑦栏 = ⑤栏 + ⑥栏。

⑦计算 AB 路段车流密度及平均车流密度，分别填入第⑧、第⑨栏内。计算式如下：

$$\bar{K} = \frac{E_{(t)}}{L} = \frac{\text{修正值}}{AB\ \text{路段长度}} \times 1\,000(\text{辆}/\text{km})$$

计算平均密度 $\bar{K}$ 时，一般以 5min 或 10min 的总计时间作为一组计算单元，计算结果可直接填入表 5-2 第⑨栏。至此，出入流量观测车流密度的记录计算整理工作就全部完成。

第三节　交通延误概述

一、交通延误的定义

1. 行车时间　指汽车沿一定路线在实际交通条件下，从一处到达另一处行车所需的总时间（包括停车和延误）。

2. 延误　指车辆在行驶中，由于受到驾驶员无法控制的或意外的其他车辆的干扰或交通控制设施等的阻碍所损失的时间。由于形成的原因和着眼点不同，可有以下几种延误：

(1)固定延误　由交通控制装置所引起的延误，与道路交通量多少及其他车辆干扰无关的延误；

(2)运行延误　由于各种交通组成间相互干扰而产生的延误。一般它含纵向、横向与外部和内部的干扰，如停车等待横穿、交通拥挤、连续停车以及由于行人和转弯车辆影响而损失的时间；

(3)停车延误　由于某些原因使车辆停止不动而引起的时间延误。

(4)排队延误　排队时间与以畅行车速驶过排队路段的时间之差。排队时间是指车辆第一次停车到越过停车线的时间。排队路段是第一次停车断面到停车线的距离。

(5)引道延误　引道时间与车辆畅行行驶越过引道延误段的时间之差。在入口引道上，从车辆因前方信号或已有排队车辆而开始减速行驶之断面至停车线的距离叫引道延误段。车辆受阻排队通过引道延误段的时间，叫引道时间。

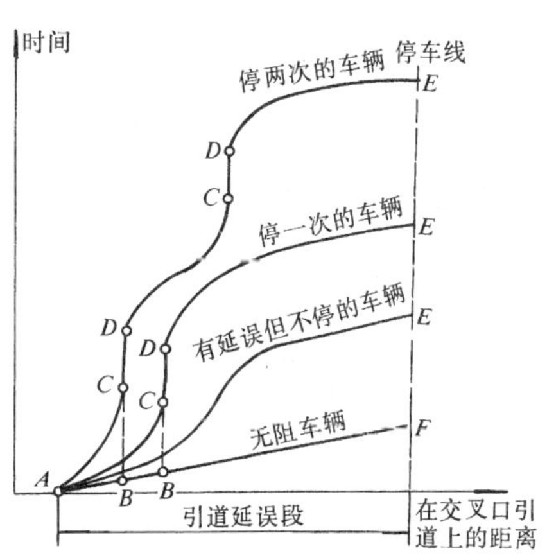

图 5-2　引道延误示意图

图 5-2 是车辆在交叉路口入口引道上的行程图。由图可以看出，受到延误的车辆的引道时间为 E 点的纵坐标值(s)。在引道延误段上畅行行驶时间为 F

点的纵坐标值(s)。引道延误为 E、F 两点纵坐标之差。停车延误为 D、C 两点纵坐标之差。排队时间为 E、C 两点纵坐标之差。排队延误时间为排队时间减去 F、B 两点纵坐标之差。由于后者相对于前者很小,所以实际应用时,对排队时间和排队延误不加区别。

据调查,通常停车延误约占引道延误的 76%,排队延误约占引道延误的 97%。因此,实际上常常以排队延误近似地代替引道延误。

二、影响延误产生的因素

交通延误的产生是道路交通多种因素或一种因素影响的结果。这些因素主要是:驾驶员自身素质、车辆性能及技术状况、道路及其车流组成情况、交通负荷、转向车比例及其他干扰情况、道路服务水平及交通控制水平、道路交通环境及其他因素等。

第四节　交通延误调查

交通延误是分析、研究道路交通问题所需进行的一项重要调查内容,交通延误调查通常采用跟车法、输入-输出法和点样本法。其中跟车法观测交通延误往往是和区间车速调查同时进行且调查方法也相同,故不再重述。下面介绍后两种方法。

一、输出-输入法

这种方法适用于调查交叉路口、引道及瓶颈路段的行车延误。该方法的假设前提为车辆出入是均一的。车辆排队现象存在于某一持续时间内,在其中某一时段中,若到达的车辆数大于道路的通行能力时则开始排队,而当到达车辆数小于道路的通行能力时,则排队便将逐渐消散。

调查在两个断面同时进行,即在瓶颈路段的起、终点各设一名观测员,用调查交通量的办法,以 5min 或 15min 为间隔累计交通量。要求两断面的起始时间同步,当车辆受阻排队有可能超过瓶颈起点时,该断面的位置要根据实际情况后移。若该路段通行能力已知时,瓶颈终点(出口)断面可以不予调查。

表 5-3 所列为某公路上的瓶颈路段发生阻塞时的调查结果。已知该处通行能力为 360 辆/h,或每 15min 平均通过 90 辆车。

瓶颈路段堵车调查结果　　表 5-3

时　间	到达车数		离去车数		阻塞情况	时　间	到达车数		离去车数		阻塞情况
	到　达	累　计	离　去	累　计			到　达	累　计	离　去	累　计	
4:00～4:15	80	80	80	80	无阻塞	4:45～5:00	90	390	90	350	阻塞
4:15～4:30	100	180	90	170	阻塞开始	5:00～5:15	70	460	90	440	阻塞在消散
4:30～4:45	120	300	90	260	阻塞	5:15～5:30	70	503	90	530	阻塞结束

从表 5-3 可见,最初的 15min 内到达的车辆数少于道路通行能力,路上没有阻塞。第二个 15min 内因累计离去车数比累计到达车数少,有 10 辆车通不过,于是开始堵塞。4:15～4:45 是高峰。4:45～5:00 来车量已减少,但累计车辆数仍远远超过累计通行能力。这 45min(4:15～5:00)是排队开始形成,并且其长度有增无减,直至出现最大排队长度的一段时间。5:00 以后到达车辆累计数和通行能力累计数的差距开始缩小,即表明排队开始消散,直至 5:30 累计车辆数等于路上累计通行能力,于是阻塞结束。

现在试求单个车辆,如第 300 辆车通过瓶颈段的分延误时间。它的位置在 300 - 260 = 40 辆排队车辆的末尾,瓶颈路段的通行能力是 90 辆/15min,故每辆车通过瓶颈路段所需要的时间为$\frac{15}{90}$(min)。因此第 300 辆车通过瓶颈段所需的时间为

$$\frac{15}{90} \times 40 = 6\frac{2}{3}(\text{min})$$

由此得知第 300 辆车是在 4:45′后的 $6\frac{2}{3}$min 即 4:51′40″时驶出瓶颈段的。

第 300 辆车通过瓶颈段的延误应为实际行程时间与无阻障的行驶时间之差,即

$$6\frac{2}{3} - \frac{15}{90} = 6.5(\text{min})$$

输出-输入法调查延误很难得到平均每一受阻车辆占总数的百分比,并且无法确定产生延误的准确点和原因,也无法分清延误的类型,这是该法不如跟车法的地方。还有最主要的一点,作为该法前提的来车与离去是匀一的假设与实际的交通状况不相符,事实上来车率与离去率往往不是匀一而是随机的。因此计数交通量的间隔取的越小,精度越高;瓶颈长度越短,精度也越高。

尽管这种方法存在上述这些缺点,但由于简单,调查结果又能整理成十分直观的形式,因此,作为客观地研究瓶颈路段的行车延误,有一定的实用价值。

二、点样本法

为了研究改善经常发生交通阻塞的交叉口的交通状况,需要对交叉口的交通延误情况进行调查。若一个交叉口只有其中一个或几个入口方向上经常发生交通阻塞,也可以只对这一个或几个方向进行调查。但若调查是为了评价整个交叉口的运行效率,则要对该路口的各个方向同时调查。交叉口的交通延误调查通常用点样本法。

点样本法调查可得到车辆在交叉口引道上的排队时间,其具体调查方法是:每一入口需要 3~4 名观测员和一块秒表,观测员站在停车线附近的路侧人行道上,其中一人持秒表,按预先选定的时间间隔(通常为 15s,根据情况也可以取其他值,例如 20s)通知另外 2~3 名观测员。第二名观测员负责清点停在停车线后面的车数,记录在表 5-4 中,每到一个预定的时间间隔就要清点一次。第三名观测员负责清点经过停车通过停车线的车辆数(停驶数)和不经停车通过停车线的车辆数(不停驶数),当交通量较大时,可由两个观测员分别清点,每分钟小计一次,并记入表 5-4 中相应的栏内。连续不间断地重复上述过程,直至取得所需的样本量或道口交通显著地改变,不同于拟研究的交通状况时为止。

若所调查的交叉口为定时信号控制,选定的取样间隔时间应保证不能被周期长度整除,否则的话,清点停车数的时间有可能是周期中的某个固定时刻,而失去了抽样的随机性,调查启动(开始)时间应避开周期开始(如绿灯或红灯启亮)时间。

每到一个清点停到入口车辆数的时刻(例如 30s 时),要清点停车入口(或拟调查的车道)上的所有车辆,而不管它们在上一个时刻(例如 15s 时)是否已被清点过。也就是说,若一辆车停驶超过一次抽样时间间隔,则这辆车就要不只一次地被清点。在任何一分钟内,入口交通量的停驶数一栏中的数值总是小于或等于这一分钟内停在入口车辆的总数(即 0、15s、30s、45s 时停在入口车辆数之和),这一特性,可用来判断记录的正确性。

对于入口为多车道的交叉口,若不要求区分某一具体车道上的延误,可不分车道调查,否

则要按车道安排调查人员。

交叉口延误调查,通常要求提供以下成果:

$$\left.\begin{aligned}&\text{总延误} = \text{总停驶数} \times \text{抽样时间间隔,辆}-\text{s}\\&\text{每一停驶车辆的平均延误} = \frac{\text{总延误}}{\text{停驶车辆数}},\text{s}\\&\text{每一入口车辆的平均延误} = \frac{\text{总延误}}{\text{入口交通量}},\text{s}\\&\text{停驶车辆百分比} = \frac{\text{停驶车辆数}}{\text{入口交通量}} \times 100\%,\%\end{aligned}\right\} \tag{5-9}$$

例 5-2 表 5-4 为某一交叉口车辆入口延误调查结果,试对其作出分析。

点样本法调查交叉口延误现场记录表

表 5-4

交叉口:××　　入口:东　　车道号:全部

日期:××年×月×日星期:______　　气候:晴　　观测员 ×××

开始时间 (h:min)	在下列时间停在入口的车辆数				入口交通量	
	+0s	+15s	+30s	+45s	停驶数	不停驶数
8:00	0	0	2	6	8	10
8:01	2	0	4	4	10	9
8:02	3	3	6	0	12	15
8:03	1	4	0	5	10	8
8:04	0	5	0	1	5	11
8:05	9	1	2	6	15	12
8:06	3	0	7	0	10	7
8:07	1	2	6	2	9	8
8:08	5	7	5	0	16	13
8:09	1	3	0	4	8	16
8:10	3	0	6	5	10	10
8:11	7	2	3	1	11	8
8:12	2	4	1	0	6	14
8:13	5	7	3	1	12	11
8:14	6	1	2	2	8	17
小　计	48	39	47	37	150	169
合　计	171				319	

解: 总延误 = 171 × 15 = 2562 辆·s

每一停驶车辆的平均延误 $= \frac{2\,565}{150} = 17.1\text{s}$

每一入口车辆的平均延误 $= \frac{2\,565}{319} = 8.0\text{s}$

停驶车辆百分比 $= \frac{150}{319} \times 100\% = 47\%$

运用上述方法调查交叉口的交通延误时,一般选择经常出现交通延误或交通延误情况突出的交通高峰时段。当希望获得高峰和非高峰时交通延误的对比资料,还要进行非高峰时的调查。

若进行前后对比分析，两次调查应具备相似条件，在时间上尽可能保持一致。

交叉口延误调查应在天气良好、交通正常的条件下进行。只有当需要研究不利条件上的延误特征时，才选择恶劣的天气或不利的交通条件进行调查。

此外，更重要的是，为了获得满意的调查结果，一般观测的车辆数应不少于 50～60 辆。

三、交通延误资料的作用

1.评价道路的阻塞程度和服务质量　交通延误十分直观地反映了道路交通的阻塞情况，面对于道路的使用者，最关心的是时间和延误。因此，交通延误资料客观地反映了道路的阻塞程度，也体现了道路服务质量的高低。

2.道路改建的依据　在拟定道路或路口改建计划时，是否应拓宽道路或实行快慢车隔离，是否应设左转专用道等，都应以延误分析为依据。

3.运输规划　交通运输部门在运营调度时往往不是选择距离最短的路线而是选择行车时间最少的路线，有了延误资料，有利于运输部门进行路线选择。

公共交通运输部门制定行车时刻表、调整路线运行状况时，也要依据延误资料。

4.经济分析　交通运输部门计算运输成本、交通管理部门对采取某一工程措施或管理措施进行可行性研究时，通常将时间换算成经济指标，延误资料是重要的原始资料。

5.前后对比研究，对交通设施改善前后的延误时间进行调查，可以对改善的效果作出评价。例如，北京的崇文门路口，经过综合治理，平均每辆车的排队时间，在机动车高峰时减少了 36.5s，在非机动车高峰时减少了 21.4s，仅此一项，一年可获得经济效益 28.4 万元，一年便可收回改善工程的投资。

6.交通管制　根据延误资料，可以确定是否应限制停车，是否应采取单行或禁行等等交通管制措施。

延误资料还是确定路口信号灯配时的重要依据。当路口某一方向的延误明显大于另一方向时，则应调整绿信比，使两方向延误大致相等。

7.交通延误资料可以作为交通运政部门进行定线管理、合理调控线路运力的重要依据。

复习思考题

1.什么是交通流密度？什么是车头间距？什么是车头时距？什么是车道占有率？

2.交通流密度调查常用哪几种方法？怎样进行调查、数据整理及分析？

3.什么是交通延误？在交通工程学分析中，常用哪几种交通延误？其定义各是什么？

4.影响交通延误产生的因素主要有哪些？

5.交通延误调查常用哪几种方法？怎样进行调查、数据整理及分析？

6.交通延误资料有哪些作用？

第六章　交通流理论

第一节　交通流理论概述

任何一门学科,都有其基础理论。交通工程学的基础理论就是交通流理论。

所谓交通流理论是应用数学或物理学原理对交通流的各参数及其之间关系进行定性和定量的分析,以寻求道路交通流的变化规律,从而为交通规划、交通管理和道路设计及运政、路政管理提供理论依据。

随着交通车辆逐渐增多,道路上交通拥挤、阻塞现象出现,促使很多学者对交通流进行理论研究。交通流理论在20世纪30年代开始发展起来,首先将交通车流看作是随机独立变量,应用概率论数理统计理论分析交通流分布规律。40年代由于受第二次世界大战的影响,交通流理论发展不多。50年代汽车工业大发展,道路上行驶车辆数量急剧增加,出现车队现象,有些学者应用流体力学理论、回波理论和动力学跟踪理论分析交通流变化规律。1959年在美国底特律举行了首届国际交通流学术讨论会,以后又举行了多次专题讨论会。1964年由美国公路研究委员会出版了"交通流理论入门"专题报告汇编,以后由美国一些大学编写了交通流理论书籍,逐渐形成了交通流理论。

在道路上某一地点观测交通流,当交通流量不是很大时,不难看出有这些现象:每一个时间间隔内的来车数都不是固定一个数,也就是预先不可以知道的,只有在这段时间间隔内通过的车辆数量才是惟一确定的实际数量,并且这一实际数量与其前后任意一个时间间隔内通过车辆数量是无关的。从这种现象可以认为道路上交通车流是相互独立的随机变量,道路上车辆行驶过程是一种随机变化过程,交通流分布规律符合概率论数理统计分布规律,因此可以用概率论数理统计理论来分析交通流,微观地对各个车辆行驶规律进行研究,找出交通流变化规律。这种研究方法,称为概率论方法。

当道路上交通流量增大时,车辆出现拥挤现象,车辆像某种流体一样流动,车辆行驶失去相互独立性,不是随机变量,不能应用概率论方法来分析,可以将道路上整个交通流看作一种具有特种性质的流体,应用流体运动理论宏观地研究整个交通流体的演变过程,特别应用洪水回波理论研究交通拥挤阻塞回波现象,求出交通流拥挤状态变化规律。这种研究方法称为流体力学方法。

道路上一辆车跟踪另一辆车的追随现象是很多的,前一辆车行驶速度的变化,影响后一辆车的行驶,后一辆车为了与前车保持具有最小安全间隔距离,需要不断调整车速,这种前后车辆运动过程可以应用动力学跟踪理论,建立道路上行驶车辆流动线性微分方程式来分析车辆行驶情况和变化规律。这种研究方法称为交通跟驰理论。

交通流理论正处在不断发展不断完善过程,今后将会更多应用数学物理学理论分析交通流现象,使交通理论得到完善和发展。

第二节　交通流中各参数之间的关系

道路上的人流和车流形成了交通流,交通流定性和定量的特征,称为交通流特性。交通流如同其他流体一样,可以用交通流量、速度和对交通密度三大基本参数来描述。速度和密度反应交通流从路上获得的服务质量,流量可度量车流的数量和对交通设施的需求情况。

道路上的交通流是相互独立的随机变量,道路上车辆行驶过程是一种概率变化过程,交通流分布规律符合数理统计规律。

一、交通流基本模型

1. 交通流的三个参数关系　描述交通流的三个参数是交通量、速度和交通密度,它们之间的关系可以用下式表示:

$$Q = vK \tag{6-1}$$

式中:Q——交通量(辆/h);

v——速度(km/h),一般指区间平均车速;

K——交通密度(辆/km)。

上述三大参数是交通量最基本的计量,它们的变化规律反映交通流最基本特性。

2. 交通密度　是在某瞬时内,每单位道路长度上一条车道或整个道路上的车辆数,是反映道路上的车辆的密集程度。计算公式如下:

$$K = \frac{N}{L} \tag{6-2}$$

式中:K——该路段的交通密度(辆/km);

N——某瞬间在长度为 L 的路段上行驶的车辆数(辆);

L——路段长度(km)。

密度可以指某一条车道或指某行车方向的全部车道上的密度。道路上车流密度越大,车辆越多,车辆占用道路的长度越长。

3. 交通量、速度和交通密度的关系曲线　由交通量、速度和交通密度三者关系图(图 6-1)可见:

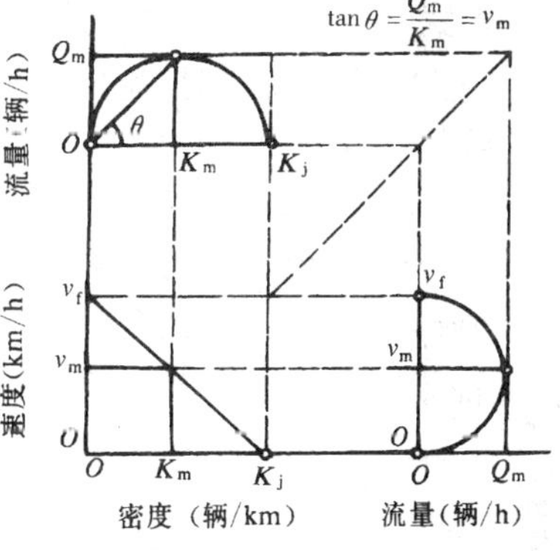

图 6-1　速度-密度、流量-密度、速度-流量曲线图

(1) Q_m 是速度-流量图上的峰值,表示最大流量。

(2) v_m 是流量取最大值($Q = Q_m$)时的速度,称为临界速度。

(3) 在速度-密度图上、车辆减少,密度随着变小,速度增大。当密度趋于零时,速度可达最大值,这时车辆可畅行无阻,所以 v_f 是畅行速度。若车辆增多时,则密度增大,车速随之减小。当密度达到最大值 K_j 时,车流受阻即 $Q = 0$。此时的密度 K_j 称阻塞密度。

(4) 在流量-密度图上,密度过小,速度虽大,但流量仍达不到最大值。密度过大,速度会降低,流量也不能有最大值。只有当密度合适时,通过的流量才最大,对应流量为最大值的密度称为最佳密度,用 K_m 表示。

二、交通量、速度和密度之间相互的关系

1.速度和密度之间的关系　在道路上行车时，我们经常能有一种体会，当道路上交通密度小时，车速较高，畅行无阻；当交通密度增大时，即道路上的车辆增加，驾驶员被迫降低车速；当交通达到拥挤状态时，车速更加降低，直至处于停滞状态。

1933年，格林希尔兹(Greenshields)提出了速度-密度线性模型。

$$v = v_f\left(1 - \frac{K}{K_j}\right) \tag{6-3}$$

式中：v_f——畅行速度；

K_j——阻塞密度。

这一模型较为直观、实用(图6-2)，且与实测数据拟合良好。

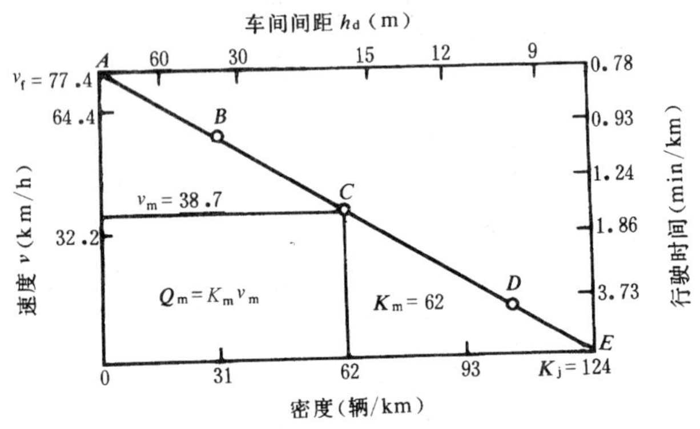

图6-2　速度和密度的直线关系

当 $K=0$ 时，v 值可达理论最高速度，即畅行速度 v_f。实际上，AE 线不与纵坐标轴相交，而是趋于该轴，因为在道路上至少有一辆车 v 以速度 v_f 行驶。这时，v_f 只受道路条件限制。该图也可以表示流量，根据直线关系，直线上任意点的纵横坐标与原点 O 所围成的面积表示交通量，如运行点 C，速度为 v_m，密度为 K_m，其交通量为 $Q_m = v_m K_n$，即图上的矩形面积。

2. 交通量和密度的关系　可由格林希尔兹模型导出。

$$Q = Kv = Kv_f\left(1 - \frac{K}{K_j}\right) \tag{6-4}$$

上式是二次函数关系，可用一条抛物线表示，如图6-3所示。

当交通密度为零时，流量为零，故曲线通过坐标原点。当交通密度增加，流量增大，直至达到道路的通行能力，即曲线 C 点的交通量达到最大值，对应的交通密度为最佳密度 K_m；从 C 点起，交通密度增加，速度下降，交通量减少，直到阻塞密度 K，速度等于零，流量等于零；由坐标原点向曲线上任一点画矢径。这些矢径的斜率，表示矢端的平均速度。通过 A 点的矢径与曲线相切，其斜率为畅行速度 v_f；对于密度比 K_m 小的点，表示不拥挤情况，而密度比 K_m 大的点，表示拥挤情况。

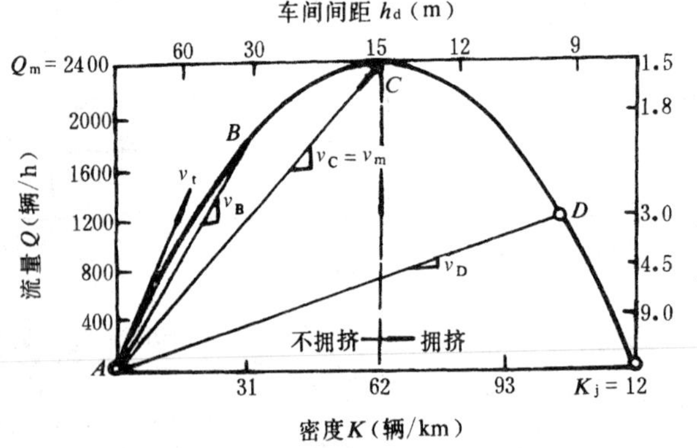

图6-3　流量-密度曲线

对于式(6-4)，若令 $\frac{dQ}{dK}=0$，则可求出对应于 Q_m 的 K_m 值：

$$K_m = K_j/2 \tag{6-5}$$

$$v_m = v_f(1 - K_m/K_j) = v_f/2 \tag{6-6}$$

从而

$$Q_m = v_m K_m = v_f/K_j/4 \tag{6-7}$$

3.速度和流量的关系　由式(6-3)可得

$$K = K_j\left(1 - \frac{v}{v_f}\right)$$

代入式(6-1),得

$$Q = K_j\left(v - \frac{v^2}{v_f}\right) \tag{6-8}$$

式(6-8)表明速度与流量的关系曲线同样是一条抛物线(图 6-4)当交通密度为零时,畅行交通流的车速就可能 达到最高车速,如图中曲线的最高点 A,就是畅行速度 v_f,而流量等于零。当交通密度等于阻塞密度时,速度等于零,流量也等于零,因此,曲线通过坐标原点。

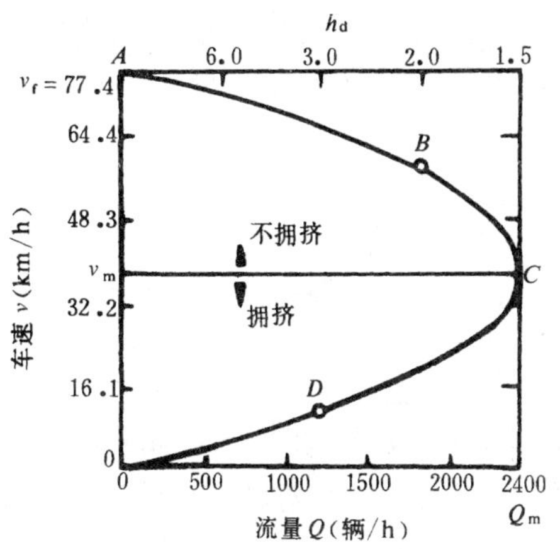

图 6-4　速度—流量曲线

过 C 点作一条平行于流量坐标轴的线,将曲线分成两部分,这条线以上的部分,为不拥挤部分,速度随流量的增加而降低,直至达到通行能力的流量 Q_m 为止,速度为 v_m;这条线以下部分为拥挤部分,流量和速度都下降。

综合以上三个参数的关系可知:当道路上交通密度小时,车辆可自由行驶,平均车速高,交通流量不大;随着交通密度增大,交通流量也增加,但车速下降;当交通密度增加到最佳密度时,交通流量达到量大值,即交通流量达到了道路的通行能力,车辆的行驶形成了车队跟随现象,车速低且均衡;当交通密度继续增大,即超过了最佳密度,交通流量下降,车速明显下降,直到车速接近于零,道路出现阻塞,交通密度达到最大值,即阻塞密度,交通流量等于零。

根据以上分析,为在安全运输前提下,保证完成道路运输量的要求并使道路运输的效率尽可能提高,在交通运政管理上,就要根据道路交通量、速度和密度状况和变化,宏观调控投入的客、货运力,尤其是在客运线路管理上,更重要在运力投放、班次安排等方面加以科学调控,使其运力既与客源、客流相适应,又不要造成线路上交通量过大、交通密度过高,以防影响行车速度、降低运输效率。

我国道路运输管理在理论和实践相结合方面的研究还有待进一步深化,技术管理于段还有待加强。在当前,如何根据道路交通流的变化规律及其对道路交通的影响,科学、有效地进行道路运输管理,有待进一步研究。

第三节　交通流的统计分布特性

在新建或改善新交通设施,确定新的交通管理方案时,均需要预测交通流的某些具体特性，并且常希望能用现有的或假设的有限数据，作出预报。交通流的统计分布特性知识为解决这些问题提供了有效的手段。

在道路上观测车流会发现有这种现象：每个时间间隔内来车数目不存在规律，事先也不能知道某一时间间隔内来车数，只有当车辆来到时才有惟一确定的数量，并且任何一个时间间隔内来车数与其前后任何一个时间间隔内来车数无关。从这个现象说明了交通流是一种受许多随机因素而变化的随机变量。

交通的到达具有某种程度的随机性，描述这种随机性的统计规律的方法有两种。一种是考虑在固定长度的时段内到达某场所的交通数量的波动性，采用概率论中的离散型分布为工具；另一种是研究上述事件发生的间隔时间的统计特性，如车头时距的概率分布，采用概率论中的连续型分布为工具。

在描述像车速和可穿越空档这类交通特性时，也用到连续分布。在交通工程学中，离散型分布有时被称为计数分布；连续型分布根据使用场合的不同而被赋予不同的称谓，如间隔分布、车头时距分布、速度分布和可穿越空档分布等等。

一、泊 松 分 布

交通流具有下列泊松分布(图 6-5)规律性：来车数是相互独立离散型独立变量，进行相当多次观测试验，每次观测出现的概率是很小的，是属于稀有小概率事件，因此可以利用泊松分布公式：

$$P(x) = \frac{m^x e^{-m}}{x!} \text{ 或 } P(x) = \frac{(\lambda t)^x e^{-\lambda t}}{x!} \tag{6-9}$$

式中：$P(x)$——在某一时间间隔(t)的来车数为 x 辆的概率；

t——规定时间间隔($t = 20\text{s}, 30\text{s}, 60\text{s}$)；

λ——单位时间平均来车数，以辆/s 计，如已知交通量 Q(辆/h)，则 $\lambda = \frac{Q}{3600}$(辆/s)；

m——在 t 时间间隔内平均来车数：$m = \lambda t$

e——自然对数的底，取值为 2.718 28。

m 当为已知时，应用式(6-9)可以求出在计数周期 t 内恰好有 X 辆车到达的概率。此外，在计算累计概率时，可以分别选用下列公式：

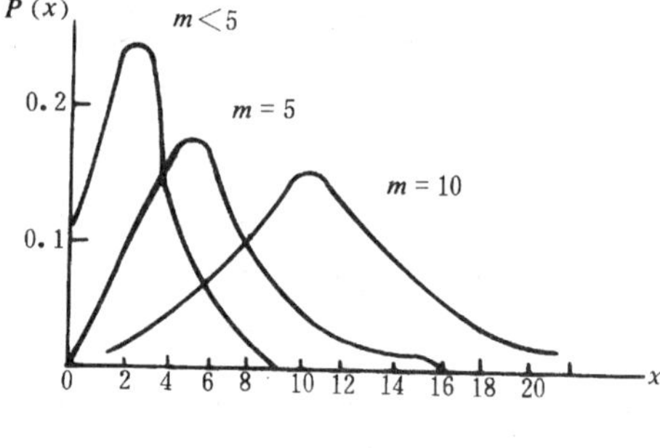

图 6-5 泊松分布

小于 x 辆车到达的概率

$$P(< x) = \sum_{i=0}^{x-1} \frac{m^i e^{-m}}{i!} \tag{6-10}$$

小于等于 x 的情况

$$P(\leqslant x) = \sum_{i=0}^{x} \frac{m^i e^{-m}}{i!} \tag{6-11}$$

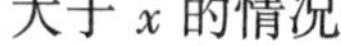
大于 x 的情况

$$P(> x) = 1 - \sum_{i=0}^{x} \frac{m^i e^{-m}}{i!} \tag{6-12}$$

大于等于 x 的情况

$$P(\geqslant x) = 1 - \sum_{i=0}^{x-1} \frac{m^i e^{-m}}{i!} \tag{6-13}$$

至少是 x 但不超过 y 的情况

$$P(x \leqslant i \leqslant y) = \sum_{i=x}^{y} \frac{m^i e^{-m}}{i!} \tag{6-14}$$

用泊松分布拟合观测数据时，参数 m 按下式计算：

$$\frac{\text{观测的总车辆数}}{\text{总周期数}} = \frac{\sum_{i=1}^{g} x_i f_i}{\sum_{i=1}^{g} f_i} = \frac{\sum_{i=1}^{g} x_i f_i}{N} \tag{6-15}$$

式中：g——观测数据分组数；

f_i——周期 t 内到达 x_1 辆车这一事件发生的次(频)数；

N——观测的总周期数。

当直接计算各 x 值的概率时，常用下列递推公式：

$$P(0) = e^{-m} \tag{6-16}$$

当 $x \geqslant 1$ 时，

$$P(x) = \frac{m}{x} P(x-1) \tag{6-17}$$

泊松分布适用的交通状况为车辆行驶随机性较大的交通流，交通量不大，干扰小的情况，并且观测数据得到的方差等于其算术平均值，即 $S^2/m = 1.0$。当观测数据表明 S^2/m 显著地不等于 1.0 时，就是泊松分布不适合的表示。观测数据的方差可按下式计算：

$$S^2 = \frac{1}{N-1} \sum_{i=1}^{N} (x_i - m)^2 = \frac{1}{N-1} \sum_{i=1}^{g} (x_j - m)^2 f_j \tag{6-18}$$

$$= \frac{1}{N-1} \sum_{i=1}^{g} f_j x_j^2 - \frac{1}{N(N-1)} \left(\sum_{i=1}^{g} f_j x_j \right)^2$$

二、二项分布

二项分布：当交通拥挤时，车辆自由行驶机会少，车辆行驶受到约束，这时交通流具有较小方差值，符合于二项分布：

$$P(x) = C^x_n P^x (1-P)^{n-x} \tag{6-19}$$

式中：$P(x)$——在某一时间间隔内来车数为 x 辆的概率；

P——在观测 n 辆车当中，在某一时间间隔内来车数为 x 辆的频率数；

C_n^x——在观测 n 辆车一次取 x 辆的组合。

$$C_n^x = \frac{n!}{x!(n-x)!}$$

由概率论可知，对于二项分布，其均值 $E(x) = nP$，方差 $D(x) = nP(1-P)$，因此，当二项分布拟合观测数据时，公式中参数 P 和 n 可以由众观测样本数据估计值 $\hat{P}$ 和 $\hat{n}$ 来估算：

$$\hat{P}(m - s^2)/m \tag{6-20}$$

$$\hat{n} = m/P = m^2/(m - s^2) \tag{6-21}$$

上式中 m 和 s^2 是从观测样本数据计算得出，因此二项分布具有 2 个计算参数 m 和 s^2。二项分布适用于交通拥挤，车辆受到约束，并且方差值小于算术平均值，即 $s^2/m < 1$。

三、负指数分布

以上是研究某一个时间间隔内对应有一定的来车数的离散型的随机变量分布规律。对于交通流前后车辆的车头时距是连续型的随机变量，其分布规律服从下面的连续型分布。

若车辆到达符合泊松分布,则车头时距就是负指数分布。由式(6-9)知,在计数周期 t 内没车到达($x=0$)的概率为:

$$P(0) = e^{-\lambda t} \tag{6-22}$$

该式表明,在具体的时间间隔 t 内,如无车辆到达,则上一次车到达和下一次车到达之间,车头时距至少有 t 秒,换句话说,$P(0)$也是车头时距等于或大于 t 秒的概率。于是,我们得到:

$$P(h \geqslant t) = e^{-\lambda t} \tag{6-23}$$

而车头时距小于 t 的概率则为:

$$P(h < t) = 1 - e^{-\lambda t} \tag{6-24}$$

若 Q 表示小时交通量,令 $\lambda = Q/3\,600$(辆/s),则式(6-17)可以写为:

$$P(h \geqslant t) = e^{-Qt/3600} \tag{6-25}$$

式中 $Qt/3\,600$ 是到达车辆数的概率分布的平均值。

若令 T 为车头时距概率分布的平均值,则应有:

$$T = 3\,600/Q = \frac{1}{\lambda} \tag{6-26}$$

于是,式(6-23)又可写为(其分布曲线见图 6-6):

$$P(h \geqslant t) = e^{-t/T} \tag{6-27}$$

式(6-24)可写为(其分布曲线见图 6-7):

$$P(h < t) = 1 - e^{-t/T} \tag{6-28}$$

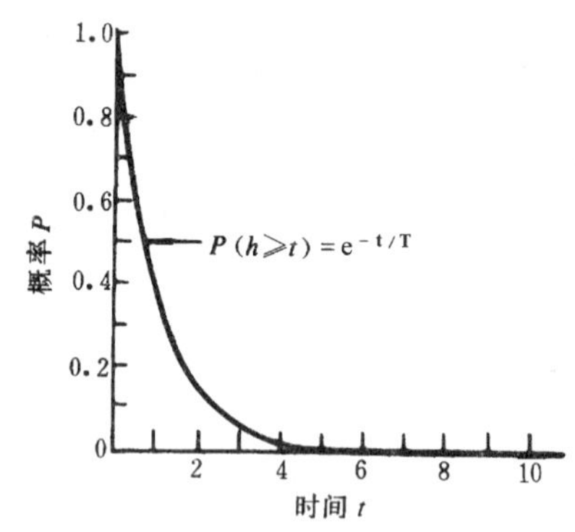

图 6-6　大于等于 t 的车头时距分布曲线($T=1s$)

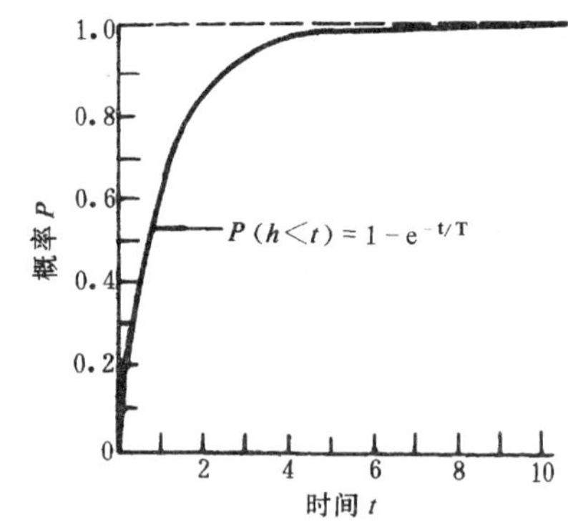

图 6-7　小于 t 的车头时距分布曲线($T=1s$)

通常使用较多的是式(6-27)和(6-28),因为负指数分布的方差就是 T^2。

负指数分布在描述车头时距的各种分布中,使用最广泛。它适用于车流密度不大,车辆到达是随机的情况。当每小时每车道的不间断车流量等于或小于 500 辆时,用负指数分布描述车头时距,通常是符合实际的。

除了以上分布外,交通流在某些形态时,还符合负二项分布、移位负指数分布、厄尔兰分布等,本书不再一一叙述。

四、统计分布应用举例

例 6-1　某路段,交通流量为 360 辆/h,车辆到达符合泊松分布。求:

1. 在 95%的置信度下,每 60s 的最多来车数。

2. 在 1s、2s、3s 时间内无车的概率。

解：

1. 根据题意，每 60s 平均来车数 m 为

$$m = \frac{360 \times 60}{3\ 600} = 6$$

于是，由式(6-9)知，来车分布为：

$$P(x) = \frac{m^x e^{-m}}{x!} = \frac{6^x e^{-6}}{x!}$$

按式(6-16)、(6-17)的递推公式计算，结果见表 6-1。

表 6-1

x	$P(x)$	$P(\leqslant x)$	x	$P(x)$	$P(\leqslant x)$
0	0.002 5	0.002 5	6	0.162 0	0.611 5
1	0.015 0	0.017 5	7	0.138 9	0.750 4
2	0.015 0	0.062 5	8	0.104 1	0.854 5
3	0.090 0	0.152 5	9	0.069 4	0.923 9
4	0.135 0	0.287 5	10	0.014 7	0.965 6
5	0.162 0	0.449 5			

因此，根据计算结果，在 95% 的置信度下每 60s 的最多来车数少于 10 辆。

2. 当 $t = 1\text{s}$ 时，$m = \frac{360 \times 1}{3600} = 0.1$，由式(6-9)知，1s 内无车的概率：

$$P(0) = \frac{(0.1)^0 e^{-0.1}}{0!} = e^{-0.1} = 0.905$$

同理，当 $t = 2\text{s}$，$m = \frac{360 \times 2}{3\ 600} = 0.2$

$$P(0) = \frac{(0.2)^0 e^{-0.2}}{0!} = e^{-0.2} = 0.818\ 7$$

当 $t = 3\text{s}$ 时，$m = \frac{360 \times 3}{3\ 600} = 0.3$

$$P(0) = \frac{(0.3)^0 e^{-0.3}}{0!} = e^{-0.3} = 0.740\ 8$$

例 6-2 有 60 辆车随意分布在 5km 长的道路上，对其中任意 500m 长的一段，试求：

1. 有 4 辆车的概率。

2. 有大于 4 辆车的概率。

解： 如 Q 辆车独立而随机地分布在一条道路上，若将这条道路均分为 Z 段，则一段中所包括的平均车数 m 为：

$$m = \frac{Q}{Z}$$

在本例中，$Q = 60$，$Z = 5\ 000/500 = 10$，

所以，$m = \frac{60}{10} = 6$

1. 有 4 辆车的概率：

$$P(4) = \frac{6^4 e^{-6}}{4!} = 0.135\ 0$$

2. 有大于 4 辆车的概率:

$$P(>4)=1-\sum_{i=0}^{4}\frac{6^i e^{-6}}{i!}=1-P(0)-P(1)-P(2)-P(3)-P(4)$$

$$=1-0.0025-0.0150-0.0450-0.0900-0.1350=0.7125$$

例 6-3 一交叉口,设置了专供左转的信号相,经研究指出:来车符合二项分布,每一周期内平均到达 20 辆车,有 25%的车辆左转但无右转。求:

1. 到达三辆车中有一辆左转的概率。

2. 某一周期不使用左转信号相的概率。

解:

1. 已知 $n=3, x=1, P=0.25$ 代入式(6-19),求到达三辆车中有一辆左转的概率。

$$P(1)=\frac{3!}{1!2!}(0.25)^1(1-0.25)^{3-1}=0.422$$

2.已知:$n=20, x=0, P=0.25$

同样,由式(6-19)求得:

$$P(0)=\frac{20!}{0!20!}(0.25)^0(1-0.25)^{20-0}=0.0032$$

第四节　交通流中排队理论

道路上交通流排队现象随时可见,因此,有必要研究交通流中的排队理论及其应用。

排队论是研究“服务”系统因“需求”拥挤而产生等待行列(即排队)的现象,以及合理协调“需求”与“服务”关系的一种数学理论,是运筹学中以概率论为基础的一门重要分支,有的书中称为“随机服务系统理论”。这里,主要介绍排队论的基本概念、方法及其在交通工程中的某些应用问题。

一、排对论的基本概念

1. “排队”单指等待服务的,不包括正在被服务的,而“排队系统”既包括了等待服务的,又包括了正在服务的车辆。

例如,一队汽车在加油站排队等候加油,它们与加油站构成一个排队系统。其中尚未轮到加油依次排队等候的汽车行列,称为排队。所谓“排队车辆”或“排队(等待)时间”,都是仅指排队本身而言;如说“排队系统中的车辆”或“排队系统(消耗)时间”,则把正在受服务者也包括在内,后者当然大于前者。

2. 排队系统的三个组成部分

(1) 输入过程　指各种类型的“顾客(车辆或行人)”按怎样的规律到来。有各式各样的输入过程,例如:

定长输入——顾客等时距到达。

泊松输入——顾客到达时距符合负指数分布。这种输入过程最容易处理,因而应用最广泛。

爱尔朗输入——顾客到达时距符合爱尔朗分布。

(2) 排队规则　指到达的顾客按怎样的次序接受服务。例如:

损失制——顾客到达时,若所有服务台均被占,该顾客就自动消失,永不再来。

等待制——顾客到达时，若所有服务台均被占，它们就排成队伍，等待服务。服务次序有先到先服务(这是最通常的情形)和优先权服务(如急救车、消防车)等多种规则。

混合制——顾客到达时，若队长小于 L，就排入队伍；若队长等于 L，顾客就离去，永不再来。

(3)服务方式　指同一时刻有多少服务台可接纳顾客，每一顾客服务了多少时间。每次服务可以接待单个顾客，也可以成批接待，例如公共汽车一次就装载大批乘客。

服务时间的分布主要有如下几种：

定长分布——每一顾客的服务时间都相等。

负指数分布——即各顾客的服务时间相互独立，服从相同的负指数分布。

爱尔朗分布——即各顾客的服务时间相互独立，具有相同的爱尔朗分布。

为了今后叙述上的方便，引入下列记号：令 M 代表泊松输入或负指数分布服务，D 代表定长输入或定长服务，E_k 代表爱尔朗分布的输入或服务。于是泊松输入、负指数分布服务、N 个服务台的排队系统可以写成 $M/M/N$，泊松输入、定长服务、单个服务台的系统可以写成 $M/D/1$。同样可以理解 $M/E_k/N$，$D/M/N$…等记号的含义。如果不附其他说明，则这种记号一般都指先到先服务，单个服务的等待制系统。

3. 排队系统的主要数量指标　最重要的数量指标有三个：

(1) 等待时间——从顾客到达时起到他开始接受服务的这段时间。

(2) 忙期——服务台连续繁忙的时期，这关系到服务台的工作强度。

(3) 队长——有排队顾客数与排队系统中顾客数之分，这是排队系统提供的服务水平的一种衡量。

二、单通道排队服务($M/M/1$)系统

此时，由于排队等待接受服务的通道只有单独一条，故称“单通道服务”系统(图 6-8)。

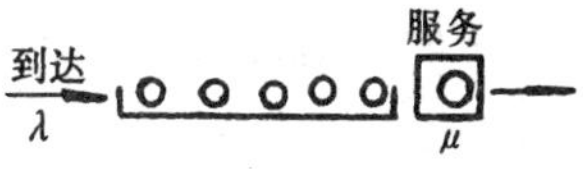

设顾客随机单个到达，平均到达率为 λ，则两次到达之间的平均间隔为 $\frac{1}{\lambda}$。从单通道接受服务后出来的输出率(即系统的服务率)为 μ，则平均服务时间为 $\frac{1}{\mu}$。比率 $\rho=\frac{\lambda}{\mu}$ 叫做交通强度或利用系数，可确定各种状态的性质。如果 $\rho<1$(即 $\lambda<\mu$)并且时间充分，每个状态将会循环出现。当 $\rho\geqslant1$，每个状态是不稳定的，而排队的长度将会变得越来越长，没有限制。因此，要保持稳定状态即确保单通道排队能够疏散的条件是 $\rho<1$，即 $\lambda<\mu$。

图 6-8　单通道服务系统示意图

在系统中没有车辆的概率：

$$P(0)=1-\rho \tag{6-29}$$

在系统中有 n 辆车的概率：

$$P(n)=P^{n}(1-\rho)=\rho^{n}P(0) \tag{6-30}$$

排队系统中车辆的平均数：

$$\bar{n}=\frac{\rho}{1-\rho} \tag{6-31}$$

排队系统中车辆数的方差：

$$\sigma^2=\frac{\rho}{(1-\rho)^2} \tag{6-32}$$

$\bar{n}$ 和 σ 与 ρ 的关系可绘成图 6-9,从图中不难看出当交通强度 ρ 越过 0.8 时,平均排队长度迅速增加,而系统状态的变动范围和频度增长更快,即不稳定因素迅速增长,服务水平迅速下降。

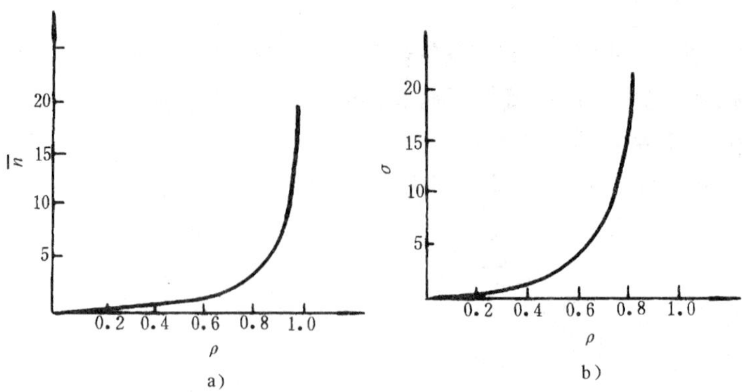

图 6-9 n、σ 与 ρ 的关系图

a)$\bar{n}$ 与 ρ 的关系图;b)σ 与 ρ 的关系图

平均排队长度:

$$\bar{q} = \frac{\rho^2}{1-\rho} = \rho\bar{n} \tag{6-33}$$

排队系统中的平均消耗时间:

$$\bar{d} = \frac{1}{\mu - \lambda} \tag{6-34}$$

排队中的平均等待时间:

$$\bar{W} = \frac{\lambda}{\mu(\mu-\lambda)}\bar{d} - \frac{1}{\mu} \tag{6-35}$$

例 6-4 某高速公路入口处设有一收费站,车辆到达该站是随机的,单向车流量为 300 辆/h,收费员平均每 10s 完成一次收费并放行一辆汽车,符合负指数分布。试估计在检查站上排队系统中的平均车辆数。平均排队长度、排队系统中的平均消耗时间以及排队中的平均等待时间。

解: 这是一个 $M/M/1$ 系统。由题意如

$$\lambda = 300 \text{ 辆}/\text{h}$$

$$\mu = \frac{1}{10}\text{ 辆}/\text{s} = \frac{3600}{10} = 360 \text{ 辆}/\text{h}$$

$$\rho = \frac{\lambda}{\mu} = \frac{300}{360} = 0.83 < 1$$

∴该系统是稳定的。

由式(6-31)、(6-33)、(6-34)、(6-35)分别得出:

排队系统中车辆的平均数:

$$\bar{n} = \frac{\rho}{1-\rho} = \frac{\lambda}{\mu-\lambda} = \frac{300}{360-300} = 5 \text{ 辆}$$

平均排队长度:

$$\bar{q} = \bar{n}\rho = 5 \times 0.83 = 4.15 \text{ 辆}$$

排队系统中的平均消耗时间:

$$\bar{d} = \frac{1}{\mu - \lambda} = \frac{1}{360 - 300} \times 3\,600 = 60\text{s/辆}$$

排队中的平均等待时间：

$$\bar{W} = \frac{\lambda}{\mu(\mu - \lambda)} = \frac{300}{360(360 - 300)} \times 3\,600 = 50\text{s/辆}$$

三、多通道排队服务（$M/M/N$）系统

在这种排队系统中，服务通道有 N 条，所以叫“多通道服务”系统。根据排队方式的不同，又可分为：

单路排队多通道服务：指排成一个队等待数条通道服务的情况。排队中头一辆车可视哪个通道有空就到哪里去接受服务，如图 6-10 所示。

多路排队多通道服务：指每个通道各排一个队，每个通道只为其相对应的一队车辆服务，车辆不能随意换队。如图 6-11 所示。这种情况相当于 N 个单通道服务系统。

对于多通道服务系统，保持稳定状态的条件，不是 $\rho < 1$，而是 $\frac{\bar{\rho}}{N} < 1$。其中 $\bar{\rho}$ 为各通道 ρ 的平均值。现考虑各通道 ρ 值相等的情况则 $\bar{\rho} = \rho$。若令 λ 为进入系统中的平均到车率，则对于单路排队多通道服务系统，存在下列关系式：

图 6-10　单路排队多通道服务　　图 6-11　多路排队多通道服务

系统中没有车辆的概率：

$$P(0) = \frac{1}{\left[\sum\limits_{n=0}^{N-1} \frac{1}{n!}\left(\frac{\lambda}{\mu}\right)^{n}\right] + \frac{1}{N!}\left(\frac{\lambda}{\mu}\right)^{N}\left(\frac{N\mu}{N\mu - \lambda}\right)} = \frac{1}{\sum\limits_{n=0}^{N-1} \frac{\rho^{n}}{n!} + \frac{\rho^{N}}{N!(1 - \rho^{n})}} \tag{6-36}$$

系统中有 n 辆车的概率：

$$P(n) = \frac{\rho^{n}}{n!}P(0) \qquad \text{当} \leqslant N$$

$$P(n) = \frac{\rho^{n}}{N!N^{n-N}}P(0) \qquad \text{当 } n \geqslant N \tag{6-37}$$

排队系统中的平均车辆数：

$$\bar{n} = \frac{\lambda}{\mu} + \frac{\lambda\mu\left(\frac{\lambda}{\mu}\right)^{N}P(0)}{(N - 1)!(N\mu - \lambda)^{2}} = \rho + \frac{P(0)\rho^{N+1}}{N!N}\left[\frac{1}{(1 - \rho/N)^{2}}\right] \tag{6-38}$$

平均排队长度：

$$\bar{g} = \frac{\rho^{N+1}P(0)}{N!N}\left[\frac{1}{(1 - \rho/N)^{2}}\right] = \bar{n} - \rho \tag{6-39}$$

排队系统中的平均消耗时间：

$$\bar{d} = \frac{\mu\left[\frac{\lambda}{\mu}\right]^N P(0)}{(N-1)!(N\mu-\lambda)^2} + \frac{1}{\mu} = \frac{\bar{n}}{\lambda} \tag{6-40}$$

排队中的平均等待时间：

$$\bar{W} = \frac{\mu\left[\frac{\lambda}{\mu}\right]^N P(0)}{(N-1)!(N\mu-\lambda)^2} = \frac{\bar{g}}{\lambda} \tag{6-41}$$

例 6-5 有一收费公路,高峰小时以 2400 辆/h 的车流量通过四个排队车道引向四个收费口。平均每辆车办理收费的时间为 5s,服从负指数分布。试分别按单路排队和多路排队的两种服务方式计算各相应的指标并比较之。

解: 按多路排队计算

根据题意,有四路排队,即每个收费口有它各自的排队车道,而将到达的车流四等分,于是:

$$\lambda = \frac{2\,400 \div 4}{3\,600} = \frac{1}{6}(\text{辆}/\text{s})$$

$$\mu = \frac{1}{5}(\text{辆}/\text{s})$$

$$\rho = \frac{\lambda}{\mu} = \frac{5}{6} < 1$$

即相当于四个单通道排队情况,由 $M/M/1$ 系统的计算公式,得到:

$$\bar{n} = \frac{\lambda}{\mu-\lambda} = \frac{1/6}{\frac{1}{5}-\frac{1}{6}} = 5(\text{辆})$$

$$\bar{g} = \rho\bar{n} = \frac{5}{6}\times 5 = 4.17(\text{辆})$$

$$\bar{d} = \frac{1}{\mu-\lambda} = \frac{1}{\frac{1}{5}-\frac{1}{6}} = 30(\text{s}/\text{辆})$$

$$\bar{W} = \bar{d} - \frac{1}{\mu} = 30 - 5 = 25(\text{s}/\text{辆})$$

按单路排队计算,这时:

$$\lambda = \frac{2400}{3600} = \frac{2}{3}(\text{辆}/\text{s})$$

$$\mu = \frac{1}{5}(\text{辆}/\text{s})$$

$$N = 4, \bar{\rho} = \rho = \frac{\lambda}{\mu} = \frac{\frac{2}{3}}{\frac{1}{5}} = \frac{10}{3}$$

$$\frac{\bar{\rho}}{N} = \frac{\frac{10}{3}}{4} = \frac{5}{6} < 1$$

用式(6-36)计算 $P(0)$。为此:

令
$$Y = \frac{1}{n!}\left(\frac{\lambda}{\mu}\right)^n,\text{于是}$$

$$n = 0, Y_0 = 1$$

$$n=1, Y_1=\left(\frac{2}{3}\times\frac{5}{1}\right)=\frac{10}{3}$$

$$n=2, Y_2=\frac{1}{2\times1}\times\left(\frac{2}{3}\times\frac{5}{1}\right)^2=\frac{100}{18}$$

$$n=3, Y_3=\frac{1}{3\times2\times1}\left(\frac{2}{3}\times\frac{5}{1}\right)^3=\frac{1000}{162}$$

于是：

$$\sum_{n=0}^{N-1} Y_n = 16.061\ 7$$

令

$$Z=\frac{1}{N!}\left(\frac{\lambda}{\mu}\right)^N\frac{N\mu}{N\mu-\lambda}=\frac{1}{4\times3\times2\times1}\times\left(\frac{2}{3}\times\frac{5}{1}\right)^4\times\frac{4\times\frac{1}{5}}{4\times\frac{1}{5}-\frac{2}{3}}=30.864\ 2$$

将 Y、Z 值代入式(6-36)，得

$$P(0)=\frac{1}{Y+Z}=\frac{1}{16.0617+30.8642}=0.0213$$

由式(6-39)，得：

$$\bar{g}=\frac{\lambda\mu\left(\frac{\lambda}{\mu}\right)^N}{(N-1)!(N\mu-\lambda)^2}\cdot P(0)$$

$$=\frac{\frac{2}{3}\times\frac{1}{5}\times\left(\frac{\frac{2}{3}}{\frac{1}{5}}\right)^4}{3\times2\times1\times\left(4\times\frac{1}{5}-\frac{2}{3}\right)^2}\times0.021\ 3=3.3(\text{辆})$$

$$\bar{n}=\bar{g}+\rho=3.3+\frac{10}{3}=6.6(\text{辆})$$

由式(6-40)得：

$$\bar{d}=\frac{\bar{n}}{\lambda}=\frac{6.6}{\frac{2}{3}}=10.0(\text{s/辆})$$

由式(6-41)，得：

$$\bar{W}=\frac{\bar{g}}{\lambda}=\frac{3.3}{\frac{2}{3}}=5(\text{s/辆})$$

由表6-2可见，在服务通道数目相同时，单路排队优于多路排队。这在 $\bar{d}$、$\bar{W}$ 两项指标的比较中尤为显著，单路排队比多路排队分别减少了67%和80%。因为多路排队多通道服务表面上到达车流量被分散，但实际上受着排队车道与服务通道一一对应的束缚。如果某一通道由于某种原因拖长了为某车服务的时间，显然就要增加在此通道后面排队车辆的等待时间，甚至会出现邻近车道排队车辆后来居上的情形。而单路排队多通道服务就要灵活得多，排在第一位的车辆没有被限制死非走某条通道不可，哪儿有空它就可以到哪儿去。因此，就整个系统而言，疏散反而比多路排队要快。这一结论对道路上的收费系统、车辆的等待装卸系统及其他方面的排队系统设计均具有指导意义。

两种服务方式相应指标对比 表 6-2

服务指标	服务方式			服务指标	服务方式		
	多路排队	单路排队	$\frac{多-单}{多}\times 100\%$		多路排队	单路排队	$\frac{多-单}{多}\times 100\%$
系统中车辆数 n	5.0	6.6	-32.0	系统中消耗时间 d	30.0	10.0	67.0
平均排队长度 q	4.17	3.3	21.0	平均排队时间 w	25.0	5.0	80.0

四、简化的排队延误分析方法

交通工程师在应用数学上成熟的排队论之外，还对交通拥挤现象以简化的方式作过分析，前提是假定在某一持续时间内车辆的出入是均一的，图 6-12 表示的是公路与铁路交叉口的车辆到达、离去的情况。

可将上列的车辆到达、离去情况绘成到达——离去曲线图，如图 6-12 所示。

图中虚线为到达车辆累积数，实线为离去车辆累积数。两曲线的水平间隔即为某车的延误时间，垂直间隔为某一时刻的受阻(排队)车数。两曲线围成的面积即为总延误车时数。在此图上用几何方法不难求出下列各项指标。

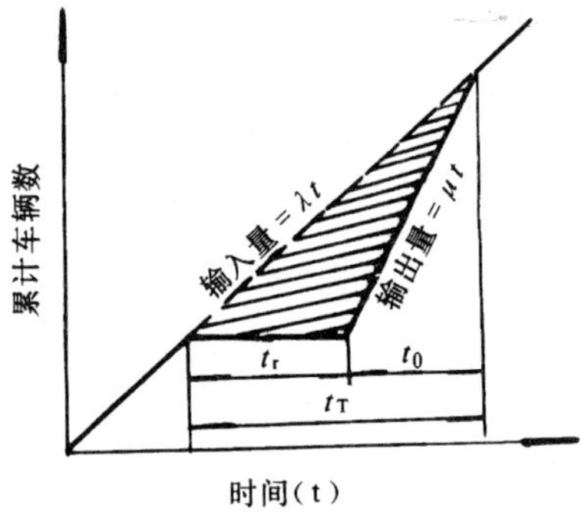

图 6-12 车辆到达——离去示意图

μ——栅门开启后的车辆平均输出率(辆/h)；

λ——到达车辆平均输入率(辆/h)；

t_r——栅门关闭持续时间(min)；

t_0——栅门开启后排队车辆疏散时间(min)。

1. 排队的持续时间 t_T

$$t_T = \frac{\mu}{\mu - \lambda}t_r \tag{6-42}$$

2. 栅栏关闭受阻的车辆数 n

$$n = \lambda t_T \tag{6-43}$$

3. 最大排队车辆数 Q

$$Q = \lambda t_r \tag{6-44}$$

4. 平均排队车辆数 $\overline{Q}$

$$\overline{Q} = \frac{1}{2}\lambda t_r \tag{6-45}$$

5. 车辆总延误时间 D

$$D = \overline{Q}t_T \tag{6-46}$$

6. 平均每辆车延误时间 $\overline{d}$

$$\overline{d} = \frac{D}{n} \tag{6-47}$$

7. 单辆车最长延误时间为 $t_m = t_r$

8. 排队车辆的疏散时间 t_0

例 6-6 有一公路与铁路的交叉口，火车通过时，栅栏关闭的时间 $t_r = 0.1\text{h}$。已知公路上车辆以均一的到达率 $\lambda = 900$ 辆/h 到达交叉口，而栅栏开启后排队的车辆以均一的离去率 $\mu = 1200$ 辆/h 离开交叉口。试计算由于关闭栅栏而引起的：单个车辆的最长延误时间 t_m，最大排队车辆数 Q，排队疏散时间 t_0，排队持续时间 t_j，受限车辆总数 n，平均排队车辆数 $\overline{Q}$，单个车辆的平均延误时间 $\overline{d}$，车时总延误 D。

解： 栅栏刚关闭时到达的那辆车的延误时间最长：

$$t_m = t_r = 0.1\text{h}$$

栅栏关闭期间，车辆只有到达没有离去，因此栅栏刚开启时排队的车辆数量多：

$$Q = \lambda t_r = 900 \times 0.1 = 90 \text{辆}$$

栅栏开启后，排队车辆的队头以离去率 u 疏散离去，而队尾以到达率 λ 向后延长，因此排队的净疏散率为 $\mu - \lambda$，疏散时间为：

$$t_0 = \frac{Q}{\mu - \lambda} = \frac{90}{1\,200 - 90} = 0.3\text{h}$$

排队持续时间等于栅栏关闭时间加疏散时间：

$$t_j = 0.1 + 0.3 = 0.4\text{h}$$

疏散时间内离去的总车数为受阻车辆总数：

$$n = 0.3 \times 1\,200 = 360 \text{辆}$$

平均排队车辆数：

$$\overline{Q} = 0.5Q = 45 \text{辆}$$

单个车辆的平均延误时间：

$$\overline{d} = 0.5t_r = 0.05\text{h}$$

车时总延误：

$$D = u\overline{d} = 360 \times 0.05 = 18 \text{辆} \cdot \text{h}$$

第五节　跟驰理论简介

跟驰理论是运用动力学方法，研究在无法超车的单一车道上车辆列队行驶时，后车跟随前车的行驶状态的一种理论。它用数学模式表达跟驰过程中发生的各种状态。

1950 年，鲁契尔（Reuschel）开始研究车辆在排队行驶时的运行状态。1953 年，派普斯（Pipes）用动力学分析车辆跟驰现象，形成了车辆跟驰理论。此后，赫尔曼（Herman）和罗瑟瑞（Rothery）等人又进行了实验室研究并将跟驰理论作了进一步的扩充。

跟驰理论研究的一个主要目的是试图通过观察各个车辆逐一跟驰的方式来了解单车道交通流的特性。这种特性的研究可用来描述交通流的稳定性，加速干扰以及干扰的传播；检验在高速公路专用车道上运行的公共汽车车队的特性；检验管理技术和通信技术，以便预测短途车辆对市区交通流的影响，使尾撞事故减到最低限度。

一、车辆跟驰特性分析

在道路上，当交通流的密度相当大时，车辆间距较小，车队中任一辆车的车速都受前车速度的制约，驾驶员只能按前车提供的信息采用相应的车速。我们称这种状态为非自由运行状态。跟驰理论就是研究这种运行状态车队的行驶特性：

非自由状态行驶的车队有以下三个特性：

1. 制约性　在一队汽车中，驾驶员总不愿意落后，而是紧随前车前进。这就是“紧随要求”。同时，后车的车速不能长时间的大于前车车速，只能在前车车速附近摆动，否则会发生碰撞。这是“车速条件”。此外，前后车之间必须保持一个安全距离，在前车制动后，两车之间有足够的距离，从而有足够的时间供后车驾驶员作出反应，采取制动措施。这是“间距条件”。

紧随要求、车速条件和间距条件构成了一队汽车跟驰行驶的制约性。即前车车速制约着后车车速和两车间距。

2. 延迟性　从跟驰车队的制约性可知，前车改变运行状态后，后车也要改变。但前后车运行状态的改变不是同步的，后车运行状态的改变滞后于前车。因为驾驶员对前车运行状态的改变要有一个反应过程，需要反应时间。假设反应时间为 T，那么前车在 t 时刻的动作，后车在 $(t+T)$ 时刻才能作出相应的动作。这就是延迟性。

3. 传递性　由制约性可知，第一辆车的运行状态制约着第 2 辆车的运行状态，第 2 辆又制约着第 3 辆，……，第 n 辆制约着第 $n+1$ 辆。一旦第一辆车改变运行状态，它的效应将会一辆接一辆地向后传递，直至车队的最后一辆。这就是传递性。而这种运行状态的传递又具有延迟性。这种具有延迟性的向后传递的信息不是平滑连续的，而是像脉冲一样间断连续的。

二、线性跟驰模型的建立

跟驰模型是一种刺激—反应的表达式。一个驾驶员所接受的刺激是指其前方导引车的加速或减速以及随之而发生的这两车之间的速度差和车间距离的变化；该驾驶对刺激的反应是指其为了紧密而安全地跟踪前车所作的加速或减速动作及其实际效果。

假定驾驶员保持他所驾驶车辆与前导车的距离为 $S(t)$，以便在前导车制动时能使车停下而不至于和前导车尾相撞。设驾驶员的反应时间为 T，在反应时间内，车速不变，这两辆车在 t 时刻的相对位置用图 6-13 表示，图中 n 为前导车，$n+1$ 为后随车。两车在制动操作后的相对位置如图所示。图中：

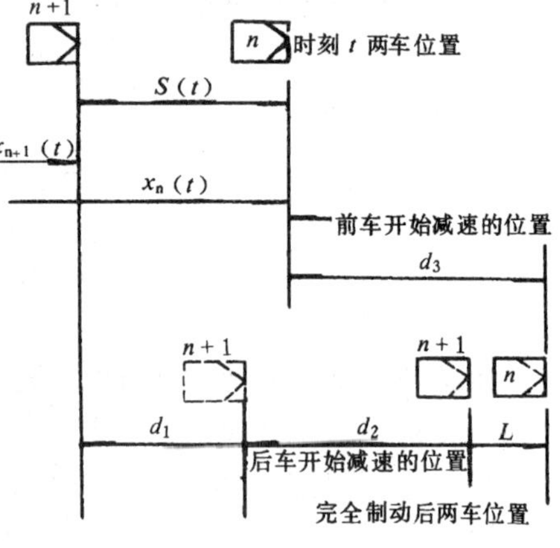

图 6-13　线性跟车模型示意图

$x_i(t)$——第 i 辆车在时刻 t 的位置；

$S(t)$——两车在时刻 t 的间距，$S(t)=x_n(t)-x_{n+1}(t)$；

d_1——后随车在反应时间 T 内行驶的距离，$d_1=T\dot{x}_{n+1}(t)=T\dot{x}_{n+1}(T+t)$；

d_2——后随车在减速期间行驶的距离；

d_3——前导车在减速期间行驶的距离；

L——停车后的车头间距；

$\dot{x}_i(t)$——第 i 辆车在时刻 t 的速度。

假定 $d_2=d_3$，要使在时刻 t 两车的间距能保证在突然制动事件中不发生撞碰，则应有：

$$S(t) = d_1 + L = T\dot{x}_{n+1}(t)(t+T) + L$$

对 t 微分，得

$$\dot{x}_n(t) - \dot{x}_{n+1}(t) = T\ddot{x}_{n+1}(t+T)$$

或

$$\ddot{x}_{n+1}(t+T) = \frac{1}{T}[\dot{x}_n(t) - \dot{x}_{n+1}(t)] \tag{6-48}$$

式中，$\ddot{x}_{n+1}(t+T)$ 为后车在时刻 $(t+T)$ 的加速度，称为后车的反应；$\frac{1}{T}$ 称为敏感度；$\dot{x}_n(t)-\dot{x}_{n+1}(t)$ 称为时刻 t 的刺激。这样，式(6-48)就可理解为：反应 = 敏感度 × 刺激。

式(6-48)是在前导车制动、两车的减速距离相等以及后车在反应时间 T 内速度不变等假定下推导出来的。实际的跟车操作要比这两条假定所限定的情形复杂得多。比方说，刺激也

可能是由前车加速而引起的。而两车在变速过程中行驶的距离可能不相等。为了适应更一般的情形，把式(6-42)修改为

$$\ddot{x}_{n+1}(t+T)=a[\dot{x}_n(t)-\dot{x}_{n+1}(t)] \tag{6-49}$$

式中，a 称为反应强度系数，量纲为 s^{-1}。这里 a 不再理解为敏感度，而应看成是与驾驶员动作的强弱程度直接相关。式(6-49)表明后车的反应与前车发出的刺激成正比，此公式称为线性跟车模型。

第六节　流体力学模拟理论

1955 年，英国学者莱特西尔(Lighthill)和惠特汉(Whitham)将交通流比拟为流体流，在一条很长的公路隧道里，对密度很大的交通流的规律进行研究，提出了流体力学模拟理论。

该理论运用流体力学的基本原理，模拟流体的连续性方程，建立车流的连续性方程。把车流密度的疏密变化比拟成水波的起伏而抽象为车流波。当车流因道路或交通状况的改变而引起密度的改变时，在车流中产生车流波的传播见表 6-3。通过分析车流波的传播速度，以寻求车流流量和密度、速度之间的关系。因此，该理论又可称为车流波动理论。

流体力学模拟理论是一种宏观的模型。它假定在车流中各单个车辆的行驶状态与它前面的车辆完全一样，这是与实际不相符的。尽管如此，该理论在"流"的状态较为明显的场合，如在分析瓶颈路段的车辆拥挤问题时，有其独特的用途。

交通流与流体流的比较表　　表 6-3

物理特性	流体动力学系统	交通流系统
连续体	单向不可压缩流体	单车道不可压缩车流
离散元素	分子	车辆
变量	质量 m	密度 k
	速度 v	车速 u
	压力 p	流量 q
动量	mv	ku
状态方程	$P=CMT$	$q=ku$
连续性方程	$\frac{\partial m}{\partial t}+\frac{\partial(mv)}{\partial x}=0$	$\frac{\partial k}{\partial t}+\frac{\partial(ku)}{\partial x}=0$
运动方程	$\frac{\mathrm{d}m}{\mathrm{d}t}+\frac{c^2}{m}\frac{\partial m}{\partial x}=0$	$\frac{\mathrm{d}u}{\mathrm{d}t}+k\left(\frac{\mathrm{d}u}{\mathrm{d}k}\right)^2\frac{\partial k}{\partial x}=0$

一、车流连续性方程的建立

假设车流顺次通过断面 I 和 II 的时间间隔为 $\mathrm{d}t$，两断面的间距为 $\mathrm{d}x$，同时，车流在断面 I 的流入量为 q，密度为 k。车流在断面 II 的流出量为 $(q+\mathrm{d}q)$，密度为 $(k-\mathrm{d}k)$。$\mathrm{d}k$ 取负号表示在拥挤状态，车流密度随车流量的增加而减少。

根据质量守恒定律：

流入量 - 流出量 = 数量上的变化

即：$[q-(q+\mathrm{d}q)]\mathrm{d}t=[k-(k-\mathrm{d}k)]\mathrm{d}x$

化简得到：

$$-\mathrm{d}q\mathrm{d}t = \mathrm{d}k\mathrm{d}x$$

$$\frac{\mathrm{d}k}{\mathrm{d}t} + \frac{\mathrm{d}q}{\mathrm{d}x} = 0 \tag{6-50}$$

又因为

于是：

$$q = kv$$

$$\frac{\mathrm{d}k}{\mathrm{d}t} + \frac{\mathrm{d}(kv)}{\mathrm{d}x} = 0 \tag{6-51}$$

方程(6-51)表明，车流量随距离而降低时，车流密度则随时间而增大。

同样，我们还可以用流体力学的理论来建立交通流的运动方程：

$$\frac{\mathrm{d}k}{\mathrm{d}x} = -\frac{\mathrm{d}v}{\mathrm{d}t} \tag{6-52}$$

方程(6-52)表明，车流密度增加，产生减速。

二、车流中的波

图 6-14 是由 8 车道路段过渡到 6 车道路段的半幅平面示意图。由图可以看出。在 4 车道的路段(即原路段)和 3 车道的路段(即瓶颈段)，车流都是各行其道，井然有序。而在由 4 车道向 3 车道过渡的那段路段内，车流出现了拥挤、紊乱，甚至堵塞。这是因为车流在即将进入瓶颈段时会产生一个方向相反的波。就像声波碰到障碍物时的反射，或者管道内的水流突然受阻时的后涌那样。这个波导致在瓶颈段之前的路段，车流出现紊流现象。

1. 基本方程　为讨论方便起见，取图 6-15 所示的计算图式。假设一直线路段被垂直线 S 分割为 A、B 两段。A 段的车流速度为 v_1，密度为 k_1；B 段的车流速度为 v_2，密度为 k_2；S 处的速度为 v_W，假定沿路线按照所画的箭头 X 正方向运行，速度为正，反之为负，并且：

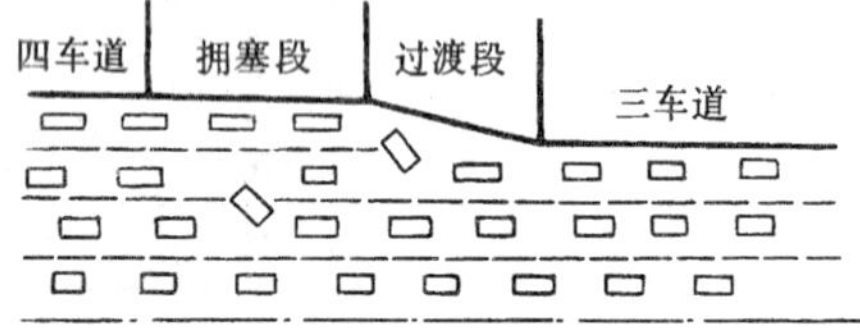

图 6-14　瓶颈处的车流波

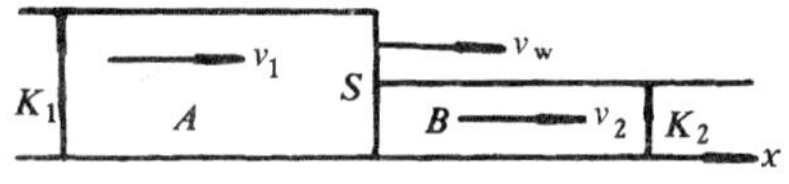

图 6-15　两种密度的车流运行情况

v_1 = 在 A 区车辆的区间平均车速；

v_2 = 在 B 区车辆的区间平均车速。

则在时间 t 内横穿 S 交界线的车数 N 为：

$$N = (v_1 - v_W)k_1 t = (v_2 - v_W)k_2 t \tag{6-53}$$

即

$$(v_1 - v_W)k_1 = (v_2 - v_W)k_2$$

$$v_W = \frac{(v_1 k_1 - v_2 k_2)}{k_1 - k_2} \tag{6-54}$$

令 A、B 两部分的车流量分别为 q_1、q_2，则根据定义可得：

$$q_1 = k_1 v_1, q_2 = k_2 v_2$$

于是，式(6-54)变为：

$$v_W = \frac{q_2 - q_1}{k_2 - k_1} \tag{6-55}$$

当 $q_1 > q_2, k_1 < k_2$ 时，v_W 为负值。表明波的方向与原车流流向相反。此时在瓶颈过渡段(如图 6-14 所示)内的车辆即被迫后拥，开始排队，出现拥塞。有时 v_W 可能为正值，这表明此时不致发生排队现象，或者是已有的排队将开始消散。

若 A、B 两区车流量与交通密度大致相等，则可以写成：

$$q_2 - q_1 = \Delta q, k_2 - k_1 = \Delta k$$

因此可得传播小紊流的速度：

$$v_W = \frac{\Delta q}{\Delta k} = \frac{dq}{dk} \tag{6-56}$$

至此，以上分析尚未触及到区间平均车速 v_1 及 v_2 与密度 k_1 及 k_2 之间的任何具体关系。如果我们采用线性的速度与密度关系式，即：

$$v_i = v_f(1 - k_i/k_j)$$

如果再进一步，设：

$$\eta_i = k_i/k_j \tag{6-57}$$

则可以写出：

$$v_1 = v_f(1 - \eta_1), v_2 = v_f(1 - \eta_2)$$

式中，η_1 及 η_3 是在界线 S 两侧的标准化密度。

将以上关系代入方程(6-54)，得波速为：

$$v_W = \frac{k_1 v_f(1 - \eta_1) - k_2 v_f(1 - \eta_2)}{k_1 - k_2} \tag{6-58}$$

从方程(6-57)得到的 η_1 和 η_2 的关系式可用来简化式，结果为：

$$v_W = v_f[1 - (\eta_1 + \eta_2)] \tag{6-59}$$

上式说明，波速可用交通密度不连续线两侧的标准化密度表示。

2. 交通密度大致相等的情况　如果在界线 S 两侧的标准化密度 η_1 与 η_2 大致相等，如图 6-16 所示。S 左侧的标准化密度为 η，而 S 右侧的标准化密度为$(\eta + \eta_0)$，这里 $\eta + \eta_0 \leqslant 1$。

在此情况下，设：

$$\eta_1 = \eta, \quad \eta_2 = \eta + \eta_0$$

并且：$[1 - (\eta_1 + \eta_2)] = [1 \quad (2\eta + \eta_0)] = 1 - 2\eta$

式中，η_0 忽略不计。把上式代入式(6-59)，则此断续的波就以下列速度传播：

$$v_W = v_f = (1 - 2\eta) \tag{6-60}$$

这是由莱特希尔和惠特汉推导的车流波传播公式。

3. 停车产生的波　对于车流的标准化密度为 η_1，以区间平均车速 v_1 行驶的车辆，假定下式成立：

$$v_1 = v_f(1 - \eta_1) \tag{6-61}$$

在道路上，位置 $x = x_0$ 处，因红灯停车，车流立即呈现出饱和的标准化密度 $\eta_2 = 1$。如图 6-17 所示。线 S 左侧，车流仍为原来的密度 η_1，按方程(6-60)的平均速度继续运行。将 $\eta_1 = \eta_2, \eta_2 = 1$ 代入方程(6-59)，就得到停车产生的波的波速：

$$v_W = v_f[1 - (\eta_1 + 1)] = - v_f \eta_1 \tag{6-62}$$

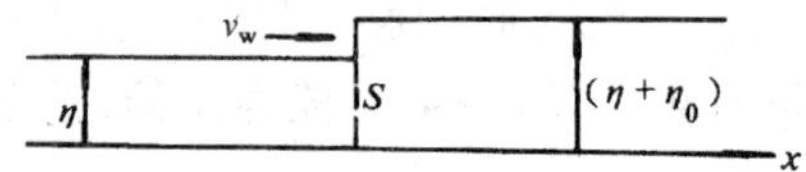

图 6-16　交通密度的微小不连续性

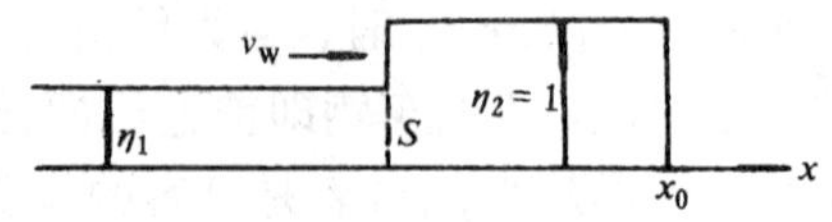

图 6-17　停车产生的波

式(6-62)说明，由于停车而产生的波，以 $v_f\eta_1$ 的速度向后方传播。如果信号在 $x=x_0$ 处变为红灯，则经 t 秒以后，一列长度为 $v_f\eta_1 t$ 的汽车就要停在 x_0 之后。

4. 发车产生的波　现在来讨论一列车辆起动(发车)所产生的波的性质。假定 $t=0$ 时，一列车已停在位于 $x=x_0$ 处的信号灯后边。因为该列车停着，所以具有饱和密度 $\eta_1=1$。如图 6-18 所示。如果在 $t=0$ 时，$x=x_0$ 处变为绿灯，车辆以速度 v_2 起动，此时，停车一方(S 线左侧)的交通密度仍为饱和密度 $\eta_1=1$，而 η_2 可以从下式：

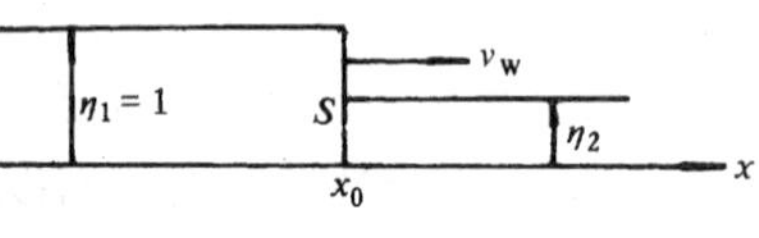

图 6-18　发车产生的波

$$v_2 = v_f(1-\eta_2)$$

求得，即：

$$\eta_2 = 1-\left(\frac{v_2}{v_f}\right) \tag{6-63}$$

代入式(6-59)，得到：

$$v_W = v_f[1-(1+\eta_2)] = -v_f\eta_2 = -(v_f-v_2) \tag{6-64}$$

所以，一候车队开始运行(发车)，就产生了发车波，该波从 x_0 处以 (v_f-v_2) 的速度向后传播。由于发车速度 v_2 一般总是很低，因之可看作几乎以 $-v_f$ 速度传播。

三、车流波动理论的应用

例 6-7　车流在一条 6 车道的公路上畅通行驶，其速度为 $v=80$km/h，路上有座 4 车道的桥，每车道的通行能力为 1 940 辆/h。高峰时车流量为 4 200 辆/h(单向)。在过渡段的车速降至 22km/h。这样持续了 1.69h。然后车流量减到 1 956 辆/h(单向)。试估计桥前的车辆 排队长度和阻塞时间。

解：

1. 计算排队长度

(1) 在能畅通行驶的车道里没有阻塞现象，其密度为：

$$k_1 = \frac{q_1}{v_1} = \frac{4\ 200}{80} = 53 \text{ 辆 /km}$$

(2) 在过渡段，由于该处只能通过 1 940 × 2 = 3 800 辆/h，而现在却需要通过 4 200 辆/h，故出现拥挤，其密度为：

$$k_2 = \frac{q_2}{v_2} = \frac{3\ 880}{22} = 177 \text{ 辆 /h}$$

由式(6-55)得：

$$v_W = \frac{q_2-q_1}{k_2-k_1} = \frac{3\ 880-4\ 200}{177-53} = -2.58\text{km/h}$$

表明此处出现迫使排队的反向波，其波速为 2.58km/h

因距离为速度与时间的乘积,故此处的平均排队长度为:

$$L = \frac{0 \times 1.69 + 2.58 \times 1.69}{2} = 2.18\text{km}$$

2. 计算阻塞时间　高峰过去后,排队即开始消散,便阻塞仍要持续一段时间。因此阻塞时间应为排队形成时间(即高峰时间)与排队消散时间之和。

(1) 排队消散时间 t'　已知高峰后的车流量 $q_3 = 1\,956$ 辆/h < 3 880 辆/h,表明通行能力已有富裕,排队已开始消散。

排队车辆数为:

$$(q_1 - q_2) \times 1.69 = (4\,200 - 3\,880) \times 1.69 = 541\text{ 辆}$$

疏散车辆数为:

$$q_3 - q_2 = 1\,956 - 3\,880 = -1\,924\text{ 辆/h}$$

则排队消散时间:

$$t' = \frac{(q_1 - q_2) \times 1.69}{|q_3 - q_2|} = \frac{541}{1924} = 0.28\text{h}$$

(2) 阻塞时间 t

$$t = t' + 1.69 = 0.28 + 1.69 = 1.97\text{h}$$

复习思考题

1. 什么是交通流理论?研究交通流理论常用哪些方法:

2. 交通流中各参数之间具有怎样的关系?这些特性对汽车运输组织及公路交通运政管理有什么指导作用?

3. 交通流的泊松分布、二项分布和负指数分布的特点、参数及各自的适用条件是什么?

4. 排队论的基本原理、主要参数(指标)计算及其在交通运政和汽车运输管理等方面的作用。

5. 交通跟驰理论、流体力学模拟理论的依据、模型(方程)的意义及其作用各是什么?

第七章　道路通行能力与服务水平

第一节　道路通行能力的概念

一、交通设施的类型

通行能力是交通设施的一种功能。通行能力分析的主要目的是测定某交通设施能容纳的最大交通量。而不同的交通设施类型,其功能不同,对其分析的方式、方法也不相同,因此,有必要明确交通设施的不同类型。

在研究道路通行能力问题时,一般可以将道路设施分为两大类:

1. 连续交通流　这类交通流设施没有像交通信号那样在交通流外部引起交通流中断的固定因素。其交通流状况是交通流中车辆之间以及车辆与道路线形,道路环境之间相互影响的结果。

2. 间断交通流　这类交通流设施,有引起交通流周期性间断的固定元素。这些元素包括交通信号、停车标志和其他类型的交通管制设备。不论道路上交通流量的大与小,这些装置都会使交通流周期性停止或其流速显著减慢。

连续交通流和间断交通流是描述道路交通设施的名词,不是描述任何给定时间的交通流性质。因此,即使是一条极端拥挤的高速公路,仍然是"连续交通流设施",因为拥挤是交通流的内在原因产生的。

以上这两类交通设施的分析不大相同。间断流设施的分析必须说明固定中断的影响。例如,一座交通信号机,限制了交叉口各种流向各自利用的部分时间。通行能力不仅受到所提供的实际道路空间的限制,而且受到交通流中各种流向有效运行时间的限制。连续流设施没有固定的间断,因此,在利用道路空间方面,没有时间限制。

二、通行能力的概念

道路的通行能力,是指在一定时段和通常道路、交通、管制条件下,车辆(或行人)通过道路某一点或均匀断面上的最大小时流率。

在大多数通行能力分析中,取用的时段是交通高峰15min,这是稳定流存在的最短间隔。以此时段为基础计算得出的最大小时流率是道路所能通过的车辆极限数值的量度。

通行能力所指的"通常的道路、交通和管制条件",应理解为通行能力对被分析的交通设施的任何断面都是适用的。这些通常条件的任何变化,都会引起设施通行能力的变化。通行能力的定义,还假定具有良好的气候条件和路面条件。

1. 道路条件　指街道或公路的几何特征,包括:交通设施的种类及其形成的环境、每个方向的车道数、车道和路间宽度、侧向净空、设计速度以及平面和纵面线形。

2. 交通条件　涉及使用道路的交通流特性。它是由交通流中车辆种类的分布、设施的可用车道中交通量和交通分布以及交通流的方向性分布等共同确定的。

3. 管制条件　指的是已知设施上提出的管制设备和具体设计的种类，以及交通规则。交通信号的位置、种类和配时是影响通行能力的关键性管制条件。其他重要管制包括停车和让路标志、车道使用限制、转弯限制以及类似的措施等。

需要指出，通行能力指的是在一种特定的关键时期内，常常是高峰15min的时段，车辆或行人的流率。这就能判明在1h周期内交通流量实际变化的潜力，并集中在最大流量间隔上的分析。

这里，应该注意的是，流率与交通量之间的区别很重要。交通量是在一段时间间隔内，通过一条车道或道路某断面的实际车辆数。而流率则是在给定不足1h的时间间隔(通常为15min)内，通过一条车道或道路指定断面的车辆数，但以当量小时流率表示。即取不足1h时段观测的车辆数，除以观测时间(以小时为单位)，则得到流率。因此，在15min内观测到的交通量为100辆，暗示流率为100辆/0.25h或400辆/h。

下面的例子进一步用表格表示出两种度量之间的区别。表7-1所列交通计数是在1h调查周期内得到的。

表7-1

时间段	交通量(辆)	流率(辆/h)	时间段	交通量(辆)	流率(辆/h)
8:00～8:15	1 000	4 000	8:45～9:00	1 000	4 000
8:15～8:30	1 200	4 800	8:00～9:00	4 300	
8:30～8:45	1 100	4 400			

从表7-1可知，交通量是在四个连续15min时段内观测到的。1h的总交通量是这些数量之和即4 300辆或4 300辆/h(因为观测时间为1h)，然而流率在每个15min时段内都不相同。

在流量最大的15min时段内，流率是4 800辆/h。这里，应注意，在观测的1h内，只有4 300辆车通过了指定的道路断面，而并没有4 800辆车通过所指定的道路断面；但是，用流率来说，却暗示着这个道路断面上流率达到了4 800辆/h。

三、道路通行能力的种类

按照公路的不同组成部分，需要进行下列通行能力的计算：

1. 高速公路(控制进入)的基本路段；
2. 不控制进入的汽车多车道公路路段；
3. 不控制进入的汽车双车道公路路段；
4. 混合交通双车道公路路段；
5. 匝道，包括匝道——主线连接部分；
6. 交织区；
7. 信号控制的平面交叉；
8. 非信号控制的平面交叉；
9. 市区及近郊干线道路。

从使用意义上来讲，道路路段通行能力又可分为基本通行能力、可能通行能力和设计通行能力。

1. 基本通行能力　是指公路组成部分在理想的道路、交通、控制和环境条件下，该组成部分一条车道或一车行道的均匀段上或一横断面上，不论服务水平如何(服务水平的概念参见本章第二节)，1h 所能通过标准车辆的最大车辆数。这是假定理想条件下的通行能力，也称为理论通行能力。以 $C_{基}$ 或 C_{B} 表示。

2. 可能通行能力　是指某已知公路的一个组成部分在实际或预计的道路、交通、控制及环境条件下，该组成部分一条车道或一车行道对上述诸条件有代表性的均匀段上或一横断面上，不论服务水平如何，1h 所能通过的车辆(在混合交通公路上为标准车)最大数目，以 $C_{可}$ 表示。

由于实际的道路与交通等条件与理想条件存在差距，因此必须以基本通行能力为基础，从道路条件和交通条件方面去确定合理的修正系数 k。

$$C_{可} = C_{基} k_1 k_2 k_3 k_4 k_5 \tag{7-1}$$

式中：k_1——车道宽度修正系数；

k_2——侧向净宽修正系数；

k_3——纵坡修正系数；

k_4——视距修正系数；

k_5——沿途条件修正系数。

3. 设计通行能力　是指设计中公路的一个组成部分在预计的道路、交通、控制及环境条件下，该组成部分一条车道或一车行道对上述诸条件有代表性的均匀段上或一横断面上，在所选用的设计服务水平下，1h 所能通过的车辆(在混合交通公路上为标准车)最大数目，记作 $C_{设}$。它用来作为道路规划和设计标准。

$$C_{设} = C_{可} \frac{服务交通量}{通行能力} = C_{可} \left(\frac{V}{C} \right)_{i} \tag{7-2}$$

设计通行能力与可能通行能力的主要区别是可能通行能力是在不论运行质量情况下的，而设计通行能力是实际可以接受的通行能力，考虑设计规划者对道路要求并按公路运行质量要求及经济安全因素加以确定的，作为设计的依据。

第二节　道路服务水平

所谓道路服务水平，是为描述道路上交通流内的运行条件及其对驾驶员、乘客所提供的服务程度的一种质量标准。服务水平一般规定根据以下因素来描述：速度和行驶时间、驾驶自由度、交通间断、舒适、方便和安全。

美国将不同类型交通设施的服务水平分为从 A 到 F 六个等级。其中 A 级服务水平代表最佳运行条件，而 F 级服务水平则是最差的。

1. 服务水平的分级　根据服务水平的定义，通常对连续交通流设施规定各级服务水平如下：

A 级服务水平，表示自由流。每位使用者实际上不受交通流中其他使用者的影响，在交通流内选择所需速度和驾驶的自由度很大，对驾驶员、乘客或行人提供的舒适度和方便性是优越的。

B级服务水平是在稳定流范围内,但是开始要注意到交通流内有其他使用者。选择所需速度的自由度,相对地来说不受影响。但交通流中驾驶的自由度较A级服务水平略有下降。因为交通流中其他使用者的存在,开始影响个别操作,所提供的舒适和方便程度也比A级差些。

C级服务水平是在稳定流范围内,但是标志着:在这里各个使用者的运行显著地受到交通流内其他使用者的相互影响这样一种流量范围的开始。其他使用者的存在影响速度的选择,并且在交通流中驾驶,要求对部分驾驶员切实提高警惕。总的舒适度和方便性显著地下降。

D级服务水平,表示高密度但仍是稳定的交通流。速度和驾驶的自由度受到严格限制。驾驶者或行人一般感觉到缺少舒适度及方便性。在这个水平,要是交通量稍有增长,一般都会引起运行问题。

E级服务水平表示运行条件等于或接近通行能力值。所有车辆的速度都降到很低,但相对一致的水平,交通流中驾驶的自由度极少,为了适应这种驾驶,一般需要强迫行人或车辆让路。舒适和方便程度极差,驾驶员和行人受到的阻碍一般都很大。在这个水平上运行通常不稳定,因为交通流中流量稍有增大或微小波动,都会引起交通中断。

F级服务水平通常用于说明强制流或间断阻塞流。这一服务水平存在于到达交通量超过设施允许通过量的地方。在这些地点的后面形成了等候的车队。队列中的运行出现停停走走交织的现象,它们极不稳定。车辆可能会以合理的速度前进数百米或更多些,然后不得不周期性地停下来。F级服务水平除了用来表述间断阻塞外,通常也用来说明队列中的运行情况。然而,应当指出的是,在很多情况下从队列中出来的车辆或行人的运行情况也许十分良好。不过,正是在这些点到达的流量超过驶离的流量而形成排队,F级服务水平就是这些点的恰当称号。

以上这些定义是一般性和概念性的,并且主要应用于连续交通流。间断流设施的服务水平,按照使用者对服务质量的感受和描述服务水平的运行变量这两个条件而论,变化很大。这里不再一一述及。连续流设施服务水平的直观概念可参照图7-1。

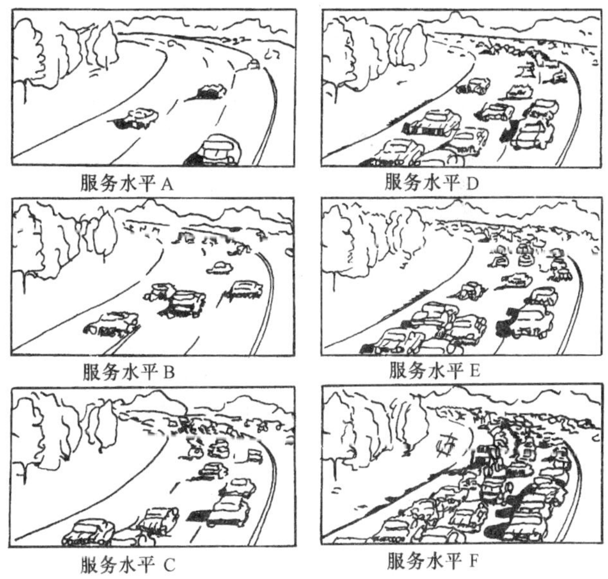

图7-1 连续流设施服务水平示意图

图7-2为高速公路的车流量与平均行程车速间的关系;图7-3表示高速公路车流密度与车流量间的关系。图7-2的曲线表示在理想的道路与交通条件下,对应设计车速为120km/h时,每车道的通行能力都为2 000pcu/h(小客车数/小时),而对应设计车速为80km/h时,每车道的通行能力为1 900pcu/h,$v=60$km/h时,每条车道的通行能力为1 800pcu/h。速度——流量曲线,还反映了在设计车速为120km/h时,四、六、八车道之间差别甚微,以致曲线难以绘出。

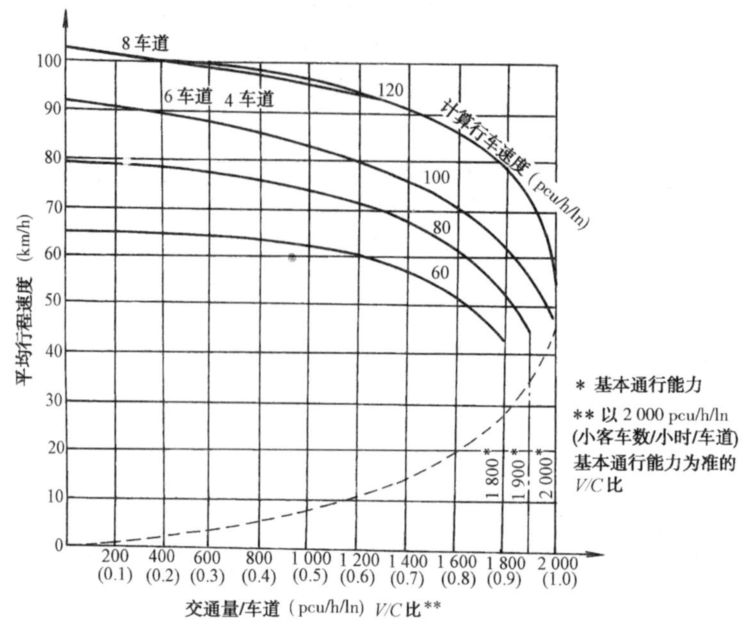

图 7-2　在理想条件下车速——交通量关系图

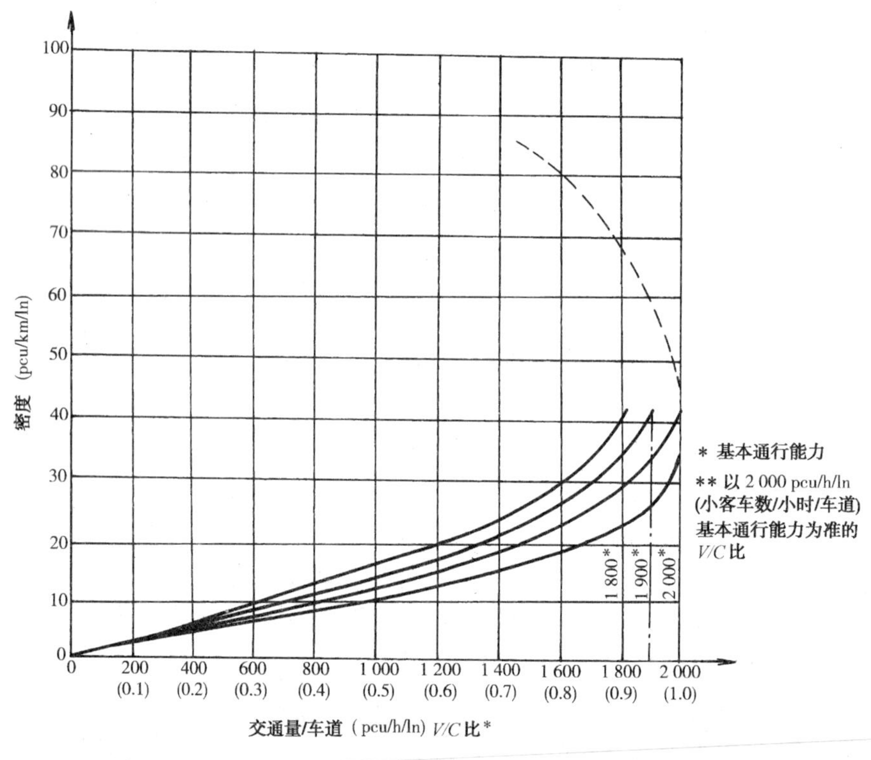

图 7-3　在理想条件下密度——交通量关系图

美国《道路通行能力手册》中对各类交通设施规定的服务水平标准分别见表 7-2、表 7-3、表 7-4、表 7-5、表 7-6、表 7-7。

高速公路基本路段服务水平 表 7-2

服务水平	车流密度(辆小客车/km/1车道)	113km/h设计车速			97km/h设计车速			80km/h设计车速		
		行程车速[2](km/h)	V/C[3]	MSV[1](辆小客车/h/1车道)	行程车速[2](km/h)	V/C	MSV[1](辆小客车/h/1车道)	行程车速[2](km/h)	V/C	MSV[1](辆小客车/h/1车道)
A	≤8	≥97	0.35	700	—	—	—	—	—	—
B	≤12	≥92	0.54	1 100	≥80	0.49	1 000	—	—	—
C	≤19	≥67	0.77	1 550	≥76	0.69	1 400	≥69	≥0.67	1 300
D	≤26	≥74	0.93	1 850	≥68	0.84	1 700	≥64	≥0.83	1 600
E	≤42	≥48	1.00	2 000	≥48	1.00	2 000	≥45	≥1.00	1 900
F	≤42	>48	* * *	* * *	<48	* * *	* * *	<45	* * *	* * *

注：(1)为理想条件下每车道的最大服务交通流量 MSV，MSV 值取 50 辆/h 整数；

(2)为平均行程车速(km/h)；

(3)V/C 为某级服务水平相应的最大交通量与通行能力的比值；

(4) * * * 为变化大，不稳定。

匝道与高速公路连接点处服务水平标准 表 7-3

服务水平	合流流量(小客车/h) V_m^*	分流流量(小客车/h) V_d^{**}	高速公路流量(小客车/h) V_f^{***}								
			设计车速113km/h			设计车速97km/h			设计车速80km/h		
			4车道	6车道	8车道	4车道	6车道	8车道	4车道	6车道	8车道
A	<600	<650	<1 400	<2 100	<2 800	—	—	—	—	—	—
B	<1 000	<1 050	<2 200	<3 300	<4 400	<2 000	<3 000	<4 000	—	—	—
C	<1 450	<1 500	<3 100	<4 650	<6 200	<2 800	<4 200	<5 600	<2 600	<3 000	<5 200
D	<1 750	<1 800	<3 700	<5 500	<7 400	<3 400	<5 100	<6 800	<3 200	<4 800	<6 400
E	<2 000	<2 000	<4 000	<6 000	<8 000	<4 000	<6 000	<8 000	<3 800	<5 700	<7 600
F	变化很大										

注：* 对于单车道右侧驶入匝道：V_m = 1 车道流量 + 匝道流量；

* * 对于单车道右侧匝道 V_d = 紧接驶出匝道上游的 1 车道流量；

* * * V_f 为单方向驶出匝道上游或驶入匝道下游的高速公路总流量；

—由于设计车速限制，达不到服务水平。

多车道公路服务水平标准 表 7-4

服务水平	密度(小客车/km/1车道)	113km/h设计车速			97km/h设计车速			80km/h设计车速		
		运行车速*(km/h)	V/C	MSV***(小客车/h/1车道)	运行车速*(km/h)	V/C	MSV(小客车/h/1车道)	运行车速(km/h)	V/C	MSV(小客车/h/1车道)
A	≤8	≥91.7	0.36	700	≥80.5	0.33	650	—	—	—
B	≤12	≥85.3	0.54	1 100	≥77.2	0.50	1 000	≥67.6	0.45	850
C	≤19	≥80.5	0.71	1 400	≥70.8	0.65	1 300	≥62.8	0.60	1 150
D	≤26	≥64.4	0.87	1 750	≥64.4	0.80	1 600	≥56.3	0.76	1 450
E	≤42	≥48.3	1.00	2 300	≥45.1	1.00	2 000	≥48.3	1.00	1 900
F	>42	<48.3	*C*	*C*	<45.1	*C*	*C*	<48.3	*C*	*C*

注：* 平均运行车速；

* * MSV 为理想条件下每一车道的最大服务流量(辆小客车/h/1车道)；

C 为变量不定值。

用于一般双车道公路的服务水平标准 表 7-5

服务水平	时间延误率	比值																		
		平原地形							丘陵地形							山岭地形				
		平均速度[b]	不准超车区百分率						平均速度[b]	不准超车区百分率						平均速度[b]	不准超车区百分率			
			0	20	40	60	80	100		0	20	40	60	80	100		0	20	40	60	80	100
A	≤30	≥93	0.15	0.12	0.09	0.07	0.05	0.04	≥92	0.15	0.10	0.07	0.05	0.04	0.03	≥91	0.14	0.09	0.07	0.04	0.02	0.01
B	≤45	≥89	0.27	0.24	0.21	0.19	0.17	0.16	≥87	0.26	0.23	0.19	0.17	0.15	0.13	≥87	0.25	0.20	0.16	0.13	0.12	0.10
C	≤60	≥84	0.43	0.39	0.36	0.34	0.33	0.32	≥82	0.42	0.39	0.35	0.32	0.30	0.28	≥79	0.39	0.33	0.28	0.23	0.20	0.16
D	≤75	≥80	0.64	0.62	0.60	0.59	0.58	0.57	≥79	0.62	0.57	0.52	0.48	0.46	0.43	≥72	0.58	0.50	0.45	0.40	0.37	0.33
E	≤75	≥72	1.00	1.00	1.00	1.00	1.0.	1.00	≥64	0.97	0.94	0.92	0.91	0.90	0.90	≥56	0.91	0.87	0.84	0.82	0.80	0.78
F	100	≥72	—	—	—	—	—	—	<64	—	—	—	—	—	—	<56	—	—	—	—	—	—

注：a 车流率与理想的双向通行能力 2 800 辆小客车/h 的比值；

b 所有车辆的平均行驶速度(单位 km/h)，用于设计速度≥97km/h 的公路；用于设计速度低于 97km/h 的公路时，按每 10km/h 递减 6km/h。假设按规章不限制较低的设计速度值。

信号交叉口服务水平标准 表 7-6

服务水平	每辆车停车延误(s)	服务水平	每辆车停车延误(s)
A	≤5.0	D	25.1～40.0
B	5.1～15.0	E	40.1～60.0
C	15.1～25.0	F	>60.0

无信号交叉口服务水平的标准 表 7-7

储备通行能力(辆小客车/h)	服务水平	次要道路交通的预期延误	储备通行能力(辆小客车/h)	服务水平	次要道路交通的预期延误
≥400	A	极少或无延误	100～199	D	长时间的交通延误
300～399	B	短时间交通延误	0～99	E	很长时间的交通延误
200～299	C	通常的交通延误	①	F	①

①当需求交通量超过车道通行能力时，则交叉口排队等候会遇到很大的延误，会引起严重的拥挤，影响到其它交通流向。这种情况下通常成为改善交叉口的根据。

我国公路服务水平现分为四级，一级相当于美国的 A、B 两级，二、三级分别相当于美国的 C 级和 D 级，四级相当于美国的 E、F 两级。

我国高速公路基本路段(基本路段的概念见第四节)服务水平分级表可参照表 7-8。

我国高速公路基本路段服务水平分级表 表 7-8

服务水平等级	密度(pcu/km/h)	设计车速 120km/h			设计车速 100km/h			设计车速 80km/h			设计车速 60km/h		
		a 车速 km/h	b V/C	c 最大服务交通量	a 车速 km/h	b V/C	c 最大服务交通量	a 车速 km/h	b V/C	c 最大服务交通量	a 车速 km/h	b V/C	c 最大服务交通量
一	≤12	≥94	0.56	1 100	≥81	0.51	1 000	—	—	—	—	—	—
二	≤19	≥86	0.79	1 600	≥75	0.71	1 400	≥69	0.67	1 300	≥59	0.64	1 150

续上表

服务水平等级	密　度 (pcu/km/h)	设计车速 120km/h			设计车速 100km/h			设计车速 80km/h			设计车速 60km/h		
		a 车速 km/h	b V/C	c 最大服务交通量	a 车速 km/h	b V/C	c 最大服务交通量	a 车速 km/h	b V/C	c 最大服务交通量	a 车速 km/h	b V/C	c 最大服务交通量
三	≤26	≥73	0.94	1 900	≥68	0.85	1 700	≥62	0.83	1 600	≥53	0.81	1450
四	≤42	≥48	1.00	2 000	≥48	1.0	2 000	≥45	1.00	1 900	≥43	1.00	1 800
	>42	<48	d	d	<48	d	d	<45	d	d	<43	d	d

注：1.车速指平均行程速度；

2.V/C 比是有理想条件下，最大服务交通量与基本通行能力之比，基本通行能力是四级水平上半部的最大服务交通量；

3.在理想条件下各级服务水平通行的最大交通量(pcu/h/1n)；

4.在第四级服务水平下半部，交通处于强制流情况下，V/C 比及交通量变化很大且频繁，但最大不会超过四级服务水平上半部的 V/C 比及最大服务交通量。

pcu/h/1n 为小客车数/小时/车道。

pcu/km/1n 为小客车数/公里/车道。

在我国，公路设计中采用的服务水平等级为：

高速公路基本路段、匝道——主线连接处、交织区均采用二级服务水平。但在不得已的情况下，匝道——主线连接处以及交织区可降低要求采用三级服务水平。

不控制进入的汽车多车道公路路段在平原微丘的乡区采用二级服务水平，在重丘山岭地形及在近郊采用三级服务水平。

不控制进入的汽车双车道公路路段采有三级服务水平。

混合交通双车道公路路段采用三级服务水平。

2. 服务流率除不稳定流的 F 级服务水平以外，可以确定在每级服务水平上各种设施所能容纳的最大流率。因此，每一种设施有五个服务流率，各与每一级服务水平相对应(从 A 级到 E 级)。其定义如下：

服务流率是在通常的道路条件、交通条件和管制条件下，在给定时间周期内保持规定的服务水平，合理地期望人或车辆通过一条车道或道路的一点或均匀断面，所能达到的最大小时流量。关于通行能力，服务流率通常取 15min 为一时段。

应注意到服务流率是离散值，而服务水平则表示条件的范围，因为服务流率规定为每一种服务水平的最大值，所以这就有效地规定了不同服务水平之间的流量界限。

3. 效率度量对于每种交通设施，是用最能说明其运行质量的一项或几项运行参数来确定服务水平。尽管服务水平的概念试图对运行条件提出一个较大范围，是因受数据收集和有效性的限制，所以把对每种设施类型看作是运行参数的整个范围是不切实际的。为确定每种设施服务水平而选择的参数，就称为效率度量，表示能最好地描述该类设施运行质量的合用度量。表 7-9 列出了用于确定每种设施服务水平的效率度量。

确定服务水平的效率度量　表 7-9

设施种类	效率度量
高速公路	密度(辆小客车/km/车道)
高速公路基本路段	平均行程速度(km/h)
交织区	流率(辆小客车/h)
匝道连接点	密度(辆小客车/km/车道)
多车道公路	时间延误百分率(%)
双车道公路	平均行程速度(km/h)
信号交叉口	平均每辆车停车延误(s/辆)
无信号交叉口	储备(或预备)通行能力(辆小客车/h)
干道	平均行程速度
公共交通	旅客占位系数(客/座)
行人交通	空间(m^2/行人)

每一服务水平代表一个条件范围,如表 7-9 所列参数范围的规定。因此,服务水平不是各个独立条件,而是确定界限的一系列条件。

第三节　影响通行能力和服务水平的因素

一、理想条件

在分析某种类型交通设施(道路路段或交叉口)的通行能力时,通常要给定此种类设施的标准条件,并备有相对应的表格和图样。对于与标准条件不相符的通常的道路条件要对照标准条件和给定的图、表进行修正,以便定量分析其通行能力和所达到的服务水平。这里,我们将给定的标准条件称为“理想条件”。

在原理上,理想条件就是通过改善也不能使通行能力有所增加的条件。例如,美国《道路通行能力手册》(第三版)给出的连续交通流道路和信号交叉口的理想条件分别为:

连续交通流设施的理想条件包括:

1. 车道宽度为 3.66m;
2. 车行道边线与路边上或中央分隔带里最近的障碍物之间的净宽为 1.83m;
3. 多车道公路设计时速为 113km/h,双车道公路设计时速为 97km/h;
4. 交通流中都是小客车。

信号交叉口引道的理想条件包括:

1. 车道宽度为 3.66m;
2. 坡度为零;
3. 交叉口引道上没有路边停车;
4. 交通流中都是小客车,包括在交叉口范围内没有公共汽车停靠;
5. 所有车辆直行通过交叉口;
6. 交叉口坐落在非中心商业区;
7. 所有时间都是绿灯信号。

我国高速公路基本路段的理想条件是指：

1. 车道宽度≥3.75m，并且≤4.50m；

2. 侧向净宽≥1.75m；

3. 车流中全部为小客车；

4. 驾驶员均为经常行驶高速公路且技术熟练遵守交通法规者。

在大多数通行能力分析中，一般条件都不是理想的，通行能力、服务流率或服务水平的计算，必须包括反映一般条件的修正。通常，一般条件分为道路条件、交通条件或交通管制条件。

二、道 路 条 件

道路因素包括所有描述道路的几何参数，有：

1. 交通设施的类型及其所处环境；

2. 车道宽度；

3. 路肩宽度和(或)侧向净空；

4. 设计速度；

5. 平面和纵面线形。

交通设施类型是关键，是否存在连续交通流，双向车流之间是否有中央分隔带，以及其他类型主要设施，都明显地影响交通特性和通行能力。同时所在环境对多车道公路和信号交叉口也有影响。

车道和路肩宽度对交通流有显著影响。车道狭窄会使车辆行驶侧向彼此太靠近，这是大多数驾驶员都不喜欢的。驾驶员只能相应地减速或为维持一定速度而保持较大纵向间隔。这实质上降低了通行能力和(或)服务流率。

狭窄的路肩和侧向障碍有两种主要影响。许多驾驶员总试图避开他们觉得有危险的路边或中央障碍物，这会使其更靠近毗邻车道内的车辆，从而引起与狭窄车道相同的作用。很多地区的双车道公路上，路肩允许慢速车辆行驶，路肩狭窄反过来又影响流量。

限制设计车速会影响运行和服务水平。因为驾驶员被迫降低速度行驶，而且对由于降低设计速度所反映的低劣平纵线形必须更加警惕。在极端情况下发现，低设计车速对多车道设施的通行能力也有影响。

公路的平、纵线形，取决于采用的设计速度和道路所经过的地形。对公路的一般地形分类如下：

1. 平原地带　其坡度和平、纵线形的任何组合，都使中型车辆能保持与小客车大致相同的速度；这一般包括不超过1%～2%的短坡。

2. 丘陵地带　其坡度和平、纵线形的任何组合，都会导致中型车辆降低速度，实际上低于小客车速度，但不致于使重型车辆在相当长距离或频繁地以爬坡速度运行。

3. 山岭地带　其坡度和平、纵线形的任何组合，都会导致重型车辆在相当长距离或频繁出现以爬坡速度运行。

重型车辆是指任何多于四个轮胎接触路面的车辆。爬坡速度是指重型车辆在某一百分比的坡道上持续上坡所能保持的最大稳定速度。

这些定义是通用的，它们取决于交通流中重型车辆的特定混合比。一般来说，在地形较险峻处，通行能力和服务流率都要降低。这种影响对双车道乡标公路尤其严重。险峻的地形不仅影响交通流中个别车辆的运行性能，而且限制了交通流中超车的机会。

除了地形的一般影响之外，相当长的局部上坡也会明显地影响运行。重型车辆在这种上坡路段速度明显降低，在交通流中造成运行困难，并且降低道路的使用效率。

坡度对交叉口引道的运行也有重要影响，因为车辆不仅必须克服从停车状态起动的惯性，同时还要克服坡度。

三、交通条件

车辆类型的分布是影响通行能力、服务流率和服务水平的主要交通流特性。如前所说的重型车辆，在两个关键方面对交通有不利影响：

1. 重型车比小客车大，因此占用的道路空间比小客车多。

2. 重型车运行性能比小客车差，尤其是加速、减速和保持上坡车速的能力。

第二条影响更为关键。因为在很多情况下重型车辆不能保持跟上小客车。在交通流中形成的大间隙很难由超车来填补，这就造成无法完全避免的道路空间的低效利用。陡峭的上坡是运行性能差别最明显的地方，以及双车道公路必须使用对向车道才能完成超车的地方特别有害。

重型车辆也影响下坡运行，特别是坡度很陡时要求重型车以低速档运行。在这种情况下，重型车辆必须再次以低于小客车的速度运行，从而在交通流中形成间隙。

当然，重型车辆又可分为货运汽车、公共汽车（含公路客车）和其他重型车辆。各类重型车辆之间，其车辆的特性和运行性能及运行特点也有相当大的差别，在实际应用时，应具体分析。

车道使用和方向性分布：除了车辆种类的分布外，还有两个影响通行能力、服务流率和服务水平的交通特性。“方向性分布”对双车道乡村公路的运行很有影响。每个方向的交通流大约各占50%时，交通条件最好。方向性分布很不平衡时，通行能力就会下降（见表7-10）。多车道公路的通行能力分析通常是针对一个方向上的车流。然而，无论如何交通设施的每一方向通常都设计成能适应高峰方向的高峰流率。有代表性的情况是早晨高峰交通出现在一个方向，而晚上却出现在相反方向。在多车道道路上，“车道分布”也是一个因素。典型的情况是多车道道路靠路肩的车道承担的交通量，较其他车道少。

双车道公路通行能力与交通方向性的关系 表7-10

方向分布	合计的通行能力（辆小客车/h）	通行能力与理想通行能力的比值	方向分布	合计的通行能力（辆小客车/h）	通行能力与理想通行能力的比值
50/50	2 800	1.00	80/20	2 300	0.83
60/40	2 650	0.94	90/10	2 100	0.75
70/30	2 500	0.89	100/0	2 000	0.71

四、交通管制条件

间断流设施，对具体交通流流向有效的时间管制，是影响通行能力、服务流率和服务水平的关键因素。这类交通设施中最关键的控制设施是交通信号。使用的控制设备、信号相位、绿灯时间分配和信号周期长度均影响车辆运行（这些名词的定义见第十章）。此处的介绍，只需指明交通信号决定交叉口各种车道上流向的有效时间就足够了。

停车和让路标志也影响通行能力，但不起决定作用。在允许每次流向时，信号必定分配给一定时间。停车或让路标志永远将优先通行权分配给主要街道，次要街道的车辆必须在主要交通流中寻找穿越的间隙。因此，这种引道的通行能力就取决于主要街道上的交通条件。

四向停车管制迫使驾驶员轮流地依次进入交叉口,这种管制限制了通行能力,并且运行特性会因各引道上的交通需求而有很大变化。

能显著影响通行能力、服务流率和服务水平的还有其他类型的管制和规则。限制路边停车能增加街道和公路的有效车道数。转弯限制能取消交叉口车流的冲突点而提高通行能力。车道使用管制可给各种流向明确地分配有效道路空间;它们既可以在交叉口使用,也可以在关键的干道上开辟变向车道。

第四节　通行能力计算概述

如前所述,通行能力是衡量道路所能承担通过车辆的极限数值,是对现有道路交通进行运行状态分析的依据,是新建或改建道路上各种设施的设计、规划和管理的基本指标。因此,通过通行能力的计算和分析,确定具体道路的通行能力数值则显得非常重要。

根据美国《道路通行能力手册》提供的理论和方法,道路通行能力计算首先要确定道路在理想条件下的最大通行能力。理想最大通行能力是通过对各种类型道路进行观测,取得很多实测资料,绘制车速——流量关系曲线和密度——流量关系曲线图进行标定估计,其曲线峰值即为理想最大通行能力。当确定道路理想最大通行能力后,可以求出相应的交通量与通行能力比值(V/C)。再根据实际道路条件、交通条件和交通管制条件确定各种影响因素校正系数,将理想最大通行能力乘以 V/C,得到道路最大服务流量,再乘以各种影响因素的校正系数,即可求得现有道路相应某一服务水平的实际通行能力。

一、一条车道的理论通行能力

理论通行能力是指在理想的道路与交通条件下,车辆以连续车流形式通行时的通行能力。在缺乏大量实测资料的情况下,理论通行能力可以用数学分析法计算,其计算公式为(参见图 7-4)

$$C_{基} = \frac{3\ 600}{T} = \frac{1\ 000v}{S_{\mathrm{T}}}(辆/\mathrm{h}) \tag{7-3}$$

式中:v——道路上行车速度(km/h);

T——道路上行驶车辆车头时间间隔(车头时距)(s);

S_{T}——道路上行驶车辆最小安全车头间隔空间距离(m)。

$$S_{\mathrm{T}} = L + S$$

式中:L——车辆平均长度;

S——驾驶员反应时间内行驶距离(m);

$$S_{\mathrm{T}} = L + \frac{v}{3.6}t + 0.003\ 94\frac{v^2}{\phi} \tag{7-4}$$

式中:ϕ——车辆与路面之间的附着系数;对于沥青类黑色路面根据经验数据推证,ϕ 的数值与行车速度的关系见表 7-11;

t——驾驶员反应时间,一般取 $t = 1\mathrm{s}$ 或 $1.5\mathrm{s}$。

纵向附着系数 ϕ 与行车速度的关系　　表 7-11

v (km/h)	90	70	60	50	40	35	30
ϕ	0.25	0.30	0.30	0.35	0.35	0.40	0.45

如以货车为标准，考虑安全需要，取 $L = 8\text{m}$，按上式计算车速 10～20km/h 的理论通行能力，如表 7-12 及图 7-5 所示。

理论通行能力计算表 表 7-12

车速(km/h)	120	115	110	105	100	95	90	85	80
附着系数(ϕ)	0.32	0.329	0.338	0.347	0.356	0.363	0.374	0.383	0.392
车头时距(s)	6.56	6.21	5.88	5.56	5.27	4.99	4.73	4.49	4.26
车头空距(m)	218.6	198.3	179.7	162.4	146.4	131.8	118.8	105.9	94.6
理论通行能力(辆/h)	549	580	612	647	683	721	761	802	846
车速(km/h)	75	70	65	60	55	50	45	40	35
附着系数(ϕ)	0.401	0.41	0.417	0.428	0.347	0.446	0.455	0.464	0.473
车头时距(s)	4.04	3.84	3.65	3.97	3.31	3.17	3.04	2.94	2.87
车头空距(m)	84.1	74.6	65.98	57.80	50.55	43.98	38.04	32.71	27.93
理论通行能力(辆/h)	802	939	985	1 038	1 088	1 137	1 183	1 223	1 253
车速(km/h)	34	33	32	31	30	25	20	15	10
附着系数(ϕ)	0.475	0.477	0.478	0.480	0.481	0.491	0.500	0.509	0.518
车头时距(s)	2.86	2.85	2.85	2.84	2.84	2.87	3.01	3.34	4.15
车头空距(m)	27.04	26.17	25.32	24.50	23.70	19.95	16.71	13.91	11.53
理论通行能力(辆/h)	1 258	1 261	1 264	1 266	1 266	1 253	1 197	1 078	867

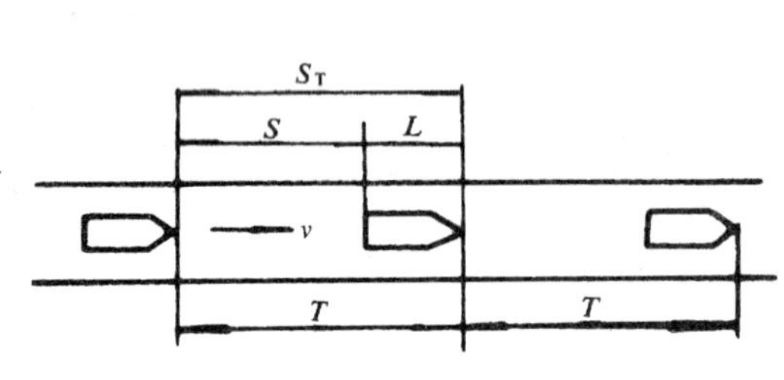

图 7-4 车头间隔和速度

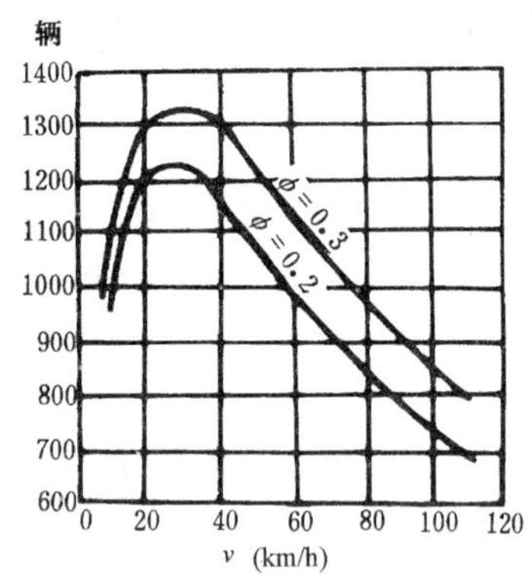

图 7-5 通行能力与 v，ϕ 的关系

由表 7-12 及图 7-5 可知，对于道路路面为沥青类黑色路面来说，理想条件下，一条车道的理论通行能力的最大值发生在车速为 30～40km/h 的区间范围内。当车辆的平均速度小于 30km/h 时，随着车速的增加，理论通行能力也较快增加；当车辆的平均速度大于 40km/h 时，随着车速增加，由于所要求的最小安全车头间隔距离是按行车速度的平方增加，而使理论通行能力逐渐减少。

公路工程技术标准中规定的设计车速都大于 30km/h，所以，等级较高的公路，设计车速高，理想条件下一条车道的理论通行能力则比较低，为满足大交通量及高速行车的要求，需要设置多条车道；等级较低的公路，设计车速也低，一条车道的理论通行能力相对较高些，且这些道路上交通量不很高，故设置的车道数不多，一般为双向二车道。

特别地，我国高速公路的理论通行能力可参考表 7-13 中的数值：

我国高速公路理论通行能力 表 7-13

设计车速 v(km/h)	120	100	80	60
$C_{基}$(pcu/h/1n)	2 000	2 000	1 900	1 800

二、现实条件下车道的实际通行能力

现实条件下车道的实际通行能力是指以理论通行能力为基础，对与理想的道路和交通条件不相符合的实际的道路和交通条件进行修正并确定其达到某种服务水平时的通行能力。这里主要介绍高速公路基本路段的实际通行能力。

(一) 高速公路基本路段的定义

高速公路基本路段是指主线上不受匝道附近车辆汇合、分离以及交织运行影响的路段部分。具体讲，是指驶入匝道——主线连接处上游 150m 至下游 760m 以外、驶出匝道——主线连接处上游 760m 至下游 150m 以外及表示交织区开始的汇合点上游 150m 至表示交织区终端的分离点下游 150m 以外的主线路段，见图 7-6。

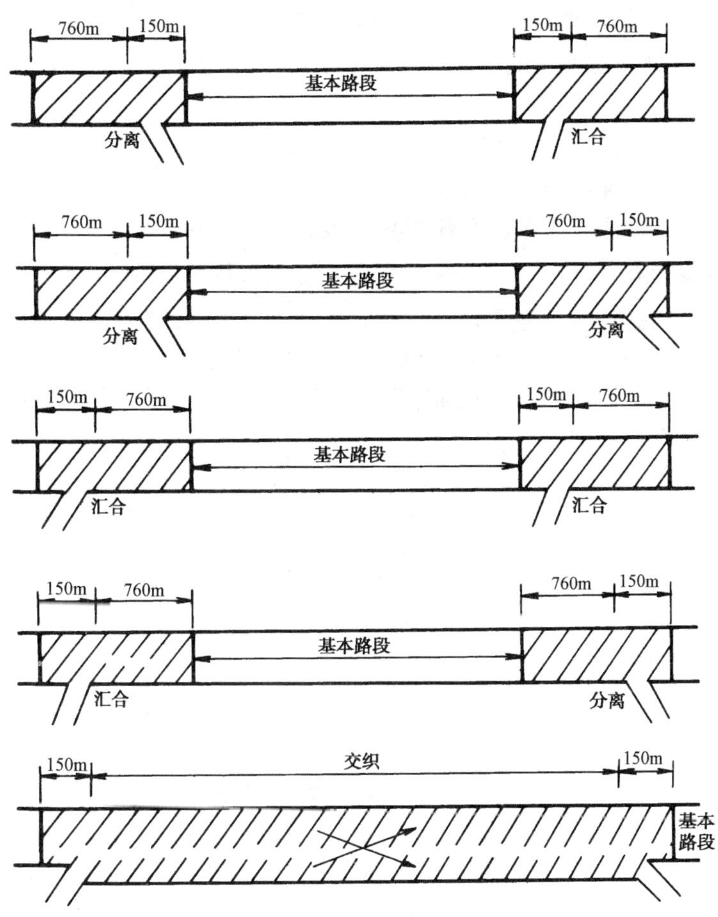

图 7-6 高速公路基本路段示意图

(二) 高速公路基本路段通行能力的计算

1. 最大服务交通量，即一、二、三级及四级上半段的该级服务水平最差时的服务交通量为

最大的,故称最大服务交通量,以 MSV_i 表示

$$MSV_i = C_B(V/C)_i \tag{7-5}$$

式中：MSV_i——第 i 级服务水平的最大服务交通量(pcu/h/ln,即小客车数/小时/车道)；

C_B——基本通行能力(pcu/h/ln)；

$(V/C)_i$——第 i 级服务水平最大服务交通量与基本通行能力的比值。

2. 单向 N 车道现有道路和交通条件下,采用 i 级服务水平所能通行的实际通行能力,以 C_p 表示。

$$C_p = MSV_i \cdot Nf_W f_{HV} f_P \tag{7-6}$$

或

$$C_p = C_B(V/C)_i Nf_W f_{HV} f_P \tag{7-7}$$

$$N = DDHV/[C_B(V/C)_i f_W f_{HV} f_P] \tag{7-8}$$

式中：C_P——在通常的道路和交通条件下,i 级服务水平单向 N 车道的实际通行能力(即考虑客观的道路和交通条件的影响对 MSV_i 修正后的流量)；

N——高速公路单向车道数(条)；

f_w——考虑车道宽和侧向净空影响的修正系数,见表 7-14；

f_{HV}——考虑大型车对通行能力影响的修正系数,可以用式(7-9)计算：

$$f_{HV} = \frac{1}{1 + P_{HV}(E_{HV} - 1)} \tag{7-9}$$

式中：P_{HV}——大型车交通量占总交通量的百分比；

E_{HV}——大型车换成小客车的车辆折算系数,如表 7-15；

f_P——考虑驾驶员条件对通行能力影响的修正系数。根据驾驶员的技术熟练程度,遵守交通规则的程度确定。一般在 0.9～1.0 范围内。

车道宽度和侧向净空修正系数 f_W 表 7-14

侧向净宽(m)	行车道一边有障碍物		行车道两边有障碍物	
	车道宽度(m)			
	3.75	3.5	3.75	3.50
	有中央分隔带的四车道公道(每边有二个车道)			
≥1.75	1.00	0.97	1.00	0.97
1.60	0.99	0.96	0.99	0.96
1.20	0.99	0.96	0.98	0.95
0.90	0.98	0.95	0.96	0.93
0.60	0.97	0.94	0.97	0.91
0.30	0.93	0.90	0.87	0.85
0.00	0.90	0.87	0.81	0.79
	有中央分隔带的六或八车道公路(每边有三个或四个车道)			
≥1.75	1.00	0.96	1.00	0.96
1.60	0.99	0.95	0.99	0.95
1.20	0.99	0.95	0.98	0.94
0.90	0.98	0.94	0.97	0.93
0.60	0.97	0.93	0.96	0.92
0.30	0.95	0.92	0.93	0.89
0.00	0.94	0.91	0.91	0.87

注：两边侧净宽不足且不等时,取两侧面净宽的平均值。

高速公路、一级公路车辆折算系数 表 7-15

车型 \ 车路类别 \ 地形	平原	微丘	重丘		山区
	高速公路	一级公路	高速公路	一级公路	
大型车[①③]	1.7	2.0	2.5	3.0	3.0
小客车[②]	1.0	1.0	1.0	1.0	1.0

注:① 大型车包括中型及重型载货汽车,单车通道式大客车;

② 小客车包括吉普车、摩托车、载重≤2t 货车、面包车;

③ 对特定纵坡上坡路段应考虑坡值,坡长另行换算。

例 7-1 某省平原区有一条连接两大城市的四车道高速公路基本路段,设计车速为 120km/h,单方向高峰小时交通量为 2 100 辆/h,其中货车占 40%,高峰小时系数 PHF = 0.95,车道宽度 3.5m,路边和中央分隔带两侧障碍物离路面边缘距离为 0.60m,现场调查在交通高峰期 15min 内平均行程车速为 76km/h,试求该高速公路服务水平。当达到通行能力时,还能增加多少交通量?

解: 1. 求算高峰期服务流量和 V/C 比值

$$C_p = C_B(V/C)_i N f_W f_{HV} f_p$$

$$(V/C)_i = C_p/(C_B N f_W f_{HV} f_p)$$

$$C_B = 2\,000 \text{ 辆 /h/ 车道(查表 7-3)}, N = 2\text{(单向)}$$

$$\text{查表 7-14,得 } f_W = 0.91\text{;查表 7-15,得 } E_{HV} = 1.7$$

$$f_{HV} = 1/[1 + P_{HV}(E_{HV} - 1)] = 1/[1 + 0.40 \times (1.7 - 1)] = 0.78$$

$$f_p = 1.0$$

实有高峰期服务交通量 $V_i = 2\,100/0.95 = 2\,211$ 辆/h(V_i = 实际高峰小时交通量/PHF)

$$(V/C)_i = V_i/[C_B \times N \times f_W \times f_{HV} \times f_p] = 2\,211/(2\,000 \times 2 \times 0.91 \times 0.78 \times 1) = 0.78$$

2. 求该路段服务水平

对照表 7-8 得出二级水平 $V/C = 0.79$,所以该路段属二级服务水平。

由于 $V/C = 0.79$,查图 7-2 得出理想条件下平均车速为 85km/h,查图 7-3 车流密度为 34pcu/km/ln,

现场调查在高峰期 15min 内平均车速为 76km/h,这时车流密度为:

$K = Q/V = 2\,211/76 = 29.1$ 辆/km/2 车道 = 14.5 辆/km/车道

由于货车占 40%,必须换算为小客车,$E_{HV} = 1.7$,

则换算为小客车的车流密度 $K = 14.5 \times 0.4 \times 1.7 + 14.5 \times 0.6 = 18.6$ 辆小客车/km / ln

此数与查表得到的二级服务水平规定的车流密度 19.0 相近,证明该高速公路符合二级服务水平。

3. 如果该中段服务水平降到三级水平,交通量达到最大值,求该路在高峰期多增加多少交通量:

这时 $(V/C)_3$ 查表为 0.94。

$$C_p = C_B(V/C)_3 N f_W f_{HV} f_p = 2\,000 \times 2 \times 0.94 \times 0.91 \times 0.78 \times 1.0 = 2\,669 \text{ 辆 /h}$$

在高峰期间实际增加的交通量为:$(2\,669 - 2\,211) \times 0.95 = 434$ 辆

例 7-2 已知在某平原市区,设计一条高速公路,二级服务水平,预计路段定向设计小时交通量为 4 500 辆/h,其中货车占 12%,该路段高峰小时系数 PHF = 0.90,驾驶员特征是通勤性质的,试确定该高速公路的车道数。

解:车道数 $N = V_i / [C_B (V/C)_2 f_W f_{HV} f_P]$

假定设计车速 $v = 120\text{km/h}$,车道宽度 3.75m,无侧向障碍,查表 7-14,$f_W = 1.0$

式中实有高峰小时服务交通量 $V_i = 4\,500/0.90 = 5\,000$ 辆/h。

$C_B = 2\,000$ 小客车/ h/ ln

查表 7-8,得$(V/C)_2 = 0.79$

而 $E_{HV} = 1.7$

$$f_{HV} = 1/[1 + P_{HV}(E_{HV} - 1)] = 1/[1 + 0.12 \times (1.7 - 1)] = 0.92$$

因此,$N = 5\,000/(2\,000 \times 0.79 \times 1.0 \times 0.92 \times 1.0) = 3.4$(条)

因 0.79 是二级服务水平的$(V/C)_2$ 最大值,且车道段不能为小数,故要达到二级水平所需最少设计车道数为单向四车道,即双向为八车道。

由于设计车道段有一定富裕,因此,对车流的运行条件再作一分析。

将 $N = 4$ 代入公式计算服务水平

$V/C = 5\,000/(2\,000 \times 4 \times 1.0 \times 0.92 \times 1.0) = 0.68$

查表 7-8 可知,虽然仍处于二级水平,但车流运行条件将有所改善,查图 7-2 和图 7-3 可以看出,当$(V/C)_2 = 0.79$,对应的车速为 86km/h,车流密度为 18pcu/km/ln,当$(V/C)_2 = 0.68$ 时,对应的车速为 90km/h,车流密度为 15pcu/km/ln。

三、混合交通双车道公路路段通行能力计算

以上所述是介绍美国《道路通行能力手册》的计算方法。国情不一样,道路交通的状况也不相同。如果直接使用上述方法计算我国混合交通状况下的道路通行能力,会产生较大误差。

由于历史上的和经济上的原因,长期以来我国公路上均为汽车与慢速机动车和非机动车混合行驶的交通。近年来,虽然开始修建了一些只供汽车行驶的高速公路,但混合交通的双车道公路仍将存在,且在我国公路总里程中占有很大比例。

结合我国混合交通双车道公路的交通特点,交通部公路科学研究所张祖荫、邢惠臣主持研究了计算其通行能力的方法,现简要介绍如下:

(一)车辆折算系数

同一类型车辆的车辆折算系数是一个变量而不是恒量。它随车道宽度、路面宽度、交通组成和交通量、线形和视距、横向干扰程度和交通管理水平等因素的改变而变化。

我国道路上的交通状况大多是混合交通,机动车与非机动车混合,机动车中快速车与慢速车混合,而且各种类型的车辆组成比例也不相同,因此,更需要将各种车辆的交通量折算成标准车型的当量交通量。我国是以中型载货汽车为标准车型。

交通部公路科学研究所会同有关省、市研究混合交通双车道公路通行能力时,将车辆构成修正系数按不同公路等级、路况、横向干扰情况分为五种公路形式:①双车道四级公路;②三级公路;③双车道二级公路;④快慢车基本分开的二级公路(路面 12m,中间 7m 快车道,两边各 2.5m 慢车道,路基 15m);⑤快慢车分开的二级公路(慢车道有适当宽度,用标线划分中间 8m 快车道,或用分隔带划分中间 9m 快车道)。经过大量的实际调查和多元回归分析计算,得出各种车辆构成修正系数值,如表 7-16 所示。

平原微丘地形中混合交通双车道公路车辆折算系数 表 7-16

公路等级	设计速度(km/h)	路面宽 路基(m)	中型载货汽车	小型汽车	拖挂车	摩托车		大中型农用拖拉机	小型农用拖拉机	畜力车	人力车	自行车
						三轮	二轮					
四级	4.0	6.0 7.0	1.0	0.8	1.8	2.5	0.8	2.5	1.7	4.5	2.5	0.4
三级	60	7.0 8.5	1.0	0.9	2.0	2.5	0.8	3.0	1.7	4.0	2.0	0.3
二级	80	9.0 12.0	1.0	1.0	2.5	2.5	0.8	3.5	1.7	3.5	1.5	0.2
二级 两慢车道	80	快车道 8.0 18.0	1.0	0.7	1.7	2.5	0.8	5.0	2.5			

（二）双车道公路标准路段的条件

由于地形、地物、地貌、人口密度、交通状况、管理水平不同，公路交通情况有很大的不同。为了使公路通行能力有比较基础，需制定一种标准路段的标准条件，以便于综合分析标准路段的通行能力。根据我国公路混合交通实际情况，可以归纳成两种行驶方式：一种是机动车基本上是成队列行驶，没有非机动车行驶，这种行驶方式出现在快慢车分道行驶的公路快车道上；另一种是快慢车不成队列行驶，各种车辆混杂行驶，这种方式出现在快慢车混杂行驶的双车道公路上。两种行驶方式的标准条件如下。

1. 快慢车分车道行驶公路中的快车道（双车道）的标准条件　平面及纵断面线形符合计算行车速度 80km/h 的要求，超车视距大于 250m，纵坡小于 4%，快慢车车道二车道宽度用标线分开为 8m、用分隔带分开为 9m，路面为沥青路面或水泥混凝土路面，平整度和摩擦系数满足正常行驶要求，没有侵入公路规定净空内的障碍物，拖拉机交通折算值占总当量交通量的百分率小于 20%；没有其他慢速车混入行驶，小汽车交通量占汽车总交通量的百分率小于 30%；横向干扰少，不穿过村庄或集镇，没有对直行交通干扰较大的平面交叉，交通管理和交通秩序良好，对车辆运行没有不适当限制，交通管理设施齐全，路政管理良好，路段内无任何障碍物。

2. 快慢车混杂交通双车道公路的标准条件　平面及纵断面线形符合计算行车速度 80km/h 的要求，超车视距大于 250m，纵坡小于或等于 4%，路面宽度为 9m，两侧路肩宽度各 1.5m，路面为沥青路面或水泥混凝土路面，平整度及摩擦系数满足正常行驶要求，没有侵入公路规定净空内的障碍物，慢车交通量折算数占总当量交通量的百分率在 20% ~ 60% 范围内，小汽车交通量占汽车总交通量的百分率小于或等于 30%，不穿过村庄或集镇，没有对直行交通干扰较大的平面交叉，交通管理和交通秩序良好，对车辆运行没有适当的限制，交通管理设施齐全，路政管理良好，路段内无任何障碍物。

（三）路段服务水平

衡量混合交通双车道公路服务水平的主要指标是：① 汽车驾驶员选择行驶速度的自由度、驾驶操作的疲劳程度和心理紧张程度；② 汽车平均运行速度；③ 汽车行驶费用等经济因素。实际上，汽车平均运行速度能基本表达这三个方面，故以此作为综合指标。具体分级仍按照我国规定分为四级，见表 7-17 所示。

双车道服务水平分级 表 7-17

服务水平级别	中型载货汽车小时平均运行速度(km/h)				车头时距≤7s,汽车数量百分率(%)
	二级公路	三级公路	四级公路	二级,快慢车分车道公路中的两快车道	
一　级	≥47	≥45	≥43	≥50	≤30
二　级	≥40	≥38	≥46	≥48	≤50
三　级	≤33	≥31	≥29	≥36	≤70
四　级	<33	<31	<29	<36	>70~100

各级服务水平的含义是:

一级水平:驾驶员能自由和较自由地选择期望的车速,交通流属基本自由流状态及稳定流状态中的较好范围;

二级水平:驾驶员自由度受到一定限制,到二级水平下限时,所受到的限制已达到大部分驾驶员所能允许的最低限度了,交通流状态属于稳定流的中间及中下范围,有拥挤感;

三级水平:驾驶员选择车速的自由度受到很大限制,在三级水平上限时,交通流已接近不稳定流,本级水平大部分范围处于不稳定流状态,时常出现交通拥挤现象,此水平服务质量很差;

四级水平:靠近上限时,每小时可通行的交通量达到最大值,很快驾驶员就处于无自由选择行车速度余地的状况,交通流变成完全强制状态,跟着前面的车辆行进时停车,能通行的交通量很不稳定,从很大直至降低到零,且时常发生交通阻塞现象,此级水平的服务质量已达到不能容忍的程度。

在我国,公路设计中采用的服务水平等级为:

高速公路基本路段、匝道——主线连接处、交织区均采用二级服务水平。但在不得已的情况下,匝道——主线连接处以及交织区可降低要求采用三级服务水平。

不控制进入的汽车多车道公路路段在平原微丘的乡区采用二级服务水平,在重丘山岭地形及在近郊采用三级服务水平。

不控制进入的汽车双车道公路路段采用三级服务水平。

混合交通双车道公路路段采用三级服务水平。

(四) 通行能力计算

混合交通双车道公路的通行能力分为以下三种:

(1) 基本通行能力　在基准条件下,1h 所能通过路段某断面或某条车道的最大交通量。

(2) 容许通行能力 C_a　在基准条件下,道路使用者(主要是驾驶员)容许的某级服务水平处于低限时,1h 所能通过路段某断面或某条车道的最大交通量。

(3) 设计通行能力 C_d　在具体路段上,道路使用者容许某级服务水平处于低限时 1h 所能通过具体路段某断面或某车道的最大交通量。

在研究中,没有按上述定义分析出双车道公路的基本通行能力,它是一个较模糊的数值,而容许通行能力 C_a 是一个实在的数值(表 7-18),故以 C_a 为基础来求算具体路段的通行能力 C_d,而是以基本通行能力作为基础。

混合交通双车道公路容许通行能力表 表7-18

公路级别及类型		容许通行能力(当量辆/h)	适应的年平均日当量交通量(当量辆/日)
双车道公路	二级	860	7 500
	三级	530	4 600
	四级	360	3 100
快车道	标线	840	7 300
	分隔带	920	8 000

这样,设计通行能力 C_d 是容许通行能力 C_a 乘以相应设计速度下的线形修正系数 $K_{线}$、路面/路基宽度减少修正系数 $K_{宽}$、横向干扰和交通管理水平修正系数 $K_{横}$ 所得,即:

$$C_d = C_a K_{线} K_{宽} K_{横} \tag{7-10}$$

式中三种影响通行能力的主要因素的修正系数分别见表7-19、表7-20和表7-21。

相应设计速度下的线形修正系数($K_{线}$) 表7-19

设计速度(km/h)	80	70	60	50	40
修正系数 $K_{线}$	1.0	0.92	0.84	0.76	0.68

路面/路基宽度减少的修正系数($K_{宽}$) 表7-20

路面/路基宽度(m)	9/12	7.0/8.5	6.0/7.0
修正系数 $K_{宽}$	1.00	0.73	0.61

横向干扰修正系数 $K_{横}$ 表7-21

干扰程度分级	公路技术等级	修正系数 $K_{横}$	横向干扰交通管理等情况描述
I	二	1	二级公路完全符合基准条件者为I级;三、四级公路几何构造符合标准中平原微丘地形中的规定,其他符合基准条件为I级
	三	1	
	四	1	
II	二	0.90	(1)路段虽穿过小村镇,但村镇对运行影响不大;(2)路段虽未穿过村镇,但纵横向行人较多;(3)其他条件均可但交通管理及运行秩序较差;(4)支路较多,且有一定的交通量。以上条件有一者,均认为是II级干扰
	三	0.85	
	四	0.80	
III	二	0.80	(1)沿线有较大村庄,交通量较繁忙,或虽无大村庄,但沿线有较多工矿企业,干扰较大;(2)交通管理不好,运行秩序混乱;(3)交通管理不太好,且支路交叉较多,并且支路有较大干扰。以上条件有一者视为III级
	三	0.75	
	四	0.70	

容许通行能力和设计通行能力所能适应的年平均当量交通量,可以根据观测分析或参考相似路段设计的高峰小时当量交通量与年平均日交通量的比值 K 求出,其公式为:

$$标准路段的 AADT = \frac{容许通行能力}{K} \tag{7-11}$$

$$具体路段的 AADT = \frac{设计通行能力}{K} \tag{7-12}$$

式中:K 值通常取0.115。

例7-3 某公路交通量观测站观测得出:交通量资料(见表7-22),平均运行速度为48.8km/h,85%位车速54.5km/h,小于7的车头间隔占全交通量的27%,小于10车头间隔占54.4%,路面/路基宽度为9/12m,为二级公路,平纵面线形平缓顺直,有足够超车视距,路面状况良好,路面没有划线，快慢车混行，沿线有较大村庄，较多工矿企业，对交通干扰较大。试分析该公路交通拥挤状况计算通行能力。

某公路 AADT 观测资料表　　表 7-22

车　型	小型载货汽车	中型载货汽车	大型载货汽车	小客车	大型客车	拖挂载货汽车	小　型拖拉机	大中型拖拉机	畜力车	人力车	自行车
观测辆数	432	1 112	494	318	418	582	247	185	62	494	6 820

解：根据观测交通量资料，按表 7-16 折算标准当量交通量。

$$Q = (432 + 1\,112 + 494 + 318) \times 1.0 + 418 \times 1.0 + 528 \times 2.5 + 247 \times 1.7 + 185 \times 3.5 + 62 \times 3.5 + 494 \times 1.5 + 6\,820 \times 0.2 = 7\,619(\text{辆}/\text{d})$$

根据表 7-18，查出该公路双车道容许通行能力为 860 辆/h；查表 7-19、7-20、7-21 分别得到 $K_{线} = 1.0$（二级公路设计速度为 80km/h），$K_{宽} = 1.0$，$K_{横} = 0.8$，则该公路设计通行能力为：

$$C_d = C_a K_{线} K_{宽} K_{横} = 860 \times 1.0 \times 1.0 \times 0.8 = 688(\text{辆}/\text{h})$$

所能适应的年平均日当量交通量（$K = 0.115$）

$$\text{标准路段的 AADT} = \frac{860}{0.115} = 77\,478(\text{辆}/\text{d})$$

$$\text{具体路段的 AADT} = \frac{688}{0.115} = 5\,983(\text{辆}/\text{d})$$

目前实际年平均日当量交通量为 7 619 辆/d，已超过容许通行能力和设计通行能力，公路交通会发生拥挤、阻塞、车速降低等现象。尤其是非机动车、拖拉机等慢速车辆对快车行驶干扰较大。应加强管理，严格快慢车分道行驶，机动车与非机动车分道行驶，必要时，应采取加宽路基、路面的工程措施，解决交通紧张状况。

四、交叉口通行能力

（一）无信号灯控制交叉口通行能力

在无信号灯控制的交叉口上，相交方向的车流按照交通规则的规定运行。次要道路上的车让主要道路上的车先行，拐弯的车让直行的车先行。因此，沿主干道行驶的车辆有优先通行权，它在通过路口时不需要停车，一直通过，其通行能力按路段计算。次要道路上行驶的车辆，通过路口时，要穿插主要道路上的车流空当，其通行能力的大小要受主要道路上车流车头间隔分布、次要道路上车辆穿越主干道上车流所需时间及次要道路上车流的平均车头时距等因素制约。

路口的通行能力等于主要道路上车流通过量加上次要道路上车流穿越主要道路上车流的数量。

假设主要道路上的车流量为 N，车辆到达服从泊松分布。主要道路上车流允许次要道路车辆穿插的最小车头时距为 t，次要道路上饱和车流的平均车头时距为 t_0，则每小时次要道路上的车辆能穿越过主要道路车流的总数为：

$$N_{次} = \frac{N e^{-Nt_0}}{1 - e^{-Nt}} \tag{7-13}$$

主要道路上车流允许车辆穿越的最小车头时距与次要道路的交通管理有关系，若用停车标志，$t = 6 \sim 8$s；若用让路标志，$t = 5 \sim 7$s。一般 $N_{次}$ 小于 N 的一半。

（二）信号灯控制交叉口的通行能力

当进入交叉口的车辆达到某种数量时，穿插通行有困难，需要在交叉口安装信号灯，从时间上将相交叉的车流分开，以便维持交通秩序，保证交通安全。

由于交通信号灯强制使道路上的连续交通流变成间断流，按照预定相位和绿灯时间分配不同方向车流的通行权，这样就使得各个方向车流的有效通行时间减少，因此通行能力也随之降低(与路段上车流连续运行相比较)。

许多国家都对信号灯控制交叉口的通行能力进行过研究，形成了目前适合各国情况的多种计算方法。本书在此介绍中国城市道路设计规范(CJJ 37—90)中对信号灯控制交叉口的设计通行能力所规定的计算方法。限于篇幅，本节只介绍十字形交叉口的设计通行能力计算。

1. 十字形交叉口的车道功能划分　按功能分为以下7类：直行车道、左转专用车道、右转专用车道、左右转混合车道、直行右转混合车道、直行左转混合车道、直行左转右转混合车道(见图7-7)。整个交叉口的设计通行能力等于各进口道设计通行能力之和，进口道设计通行能力等于各车道设计通行能力之和。

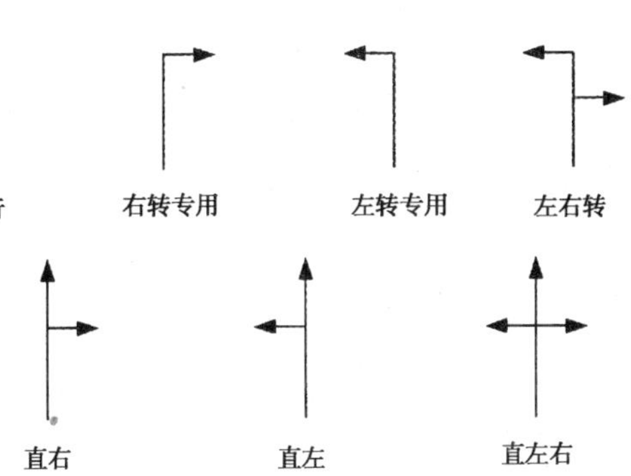

图7-7　十字形交叉口的车道功能区分

2. 一条直行车道的设计通行能力　计算公式为

$$G_s = \frac{3\,600}{T}\left(\frac{t_g - t_0}{t_1} + 1\right)\phi \qquad (7\text{-}14)$$

式中：C_s——一条直行车道的设计通行能力(pcu/h)；

T——信号灯周期(s)；

t_g——信号每周期内的绿灯时间(s)；

t_0——绿灯亮后，第一辆车启动并通过停车线的时间(s)。如无本地实例数据，可采用2.3s。

t_i——直行或右行车辆通过停车线的平均时间(s/pcu)；

ϕ——折减系数，可用0.9。

车辆平均通过停车线的时间 t_i 与车辆组成、车辆性能、驾驶员条件有关。设计时，可采用本地区调查数据。如无调查数据，直行车队可参考下列数值取用：

小型车组成的车队，$t_i = 2.5$s，

大型车组成的车队，$t_i = 3.5$s，

拖挂车组成的车队，$t_i = 7.5$s，

混合车组成的车队，按表7-23选用。为计算方便，将拖挂车划归大型车。

混合车队的 t_i 值(s)　　表7-23

大车:小车	2:8	3:7	4:6	5:5	6:4	7:3	8:2
t_i	2.65	2.96	3.12	3.26	3.30	3.34	3.42

3. 直右车道通行能力　计算公式为

$$C_{sr} = C_s \qquad (7\text{-}15)$$

式中：C_{sr}——一条直右车道的设计通行能力(pcu/h)。

4. 直左车道设计通行能力　计算公式为

$$C_{sl} = C_s(1 - \beta_1'/2) \qquad (7\text{-}16)$$

式中：C_{sl}——一条直左车道的设计通行能力(pcu/h)；

β'_l——直左车道中左转车所占比例。

5. 直左右车道设计通行能力　计算公式为：

$$C_{slr} = C_{sl} \tag{7-17}$$

式中：C_{slr}——一条直左右车道的设计通行能力。

6. 交叉口进口车道的设计通行能力　我们已经知道，进口道的设计通行能力等于该进口各车道设计通行能力之和。此外，也可以根据本进口车辆左、右转车道比例计算。

1）进口设有专用左转与专用右转车道时，进口道设计通行能力按下式计算：

$$C_{elr} = \sum C_s/(1 - \beta_l - \beta_r) \tag{7-18}$$

式中：C_{elr}——设有专用左转与专用右转车道时，本面进口道的设计通行能力(pcu/h)；

$\sum C_s$——本面直行车道设计通行能力之和(pcu/h)。

β_l、β_r——左、右转车占本面进口道车辆的比例。

专用左转车道的设计通行能力为：

$$C_l = C_{elr}\beta_l \tag{7-19}$$

专用右转车道的设计通行能力为：

$$C_r = C_{elr}\beta_r \tag{7-20}$$

2）进口设有专用左转车道而未设专用右转车道时，进口道设计通行能力按下式计算：

$$C_{el} = (\sum C_s + C_{sr})/(1 - \beta_l) \tag{7-21}$$

式中：C_{el}——设有专用左转车道时，本面进口道设计通行能力(pcu/h)；

$\sum C_s$——本面直行车道设计通行能力之和；

C_{sr}——本面直右车道设计通行能力。

专用左转车道的设计通行能力为：

$$C_l = C_{el}\beta_l \tag{7-22}$$

3）进口道设有专用右转车道而未设专用左转车道时，进口道设计通行能力按下式计算：

$$C_{er} = (\sum C_s + C_{sl})/(1 - \beta_r) \tag{7-23}$$

式中：C_{er}——设有专用右转车道时，本面进口道设计通行能力(pcu/h)；

$\sum C_s$——本面直行车道设计通行能力之和；

C_{sl}——本面直左车道设计通行能力。

专用右转车道的设计通行能力为：

$$C_r = C_{er}\beta_r \tag{7-24}$$

7. 通行能力折减　在一个信号周期内，对面到达的左转车超过 3～4 辆时，左转车通过交叉口将影响本面直行车。因此，应折减本面各直行车道(包括直行、直左、直右、直左右车道)的设计通行能力。

当 $C_{le} > C'_{le}$时，本面进口道折减后的设计通行能力为：

$$C'_e = C_e - n_s(C_{le} C'_{le}) \tag{7-25}$$

式中：C'_e——折减后本面进口道的设计通行能力(pcu/h)；

C_e——本面进口道的设计通行能力(pcu/h)；

n_s——本面各种直行车道数；

C_{le}——本面进口道左转车的设计通过量(pcu/h);

$$C_{le} = C_e\beta_l \tag{7-26}$$

C'_{le}——不折减本面各种直行车道设计通行能力的对面左转车数(pcu/h)。当交叉口小时为 $3n$,大时为 $4n$。n 为每小时信号周期数。

例 7-4 已知某交叉口设计如图 7-8。东西干道一个方向有三条车道,南北支路一个方向有一条车道。信号灯管制交通。信号配时:周期 $T=120$s,绿灯 $t_g=52$s。车种比例大车:小车为 2:8,东西方向左转车占该进口交通量的 15%,右转车占该进口交通量的 10%。求交叉口的设计通行能力。

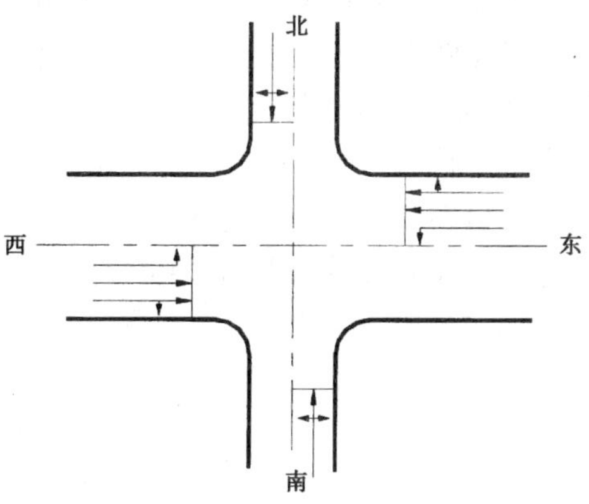

图 7-8 交叉口通行能力计算图

解: 先计算东西方向干道。东进口有三条车道,区分为专用左转、直行和直右三种车道。

1. 计算直行车道的设计通行能力,用式(7-14)。

$$C_s = \frac{3\,600}{T}\left(\frac{t_g - t_0}{t_1} + 1\right)\phi$$

取 $t_0=2.3$s,$\phi=0.9$;

根据车种比例为 2:8,查表 7-23,得 $t_i=2.65$。将已知参数带入式(7-14),则

$$G_s = \frac{3\,600}{120} \times \left(\frac{52 - 2.3}{2.65} + 1\right) \times 0.9 = 533\text{pcu/h}$$

2. 计算直右车道的设计通行能力,用式(7-15)。

$$G_{sr} = G_s = 533\text{pcu/h}$$

3. 东进口属于设有专用左转车道而未设右转专用车道的类型,其设计通行能力用式(7-21)计算。

$$G_{el} = (\sum C_s + C_{sr})/(1 - \beta_l) = (533 + 533)/(1 - 0.15) = 1\,254\text{pcu/h}$$

4. 该进口专用左转车道的设计通行能力用式(7-22)计算。

$$C_l = C_{el}\beta_l = 1\,254 \times 0.15 = 188\text{pcu/h}$$

5. 验算是否需要折减

当 $C_{le} > C'_{el}$时,应当折减。

不影响对面直行车辆行驶的左转交通量 C'_{el}等于 $4n$,n 为一个小时内的周期个数,因为:

$$T = 120\text{s}$$

$$\therefore \quad n = \frac{3\,600}{120} = 30$$

$$\therefore \quad C'_{le} = 4 \times 30 = 120\text{pcu/h}$$

进口设计左转交通量 $C_{le}=C_l=188$pcu/h。本题情况,$C_{le} > C'_{le}$,需按式(7-25)折减:

$$C'_e = C_e - n_s(C_{le} - C'_{le}) = 1\,254 - 2(188 - 120) = 1\,118\text{pcu/h}$$

6. 西进口设计通行能力同东进口。

7. 南进口设计通行能力 该进口只有直、左、右混行车道,其设计通行能力按式(7-17)计

算。

$$C_{slr} = C_{sl} = C_s(1 - \beta_1'/2) = 533(1 - 0.15 \times 0.5) = 493\text{pcu/h}$$

8.验算南进口的左转车是否影响对面行车　因为南北进口车道划分相同,即验算北进口左转车是否影响南进口车的直行。

设计左转交通量 $C_1 = 493 \times 0.15 = 74\text{pcu/h}$。

设计左转交通量 $C_{le} < C_{le}' = 120\text{pcu/h}$,不需要折减。

9. 交叉口设计通行能力　等于四个进口设计通行能力之和。

东进口折减后的设计通行能力为 1 118pcu/h;

西进口同东进口,为 1 118pcu/h;

南进口和北进口都为 493 pcu/h。

故该交叉口的设计通行能力为

$$C = 1\,118 \times 2 + 493 \times 2 = 3\,222\text{pcu/h}$$

第五节　通行能力的应用及提高通行能力的途径

一、通行能力的应用

道路通行能力是道路的一项重要指标,它在道路交通的各个方面有广泛的应用。

1. 道路规划、设计方面　通过对现有道路乃至道路网络的通行能力及现有交通量、交通量发展趋势的分析研究,可以通过道路的通行能力与交通量相比较发现:哪些道路还有一定潜力(即通行能力较交通量大)、哪些道路能基本适应、哪些道路的服务水平已经达到不能容忍的程度等等,从而为道路交通的规划及分清轻、重、缓、急按序制定和实施道路的改建、扩建计划提供依据。

通过对道路通行能力和交通量需求的分析,可以正确地确定道路等级和道路线形及几何尺寸等等,这些均可以提高道路的规划、组织实施的科学性及新建、改建、扩建道路的设计水平。

2. 道路交通管理方面　通过对现有道路交通能力及现有交通量的分析比较,可以确定道路的服务水平,发现道路交通存在的问题,提出各种改进交通管理的措施。

根据道路网络中每条道路具有的通行能力和交通量的自然分布状况,合理地调控交通量在道路上的分配,发挥现有道路的通行能力潜力,缓解某条道路或局部路段的交通拥挤状况。

根据影响道路通行能力的诸项因素的分析,有针对性地采取措施,提高道路通行能力。

3. 交通运输管理与运输调度方面　根据路网通行能力的研究测算,道路的建设规划与现有道路上交通量现状及发展趋势的分析,比较合理制定运力发展规划及控制运力盲目增长的措施。

现有道路的通行能力与交通量的比较,是加强客运三定管理,合理投放运力,审批客运开业的依据之一。在某条客运线上,大量盲目地投放运力,可能会加剧交通紧张状况,降低整条道路的运输效率。

道路的等级不同,通行能力及服务水平也不同;即使同一等级的公路,其服务水平也不一定相同;而道路的服务水平不同,汽车运输的成本也不一样。因此,根据区分不同的路况及服务水平,合理制定公路客、货运价,是交通运政管理科学化的体现。

根据道路通行能力和交通量的变化规律，合理制定行车计划，科学调度运行车辆，是提高运输效率的有效途径之一。

4. 路政管理与公路养护方面　路政管理与公路养护工作的主要目的之一是维持和恢复道路的原设计通行能力，确保公路安全畅通。因此，对道路通行能力、服务水平的变化及各项影响因素的分析，有针对性制定措施予以解决，是进一步搞好路政管理和公路养护工作的关键。

二、提高通行能力的途径

根据影响道路通行能力的诸项因素分析，研究提高通行能力的途径与措施可以是多方面的，我们不在这里详细叙述。现只根据我们国家经济发展对公路交通的需求，针对我国公路混合交通普遍存在的实际情况，在总结经验的基础上，依据以上所述知识，对提高公路尤其是混合交通情况的公路通行能力提出如下具体措施。

1. 将交通量达到一定水平的公路扩、改建成快慢车分道(路)或分车道公路是提高通行能力的最有效措施。在快慢车混杂公路的行车道上，不但慢车本身占据了公路所能容纳的一部分交通量，从而减少了所能通行的汽车交通量，而且由于车速相差很大的车辆之间的相互干扰，使各种车辆折算系数也有所增加。快慢车分道行驶公路与二级路相比，小汽车折算系数由0.7提高到1.0，拖挂车的折算系数由1.7提高到2.5，所以能容纳的交通量也相应减少了。而快慢车分道行驶公路在一定速度下所能容纳的当量交通量明显地比快慢车混杂交通公路上的容纳量高。

2. 在有一定路面宽度的公路上应设置快慢车分车道线和其他路面标识　有的公路虽然路面还达不到快慢车很好地分开行驶所需要的宽度(如路面宽度为12m的公路)，但划快慢车分道线的效果是明显的。实地调查的结果表明，同样路面/路基为12/15m的公路，划线(两条快车道宽7m、两条慢车道5m)且交通管理较好的路段比不划线、交通较混乱的路段，在同一速度下容纳的交通量要提高22%～27%。

3. 利用硬化路肩，等办法增加行车道的有效宽度，对提高通行能力是有效的　由于混合交通中慢速车辆与单一汽车交通对侧向余宽的要求是有明显的区别，慢车(尤其非机动车)所需侧向余宽比汽车小得多，因此在路基全宽上铺筑路面或用硬化路肩办法增加行车道有效宽度，从而使慢车行驶时尽可能减少对汽车的干扰，对提高运行质量和通行能力是行之有效的方法。

从1988年开始，交通部相继组织实施了107、102两条国道的“GBM工程”。根据“GBM工程”实施标准的要求，对主要干线公路要逐步把行车道树移出路肩，并填实路肩，砌筑路肩边缘带、植物防护边坡，完善标志和标线，从而使公路有效面积拓宽，行人、自行车、畜力车便于靠边行走。这样，可使汽车速度提高30%左右，扩大通行能力25%以上，还可使交通事故降低40%以上。可见，硬化路肩，增加行车道有效宽度的效果是十分明显的。因此，要大力提倡、推广和组织实施“GBM工程”。

4. 尽量减少村镇、横交路口等横向干扰。尤其是二级公路和快慢车分道行驶公路　前面已说明了横向干扰对通行能力的影响是很大的，因此在新建或扩建公路时应尽量减少横向干扰，如尽量避免穿过村镇，在不得已穿过时，也应采取各种措施，力求减少对车辆运行的干扰；对各种支路(尤其是农村道路)应适当予以控制，等等。减少横向干扰对二级或快慢车分道公路来说尤为重要，因为同样横向干扰情况下，容许通行能力的实际减少数，高等级公路要比低等级公路大得多。

5. 加强交通管理,完善各种交通管理设施　要提高公路通行能力,无论采用其他各种工程措施,都应以加强交通管理、完善交通管理设施等为基础,否则各种措施就达不到预期的效果。尤其在二级公路和快慢车分道行驶公路以上的较高等级公路,交通管理和各种设施尤为重要。这方面的内容很多,如涂设路面标识、平交道口渠化和设置色灯控制、交通较繁忙的路口严格实行"让路"和"停"等标志、在快慢车分车道公路上应禁止慢车进入快车道等等。这些措施对提高通行能力和行车安全都是有利的。另外,目前有些公路两旁人行道树冠过低,无法保证汽车行驶时的净空。在弯道内侧植树过大过密,影响了超车视距。如纠正了这些不良现象,对提高通行能力也是有利的。

6. 加强公路路政、管理　当前,全国公路上汽车行驶速度平均只有 30km/h 左右,仅为汽车经济时速的 50%,时速慢、油耗多,仅此一项,全国载货汽车每年经济损失就达 20 亿元左右。究其原因,主要是道路通行能力低、交通秩序混乱。在公路上设置路障,损坏交通标志和公路设施,铲削蚕食公路路基,使路基逐渐变窄,甚至挖占路肩路面,在公路上打粮晒谷、摆摊赶集,阻塞交通,这些都严重影响了车辆的运行速度和道路的通行能力。应依据《中华人民共和国公路法》和有关制度严格路政管理。通过加强管理,提高通行能力的潜力还是很大的。

我国运输市场开放以来,运输市场空前活跃。在这种形势下,要加强运政管理,禁止车辆乱停乱放,尤其要加强客运站点管理。沿路随意停车揽客等于短时间内减少了行车道宽度,影响其他车辆的正常运行,导致交通秩序混乱,降低通行能力。因此,要统一规划,合理设置沿途停车站点,有条件的要建设港湾式停靠车站。

复习思考题

1. 道路通行能力的定义、作用与交通量的差别和内在联系?
2. 道路通行能力分哪几类?各自的定义如何?
3. 什么是道路服务水平?划分依据是什么?
4. 美国《道路通行能力手册》中如何划分道路通行能力?我国又如何划分?
5. 如何计算高速公路基本路段的实际通行能力?有信号灯控制交叉口的设计通行能力又如何计算?
6. 研究道路通行能力有何作用?
7. 提高道路通行能力的主要措施有哪些?
8. 道路通行能力与服务水平的知识对做好交通运输管理工作有什么指导作用?

第八章　道路交通规划

第一节　交通规划的目的及基本内容

一、交通规划的定义

所谓“规划”，是指确定目标与设计达到该目标的的策略或行动的过程，而“交通规划”就是确定交通目标与设计达到交通目标的策略或行动的过程。

具体地讲，交通规划是指经过交通现状调查，预测在未来人口、社会经济发展和土地使用条件下对交通的需求而制定的的交通网络形式，并拟定这一交通规划方案，对选用的规划方案编制实施建议、进度安排和经费预算的工作过程。交通规划中城市交通规划和公路网规划是重要的两个方面。在城市交通规划当中，道路系统的规划是主要方面。但随着城市地铁、高架路、快速轻轨等现代化交通设施的出现，城市交通规划已不再局限于单纯的城市平面道路网络系统的布局，而是各种交通形式的综合规划。具体对于道路交通规划来讲，由于城市道路与公路的性质与功能不同，所处的环境不同，人口和工农业的集中程度不同，所以公路和城市道路的规划也各不相同。但无论是公路网规划还是城市道路网规划，都要涉及到人、车、路和环境各方面的因素，而且还与土地利用开发、社会与经济发展、交通政策和交通管理等都有密切联系。所以，交通规划实质上是某一地区或城市之间社会经济发展总体规划的一个重要组成部分。本章将主要介绍公路网规划。

二、交通规划的意义

交通规划的目的就是要设计一合理的交通系统，以便为未来的、与社会经济发展相适应的各种用地模式服务。具体地说，交通规划的意义主要表现在以下几个方面。

1. 交通规划是建立完善交通运输系统的重要手段　因为交通规划协调五种运输方式（公路、铁路、水运、航空、管道）之间的联系，并对道路提出任务和要求，使之与其他运输方式密切配合，相互补充，共同完成运输任务。同时，可以排除过去那种单一、孤立道路系统规划中的某些偏见，如只注重路网的形式，不重视各种运输方式间的内在联系等。

2. 交通规划是解决目前道路交通问题的根本措施　因为交通问题是一个整体、综合性的问题，单从增加道路建设投资或提高交通管理水平是不能从根本上解决问题的，而必须与社会经济发展相适应，通过从人、车、路、环境诸方面综合考虑，促成工、农、商业、文化服务设施以及人口分布的合理布局，制定一个全面的有科学依据的交通规划才是根本的措施。

3. 交通规划是获得交通运输最佳效益的有效途径　因为道路建设投资的大小，车辆运输方式、路线的选择，车辆运营成本的高低以及交通管理水平的高低等都与交通规划密切相关，只有制定合理的交通规划，才能形成安全、畅通的交通运输网络，从而用最短的距离、最少的时间和费用，完成预定的运输任务和获得最优的交通运输效益。

三、交通规划的内容

如上所述,交通规划研究的是一个能使人与货物运行安全、高效、经济并使人的出行舒适、方便且环境不受干扰的交通系统。它一般包括下列内容和工作步骤。

1. 经济调查和分析　包括与交通有关的社会经济统计资料、历年客、货运输资料,以及各个交通分区的现状用地资料和规划用地资料,对这些进行系统的调查、整理和分析。

2. 交通现状调查　对规划区域内现有各类交通现状进行调查,包括:各式运输已形成的运输网轮廓及其相互间的联系情况;各式运输工具的数量、装载质量、平均速度、吨位利用系数和行程利用系数;各式运输受季节限制的情况;现有道路及正在修建中的道路分布状况、技术等级、交通流量和交通拥挤情况;铁路及车站的技术现状和发展情况;航道及码头港口现状和发展资料;航线及机场现状和发展资料。

3. 交通需要调查　包括客、货流的生成与吸引、出行目的和出行方式以及停车调查等。

4. 根据以上各项调查资料,建立交通需求预测模型和交通评价模型,对现状系统进行综合交通评价,并进行未来各个时期的交通需求预测。

5. 根据对现状的综合交通评价和交通需求预测资料,提出近期的交通治理方案和交通系统规划方案。其中,包括道路网、旅客运输系统、货物流通系统、停放车辆系统以及交通管理方案。

6. 在上述方案综合交通评价基础上,确定道路网的布局　包括道路网的形式和指标,各条道路的等级和功能、各个交叉口的类型及有关技术参数。

7. 建立交通数据库,不断进行交通信息反馈,修订交通模型、交通预测数据和规划方案,使规划保持继续和不断完善。

上述规划的内容及作业过程可用图 8-1 表示。

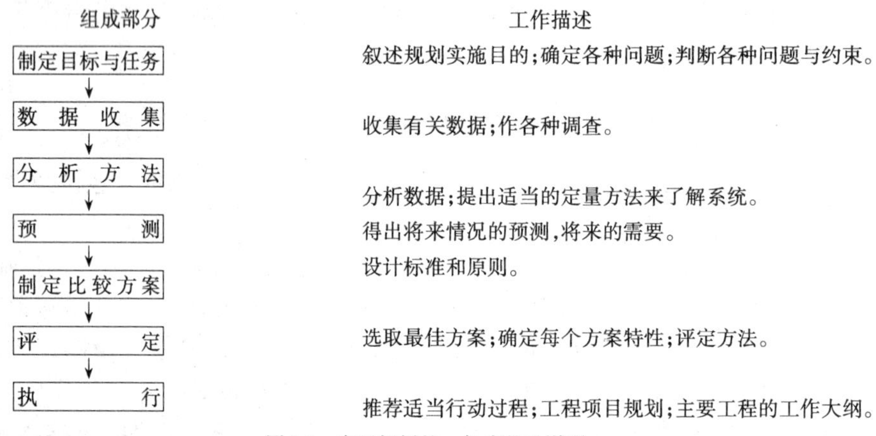

图 8-1　交通规划的一般步骤及说明

由上可见,交通规划工作涉及方方面面,只靠交通规划部门自身并不能搞好交通规划。交通规划工作需要交通运政部门的参与和协助,而交通运政部门通过积极主动地参加交通规划工作,也有助于实现综合配套、统筹规划、合理布局、全面发展、秩序良好的运输结构目标。

第二节　公路网规划概述

我国的道路交通具有多种交通工具并存,以汽车交通为主的特点。它是贯穿于工业区、商业区、农业区、旅游区和居住区内部，联系城市和农村，并与铁路、港区、飞机场相衔接的错综复杂的生产体系。公路网规划的目的就是根据经济发展的要求，按照土地利用的规划和现状，对某一区域内的公路发展做出科学的、宏观的统筹安排。

一、公路网分类与组成

在公路网中，由于每条道路在国民经济中的作用不同，自然条件的复杂程度不同，车辆种类和速度以及运量不同，其技术完善程度和管理方法也不同。从规划、设计和管理的要求出发，公路网中的各条道路需要进行分类。

1. 公路的技术等级　在交通部《公路工程技术标准》(JTJ 001—97)(以下简称《标准》)中，把公路按照使用任务、功能和适应的交通量分为五个等级，在各等级中又根据地形规定了不同的计算行车速度及其相应的工程技术标准。五个等级是：

高速公路　为专供汽车分向、分车道行驶并全部控制出入的干线公路。

四车道高速公路一般能适应按各种汽车折合成小客车的远景设计年限年平均昼夜交通量为 25 000 ~ 55 000 辆；

六车道高速公路一般能适应按各种汽车折合成小客车的远景设计年限年平均昼夜交通量为 45 000 ~ 80 000 辆；

八车道高速公路一般能适应按各种汽车折合成小客车的远景设计年限年平均昼夜交通量为 60 000 ~ 100 000 辆；

一级公路　为供汽车分向、分车道行驶的公路，一般能适应按各种汽车折合成小客车的远景设计年限平均昼夜交通量为 15 000 ~ 30 000 辆。

二级公路一般能适应按各种车辆折合成中型载货汽车的远景设计年限平均昼夜交通量为 3 000 ~ 7 500 辆。

三级公路一般能适应按各种车辆折合成中型载货汽车的远景设计年限年平均昼夜交通量为 1 000 ~ 4 000 辆。

四级公路一般能适应按各种车辆折合成中型载货汽车的远景设计年限年平均昼夜交通量为：双车道 1 500 辆以下；单车道 200 辆以下。

各级公路主要技术指标见表 8-1 所示。

各级公路主要技术指标汇总简表　　表 8-1

公路等级	高速公路						一级		二级		三级		四级	
计算行车速度(km/h)	120			100	80	60	100	60	80	40	60	30	40	20
车道数	8	6	4	4	4	4	4	4	2	2	2	2	1或2	
行车道宽度(m)	2×15.0	2×11.25	2×7.5	2×7.5	2×7.5	2×7.0	2×7.5	2×7.0	9.0	7.0	7.0	6.0	3.5或6.0	

续上表

公路等级		高速公路						一级		二级		三级		四级	
路基宽度（m）	一般值	42.50	35.0	27.50或28.0	26.00	24.50	22.50	25.50	22.50	12.00	8.50	8.50	7.50	6.50	
	变化值	40.50	33.00	25.50	24.50	23.00	20.00	24.00	20.00	17.00				4.50或7.00	
极限最小半径（m）		650			400	250	125	400	125	250	60	125	30	60	15
停车视距（m）		210			160	110	75	160	75	110	40	75	30	40	20
最大纵破（%）		3			4	5	5	4	6	5	7	6	8	6	9
车辆荷载	计算荷载	汽车—超20级						汽车—超20级，汽车—20级		汽车—20级		汽车—20级		汽车—10级	
	验算荷载	挂车—120						挂车—120 挂车—100		挂车—100		挂车—100		履带—50	

2．公路的行政等级　国家《公路管理条例实施细则》规定：公路分为国家干线公路（简称国道），省、自治区、直辖市干线公路（简称省道），县公路（简称县道），乡公路（简称乡道）和专用公路五个等级。

国道是指具有全国性政治、经济意义的主要干线公路，包括重要的国际公路、国防公路、连接首都与各省、自治区首府和直辖市的公路，连接各大经济中心、港站、枢纽、商品生产基地和战略要地的公路。

省道是指具有全省性（自治区、直辖市）政治、经济意义，连接省内中心城市和主要经济区的公路，以及不属于国道的省际间的重要公路。

县道是指具有全县性（旗、县级市）政治、经济意义，连接县城和县内主要乡（镇）、主要商品生产和集散地的公路，以及不属于国道、省道的县际间的公路。

乡道是指主要为乡（镇）内经济、文化、行政服务的公路，以及不属于县道的乡与乡之间及乡与外部联络的公路。

专用公路是指专供或主要供厂矿、林区、油田、农场、旅游区、军事要地等与外部联络的公路。

显然，公路的技术等级与行政等级之间，既有联系，也有区别。

3．公路网的组成　我国公路网按行政体制由国道、省道、县道和乡道组成。其中，国道网方案于1964年开始编制，1981年由国家经委、国家计委和交通部颁发试行。该方案共有国家干线公路70余条，全长10.92万公里，布局分三类：

第一类由首都向四周各省放射，共12条长2.35万公里，编号为101、102、…、112，详见表8-2。

首都放射线 表 8-2

编　号	路 线 名 称 及 走 向	里程(km)
101	北京—承德—沈阳	858
102	北京—山海关—沈阳—长春—哈尔滨	1 231
103	北京—天津—塘沽	142
104	北京—南京—杭州—福州	2 284
105	北京—南昌—广州—珠海	2 361
106	北京—兰考—黄冈—广州	2 497
107	北京—郑州—武汉—广州—深圳	2 449
108	北京—太原—西安—成都—昆明	3 356
109	北京—银川—兰州—西宁—拉萨	3 763
110	北京—呼和浩特—银川	1 063
111	北京—通辽—乌兰浩特—加格达奇	2 034
112	北京环线(宣化—唐化(北)　天津—涞源(南))	942

第二类由南北走向的纵线组成,共 28 条,长 3.78 万公里,编号为 201、202、…、228,详见表 8-3。

南　北　纵　线 表 8-3

编　号	路 线 名 称 及 走 向	里程(km)
201	鹤岗—牡丹江—大连	1 822
202	黑河—哈尔滨—吉林—沈阳—大连—旅顺	1 696
203	明水—扶余—沈阳	656
204	烟台—连云港—上海	918
205	山海关—淄博—南京—屯溪—深圳	2 755
206	烟台—徐州—合肥—景德镇—汕头	2 324
207	锡林浩特—张家口—长治—襄樊—常德—梧州—海安	3 566
208	二连浩特—集宁—太原—长治	737
209	呼和浩特—三门峡—柳州—北海	3 315
210	包头—西安—重庆—贵阳—南宁	3 005
211	银川—西安	604
212	兰州—广元—重庆	1 084
213	兰州—成都—昆明—景洪—磨憨	2 852
214	西宁—昌都—景洪	3 008
215	红柳园—敦煌—格尔木	645
216	阿勒泰—乌鲁木齐—巴仑台	826
217	阿勒泰—独山子—库车	1 082
218	清水河—伊宁—库尔勒—若羌	1 129
219	叶城—狮泉河—拉孜	2 139
220	东营—济南—郑州	526
221	哈尔滨—同江	639

续上表

编　号	路 线 名 称 及 走 向	里程(km)
222	哈尔滨—伊春	332
223	海门—榆林(东)	322
224	海口—榆林(中)	296
225	海口—榆林(西)	431
226	楚雄—墨江	调整后撤消
227	西宁—张掖	345
228	台湾环线	

第三类由东西走向的横线组成，共30条长4.79万公里，编号为301、302、…、330，详见表8-4。

东 西 横 线　　表8-4

编　号	路 线 名 称 及 走 向	里程(km)
301	绥芬河—哈尔滨—满州里	1 448
302	珲春—图们—吉林—长春—乌兰浩特	1 024
303	集安—四平—通辽—锡林浩特	1 265
304	丹东—通辽—霍林河	818
305	庄河—营口—敖汉旗—林东	561
306	绥中—克什克腾	689
307	黄骅—石家庄—太原—银川	1 193
308	青岛—济南—石家庄	659
309	荣城—济南—宜川—兰州	1 961
310	连云港—徐州—郑州—西安—天水	1 153
311	徐州—许昌—西峡	694
312	上海—南京—合肥—西安—兰州—乌鲁木齐—霍尔果斯	4 708
313	安西—敦煌—若羌	调整后取消
314	乌鲁木齐—喀什—红其拉甫	2 073
315	西宁—若羌—喀什	2746
316	福州—南昌—武汉—兰州	1 985
317	成都—昌都—那曲	1 917
318	上海—武汉—成都—拉萨—聂拉木	4 907
319	厦门—长沙—重庆—成都	2 631
320	上海—南昌—昆明—畹町—瑞丽	3 315

续上表

编　号	路线名称及走向	里程(km)
321	广州—桂林—贵阳—成都	1 749
322	衡阳—桂林—南宁—凭祥—友谊关	1 045
323	瑞金—韶关—柳州—临沧	2 316
324	福州—广州—南宁—昆明	2 201
325	广州—湛江—南宁	771
326	秀山—毕节—个旧—河口	1 239
327	连云港—济宁—菏泽	395
328	南京—扬州—南通	243
329	杭州—宁波—沈家门	190
330	温州—寿昌	318

省道由各省(自治区)交通部门根据国道网进行规划、负责建设、养护和管理。

县、乡道由各县规划建设、养护和管理。

交通部自“七五”期末开始制订并逐步完善了发展公路、水路交通的“三主一支持”长远规划,即建设公路主骨架、水运主通道、港站主枢纽及其相应的支持保障系统。国道主干线系统是国道网的一部分,由高速公路组成,是全国公路网的主骨架,也是全国综合运输大通道的组成部分。它贯通了首都和直辖市及各省(自治区)省会(首府),连接了所有目前100万以上人口的特大城市和绝大部分50万以上人口的城市。这个系统形成以后,车辆行驶速度可提高一倍,大城市间400~500km的公路运输可当日往返,800~1 000km的可当日到达,这将标志着我国现代化公路运输网络的建成。

国道主干线总体布局为“五纵七横”12条路线,具体路线参见表8-5:

国道主干线“五纵七横”总体路线走向　　表8-5

项目/布局	路线名称	里程*(km)
五　纵	同江——三亚(含长春——珲春支线)	5 700
	北京——福州(含天津——塘沽支线及泰安—淮阴连接线)	2 540
	北京——珠海	2 310
	二连浩特——河口	3 610
	重庆——湛江	1 430
七　横	绥芬河——满洲里	1280
	丹东——拉萨(含天津——唐山支线)	4590
	青岛——银川	1610
	连云港——霍尔果斯	3980
	上海——成都(含万县——南充——成都支线)	2970
	上海——瑞丽(含宁波——杭州——南京支线)	4090
	衡阳——昆明(含南宁——友谊关支线)	1980

* 里程为大约值。

二、公路网规划及布置的基本要求

公路网是城市地区以外的、城市与城市之间的道路网。由于每条道路在国民经济中的作用不同,自然条件的复杂程度不同,行车种类和车速以及运量不同,其技术完善程度和管理方式也不相同。

公路网规划和布置的基本要求是:

1. 公路网规划必须和其他运输网密切配合,使其构成一个相互协调的综合运输。由于公路路线布设比铁路、水运受客观限制条件少、灵活性大,故应尽可能为铁路、水运的联系和发展创造方便条件。

2. 干线网的技术等级要根据通过地区的重要性及交通量的大小来划分并规划沿线交通设施和修建顺序。

3. 要充分利用原有公路和地方道路,并通过改善逐步提高达到路网等级和技术标准要求。

4. 应符合分期修建和工程经济的原则。

5. 应力求做到公路网密度小而运输线短,运输效率高、运输成本低的要求。

6. 公路网规划还应注意配合地方农田水利建设以及开发地方资源的需要。

7. 公路等级应根据公路网的规划和远景交通量,从全局出发,结合公路的使用任务、性质综合确定。

8. 环境保护的要求。　无论在公路施工建设过程中的环境保护,还是运营过程当中汽车废气、噪声及路面污水排放导流等,都应在规划过程中加以充分的考虑。

三、公路网的确定

公路网的形式一般取决于下述因素:

1. 行政和经济中心之间的交通需要。

2. 客、货运输流的大小和方向。

3. 规划地区的自然条件,特别是山脉分布、大河走向、不良工程地质条件。

4. 国防方面的特殊要求等。

对于公路干线系统，世界上多数国家是以首都和省会所在地为中心，呈放射状布置国家干线网和省内干线网，干线与干线之间则连以环形干道，这就形成了放射加环形的主干线布置系统。除此以外，也有以网格状布置的。我国公路网采取纵横网及放射相结合的原则，连接各省、市、自治区首府及大军区、重要港站枢纽、工农业基地及 50 万人口以上的大中城市。

对于次一级的公路和在干线之间局部地区的公路,根据地区地形以及集散点的分布情况予以布置,一般采用树枝状式和方格状式。

对于不同的区域、不同的城市,其路网布局要考虑所在地区的社会、自然、经济情况来选取。典型的公路网布局形式见表 8-6。

总之,公路网的规划、设计不能仅仅局限于一个点、一条线,而应从整个路网系统着眼。路网布局的好坏对整个运输系统的效率有很大的影响,良好的路网布局可以大大提高运输系统的效率,增加路网的可达性,节约大量的投资,节省运输时间和运输费用,达到良好的经济效益、社会效益与环境效益。

典型公路网布局形式及其性能 表 8-6

图式	特点与性能
 放射形路网	放射形路网一般用于中心城市与外围郊区、周围城镇间的交通联系，对于发挥大城市的经济、政治、科技、文化中心作用，促进中心城市政治、经济、科技、文化对周围地区的辐射和影响有重要作用
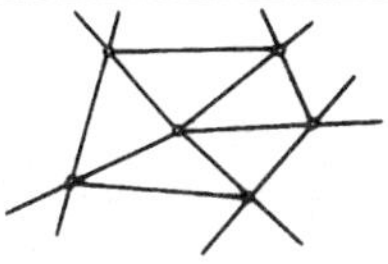 三角形路网	三角形路网一般用于规模相当的重要城镇间的直达交通联系。这种布局形式通达性好，运输效率高，但建设量大
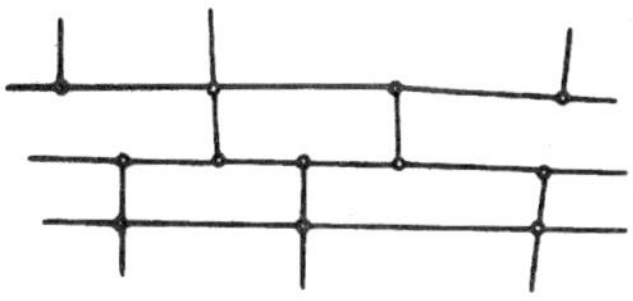 并列形路网	平行的几条干线分别联系着一系列城镇，而处于两条线上的城镇之间缺少便捷道路连接，是一种不完善的路网布局
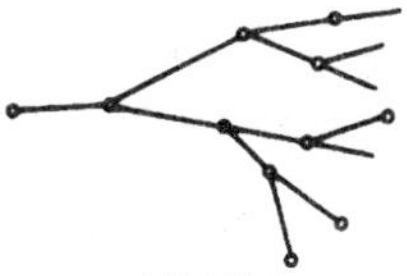 树杈形路网	树杈形的路网一般是公路网中的最后一级，是从干线公路上分叉出去的支线公路，将乡镇、自然村寨与市、县政府连接起来

四、公路网的密度

要完成一定的客、货运输任务，必须有足够的路网设施。路网密度是衡量道路设施数量的一个基本指标。一个区域的路网密度等于该区域内道路总长比该区域的总面积。一般地讲，路网密度越高，路网总的容量、服务能力越大，但这不是绝对的。道路网密度的大小应与一定的经济发展水平相当，与所在区域内的交通需求相适应，应使道路建设的经济性和服务水平，道路系统的社会效益、经济效益、环境效益得到兼顾和平衡。

关于公路网密度的合适数字是多少，由于涉及的因素很多，目前尚在探讨中。根据世界上一些国家建立公路网的资料分析，不同区域能基本满足经济发展需要的公路网密度如下：

工业高度发达地区　　150 ~ 200km/100km^2

农业高度发达地区　　100 ~ 150km/100km^2

高度开发的山区　　80 ~ 100km/100km^2

一般山区　　40(左右)km/100km^2

沙漠、森林地区　　10 ~ 20km/100km^2

以人口计的公路网密度　　5 ~ 10m/人

以耕地平均计的公路网密度　　10 ~ 20km/万亩耕地

世界上一些国家的公路网密度见表 8-7。

世界一些国家的公路网密度 表 8-7

国　　名	年　　份	公路网总里程 (万 km)	高速公路里程 (km)	公路网密度 (km/100km²)
美国	1996	642.0	88 400	68.56
加拿大	1995	91.2	16 600	9.15
日本	1996	116.0	6 070	307.04
德国	1996	63.3	11 300	177.44
英国	1996	37.2	3 270	152.40
法国	1996	89.3	9 500	161.83
澳大利亚	1996	91.3	1 360	11.79
巴西	1996	198.0		23.26
土耳其	1996	38.2	1 405	49.25
印度	1996	206.0		62.66
中国	1999	133.6	11 558	13.92

注：1995 年起加拿大官方改变了公路里程统计方法

数据据来源：

1. World Road Statistics 1974 ~ 1998. IRF.

2. 第二届亚太可持续发展交通与环境技术大会论文集,2000 年. 北京

五、公路网规划的评价

路网评价就是对规划方案进行全面而系统的定性定量分析,以确定公路网在规划布局上与社会经济发展要求的适应情况及在等级、容量上与交通量的适应情况,从而为拟定规划方案,优化路网布局提供依据。公路网评价与其他评价相似,首先要筛选评价指标。指标的筛选应遵循以下原则:具有全面性、可比性,数量尽量少、彼此相关性小、指标可度量。

1. 评价内容　根据公路网的特性和作用,其评价系统一般由路网的技术评价、经济评价、社会评价与环境评价四个子系统组成。在四个子系统之上,还应加以整体综合,获得综合评价结果,以利择优决策。图 8-2 表明了公路网规划评价的主要内容。

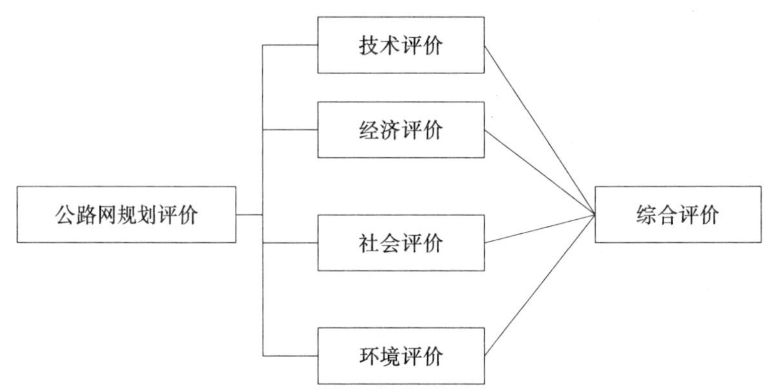

图 8-2　公路网规划评价主要内容

2. 评价指标　在评价系统的每个子系统中,都包含着具体的单项指标。每项子系统的各单项评价指标如下:

1) 技术状况评价指标　对公路网技术状况的评价,主要从路网结构性能和交通状况两方面进行。

反映路网结构性能的评价指标有:

(1) 公路网密度　根据公路网所处区域的面积、人口或耕地计算，有公路网面积密度 δ_A、人口密度 δ_P、耕地密度 δ_S 等形式，表达式分别为：

$$\delta_A = \frac{L_N}{A} \tag{8-1}$$

$$\delta_P = \frac{L_N}{P} \tag{8-2}$$

$$\delta_S = \frac{L_N}{S} \tag{8-3}$$

式中：L_N——公路网总里程(km)；

A——公路网所属区域的土地面积(km^2)；

P——公路网所属区域的人口总数(人)；

S——公路网所属区域的耕地总面积(km^2)。

(2) 公路网连通度　连通度是构成公路网的边数与节点数的比值，记为 D。计算公式：

$$D = \frac{L_N/\xi}{HN} = \frac{L_N/\xi}{\sqrt{AN}} \tag{8-4}$$

式中：H——相邻两个节点间的平均空间直线距离，$H = \sqrt{A/N}$(km)；

N——区域内应连通的节点数目；

ξ——非直线系数，为节点间实际路线总里程与直线里程之比。

当 D 接近 1.0 时，路网呈树状，节点多为二路连通；D 值为 2.0 时，路网呈方格网状，节点多为四路连通；D 略大于 3.0 时，路网呈三角形网状，节点多为六路连通。D 值越大，表明路网的连通程度越好。

(3) 公路网等级水平　指组成公路网各路段技术等级的加权(里程权)平均值。即：

$$J = \frac{\sum_{i=1}^{n} J_i L_i}{L_N} \tag{8-5}$$

式中：J——公路网等级水平($0 < J < 5$)；

J_i——第 i 个路段的技术等级水平系数，对应高速、一级、二级、三级、四级，J_i 分别取 0，1，2，3，4，5；

L_i——第 i 个路段的里程(km)；

L_N　公路网总里程(km)。

该指标从整体上反映了公路网的技术等级水平。J 值越小，技术等级越高。

(4) 公路网路面铺装率　是指公路网中有路面里程占总里程的百分率，用 R 表示。即：

$$R = \frac{L_R}{L_N} \times 100\% \tag{8-6}$$

式中：L_R——高级、次高级路面里程(km)；

L_N——公路网总里程(km)。

反映交通状况的评价指标有：

(1) 公路网平均车速 v　为各路段车速的调和平均值。它从宏观上反映了车辆在路网中运行的快慢。其计算公式为：

$$v = \frac{1}{\sum_{i} \omega_i \frac{1}{v}} \tag{8-7}$$

式中：Vi——第 i 个路段上车辆的路段平均车速(km/h)；

ω_i——第 i 个路段的车 km 权，$\omega_i = \dfrac{q_i L_i}{\sum\limits_i q_i L_i}$；

其中，q_i 为第 i 个路段上的交通量(辆/日)，L_i 为第 i 个路段里程(km)。

(2) 公路网拥挤度　是指公路网交通量与公路网设计容量之比，用 S 表示。该指标反映了路网承担交通负荷的能力，从整体上表征了公路网的畅通性能。其表示式为：

$$S = \frac{Q}{C} = \frac{\sum\limits_{i=1}^{n} q_i L_i}{\sum\limits_{i=1}^{n} C_i L_i} \tag{8-8}$$

式中：Q——整个路网的分析交通量(辆/日)；

C——整个路网的标准容量(辆/日)；

C_i——第 i 个路段设计容量(辆/日)。

其余符号意义同前。

当 $S \leqslant 0.7$ 时，路网畅通且有一定潜力；$0.7 < S \leqslant 1.0$ 时路网基本适应，可承担预测交通量。

(3) 公路网里程饱和率　是指公路网中拥挤度大于或等于 1 的路段长度与公路网总里程之比，以 ρ 表示。即：

$$\rho = \frac{\sum\limits_i L_{si}}{L_N} \tag{8-9}$$

式中：L_{si}——拥挤度大于或等于 1 的第 i 个路段里程(km)；

L_N——公路网总里程(km)。

2) 经济状况评价指标　公路基本建设投资大、设施使用期长，因此在公路建设过程当中，必须讲究经济效益，把有限的资金用在最急需的建设项目上，以较少的投资获得最大的经济效益。这就要求在公路网规划过程当中必须进行经济评价。经济评价主要是计算项目投入的费用和产生的效益，通过多种规划方案的比较，对拟建项目的经济可行性和合理性进行分析论证，从而为项目的科学决策提供依据。

经济评价可分为财务评价和国民经济评价。根据《公路网规划编制办法》，在公路网规划阶段，只需进行国民经济评价。国民经济评价的目标是对公路网的经济价值进行分析，以确定公路网消耗社会资源的真实价值。

经济评价的具体内容主要是通过对建设项目所需费用和产生效益的计算，选用合理的评价指标来进行评价。

费用的计算主要包括以下几个方面：

(1) 公路建设费用，即公路项目基建投资　按《公路工程概预算编制办法》，它包括建筑安装工程费用、设备及工具器具购置费、其他基本建设费用和预留费等几项。

(2) 公路使用费用　主要是指公路网使用年限内的养护及交通管理费用。

(3) 公路大修费用　是指公路网在使用一段时间后进行大修的费用。

(4) 残值　是指评价期末道路残留下来的价值。按照《公路建设项目经济评价方法》的规定，残值一般可取工程费用的 50%，以负的形式计入费用。

效益的计算主要包括以下几个方面：

(1) 公路晋级效益　是指由于公路建设项目的实施,使得旅客、货物运输的运输成本降低所产生的效益。

(2) 减少拥挤所产生的效益　无此项目时,原有相关公路的交通量不断增加,平均行车技术速度相应降低,单位运输成本不断提高。有此项目后,使原有相关公路部分交通量发生转移而减少拥挤,原应提高的单位运输成本不再提高,此项金额的节省即为效益。

(3)缩短里程而产生的费用　公路因改建而缩短里程,节约了旅客、货物运输费用,其节约金额,以改建当时交通量状况下的货物、旅客运输成本计算。

(4)货物节约在途时间的效益　以货物运送速度提高引起资金周转期缩短而获得的效益来考虑,按在途货物所需要资金利益(国民经济评价时采用社会折现率)的减少支出量来计算。

(5) 旅客节约在途时间的效益　是以旅客旅行时间缩短,可多创造的国民收入来考虑。

(6) 减少交通事故产生的效益　规划项目实施后使交通事故减少,其节约的费用以事故率差及事故平均损失费用计算。

(7) 减少货损事故产生的效益　规划项目实施后,货损减少,获得效益费用比,是用货损率差及评价年度在途货物平均价格计算。

获得了公路建设项目所支出的全部费用与获得的效益后,运用经济分析方法即可对各个方案的成本及其效益进行分析,从而做出较为科学的经济评价。进行成本效益分析主要采用的指标为:

(1) 净现值(NPV)　是规划方案的效益现值减去规划方案的费用现值所得的差额。可用下式计算:

$$\mathrm{NPV} = \sum_{t=0}^{n} \frac{B_t - C_t}{(1+r)^t} \tag{8-10}$$

式中:B_t、C_t——t 年的收入(效益)和支出(成本);

r——折现率(%);

n——规划年限。

若 NPV > 0,则表明该方案投资的收益率超过规定的折现率,正数越大表明收益越高,经济效果越显著;反之若 NPV < 0,则表示达不到预定的收益率,经济效果不好。

(2) 效益费用比(BCR)　是建设方案在规划期内各年效益现值总额和各年费用的现值总额的比率,即:

$$\mathrm{BCR} = \frac{B}{C} = \frac{\sum_{t=0}^{n} B_t(1+r)^{-t}}{\sum_{t=0}^{n} C_t(1+r)^{-t}} \tag{8-11}$$

式中:B——规划期内各年效益现值总额;

C——规划期内各年费用的现值总额;

其余符号意义同前。

显然,当 BCR > 1 时,规划方案是有利的。

(3) 内部收益率(IRR)　指建设方案在规划期内各年净现值的累计值等于零时的折现率,也即使用该折现率可使方案的费用现值总额和效益现值总额相等,即 IRR 值应符合下式的要求。

$$\sum_{t=0}^{n} \frac{B_t - C_t}{(1+\mathrm{IRR})^t} = 0 \tag{8-12}$$

式中各符号意义同前。

若 IRR 值大于最低可接受收益率 r,则认为此方案是可以采用的;反之若 $IRR < r$,则应认为此方案不得采纳。若两个或两个以上的 IRR 值都大于 r,则应选择其中具有最大 IRR 值的方案。

(4) 投资回收期(N)　指以方案的净收益抵偿方案建设总投资所需要的时间,它应包括设计期。计算时应考虑资金的时间价值,采用动态的投资回收期计算,即建设投资费用和效益采用同一折现率折为现值,然后再计算费用与效益相抵的年限,即投资回收期。投资回收期应满足下式:

$$P_0 = \sum_{t=1}^{N} \frac{F_t}{(1+r)^t} \tag{8-13}$$

式中:P_0——规划方案原始投资额(在 0 年时)的现值;

F_t——规划方案第 t 年的净收益;

r——基准折现率(%);

N——投资回收期(年)。

投资回收期应小于国家规定的标准回收期,这样方案才可行。目前,我国没有规定统一的标准投资回收期,但可参考有关的实际资料。

3) 社会评价方面　公路网规划的社会影响评价分别从以下几方面进行,一般只进行定性分析和说明:

(1) 公路网建设对开发地区自然资源的效果;

(2) 对地区经济发展、扩大工农业和商品经济发展的效果;

(3) 对地区增加就业人员和增加工资收入的效果;

(4) 对缩小区域间发展不平衡的差距(文化、卫生、科学、技术、经济及政治等)的效果;

(5) 对减少物资消耗,如燃料、材料等的影响;

(6) 对减少物资运输不畅受到的损失(产量、质量、损耗量)的效果;

(7) 对国防安全的效果。

4) 环境评价方面　自汽车诞生以来,以汽车为主要交通工具的道路交通给社会环境带来莫大的效益和便利,但同时也带来一些负面影响。为了全面正确评价道路交通对环境的影响,在公路网规划过程当中就必须要进行环境评价工作。对于公路网规划的环境评价,交通部以及相关部门颁布了一系列的相关政策、法规和技术规范:1990 年交通部结合行业特点,颁布了《交通建设项目环境保护管理办法》,要求对新建的高等级公路及大型改扩建公路,均必须按照国家颁布的《建设项目环境保护管理办法》和上述交通部的有关规定,对拟建项目进行环境影响评价。同时,交通部还组织制定了《公路建设项目环境影响评价规范》和《公路建设项目环境保护设计规范》,都为公路网规划的环境评价提供了可靠的依据。

公路建设项目对环境影响的特点是线型的带状影响。这些影响可以归结为:

对社会经济的影响;

(1) 社会的结合力;

(2) 服务设施的可利用性;

(3) 人口迁移和重新安置;

(4) 就业、收入及商业活动;

(5) 居住条件;

(6) 对财产税的影响;

(7) 地区发展计划和经济增长；

(8) 资源。

对自然环境的影响：

(1) 环境设计、美学和公路的历史价值；

(2) 陆地生态系统；

(3) 水中生态系统；

(4) 大气质量；

(5) 噪声及振动。

我国对道路交通环境评价，规定要从正负两方面进行。但道路交通对环境的正面影响及其论证方法，大多属于工程项目的技术经济论证范畴，因而在此主要讨论对环境的负面影响。主要有以下几个方面：

(1) 生态环境方面　道路建设导致沿线水文地质和天然植被的破坏，使自然生态环境失去原有平衡；破坏珍稀动、植物的生活和生存条件，使其繁衍生息受到影响；由于汽车运行的排放和垃圾对农业土壤及农作物的污染；以及对水资源的污染等。

(2) 大气环境方面　主要是由于汽车运行所产生的悬浮颗粒(T.S.P)、一氧化碳(CO)、氮氧化物(NO_x)、碳氢化合物(CH)、铅尘(Pb)及柴油车排放出的二氧化硫(SO_2)等。

(3) 声环境方面　道路交通对声环境的影响主要为机动车加速、机件运转及车体颠簸等造成的噪声和振动、喇叭声、刹车声和轮胎与路面的摩擦声等。另外，在道路建设施工中，各种施工机械产生的噪声和振动同样是一种环境污染。

(4) 社会环境方面　道路交通对环境的正面影响主要是社会环境影响，但另一方面对社会环境也带来一些负面影响，如征地拆迁、行政区划的改变、人们生活、生产通道的割断和改变、照明及历史文物的保护等。

六、公路网规划的内容和一般步骤

1. 公路网现状分析与评价　对公路网规划涉及区域的自然地理条件和特征、社会经济发展水平、综合交通运输格局做出宏观系统分析，特别是对现状公路网的等级、交通现状、建设与管理状况，应详细调查和剖析，并做出评价。其目的在于发现公路交通存在的主要问题和找出解决问题的有效途径，从而为公路网规划提供重要依据。

2. 社会经济发展趋势预测　通过对规划区域自然资源及生产力布局、城镇及人口分布、产业结构与经济发展水平的充分调查与综合分析，运用多种方法对社会经济发展总趋势和新特点做出科学预测，指出在规划期内公路运输将面临的新形势和客、货流状况，并明确因此而可能产生的新变化和新特点。

3. 制定公路网发展战略　提出公路网发展的出发点、遵循原则以及发展战略目标，为后期的规划工作指明方向。同时，还应当依据人口、经济、行政级别、交通状况、资源状况等方面的情况，筛选路网节点，提出路网主干线构想，进而提出阶段性建设目标。

4. 公路交通量预测　在区域社会经济发展趋势分析和预测基础上，研究综合运输与社会经济发展的相互关系。依据历史资料采用多种方法建立不同的数学模型，对规划区内的综合运输量、旅客运输量和流向、大宗货物流量和流向及公路运输工具等一一做出预测，其中尤以公路运输为重点。根据未来公路客、货流量和流向分布特点，结合公路交通量的构成情况，对规划期公路交通量按不同线路进行分配，获得未来公路网上流量的预测。

5. 公路网布局优化　根据社会经济发展，紧密结合生产力布局、城镇分布及公路网现状特点，依据一定原理，对公路路线走向、重要控制点选择做出多种布局方案，通过比较，从中选优。

6. 公路网规划分期实施

在公路网布局优化的基础之上，根据规划期内建设资金、路网交通流量分布及路线地位、功能、作用等条件，对布局规划优化方案中的各条线路、路段做出建设序列安排。

7. 实施公路网规划的对策与措施　针对公路网规划实施过程中面临的资金、技术、材料及其他等重要问题，需在其前期的可行性研究工作中进行详细的研究和论证。同时，对公路网规划实施的管理体制，应提出基本对策与措施。

8. 公路网规划的综合评价　主要包括技术评价、经济评价、社会发展影响评价和环境影响评价等。通过公路网规划实施可能产生的各种影响（正面或负面）的全面分析，对公路网规划评价方案，做出综合的评价。

9. 跟踪调查　公路网规划实施周期长。在这期间，由于经济发展速度、生产力布局、投资结构或国家有关政策发生变化，导致运输结构和公路交通需求与预期情况不符。此时应区别情况，对所做规划进行全网、区域、局部或个别线路、路段的调整，以便充分利用有限资源，使运输供给最大可能地满足运输需求。

以上是公路网规划的内容和一般步骤。

应该指出，公路网布局的选择是一个反复修正的过程。因为布局方案设计是以运输系统为依据，而运输联系又与网的布局有关，为此，在草图上要先将运输联系线按运量大小绘成粗细或颜色不同的线条，使之一目了然。然后，以运输联系最集中和流量最多方向作为主干道方向考虑，根据政治方面和文化方面的需要，考虑大型城市和重要工矿中心的联系要求，就可初步定出主干线。最后，将中小型经济点用次要道路联系到主干线上，对某些个别的经济点采用支线联系到道路网上，对铁路车站、水运码头、机场等交通枢纽都应安排在网点以上。

选定各条路线的技术等级标准、进行技术经济效益分析和可行性研究，需要参考大量现有资料作为依据和进行计算。

第三节　客、货流 OD 调查

对客、货流进行 OD 调查，能够为道路交通规划提供基础数据，在交通规划中占有极为重要的地位，因此这里有必要做简要介绍。

一、OD 调查的概念

交通出行（Trip）是人和物（包括作为交通工具的汽车、自行车等）从某一地点向另一地点的移动。一次交通出行的两端点即始点（Origin，简称 O）或终点（Destination，简称 D）称为交通端点。一次交通出行必定存在两个出行交通端点。交通出行的始终点调查简称 OD 调查。OD 调查的基本概念如下：

起点：一次出行的出发地点；

讫点：一次出行的目的地点；

出行：人、车、货从出发点到目的地移动的全过程，分别称为个人出行、车辆出行和货物出行，即通常所说的客流调查、车流调查和货流调查；

出行端点:出行起点、讫点总称,每一次出行必有且只有两个端点,出行端点的总数为出行次数的两倍;

境内出行:起讫点都在调查区范围之内的出行;

过境出行:起讫点都在调查区范围之外的出行;

区内出行:调查区分成若干小区后,起讫点都在同一小区内的出行;

区间出行:调查区分成若干小区后,起讫点分别位于不同小区内的出行;

小区形心:代表同一小区内所有出行端点的某一集中点,是该小区交通流的中心点,不是该小区几何面积的重心;

期望线:又称愿望线,为连接各小区形心间的直线,因其反映人们期望的最短距离而得名,与实际的出行距离无关,它的宽度表示区间出行的次数(见图 8-3);

主流倾向线:又称综合期望线,系将若干条流向相近的期望线合并汇总而成,目的是简化期望线图,突出交通的主要流向;

OD 表:一种表示起讫点调查成果的表格;

调查区境界线:包围全部调查区域的一条假想线,有时还分设内线和外线,内线常为城市商业中心区的包围线;

分隔调查线:为校核 OD 调查成果精度而在调查区内部按天然或人工障碍设定的调查线,可设一条或多条,它(们)将调查区划分成几个部分,用以实测穿越该线的各道路断面上的交通量(图 8-4)。

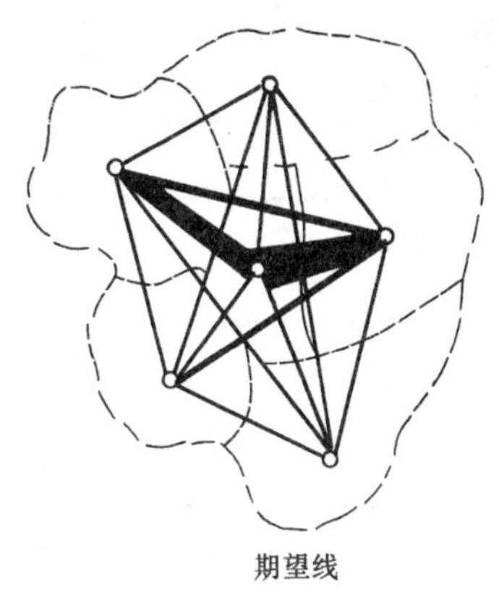

图 8-3 期望线

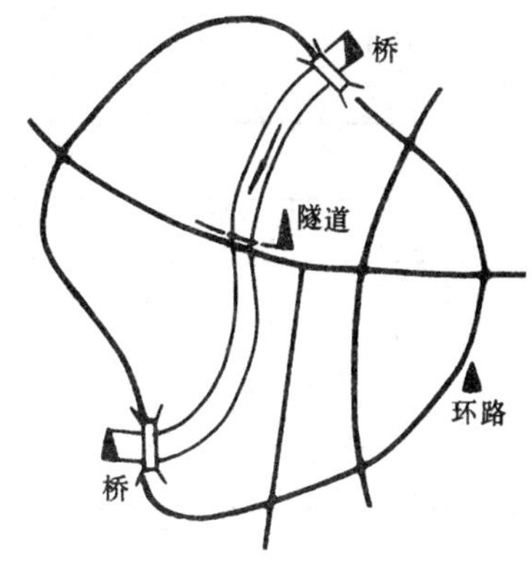

图 8-4 分隔查核线

二、OD 调查的目的意义

OD 调查 20 世纪 40 年代在国外已经开始使用,60 年代盛行。最初,OD 调查结果仅在城市交通规划中应用,后来逐步应用于城市间的交通规划和区域运输规划之中。近年来,OD 调查所得结果已被应用于我国公路交通规划、新建或改建公路项目可行性研究、设计、交通组织和管理等各个方面。大量的 OD 调查数据,对远景交通量的预测、道路类型和等级的确定、互通立交的设置、道路横断面的设计、交通服务设施的配置、交通管理与控制、规划方案和建设项目的国民经济评价以及财务分析等,提供了定量依据,进而为交通规划的完善和建设项目的科学决策奠定了基础。

三、OD调查方法

OD调查常用三种调查方法:家庭访问调查、交通区域圈线交通调查和交通阻越线交通调查。交通区域围绕交通调查是指在交通调查时将一个城市或一个地区划成若干个调查区,在区与区的边境线上进行调查。交通阻越线是在地图上为交通调查划出的线。这种交通阻越线多以河流、山脊、铁路等地障为线,用以调研穿越此线的交通点和数量;另外还要对所调查区域的人口、经济指标等有关的资料进行收集整理。对于调查区域如何确定应根据具体情况而定,一般来说,在所确定的调查区域内,道路和铁路交通、土地利用状况等均基本一致。

除以上三种方法以外,根据调查目的、设置的调查项目及可用于人力、时间、物力情况,分别采用:①发(收)表调查;②路边询问调查;③工作出行调查;④发明信片调查;⑤运输集散点调查等等。

1. 客流调查　即人的交通出行调查。为了掌握所调查区域内的交通现状,以居住在所调查区域内5岁以上的人为对象,调查他们一天的交通行动。客流调查的项目如表8-8、表8-9所示。

主要调查项目(个人用)　　表8-8

属　　性	项　　　　目
个人属性	性别、年龄、职业、有无驾驶证等
交通出行端点属性	交通出行始点和终点的目的、地方名称、出发与抵达的时间和设施等
交通出行属行	交通工具、换乘地点
	运用不同交通工具所要的时间
	如自己驾驶车辆,则应填乘车人数

×××市居民出行调查表(正面)　　表8-9

<table>
<tr><td>户　编　号</td><td colspan="2"></td><td>户人数</td><td colspan="2"></td><td>出行人数</td><td></td><td>调查表编号</td><td></td></tr>
<tr><td>户主姓名</td><td></td><td>性　别</td><td></td><td>出　生</td><td>年　月</td><td>职　　业</td><td></td><td>职　　务</td><td></td></tr>
<tr><td>住　　址</td><td colspan="2"></td><td colspan="3">所在派出所</td><td colspan="2"></td><td>编号</td><td></td></tr>
<tr><td>单位名称</td><td colspan="2"></td><td>地址</td><td colspan="3"></td><td>工资收入</td><td colspan="2"></td></tr>
<tr><td>说　明</td><td colspan="9"></td></tr>
</table>

(背面)　　续上表

出行次数	出发地点	出发时间	到达地点	到达时间	出行目的	交通工具	换乘情况	上车前步行时间(分)	下车后步行时间(分)
1		上午　时　分		上午　时　分					
		下午　时　分		下午　时　分					
2		上午　时　分		上午　时　分					
		下午　时　分		下午　时　分					
3		上午　时　分		上午　时　分					
		下午　时　分		下午　时　分					

2. 货物流调查　在确定交通综合规划前除了对客流进行调查外,还要对货物的移动即货流(或称物流)进行调查。也就是说,应对人的移动的客运规划和货物的移动的货运规划进行综合一体化考虑,这样才能确定整个道路网络的布置及交通设施规划。

机场、火车站、港口、仓库、中转站、工矿企业、商业中心、副食品基地等等都是货流交通的发生源与集中地。货流主要是通过机动车来进行的,因此,应以机动车调查为主。机动车调查的项目以运单为准,或见表 8-10。

公路机动车起讫点调查表 表 8-10

调查地点: 车辆行驶局面: 调查时间: 年 月 日 时至 时

车型								核定载量(t,座)	货类	实载(t,人)	起点	讫点	备注
小货	中货	大货	拖挂车	集装箱车	小客车	大客车	拖拉机				地(市)县(区)	地(市)县(区)	

说明:货类栏按下列编号登记:0-人 1-煤炭 2-石油 3-金属矿石 4-钢铁 5-矿建材料 6-水泥 7-木料 8-非金属矿石 9-化肥及农药 10-盐 11-粮食 12-其他

通过物流调查应掌握以下情况:

1) 掌握物流的发生源和集中点。

2) 掌握物流上特别重要的地区、设施和营业单位的特性,掌握产业活动与物流的关系。

3) 掌握不同运输工具的运输量及交通出行的距离,可以推断在货运中,不同运输工具的利用率,从而根据车辆保有量情况预测交通发生量。

4) 通过调查货车装卸重量、平均的交通出行次数、货车的发生与集中交通、运行目的和平均的交通出行距离等掌握货物流量与货车交通量的关系。

四、OD 调查资料的统计分析

OD 资料的统计分析结果,主要反映在各种能汇总基本出行数据的 OD 表格中,见表 8-11。

OD 矩 阵 表 表 8-11

起点 \ 讫点	1	2	…	j	…	n	起点合计
1	Q_{11}	Q_{12}	…	Q_{1j}	…	Q_{1n}	G_1
2	Q_{21}	Q_{22}	…	Q_{2j}	…	Q_{2n}	G_2
⋮	⋮	⋮	⋮ ⋮ ⋮	⋮	⋮ ⋮ ⋮	⋮	⋮
i	Q_{11}	Q_{12}	…	Q_{1j}	…	Q_{1n}	G_1
⋮	⋮	⋮		⋮		⋮	⋮
n	Q_{n1}	Q_{n2}	…	Q_{nj}	…	Q_{nn}	G_n
讫 点 合 计	A_1	A_2	…	A_j	…	A_n	Q

表中 n 为小区数目，起点合计栏内的 $G_1, G_2, G_i, \cdots, G_n$ 所表示的交通量称为各区的发生交通量，讫点合计栏内的 $A_1, A_2, A_j, \cdots, A_n$ 所表示的交通量称为集中交通量或吸引交通量。Q_{ij}表示以 i 为起点，以 j 为讫点的分布交通量。有时单把 $Q_{11}, Q_{22}, \cdots, Q_{nn}$，称为区内交通量，把 $Q_{ij}(i \neq j)$称为区间交通量，Q 为总出行量，则：

$$Q = G_1 + G_2 + \cdots + G_i + \cdots + G_n = A_1 + A_2 + \cdots + A_j + \cdots + A_n$$

由于在一般情况下，车辆出行后必然要返回原基地，即：

$$Q_{ij} = Q_{ji}$$

所以，可把表 8-11 顺着对角线折过来制成三角 OD 表，如 8-12 所示。

三角 OD 表 表 8-12

1	2	…	f	…	n	合计
T_{11}	T_{12}	…	T_{1f}	…	T_{1n}	T_1
	T_{12}	…	T_{2f}	…	T_{2n}	T_2
		…	…	…	…	⋮
			T_{ff}	…	T_{fn}	T_t
				…	…	⋮
					T_{nn}	T_n
						T

当 $i = j$ 时，$Q_{ij} = T_{ji}$

当 $i \neq j$ 时，$T_{ij} = Q_{ij} + Q_{ji} = 2Q_{ij} = 2Q_{ji}$

三角 OD 表与矩阵 OD 表一样，也可以用来反映车辆、货物、旅客的流动情况。在实际工作中应根据车流的流向情况选用。但由于三角 OD 表编制时假设 i 区到 j 区的交通流与 j 区到 i 区的相均衡，因此对于车流方向分布很不均衡的公路或进行纯货流调查时（由于受资源和经济分布情况的影响，我国大部分地区货流差异很大），则不可用三角 OD 表来反映车辆或货流的起讫点情况。

根据 OD 表所反映的交通量的时间不同，把反映现在时点的 OD 表称为现在 OD 表，反映将来时点的 OD 表称为将来 OD 表。

OD 调查所收集到的大量数据，借助计算机进行数据处理，分析的结果主要有：

- 各 OD 调查点，各种车辆 OD 表。
- 各 OD 调查点，车辆汇总 OD 表。
- 整个研究区域，各种车辆 OD 表。
- 整个研究区域，车辆汇总 OD 表。
- 各 OD 调查点，货运车辆（或货运量）OD 表。
- 各 OD 调查点，客运车辆（或旅客人数）OD 表。
- 整个研究区域，货运车辆（或货运量）OD 表。
- 整个研究区域，客运车辆（或旅客人数）OD 表。

当然，还能得到反映交通流特征方面的数据，如：

- 24h 各断面交通量。
- 各种车型的比例。
- 大型车混入率。
- 高峰小时交通量。
- 重交通方向系数。
- 昼夜率。
- 货车平均吨位、客车平均座位。
- 货、客车载运系数（即平均每辆车实载货物吨数或旅客人数）。
- 货车的载货品种构成等。

第四节　交通量预测

一、概　　述

交通量预测是制定交通规划方案和对其进行可行性研究必需的基础工作。由于一条道路的交通量及其发展趋势,与它服务区域内的社会经济发展水平、人口增长和交通状况有着密切的关系,要做出科学的预测,必须对这些影响因素的过去和现在发展情况,进行详细调查和统计,弄清它们的内在联系和发展规律,寻求出一种符合实际、比较可行的预测方法。

人们通过对预测研究工作的实践,认识到预测工作与数学和统计学有着密切的关系。对交通量预测来说,用数字语言来描述影响交通量的各种因素,用统计学来探索和发现它们之间存在的某种规律,从而用数学模型来表达它们之间内在联系和发展趋势。但是预测数学模型只不过是人们用主观思维来反映客观规律的一种手段,关键还在于人们在建立和运用数学模型时能否正确反映影响交通量发展的各种因素的客观规律。因此,交通量预测工作包括两个主要部分:一是基础资料调查收集,二是资料整理、建立预测数学模型和进行预测。前者是预测的基础,后者是预测的结果,二者必须紧密结合,即:资料的收集要针对需要有目的地收集;资料整理和建立数学模型也要结合现有资料可能收集到的程度,不能脱离实际条件。

二、基础资料的收集及调查

1. 绘制拟建道路可能吸引的交通量区域的平面图,并画出该范围内的现有道路、铁路及主要通航航道。如交通量吸引区范围不易划定,原则上应把路线所经过的县的范围都画上。

2. 收集平面图范围内现有道路上的交通量观测资料,并在平面图上标出各观测点的年平均日交通量。如发现原有观测点的交通量观测数字不能反映出拟建路线主要段的交通量,则应加设观测点。

3. 收集在路线吸引区范围内的历年工农业总产值、人口、公路汽车货运量的资料。汽车货运量要包括社会车辆的货运量(根据需要也可包括非机动车辆的货运量),社会车辆的货运量可通过典型调查求得,如资料不足,可按每辆社会车辆一年所承运的货运量相当于一辆专业运输车辆货运量的1/3计。

如吸引区范围这些资料收集有困难,则可收集包括吸引区范围的扩大区域资料(扩大到能收集的程度),但要估算吸引区范围的工农业总产值占扩大区域的工农业总产值的百分比。

4. 进行车辆起讫点调查(简称OD调查),对于旧路改建选择在拟建路线上,对于新建路线则选择在拟建路线邻近的公路上。调查目的是了解、分析拟建路线上现在各主要段的交通量、流向以及车辆组成与装载情况。OD调查一般不应少于三次。

5. 调查区域内现有铁路、水运的运量、运输能力、发展规划以及各类货物的运价、装卸费用。这是确定转移交通量的主要依据,必须充分重视。

6. 调查区域内已有公路的路况,正常情况下各类车辆的平均车速、运输成本和养护管理费用等。

三、交通量预测

预测的交通量，主要由下列三部分组成：正常增长的交通量，转移交通量，新增交通量。

1．按正常增长的交通量预测　根据已收集到的资料，可用以下几种方法对正常增长的交通量进行预测，取其资料较完整，论据较充足者为采用的预测交通量。

1）根据历年交通量观测资料，结合地区发展规划，预测交通量。步骤是：

(1)根据历年交通量观测资料，确立历年交通量变化的数学模型；

(2)根据沿线地区历年经济发展状况和今后发展规划，结合历年交通量变化的数学模型，拟定今后交通量变化的数学模型，并按此模型预测今后每年的交通量。

2）根据影响交通量增长的有关因素预测　一个地区的交通量生成量与许多因素密切相关，例如客货运输量、人口增长、工农业产值、车辆保有量、土地开发利用等等，都是非常重要的因素。因此，当历年交通量观测资料不足，而能收集到影响因素的有关资料时，则可通过对影响因素的分析，找出与交通量增长的关系式进行预测。这些方法有：

(1) 根据调查区域的历年人均工业产值和人均公路货运量进行预测。

(2) 根据调查区域的人口、汽车保有量的增长率进行预测。

(3) 根据调查区域一定期间的社会总运输量的增长和运输方式分配进行预测。

(4) 根据养路管理部门维持税率不变情况下，按照各时期养路费收入的增长确定一个增长率，以相应年份的交通量作为基础进行预测。

(5) 根据社会上各产业部门原料与产量间的关系求出运输需求量，以此进行预测。

(6) 根据调查区域内各种经济指标间的关系，建立目标年份的计划经济模型以推算交通量。

这些方法的预测步骤与前一类方法大体相似，即先通过资料调查收集管理，找出各因素与交通量的数学关系式，由此而推算出交通量。

在实际工作中，通常是应用几种方法进行对比和相互验证与补充。

2．转移交通量预测　当新路建成或旧路改造提高等级后，汽车运输费用降低，运输时间缩短，使原来由铁路、水运或邻近公路运载的客货运量，转向新路，这就是转移交通量。这部分交通量预测先要对邻近的公路、铁路和水运的客货量有无可能利用新路进行分析，如认为转移的数量较大，则要分别调查它们各类货物的运量、综合运输费用、运输时间等，同转移到新路的运输费用做比较，以推算客货运输的转移量。

3．新增交通量预测　由于新路建成或老路改善提高之后，使原来不可能在这些地区内修建的工矿企业兴建起来而产生的交通量。

转移交通量与新增交通量的预测很费事，如初步调查认为这两项交通量不会太大时，可不计入。因为在用数学模型推算中调整的交通量已包含了这些交通量的因素。

四、交通量预测方法

综上所述，影响交通量增长的因素很多，而适用于多因素预测的数学模型及计算方法比较复杂。关于具体的预测方法，实质上是根据调查资料，运用相适应的有关预测方面的数学模型解析的问题。表 8-13 推荐了交通量预测的几种常用数学模型，可供参考使用，本书不再详述。

交通量预测数学模型(参考表)　表 8-13

类别	线型	模型	符号含义
定基预测	平均增长曲线	$a=(y_n/y_1)^{\frac{1}{n}}-1$ $\hat{y}_m=y_1(1+a)^m$	a——交通量增长率； y_n——已知的第 n 年的交通量(一般为基年)； y_1——已知的第一年的交通量； $\hat{y}_m$——求算的第 m 年的交通量； n——已知的年份差(n = 第 n 年份 - 第 1 年份)； m = 求算年份 - 基本年份
	指数曲线	$\hat{y}_t=a\cdot e^{b(t-t_1)}$	$\hat{y}_t$——求算年份的交通量； t,t_1——预测年份(如 2010 年)和基年(如 1982 年)； a,b——系数
	s 曲线	$\hat{y}_m=ka^{bm}$	$\hat{y}_m$——从基年算起的第 m 年交通量；m 与上同； k、a、b——系数
定标预测	一元回归曲线	$\hat{y}_m=aE^b$	$\hat{y}_m$——与 E 指标相对应的第 m 年交通量； E——某年份某一经济指标，远景年份的指标预测； a、b——系数
	多元回归曲线	$\hat{y}_m=KT^a u^b r^c\cdots$	$\hat{y}_m$——与上同； T、u、r——m 年的各个经济指标，远景年份的指标需预测； K、a、b、c——系数
	s 曲线	$\hat{y}_m=\frac{A}{1+ae^{bk}}$	$\hat{y}_m$，K 与上同； A——曲线上限(假设值)； a、b——系数

复习思考题

1. 什么是交通规划？交通规划的目的是什么？
2. 交通规划一般包括哪些基本内容和工作步骤？
3. 我国公路是如何分级的？公路网规划和布置有哪些基本要求？
4. 公路网规划的评价主要包括哪些内容？其中技术状况评价的指标主要有哪些？
5. 什么是公路网密度？公路网密度的大小受哪些因素的影响？
6. 什么是 OD 调查？OD 调查的基本概念。
7. OD 调查的目的是什么？常用方法有哪些？如何进行 OD 资料分析？
8. 交通量预测工作由哪几个主要部分组成？如何进行交通量预测？

第九章　道路交通事故与安全评价

第一节　道路交通事故

一、道路交通事故概论

交通运输业是国民经济中一个重要的物质生产部门，被马克思称之为“除了采掘业、农业、加工业以外的第四物质生产领域”。它对推动生产发展，促进物质交流，改善人民生活，保卫国防，具有十分重要的作用。公路交通以其机动灵活、活动面广的特点，能够将其运动的触角伸展到城乡、牧区的各个角落，将各族人民从政治、经济、文化上更加紧密地联系在一起，在经济建设和社会进步中发挥着“先行、纽带、桥梁”的作用。但事物的发展无不具有矛盾的二重性。随着工业化的进程，交通运输业的突飞猛进，一方面促进了经济社会的繁荣，另一方面以交通为“致病源”的“交通事故”也在惊人地发生，其负面效应绝不可忽视。

首先是对生产力的破坏。据统计，自汽车问世以来的100余年中，全球死于交通事故的人数逐年增加，到目前为止累计死亡约3 300万人，其上升势头一直未能得到有效的遏止。据联合国统计，20世纪全世界每年死于道路交通事故的人数由70年代的30万，增加到80年代的50万，超过同期马耳他全国总人口；受伤人数每年为2 000万，是比利时全国总人口的2倍；受公路交通事故影响的驾驶员受害者及其亲友则更多，约有5 000万人，占世界总人口的1%。1989年，世界伤亡于车轮之下的人数相当于二战时期日本广岛原子弹爆炸死伤人数的两倍。

我国近年的机动车拥有量只是世界汽车数量的2%，而交通事故的年死亡人数为世界的10%，相当于唐山大地震死亡人数的1/4。即便是处于青藏高原的青海省，1951～1993年的43年间，因交通事故死于车轮之下的达8 119人，相当于1992年全省人口自然增长数的13.2%；受伤人数达27 041人，为1989年全省出生人数的30.8%。解放以来，我国交通事故几乎一直处于上升势头，1951年我国共发生交通事故5 922次，到1999年，我国的交通事故次数已经达到412 860次，因交通事故死亡人数达83 529人，受伤人数为28 608人，直接经济损失为21.2亿元。在1987年曾经达到了298 147次（见图9-1、9-2）。我国第八个五年计划时期，是历史上经济增长速度最快的时期之一。随着经济高速增长，交通需求不断增加，1995年全国机动车保有量已经达到3 180万

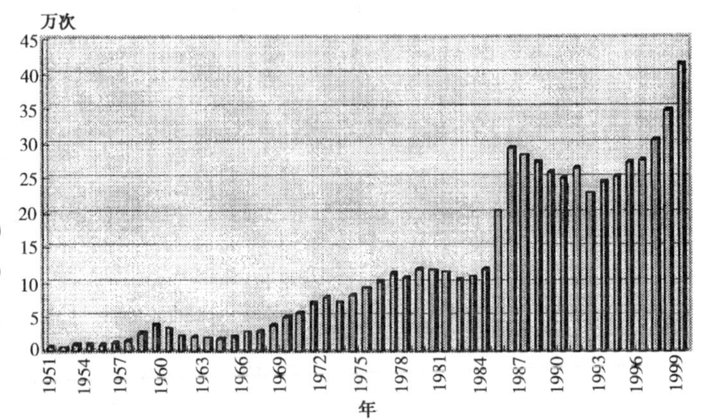

图9-1　1951～1999年交通事故次数统计

辆,比1994年增长了16.2%;机动车驾驶员达到3 500万名,比1994年增长了24.5%;此时,全国的公路总里程只由1994年的111.78万公里增加到115.70万公里,增长幅度仅为3.5%。并且总里程中约66%为中低级公路及无路面公路。迅猛增长的交通需求与落后的道路基础建设之间的矛盾进一步加剧,交通拥堵更为严重,隐患增多,事故频发,使我国道路交通管理工作面临着前所未有的困难。根据1999年全国发生道路交通事故的情况分析,全国平均每1.2min发生一起交通事故,每约6min就有一人因交通事故死亡。全年因交通事故死亡率的绝对数居世界之首,万车死亡率和相对时间段发生的交通事故次数、伤亡人数均高于任何发达国家,因此中国仍是世界上交通事故最多的国家之一。

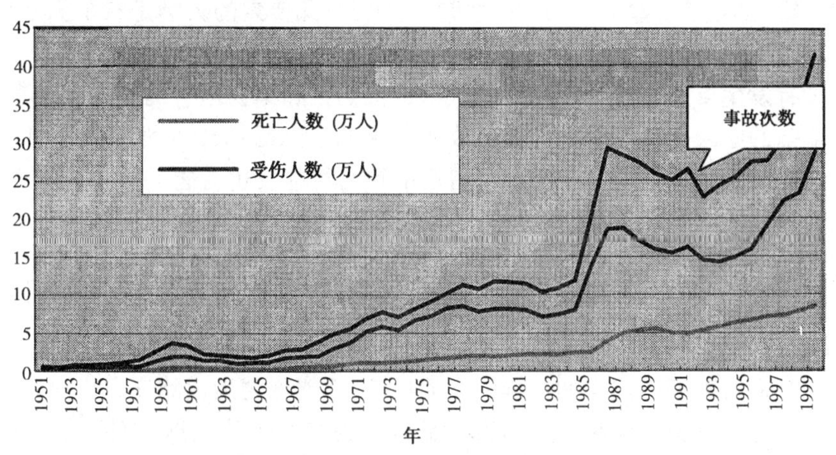

图9-2 1951~1999年交通事故伤亡人数统计

近年来我国每年交通事故所造成的间接经济损失往往是直接经济损失的10~15倍,若把事故现场堵塞所造成的经济损失算上,按最保守的方法计算,每年要达到300亿元。道路交通事故,给当今社会的文明和进步蒙上了一层不祥的阴影。交通事故俨然成了现代社会的"文明病",也似乎成了现代社会的一场"永远打不完的战争"。交通事故日趋频繁,它给人们的生产、工作和生活的出行、心理上笼罩了一层凝重的阴影。不论是乘车或步行,也不管是在城镇或郊野,人们都在提心吊胆地注视着自身的安全。严酷的"交通事故",残酷地威胁着无辜者的安全,大肆地破坏着社会的财富,已成为人类社会的一大公害。不论是发达国家,还是发展中国家,都将"交通事故"列入重大社会问题进行研究、因为交通安全是促进经济发展的必要保证。

二、交通事故的基本概念

(一)交通事故的定义

交通事故的定义有广义和狭义之分,广义的交通事故是指为世界上大多数国家所公认的交通事故定义原则,而狭义的交通事故则是专指我国法定的交通事故定义解释。

1.广义的交通事故定义　交通事故是指参与交通肇事的当事一方必需是交通工具,并与另一方道路使用者或障碍物之间所发生的具有损坏后果的交通事件。

2.狭义的交通事故定义　"道路交通事故是指车辆驾驶人员、行人、乘车人以及其他在道路上进行与交通有关活动的人员,因违反《中华人民共和国道路交通管理条例》和其他道路交通管理法规、规章的行为、过失造成人身伤亡和财产损失的事故"。

因此,交通事故的构成一般要具备六个要素,即:

1.车辆　包括各种机动车和非机动车。这是交通事故的前提条件，即指当事方中，必须有一方使用车辆，如无车辆则不认为是交通事故。

2.在道路上　是交通事故的特征，指事故发生的空间处在《道路交通管理条例》第二条规定的"公路、城市街道和胡同(里巷)，以及公共广场、公共停车场等供车辆、行人通行的地方"。应该指出，判断事故是否发生在道路上，应以事故发生时车辆所在的位置，而不是事故发生后车辆所在位置来判定。

3.在运动中　指交通事故定义中所说的车辆通行过程中。如车与路、车与人、车与车的相对运动。停车后溜滑发生事态，在道路上属于交通事故，不在道路上则不算交通事故，停在路边的车辆被车辆、刮擦发生事故，也是交通事故。因此，此要素的关键是看车辆是否在运动。

4.发生交通事态　即发生与道路交通有关的现象，如碰撞、碾压、刮擦、翻车、坠车、爆炸、失火等。若没有发生事态，由于其他原因造成人、畜伤亡和车物损失的不属交通事故。

5.发生事态的原因是过失　指交通事故所发生的事态是由于人为原因，而且是行为人在主观上过失造成的。过失指的是应当预见自己的行为可能发生有害的结果，但是没有预见，或者已经预见而轻信能够避免，以致发生了这种结果。

在交通环境中，有些事态是由于人力无法抗拒的自然原因造成的，如：地震、台风、山崩泥石流等引起的事故，不算交通事故，只能按意外事件处理。

6.有后果　既要有以上特定条件又要有人、畜伤亡或车物损失的后果，没有后果或者这种后果没有达到交通管理部门规定的标准的交通事件，不能称之为道路交通事故。

以上六要素可以作为鉴别某一交通事件是否构成交通故的依据。对于某一交通事件，这六项要素如缺其中一项，就不能构成一起交通事故。

(二)交通事故的生成

交通事故的生成过程根据交通事故的"六要素"特点，可以简单的用如下框图来表示，即(图 9-3)

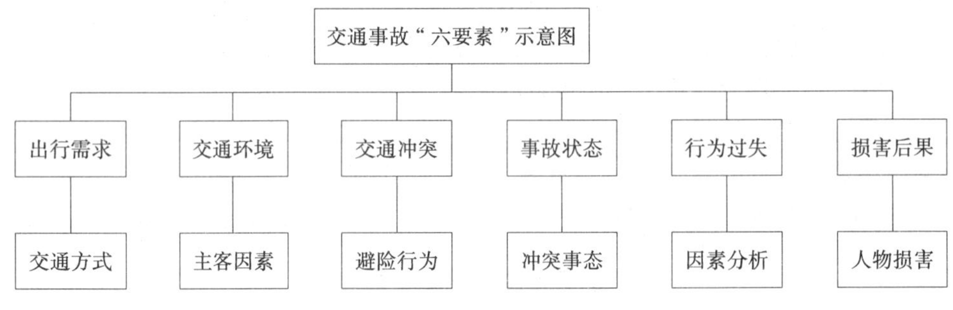

图 9-3　交通事故生成示意图

(三)道路交通事故的主要现象

道路交通事故的现象主要分为碰撞、碾压、刮擦、翻车、坠落、爆炸、着火七种。

1.碰撞　发生在机动车之间、机动车和非机动车之间、非机动车之间、非机动车和行人之间、车辆和其他物体之间；根据碰撞的形式，又可以分为正面碰撞、侧面碰撞、追尾碰撞和迎头碰撞几种(图 9-4a、b、c、d、e)。

2.碾压　一般是指机动车和畜力车等对行人、自行车、牲畜等的碾压，虽然在车辆碾压前可能有碰撞现象，但在交通事故处理时一般都称为碾压。具体的讲，"碾"是指车轮在滚动状态下把物体轧过，同时，车体又给物体施加了竖向力，因此这种现象被称为"碾压"。

a)
b)
c)
d)
e)

图9-4 事故示意图

3.刮擦　是指车辆之间、车辆与行人及其他物体之间发生的轻微接触，但没有造成碰撞。根据运动情况，可以分为“交会刮擦和超越刮擦”两种。

4.翻车　主要分为“侧翻和大翻”两种，当车辆一侧的全部车轮离开地面时被称为“侧翻”，车身翻转度大于90°，车轮全部离开地面时被称为“大翻”，也可以具体的称为“90°、180°、360°、720°翻车”等。发生碰撞、刮擦以后又造成翻车时，应该认定为翻车，因为碰撞或刮擦只是翻车的前因或只是造成翻车的条件，而不是最后事态时，应该以事故的最后事态来认定结果。

5.坠落　是指从高处（如悬崖等）掉下，如坠落桥下、坠落悬崖等。坠落和翻车的区别是：当车辆驶出路外并翻车的全部过程看车辆是否始终与地面接触，如车体始终沿山坡、路坡等地势翻滚，不论车辆翻滚得有多深、多远，损失有多么严重，事故的本身可认定为“翻车”，如果车辆离开路面，产生“落体”过程，事故则可以认定为“坠落”。车辆坠落前发生碰撞或刮擦，仍应根据车辆离开路面直至车辆停止运动的整个事件状态来认定。

6.爆炸　指车辆装有“易燃、易爆”物品，或将“易燃、易爆“物品带上车辆，车辆在行驶中因故引起爆炸的事故。

7.着火　指车辆装运“易燃”物品，在行驶中，由于种种原因引起着火，或因为车辆本身的原因及人员操作的因素（如发动机回火、排气歧管、排气管过热、人工直流供油等）引起着火时可以认定为着火事故。

（四）道路交通事故的分类

对道路交通事故的分类，其目的在于对交通事故进行分析、研究，以便正确认定责任，作出正确处理。对事故认识的角度不同，可能引起对事故处理结果的不同，为了正确地分析交通事故，公安部对交通事故做出了统一的分类，分类的标准主要有两种，一是根据事故的原因来分类，二是根据事故的后果来分类。

1.根据事故的原因分类

（1）责任事故　指参与交通活动的人和管理人，违反交通法规而造成的交通事故，这类事故可以追究当事人应承担的责任，如驾驶员将车辆交给无驾驶证的人来驾驶车辆、违章超车、超速行车等从而导致交通事故的发生。又如骑自行车的人双手撒把行驶、截头猛拐、曲线行驶；畜力车的赶车人在车上躺卧睡觉、擅自离开车辆；行人随意和突然横穿道路；在道路上打碾晒粮、牧放牲畜、擅自挖沟引水；车主或车管人员怂恿、指使、迫使驾驶员违章开车而酿成交通事故时均为责任事故。

（2）机械事故　指机动车辆在行驶中其某一机械部分突然发生故障而导致交通事故。如转向拉杆、车轴等突然断裂、制动突然失灵、轮胎爆炸、车轮脱落等。如果某一机械部分的故障隐患是由于驾驶员或修理人员因责任心不强被忽视从而造成交通事故的应该认定为责任事故，而不属于机械事故。

（3）道路事故　车辆在正常运行中，由于管理单位在危险路段未设交通标志或在临时施工地段未设标志而导致交通事故；道路因养护责任使道路严重损坏、倒塌、技术标准降低等原因导致交通事故的属于道路原因的事故。如果属于车辆超载装运、冒险通过设有危险标志的路段并没有按标志要求和指挥人员的要求行驶而导致交通事故者，应认定为责任事故。

2.根据事故后果分类　公安交通管理机关为了便于鉴定交通事故的性质，正确确定交通事故当事人的责任，把道路交通事故划分为三类；即：“轻微事故、一般事故、特大事故”。

（1）轻微事故　凡一次交通事故造成轻伤 1 至 2 人，或直接经济损失机动车事故折合人民币 1 000 元以下，非机动车事故折合人民币 200 元以下的事故。

（2）一般事故　凡一次交通事故造成重伤 1 至 2 人，或轻伤 3 人至 3 人以上，或直接经济损失机动车事故折合人民币不足 3 万元的事故。

（3）特大事故　是指一次交通事故造成死亡 3 人以上，或者重伤 11 人以上，或者死亡 1 人、同时重伤 8 人以上，或者死亡 2 人、同时重伤 5 人以上，或者财产损失 6 万元以上的事故。

同时，公安交通部门对交通事故处理时的“伤情、财产损失”的统计有着明确的规定，即：

死亡：以事故发生后 7 日内死亡为限；

重伤：按司法部、最高人民法院、最高人民检察院、公安部发布的《人体重伤鉴定标准》执行；

轻伤：按最高人民法院、最高人民检察院、公安部、司法部发布的《人体轻伤鉴定标准（试

行)》执行;

财产损失:是指道路交通事故造成的车辆、财产直接损失折款,不含现场抢救(险)、人体伤后善后处理的费用;也不含停工、停产、停业等所造成的财产间接损失。

关于不列入统计交通事故范围的事故是:

1.轻微事故;

2.厂矿、农场自建的不通行社会车辆的道路,用于田间耕作所用机具行走的机耕道,机关、学校、单位大院内、火车站、汽车总站、机场、货场内道路上发生的事故;

3.参加军事演习、体育竞赛、筑路施工的车辆自身发生的事故;

4.在铁路道口和渡口发生的事故;

5.蓄意驾车行凶杀人,自杀、精神病患者、醉酒者自己碰撞车辆发生的事故;

6.车辆尚未开动,发生的人员挤伤、摔伤亡事故;

7.由于地震、台风、山洪、雷击等不可抗拒的自然灾害造成的事故。

(五)交通事故的责任及处罚

1.认定交通事故责任的原则　《道路交通事故处理办法》第17条第一款规定:“公安机关在查明事故原因后,应当根据当事人的违章行为与交通事故之间的因果关系,以及违章行为在交通事故中的作用,认定当事人的交通事故责任。”这一款说明了三个问题:即违章行为——因果关系——行为作用,而这三点恰好是认定交通事故的三项原则;具体表述为:

(1)当事人必须具有交通违章行为　违章行为的存在,是构成交通事故的第一个条件,从而成为认定交通事故的第一项原则。

(2)当事人的违章行为与交通事故的生成必须有因果关系　因果关系,简而言之原因导致后果的具体表现。如果当事人的违章行为与交通事故之间没有因果关系,就不能认定为交通事故,当然也谈不上追究责任之说。这是第二条原则。

(3)违章行为在交通事故中作用　在认定前两种情况存在的前提之下,“违章行为”的作用大小,便成了分析事故责任大小的依据,同时应当注意,当事人没有违章行为或有违章行为,但该违章行为与交通事故无因果关系时,当事人不负交通事故责任。这是认定交通事故的第三条原则。

2.交通事故的责任划分　《道路交通事故处理办法》中对道路交通事故的责任划分为四种,即:

(1)全部责任　完全由一方当事人的交通违章行为造成的交通事故,应当由违章方承担全部责任的事故。

(2)主要责任　一方当事人在事故中的作用为主要作用时的交通事故,该方为事故的主要责任人。

(3)同等责任　事故的当事人双方在事故中均有交通违章行为,而且,违章作用与事故后果相当,很难分清责任的主次,这种事故一般被裁定为同等责任事故。

(4)次要事故　事故当事人的违章行为在交通事故中的作用为次要作用时,可以裁定为次要事故。

在事故处理的实践中也有人认为,以上划分的四个档次在具体操作时因分档间隔较大,不能准确地认定事故的责任,所以建议将四个档次增加为七个,即:“全部责任、大部分责任、主要责任、同等责任、次要责任、一定责任和无责任”。

3.道路交通事故损害赔偿

1)道路交通事故处损害赔偿的基本概念

(1)道路交通事故损害赔偿的性质　道路交通事故损害赔偿,是指车辆所有人或管理人员及车辆的驾驶人员在驾驶中或管理中因违反“道路交通法规”造成交通事故,致使他人人身伤亡或财产损失时应承担的民事责任。交通事故损害赔偿的原因、时间、交通事故的责任者实施了违反交通法规的行为,侵犯了他人财产权和生命健康权,造成了损害。其赔偿责任是依法承担的,即依照法律法规规定的责任要点和赔偿原则、赔偿范围、赔偿标准等确定赔偿。

赔偿的目的,是补偿受害人的损害,抑制侵权行为。补偿是为了满足受害人利益的最低目的,抑制是维护社会整体利益的最高目的,两者共存,相得益彰。

(2)道路交通事故损害赔偿责任的构成的要件　交通事故损害赔偿责任由三个要件构成,即:“违反交通管理法规,造成交通事故侵权行为;交通事故造成损害事实;行为和事实的因果关系。

①违反交通管理法规,造成交通事故的侵权行为　交通事故损害赔偿,首先是交通事故的发生为条件,交通事故的发生往往又是违反交通法规所造成。未发生交通事故,即使是违反交通法规的行为和有发生交通事故的危险,也只能承担其他法律责任,但不会承担交通事故的赔偿责任。其次,近代民法中无过错责任和公平责任的采用,排除了过错和违法性作为侵权赔偿构成要件理论,如:无过错责任往往是以不违法为要件。

②交通事故造成了损害事实　构成交通事故损害赔偿义务的前提条件是有损害结果,也就是在道路交通事故中必须有其他当事人的车、物损坏和人身伤亡的事实。一般交通事故都会具有造成车物损害或人身伤亡的事实出现。交通事故损害的特点是:一是具有可确定性,如对车物的损毁,可以依据价值尺度衡量;对人身的损害,可以依照法定标准认定并考虑社会实际和当事人的情况裁定。可确定性是裁定赔偿的依据。二是具有可补性,即损害达到一定程度,可予以赔偿或恢复原状等补救措施。

③侵权行为与损害事实之间的因果关系　交通事故损害赔偿的因果关系,是指侵权行为与损害之间的关联性,即造成交通事故的行为是损害原因,而损害是造成交通事故的行为结果。因果关系是交通事故损害赔偿的要件之一。因果关系形态纷繁,既有事实的认定,又有法律价值的衡量。交通事故受害人因接触所致损害之间应有直接的因果关系,才承担赔偿责任,特殊情况下,有间接因果关系也可能承担赔偿责任。

2)道路交通事故损害的赔偿原则　是指依照交通事故责任认定的原则和责任要件在确认责任的情况下,决定赔偿的准则,赔偿原则,损害赔偿的目的及现实条件。因此,应有过失相抵、兼顾公平的原则;全部赔偿和限定赔偿相结合的原则和“保护交通弱者”的无过错赔偿原则来调整不同的关系。此外,在双方当事人的交通事故责任无法确定的情况下,还应该依照平衡的原则。

(1)过失相抵、兼顾平衡的原则　过失相抵在于行为人只对自己的过错行为负责,而不应该对他人的过错行为造成的损害负责。要贯彻“过失相抵”的原则,就要明确交通事故的责任,根据当事人的交通事故中所造成的损害程度,按照一定的比例承担相应的民事责任。过失相抵改变了以往片面强调机动车一方的赔偿责任,忽视了应负担责任的非机动车、行人一方的赔偿责任,有利于保护当事人的合法权益,维护了交通管理的严肃性,“过失相抵”的原则必须是在交通事故的各方都有过错的前提为条件的。

“公平原则”是民法原则在侵权责任领域的具体化。他考虑对受害人的法律补救,平衡当事人之间的利益得失。兼顾公平在交通事故损伤赔偿中的具体表现是:一是损害程度与当事人负担能力结合考虑,就是要考虑当事人的实际负担能力,二是损害程度与受害人的易受损害性、损害的财产价值和受害人应承担的风险相结合考虑;三是损害程度与受益状况结合考虑,其中,当事人的经济状况是确定公平责任要考虑的基本因素,损失赔偿是以当事人的赔偿能力为现实条件。

(2)全部赔偿与限定赔偿相结合的原则　全部赔偿主要取决于补偿受害人损失的目的,他是指交通事故损害赔偿的损失,应是事故所造成的全部损失。如交通事故致人身伤害,不仅要赔偿人身伤害的直接损失,(如医疗费、丧葬费等)还要赔偿人身伤害的间接损失,(如误工费、亲属扶养费等)如果交通事故损害赔偿只限于部分主要损失赔偿,必然使受害人的权益无法受到有效的保障。因此,交通事故造成多少损害就应该赔偿多少,这样,既补偿了受害人的损失,又教育和制裁了加害人。

在交通事故中,有些人身损害项目(如误工费、残疾生活补贴费等)若实行全部赔偿,则赔偿数额巨大,有碍加害人对受害人的赔偿能力,因此,采用限定赔偿,舍去受害人个人的可能收入差距而以社会一般人为标准实行损害赔偿的定额化。我国《道路交通事故处理办法》规定:“误工费:当事人有固定收入的,按照本人因误工减少的固定收入计算,对收入高于交通事故发生地平均生活费三倍以上的,按照三倍计算;无固定收入的,按照交通事故发生地国营同行业的平均收入计算”,“残疾者生活补助费,最高标准按照交通事故发生地平均生活费计算,补偿二十年。”

(3)“保护交通弱者”的无过错赔偿原则　无过错赔偿原则,是不以行为人的过错为责任要件而依法律的特别规定承担的责任。它是为弥补过失责任的不足而设立的,其基本宗旨在于”对不幸损害之合理分配”。无过错赔偿通常是与保险制度联系在一起的,保险制度的基本功能在于转移、分散事故造成的损失,保险制度与过错赔偿的事实提供了现实基础。

机动车属于高速运输工具,虽然最大限度地采取了安全技术措施,但在现实条件下还不能达到完全消除危险的地步,还存在对他人生命健康和财产造成损害的可能,从而成为法律规定的危险责任,即使没有过错,也应承担民事责任。无过错原则有益于促使从事交通运输的单位或个人进一步认真负责,切实改进安全技术措施,最大限度地减少或避免损害结果的发生,也体现了我国的法律范围对公民的人身和财产安全的高度负责。同时,我国实行了机动车法定责任保险,把交通事故造成的损失分散给全体保险人,即:分散危险、损失共担、减轻事故给个人或组织造成的损失。当然,无过错赔偿原则不是对“交通弱者”的片面保护。

(4)衡平原则　是指交通事故中当事人各方对造成损害是否有过错尢法确定的情况卜,法官衡量当事人各方的情况,决定是否分担责任,衡量的依据是社会公平观念。

衡平,经法官根据造成损害情况,当事人的经济状况依社会公平观念酌情赔偿。

3)道路交通事故损害赔偿的范围　道路交通事故造成财产、人身损害,形成了具体实际的损害后果,有的是由于交通事故本身造成的,有的是由于交通事故的发生而间接造成的,其赔偿方式是支付赔偿金或实物。恢复原状是一种特殊的赔偿方式。

(1)财产损害赔偿是侵害物权的赔偿。侵害物权的赔偿,主要是侵害所有权的赔偿。

①对直接损害的赔偿　直接损害是指现有财产的减少。交通事故造成国家的、集体的财产或他人财产损坏,应当恢复原状或折价赔偿。折价赔偿的计算式为:

财产直接损失 = 原物价值 - 残存价值;

原物价值 = 原物价格 - (原物价格/可用时间) × 已用时间

实践中,如遇到成本价高、现价低,或原价低,现价高的物品,均应按现价计算如此处理不会给受害人造成损失或增加加害人负担。按我国现行政策,机动车报废应交物资部门回收解体,其残余价值应为机动车(固定资产)报废折合废钢铁价款,他的具体数额由有关部门计价。

②对间接损失的赔偿　侵害财产的间接损失,又称为财产的消极损失可得的赔偿,必须是正常情况下能够取得的赔偿。最高人民法院《关于交通事故中财产损失是否包括被损车辆停运损失问题的批复》[法释(1999)5 号]司法解释:“在交通事故损害赔偿中如果受害人被损失车辆正用于货物运输或旅客运输经营活动,发生损失的巨大,责任者应予赔偿。”可得利益损失计算,只能根据具体情况确定,但应扣除经营成本,如可收益额中减去汽油成本。

(2)人身损害赔偿　是指交通事故侵害公民的生命、健康时的损失赔偿。生命权是公民享有的生命安全的权利,侵害生命权在民法上构成致人死亡的损害赔偿责任。健康权是指公民对其身体生理机能和良好心理状态享有的权利,对公民身体和生理机能的侵害,构成人身伤害的赔偿责任,可分为一般人身损害的赔偿和致人残疾的赔偿。

对交通事故而造成的伤、残、亡的赔偿项目主要有:

①一般人身伤害赔偿　主要含医疗费(挂号费、医药费、治疗费、检查费、住院费等)、交通费、住院伙食补助、护理费、误工费等;

②致人残疾的赔偿主要有:残疾者生活补助费、残疾用具费等;

③致人死亡的赔偿主要有:丧葬费、死亡补助费、抚养费。

交通事故赔偿采用一次性赔偿的方式,以便迅速解决当事人各方的法律关系,维护社会稳定。同时,在全部赔偿无法保证实行的条件下,必须按先赔偿直接损失,后赔偿间接损失以及人身损失优先赔偿等原则进行。

4.道路交通事故损害赔偿的免责事由　由于机动车运行所具有的危险性,法律、法规较之其他侵权损害严格得多,如为不可抗力侵权行为的一般免责事由,而非交通事故损害赔偿的免责事由。因为不可抗力与机动车运行的危险结合才可能引起交通事故损害,故不是交通事故免责。我国现行法律、法规的交通事故损害赔偿的免责事由仅有两种,一是受害人故意造成人身或财产损失,即:受害人的故意行为是造成交通事故损害的根本原因,应自己承担后果。二是机动车、行人、轻便摩托、拖拉机、电瓶车、轮式专业机械以及最大时速小于 70km/h 的机动车进入高速公路,造成自身损害,受损害应自负其责,正常行驶的机动车一方不负责任。

三、关于道路交通事故的属性

根据交通事故发生的渊源与机理,其属性有以下几点:

1.交通事故的因果性　交通与事故是一个统一体。其因果关系不言自喻。显然,交通是引发事故的直接原因。但其深层动因则是经济社会的发展,推动交通运输事业的发展。由于车辆的增多,人们出行方式的改变,活动半径的扩大,区域或跨区域经济联系的加强,运动着的车与车的冲突,车与物的冲突,车与人的冲突越来越多,其危害与影响也越来越大。自从世界上出现了汽车,就有了现代交通事故。人类的出行方式以交通工具的改变为准,划分不同的时代。

2.交通事故的意外性　人们在社会实践中,不论是单一的,或群体的活动,愿望总是美好的。但由于种种原因,难免发生有悖于自己意志的意外的变故,即事故,迫使自己的行动暂时地,或永久地停止,遗憾无穷。在各类事故中以交通事故为最典型。

据世界卫生组织统计,近年来由意外事故引起的死亡中,交通事故占 50%。不但是事故的意外性有违于受害者的初衷而往往预想不到,而且事故会怎样发生,无论是交通参与者,或者是被动的参与者,都无法预料。例如在繁忙的的车辆运行中,谁会发生交通事故,事故在什么时间、什么地点发生,以怎样的形态出现,其后果如何等等,都无法做到“未卜先知”。这种意外性是外部因素的矛盾运动结果。如来自气象因素的袭扰,路面不良情况的反射,混合交通的影响,机械故障的刺激,突发事件的作用,等等。据实验得知,驾驶员在繁华的城市道路行车,每行驶 1km,会有 300 多个信息出现。当然绝大多数信息驾驶员可能没有发现,有的即使发现了也没有形成威胁,形成威胁的信息约三至五次。这些随机因素的出现,随时都有引发交通事故的可能。

3.交通事故的可控性　交通事故的发生原理是交通要素系统运行的矛盾冲突。交通要素可归纳为两大类,物质条件因素和意识能动性因素。在交通安全与事故原理的分析中认为,物质条件因素是交通安全的基础,也是引发事故的主要影响方面;而意识能动性因素则是由交通的直接参与者、间接参与者和交通管理者所共同组成的交通主体,在与物质条件因素的交互影响与作用中构成矛盾的主要方面,因而成为交通安全的主导因素。在正常的交通运行中,物质条件因素随时反映、传递不断变化的信息给交通主体,交通主体迅速作出反馈,采取综合协调措施或制动手段,使人—车—路—环境系统产生整体协同效应,实现安全畅通目标。若物质条件因素的反射作用不能得到交通能动者的及时反馈,或交通能动者有某种素质缺陷,或其他原因,反应迟钝、判断失误,协调中断,失衡不当,使人、车、路、环境系统的整体协同效应间断,失去动态平衡,矛盾激发,发生事故。基于这样一种原理,我们认为交通事故是完全可控的。

四、交通事故分布特征

就某一具体的事故而言,它的发生地点、发生时间和发生原因等都是随机事件,是事先不可能精确预测的。但是,在大量的交通事故的统计中可以发现,交通事故的类型、发生原因、发生时间和发生区域等总是存在着一定的特征和规律,在数学上称为统计规律。交通工程学对交通事故的研究主要侧重于对这些规律的研究。交通事故的主要特征有如下几种:

(一)交通事故的空间分布

交通事故的空间分布主要是指在某一个区域,在某一个统计时间段中对该区域中各社区发生交通事故从数量等方面的描述。在统计中可以对社区的特征进行分类(如城区、郊区等),以便使交通事故的空间分布规律表现得更加清楚。

这里以我国近几年的交通事故为例作以统计分析,应用“四项指标”法对我国 1995、1997、1998、1999 年的交通事故及有关情况分析(图 9-5),各项指标都在上升,总体上看沿海地区和经济较发达地区是交通事故的多发区,1995 年因交通事故死亡人数共 27 770 人,全国前五位的省份市广东、山东、浙江、四川省,死亡人数占全国因事故死亡人总数的 38.8%(表 9-1)。这些地区经济发展较快,交通需求及运力、运量也快速增长,1995 年五省货运总量占全国货运总量的 31.7%,客运总量占全国总量的 42.5%,客、货运量所占平均比重约为 37.1%,与该五省所占事故死亡人数的比例相当,也就是说,当前交通运输总量的迅猛发展已成为交通不安全因素增加的一个重要原因,交通运输量增长越快,相应的交通事故死亡人数也增长越快。可见,该问题已经成为交通管理中的一个课题。

此外,在当前社会主义市场经济条件下,人、财、物的交叉流动日趋频繁,跨省运输不断增加,驾驶员异地肇事也随之增加,特别是在上述发达地区,外地过境车辆肇事居多。这也是交通事故增加的另一个因素。

1995 年我国各省、自治区、直辖市交通事故分布表 表 9-1

	合计				城区			郊区县		
	次数	死亡人数	受伤人数	直接损失(元)	次数	死亡人数	受伤人数	次数	死亡人数	受伤人数
合计	271 843	71 494	159 308	1 522 665 624	90 101	15 278	39 426	181 742	56 216	119 882
北京	11 032	456	3 834	68 115 618	7 177	242	2 067	3 855	214	1 767
天津	2 189	438	745	20 266 792	206	94	97	1 983	344	648
河北	9 496	3 254	5 898	53 501 233	2 723	683	1 235	6 773	2 571	4 663
山西	1 106	1 674	2 670	16 996 034	1 422	432	912	2 684	1 242	1 758
内蒙古	6 019	1 422	3 402	18 030 642	3 428	521	1 868	2 591	901	1 534
辽宁	16 959	3 228	8 622	91 591 825	7 873	1 098	3 415	9 086	2 130	5 207
吉林	5 117	1 813	2 595	19 475 617	2 804	559	1 159	2 313	1 254	1 436
黑龙江	2 393	1 290	1 537	8 178 426	1 440	667	909	953	623	628
上海	16 728	788	3 774	120 765 631	12 330	513	2 161	4 398	275	1 613
江苏	14 544	5 074	7 281	99 748 873	2 655	805	1 284	11 889	4 269	5 997
浙江	19 867	5 348	11 539	158 991 694	3 025	644	1 448	16 842	4 704	10 091
安徽	4 138	2 337	2 782	16 981 752	952	534	578	3 186	1 803	2 204
福建	13 849	2 922	8 509	69 001 010	3 560	504	1 671	10 289	2 418	6 838
江西	5 024	1 953	2 821	25 464 741	1 510	536	635	3 514	1 417	2 186
山东	14 219	5 455	8 915	66 090 295	2 661	963	1 683	11 558	4 492	7 232
河南	13 062	3 664	9 323	55 044 284	3 113	673	1 920	9 919	2 991	7 403
湖北	8 326	3 396	5 343	44 448 569	3 443	740	1 519	4 883	2 656	3 824
湖南	10 319	3 115	9 159	61 856 388	1 571	516	1 034	8 748	2 899	8 125
广东	11 570	7 639	25 031	271 597 337	12 638	1 440	5 836	28 932	6 199	19 195
广西	5 843	1 895	5 016	35 157 494	1 555	353	843	4 288	1 542	4 173
海南	1 535	341	912	9 200 217	614	101	206	921	240	706
四川	18 093	4 254	13 046	65 595 913	5 290	928	2 966	12 803	3 326	10 080
贵州	2 777	1 086	1 484	14 702 675	1 094	194	316	1 683	892	1 168
云南	4 646	1 974	2 827	30 295 271	546	224	333	4 100	1 750	2 494
西藏	351	169	281	3 061 506	116	25	70	235	144	211
陕西	9 554	2 121	5 298	33 945 059	3 465	498	1 452	6 089	1 623	3 846
甘肃	2 001	1 210	1 361	5 407 153	578	218	350	1 423	992	1 011
青海	1 542	524	1 142	7 390 283	507	132	293	1 035	392	849
宁夏	1 820	528	1 075	7 033 910	369	76	251	1 451	452	824
新疆	1 724	1 826	3 086	24 729 382	1 406	365	915	3 318	1 461	2 171

交通事故的空间分布不但可以分社区统计,而且可以分地理地貌、气候区划、道路等级、城乡区域等为统计单位,甚至可以分道路车道统计。

(二)交通事故的时间分布

交通事故的时间分布是交通事故分布的一个重要特性,交通管理人员可以根据事故的时间分布规律制定相应的管理措施。可见事故时间分布的重要性。

交通事故的时间分布主要分为:年分布、季分布、月分布、周日分布、日分布、小时分布等。

1.年分布 年分布的统计首先要定出一个“年时间段”。年时间段的确定原则是根据事故分析的目的而定,如:解放前的某一时段、解放后的时间段,对解放后的时间段中如需要进行时代背景分析,还可以划分成如"大跃进时期、文化大革命时期"等。我国解放以来交通事故的年分布如(图 9-5)所示,从中可以看出解放后不同时期的交通事故分布情况。

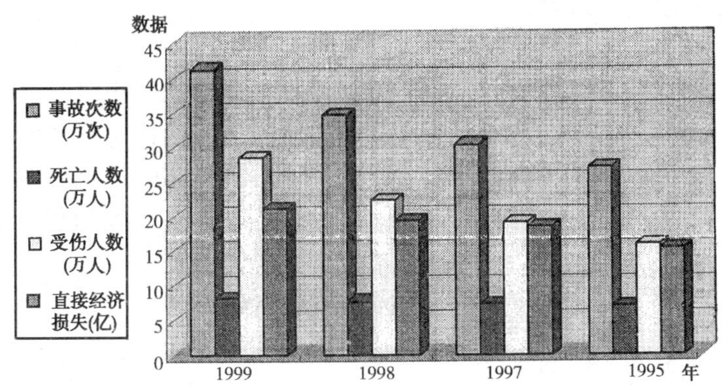

图 9-5 1995 年、1997 年、1998 年、1999 年交通事故四项指标直方图

2.季分布 季分布是对某一年中,对所发生的交通事故按季度统计的一种方法和成果。如:1995 年我国交通事故"季分布(表 9-2)":

1995 年我国交通事故的季分布 表 9-2

	次 数		死亡人数		受伤人数		直接损失(元)	
合 计	271 843	100.0%	71 494	100.0%	159 308	100.0%	1 522 665 624	100.0%
一季度	61 427	22.6%	15 600	21.8%	35 814	22.5%	341 435 025	22.4%
二季度	66 669	24.5%	16168	22.6%	39 314	24.7%	373 817 802	24.6%
上半年	128 096	47.1%	31 768	44.4%	75 128	47.2%	715 252 827	47.0%
三季度	71 289	26.2%	18 856	26.4%	43 575	27.4%	404 627 879	26.6%
四季度	72 458	26.7%	20 870	29.2%	40 605	25.5%	402 784 918	26.5%
下半年	143 747	52.9%	39 726	55.6%	84 180	52.8%	807 412 797	53.0%

从表 9-2 中统计的情况来看,1995 年第三、四季度的交通事故的发生次数大于第一、二季度,其中第四季度事故次数最多,为 72 458 次。从交通运输量与交通事故的发生成正比例的关系来分析,第三、四季度的交通运输量大于第一、二季度的运输量。

3.交通事故的月分布 表现了交通事故在一年之中十二个月的分布规律。利用这种规律,交通管理部门可以有的放矢的进行人员安排、突出和加强交通管理的时间重点,有效地提高交通管理水平。

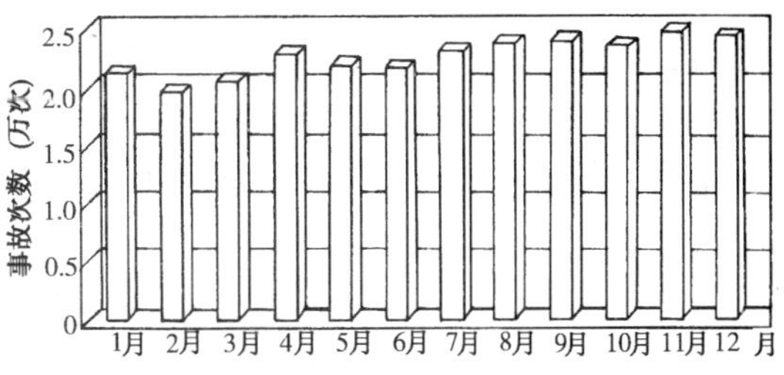

图 9-6 1995 年我国交通事故的月分布图

图 9-6 展示了我国 1995 年交通事故的月分布情况,2 月发生次数最少,为 19 733 次,而 8 月最多,为 23 905 次。因交通事故死亡的人数在 11 月达到 7 242 人,12 月为 24 140 人。这也许是冬天,尤其是在我国北方天气寒冷道路多冰雪所致恶性事故增多的原因吧。

4.交通事故的周日和日分布 交通事故的周日分布是指交通事故在某一个时间段内所有的周日(从星期一至星期日)的事故平均值的分布(如计算一年中星期一交通事故的平均值为全年 52 个星期一交通事故总和的算术平均值),也可以专指某一个周日具体的交通事故数的分布数。同理,交通事故的月分布也是指在某一个时间段内每一个月的交通事故数,或在某一个大的时间段内某一个月在若干的该月交通事故发生总数的平均值。

交通事故周日、月分布数同样是交通管理部门和交通运输部门以及公路管理部门制定计划、制定措施、规划和改建公路的有力依据。

1995 年我国交通事故的周日见图 9-7。

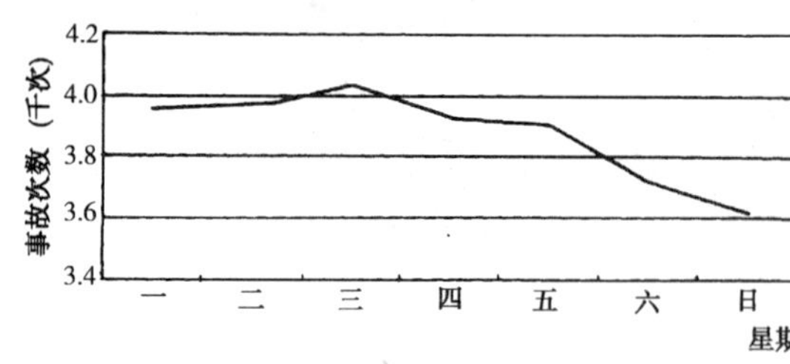

图 9-7　1995 年我国交通事故的周日分布图

5.交通事故的小时分布　是指在某一个时间段(大于 2h)内每小时发生的交通事故数的统计。一般情况,小时数的排列是按该时间段的前后顺序排列的,但也可以按照交通事故发生数的大小来排列。通常是以一年为时间段,从该年的第一个小时开始,进行 8 760 个小时统计,也可以以一昼夜 24h 统计,同时也可以是某一时间段的小时平均值。

分布统计结果可以是表格的形式,也可以是曲线的形式和直方图的形式(图 9-8)

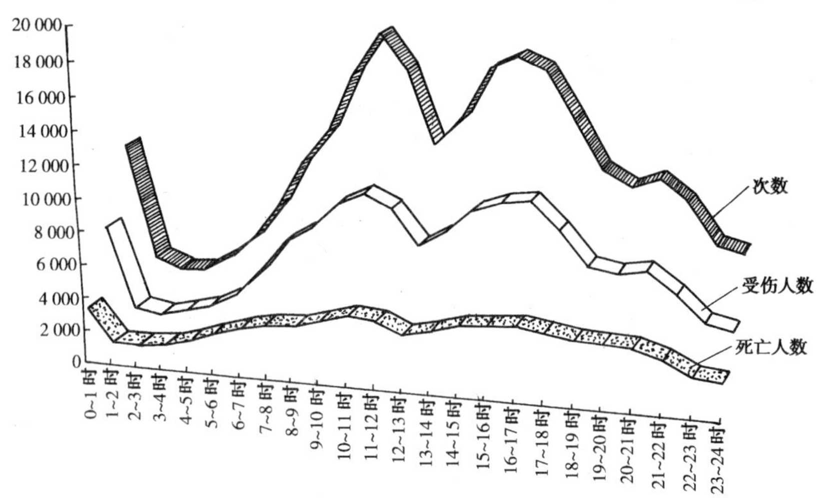

图 9-8　1995 年我国交通事故 24 小时分布图

交通事故的时间分布有着重要的实用意义。它的统计需要做过细的工作,数据的积累可以进行多时间段的同期比较,也是多区域交通管理工作情况分析比较的重要依据,当然,多区域的比较,不能采用“绝对数据指标”法,因为该方法缺少可比性,多区域的比较只能采用“相对数据指标”法进行(相对数据指标法目前有“当量法、强度法等)。

第二节　交通事故统计分析

一、交通事故统计分析的作用

交通事故的统计分析是通过对交通事故的统计报表对事故的总体进行的调查研究活动,目的是查明交通事故总体的现状,发现事故动向和各种影响因素对事故总体的作用和相互关系等,以便从宏观上定量地认识事故现象的本质和内在规律。

交通事故的统计工作是一项十分重要和细致的工作,要求统计者对所管区域发生的交通事故及时、准确、规范和实事求是的统计出来,并做到及时汇总、及时上报,对统计资料要妥善保存,以便查阅。由于该工作的重要性,应该引起交通有关部门的充分重视。

交通事故的统计方法主要有:"绝对数据法(也称为四项绝对指标法;即:交通事故发生次数、因交通事故造成死亡人数、因交通事故造成受伤人数、因交通事故造成直接经济损失数),相对事故率统计法(如:万车死亡率、10万人死亡率、万名驾驶员肇事死亡率等)。

交通事故的统计分析对综合治理交通和保证道路交通安全有着重要的作用:

1.发现和识别事故高发区的域、交叉口和路段;

2.可以分析交通事故成因、特征、规律及交通安全工作中的薄弱环节,明确交通安全管理工作的重点及对策;

3.可以证实道路几何设计、行车道设计、交叉口设计、交通控制装置的设置及参数选择的合理性;

4.可以证实交通建设投资的合理性;

5.可以鉴定某些交通管理方法的实际效果;

6.可以提供交通管理机构设置的合理性论证资料;

7.检验交通法规中所规定的款项的合理性,了解哪些款项应进一步完善和补充;

8.检验驾驶员培训、交通安全教育的作用;

9.检验道路交通规划的合理性;

10.可以分析出影响交通安全的诸因素及其影响的重要程度,预测交通事故的发展趋势。

二、交通事故统计分析指标及其主要分析方法

1.交通事故统计分析指标　用事故分析指标可以反映事故总体的数量特征。由于交通事故的复杂性,需要用一系列的指标才能反映事故总体各方面的数量特征,揭示出事故总体的内在规律。

1)事故的绝对数字　交通事故的绝对数字(事故次数、死亡人数、受伤人数、直接经济损失数额)能反映某地区某一时期交通事故的规模、总量和水平。绝对数字逐年逐月地累积还可以反映出交通事故的发展趋势,亦可用来衡量每年、每月、不同国家或各省、市、县等交通安全情况。

2)万台车事故死亡(或致伤)率　是表示在所研究的区域内,平均每一万辆机动车在一年内所造成的交通事故死亡(或致伤)人数。用公式表示为:

$$\text{万台车事故死亡(致伤)率} = \frac{\text{交通事故死亡(致伤)人数}}{\text{机动车拥有量}} \times 10^4\text{(人/万台车)}$$

用万台车事故死亡率来宏观评价交通事故的严重程度,是国际上一种通用做法(见表9-3)。

交通事故死亡率变化情况　　表9-3

国家 \ 年	日本			美国			加拿大			法国		
	死亡人数	十万人口死亡率	万台车死亡率	死亡人数	十万人口死亡率	万台车死亡率	死亡人数	十万人口死亡率	万台车死亡率	死亡人数	十万人口死亡率	万台车死亡率
1979	11 778	10.2	3.2	51 088	23.2	5 856	3.3	24.7	4.5	12 197	22.8	6.0
1980	11 752	10.0	3.1	51 091	22.4	3.3	5 461	24.4	4.1	10 384	23.1	5.9
1981	11 874	10.1	3.0	49 301	21.4	3.1	5 383	22.1	9.0	12 199	22.5	5.7
1982	12 377	10.4	3.0	43 721	18.8	2.8	4 169	16.9	3.0	12 402	22.2	5.5
1983	12 919	10.8	3.0	42 584	18.2	2.6	4 216	16.9	2.9	11 677	21.3	5.2
1984	12 432	10.3	2.8	44 241	18.7	2.7	4 120	16.4	2.9	11 625	21.0	4.8

注:(1)日本的万台车死亡率,1950年为107.6人,1960年为34.9人,1970年为9.0人;

(2)中国1989、1990、1991年的万台车死亡率分别为38、34、32.8。

3)10万人口事故死亡(致伤)率　表示在所研究的区域内,平均每10万人口在一年内因交通事故而死亡(或致伤)的人数。用公式表示为

$$10\text{万人口事故死亡(致伤)率}=\frac{\text{交通事故死亡(致伤)人数}}{\text{人口总数}}\times 10^5(\text{人}/10\text{万})$$

用10万人口事故死亡率宏观评价交通事故的严重程度也是国际上一种比较通用的做法(表9-5)。

4)亿车公里事故死亡率　表示在所研究的区域内,平均每运行1亿车公里的交通事故死亡(致伤)人数。用公式表示为:

$$\text{亿车公里事故死亡(致伤)率}=\frac{\text{交通事故死亡(致伤)人数}}{\text{总运行车辆公里数}}\times 10^5(\text{人/亿车 km})$$

与万台车事故率和10万人口事故率相比,亿车km事故死亡率较为科学。国际上通常用此来比较国与国之间的交通事故严重程度。例如,1980年美国、原联邦德国、法国的亿车km交通事故死亡率分别为2.21、3.8、4.6。

5)百万车公里行车肇事死亡率　是我国用于考核公路运输企业安全生产的一项重要指标。它说明某企业平均每运行100万车km所造成的交通事故死亡人数。这种指标的计算方法与亿车公里事故死亡率相类似,可以用公式表述为:

$$\text{百万车公里行车肇事率}=\frac{\text{交通事故死亡人数}}{\text{总运行车公里数}}\times 10^6(\text{人}/10^6\text{ 车 km})$$

交通部规定的国家二级公路运输企业的行车肇事死亡率标准是不超过0.17人/10^6车km。

2.交通事故统计分析的主要方法　在交通事故统计分析中,常利用以下几种方法:

1)计算主要指标　主要的事故指标可以说明事故总体的基本规模和水平。我国最常用的事故指标是在某一时期内的交通事故次数、负伤人数、死人数、直接经济损失等四项绝对指数。以及这四项指标的增减速度。

2)统计表格　根据不同的分析目的,将统计分析的结果编列成各种表格。表格内可包括各种必要的绝对指标和相对指标的具体数值,是交通事故统计中常用的一种方式。

3)直方图　由一横坐标及一系列高度不等的矩形组成。横坐标可以是性质不同但互相有联系的各种因素,也可以是同一因素的数值分段。各矩形的高度代表对应横坐标的某一指标数。应直方图比较直观、形象,用直方图进行交通事故统计分析,不仅可以表示交通事故的变化和趋势,还可以比较各种因素对交通事故的影响程度。

图9-9表明了我国十省、市1995年的交通事故万车次数和万车死亡率的直方图,尽管我国

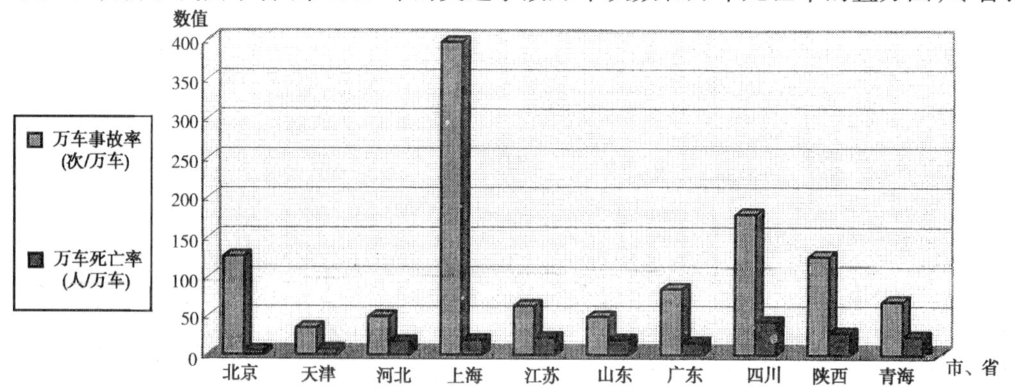

图9-9　我国十省、市1995年万车事故率、万车死亡率直方图

机动车万车死亡率和十万人口死亡率都是逐年下降的，但我国1990年机动车万车死亡人数为34人，同美国、日本等国家的机动车万车死亡人数不到4人相比，还有相当大的差距。

4)排列图法　也叫巴雷特图法，是找出影响交通事故主要原因的一种有效方法，形式如图9-10所示。图中有两个纵坐标，一个横坐标，几个矩形和一条曲线。左边的纵坐标表示事故次数或死亡人数、受伤人数等：右边的纵坐标表示事故频率（以百分比表示）；横坐标表示要分析的各个因素，按影响程度的大小从左至右排列；矩形的高度表示某个因素影响的大小；曲线表示各因素影响大小的累计百分数，称巴雷特曲线。采用排列图反映交通事故的主要原因时，通常把累积百分数分为三类：对于占0～80%频率的作为甲类因素（关键因素），80%～90%频率的作为乙类因素（次要因素）。集中力量解决甲、乙两类因素，就能够解决90%的交通事故问题。

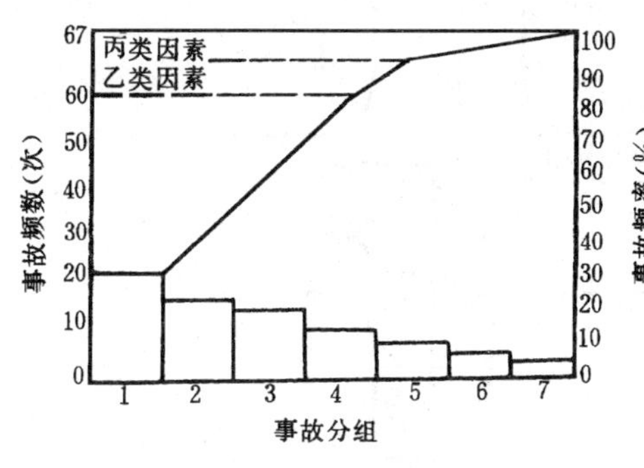

图9-10　分析事故原因的排列图

例如某汽车运输公司根据报告期行车事故统计，发生一般事故、重大事故、特大事故（均为责任事故）共67次。将发生事故的原因进行分组：

(1)由于驾驶员工作持续时间过长，过度疲劳而造成的事故19次，占总事故次数的28.4%。

(2)由于保修质量不高，机件发生故障造成的事故17次，占总事故次数的25.4%。

(3)由于装载不当，货物重心偏移引起的事故14次，占总事故次数的20.9%。

(4)驾驶员开“赌气车”，高速行驶肇事8次，占事故总数的11.9%。

(5)驾驶员行车时，由于饮食、谈笑、疏忽肇事5次，占总事故次数的7.4%。

(6)驾驶员已申明机件存在故障，不宜运行，但调度人员仍坚持派车，在运行中因机件故障造成事故3次，占总事故的4.5%。

(7)驾驶员酒后行车造成事故1次，占总事故次数的1.5%。

上列各类因素按其频率大小排列为：

(1)驾驶员过度疲劳(28.4%)；

(2)机件故障(25.4%，累计53.8%)；

(3)装载不当(20.9%，累计74.7%)；

(4)高速行驶(11.9%，累计86.6%)；

(5)违反驾驶守则(7.4%，累计94%)；

(6)调度错误(4.5%，累计98.5%)；

(7)酒后行车(1.5%，累计100%)。

根据上述数据绘出的排列图，如图9-10。其中(1)+(2)+(3)为甲类因素，(4)为乙类因素，(5)+(6)+(7)为丙类因素。解决甲、乙两类因素，即可解决86.6%的行车事故问题。于是得出减少行车事故的措施为：安排好驾驶员的食宿，适当安排驾驶员的出车时间，减轻驾驶员的劳动强度，加强维修质量检验和车辆进出场检验，装载时必须监装，对不合理的装载（重心超高、偏移、后移等）要督促重装，这样便可使事故次数减少74.7%。如果再加强驾驶员遵章守纪教育，杜绝违章超速，则可进一步减少94%。

5)事故分析图　用来分析交通事故在道路上的分布情况和事故多发点。其做法是在道路图上,用约定的简明符号将实际发生的交通事故的时间、事故形态、事故前车辆的行驶状态和方向、行人或自行车的行进方向、事故后果等标注在相应的位置上,即是事故分析图。图 9-11 为事故分析图的一例。

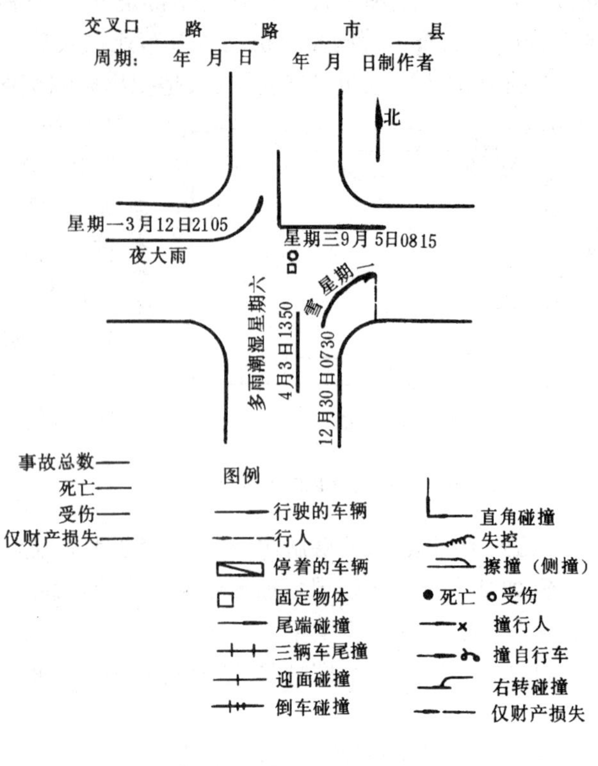

图 9-11 事故分析图示例

6)坐标图 简单的坐标图是由一个横坐标和一个纵坐标构成的。横坐标一般是连续数列,如时间、年龄等。纵坐标可以是某一绝对指标或相对指标。用坐标图进行分析比较,有很强的直观性,一般常用来表示交通事故中某一特征指标的发展变化过程和趋势。例如图 9-12 所示为 1980 年以来全国交通事故次、伤、亡曲线图。

7)圆图法 圆图是将要分析的项目按比例画在同一个圆内,整个圆周 360°被看作是 100%,半圆周 180°相当于 50%,90°扇形相当于 25%,用圆图可以直观地看出各个分析项目所占比例大小。

例如,通过对 1990 年全国交通死亡事故的数据进行系统分析,就交通死亡事故的原因、肇事驾驶员责任、肇事驾驶员经历、死者职业、肇事地点、天气、死者年龄等七个方面,分析了交通事故的特征,见图 9-13。

8)因果分析图 也叫特性因素图,因其形状特殊,也称为树枝图或鱼刺图,其形式如图 9-14所示。

制作因果分析图时,应集思广益,进行分析研究,尽可能地把事故的各种大小原因,客观地、全面地找出来,绘在图上。

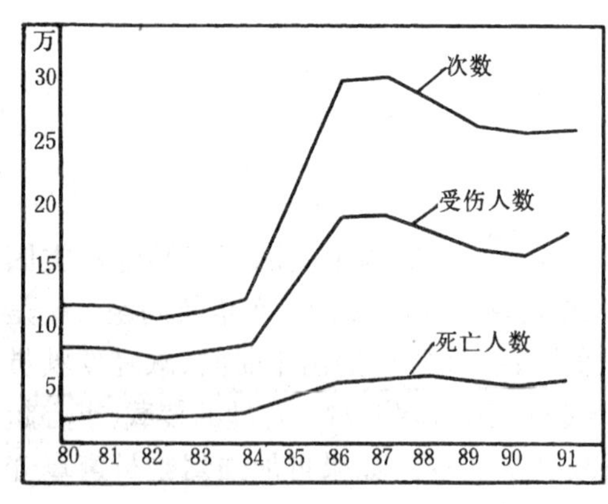

图 9-12 1980 年以来全国交通事故次、伤、亡曲线图

因果分析图对于分析交通事故的原因是适用的。它直观、逻辑性强、因果关系明确,因此便于采取措施。它既可以对总的方面进行分析,也可以对单项原因进行分析,还可以对具体案例进行分析。

9)统计调查分析表法 是利用统计调查表来进行数据整理和粗略的原因分析。这也是在交通安全管理工作中常用的分析方法,例如我们的交通事故月报表就是这种分析方法。统计调查分析表的格式,根据分析的内容来确定,可以是各种各样的,只要满足调查分析的内容,达到调查分析的目的即可。

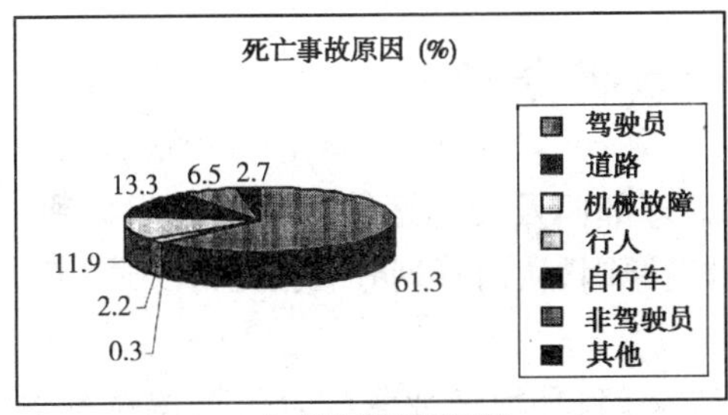

a) 交通事故致死原因

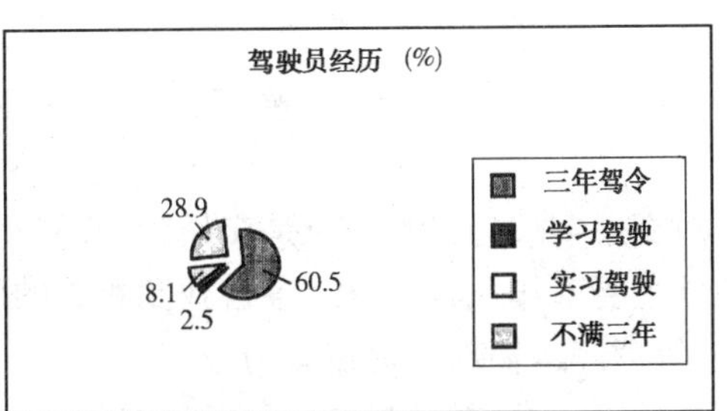

b) 肇事车驾驶员经历结构

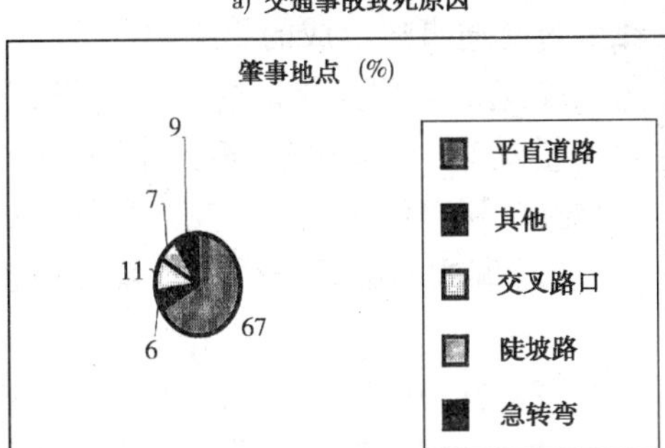

c) 交通肇事地点分析

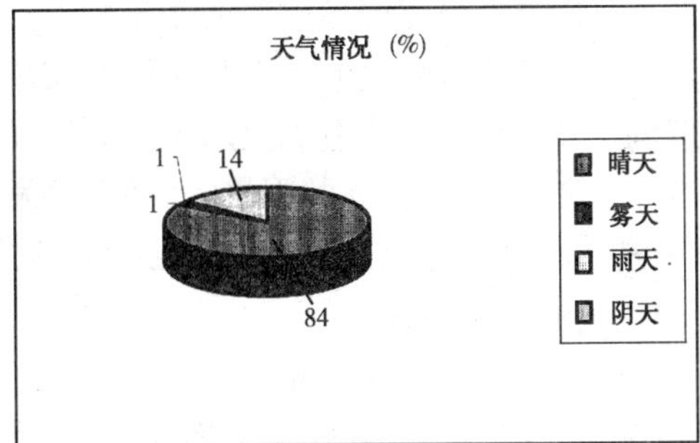

d) 事故的天气原因

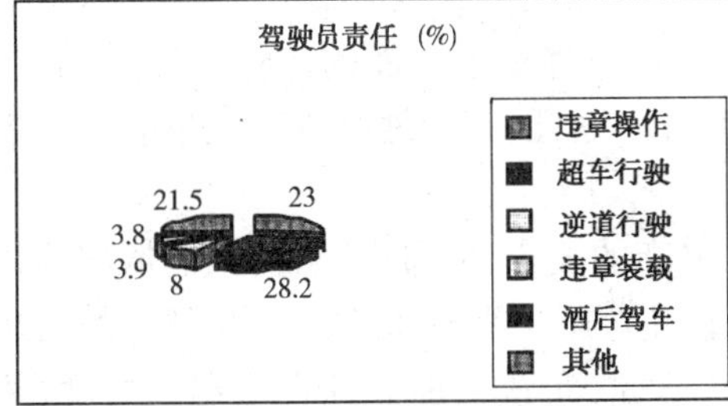

e) 驾驶员责任事故类型

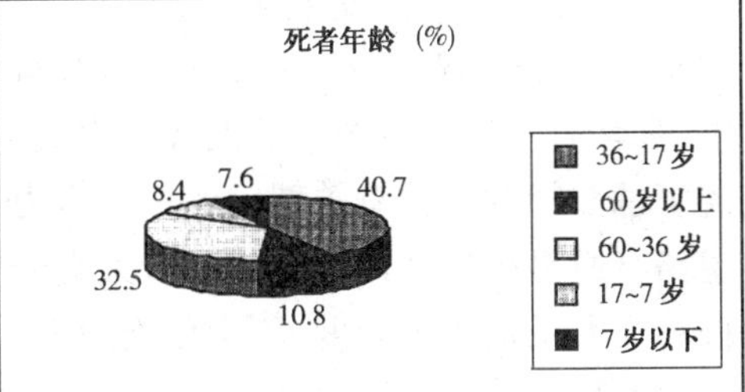

f) 因交通事故死者年龄结构

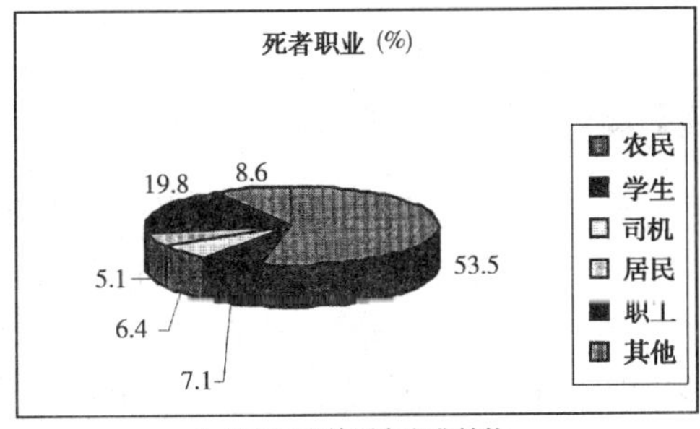

g) 因交通事故死者职业结构

图 9-13 交通事故特征

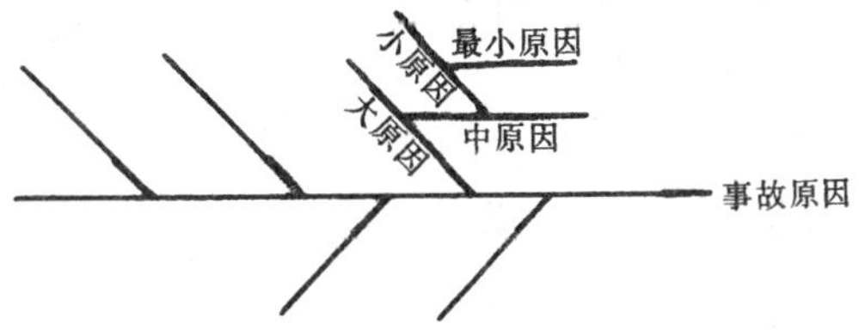

图 9-14 因果分析图

第三节　交通事故成因分析

对交通事故的成因分析是交通管理部门、路政管理部门及交通运输管理等部门必须进行的一项主要工作，通过分析，各自找到相关的事故诱发原因，从而管理好和指挥好交通、养护好道路、管理好运输部门提供有力依据。

交通事故是在特定的交通环境影响下，由于人、车、路、环境诸要素配合失调偶然发生的。因此，分析交通事故成因最主要的是分析人、车、路、环境对交通事故形成的影响。

人，主要包括道路上的行人和车辆驾驶员，他是道路交通动态要素中的主体。所以，离开人的交通行为，是不可能造成交通事故的。而车，主要指机动车、非机动车、畜力车、残疾人专用车等，一般来说，由于人的因素，才使车辆发生了交通效应，从而使车成为了交通事故构成的主要因素。而道路是交通体系中的必要条件之一，构成交通事故的必要条件的环境往往被称为交通事故的诱发条件。

如果单纯从人、车、路、环境而言，是四个完全不同的概念，但是，这四者在交通系统中有着相互协调、互相依赖、互相作用的密切关系，其中任何一个要素失调，都会导致交通事故以某种形态发生。因此，要保证交通安全，取决于各要素的完善程度。这是“交通工程学”的基本观点。但是，要彻底完善以上所讲的四要素，从理论到实践中都是不可能的，不是在一个短时期内能够完成的。所以，交通事故的发生也成为必然事件。因此，有力地减少交通事故的发生仅是交通管理部门和其他有关部门的一个努力方向。

道路交通事故虽然严重地威胁着人类的生命和财产的安全，但可以断言，人们依靠高科技的手段和为人民负责的态度，不会使交通事故无休止的上升。美国、法国、日本等一些发达国家，从 20 世纪 60 年代开始对交通事故从理论上深入研究，实践上加大综合治理的力度，从而收到了良好的成效。所以，对交通事故的成因分析也是理论研究和实施综合治理的一个重要措施。

一、人的因素

人既是交通事故的制造者，又是交通事故的受害者。同时，人是交通安全中的一个能动因素，所以人是交通安全的主体。人对交通事故形成的影响，主要表现在以下几个方面：①自身的生理、心理状况等不符合交通安全的要求；②自身违章行走、违章操作、违章装载、违章行驶等酿成事故；③对他人的交通动态及道路变化、气候变化、车况变化、观察疏忽或措施不当等引起交通事故的发生。

从交通事故发生的原因分析中可以看出，有 80%～85%的交通事故是由于人的违章行为造成的。

1.因驾驶员原因的交通事故分析　从机动车驾驶员方面来分析，驾驶员责任事故的发生主要是在行车过程中反应、分析和操作三个环节上出现了错误，见表 9-4。

日本驾驶员责任事故原因分析表

表 9-4

	交通事故次数	构成率%
察觉迟钝	656	59.6
判断错误	384	34.8
驾驶错误	53	4.3
其他原因	9	0.8
合计	1 102	100

1)反应迟缓　据有关资料统计，因反应迟缓或大意而引起的交通事故，按其内容可以分为以下几类：①注意力在其他事情上，没有及时发现紧急情况；②认为自己车前后没有其他车辆

和行人的威胁。这是由于心理上或生理上的原因,没有能够充分掌握情况或者驾驶时思想不集中,和人谈话或东张西望的结果。

驾驶员在行车过程中把注意力放在其他事情上的心理原因有:①家庭和工作单位的烦恼;②交通阻塞引起的长时间缓慢驾驶;③强行超车和挤进汽车行列后的烦躁、焦急驾驶等等。

注意力放在其他事情上的生理原因有:①疲劳过度;②睡眠不足;③饮酒过量;④身体健康情况不佳等潜在原因。

除上述两方面原因外,车外环境的变化和车内其他人员有趣的谈话等也影响驾驶和集中,造成反应迟缓甚至酿成事故。

2)判断失误　日本统计,由于驾驶员判断错误引起的交通事故,约占交通事故总数的35%。这类事故按其内容可分为以下几类:①凭自己的想象判断对方的行动;②看错了道路的形状和线形③看错了对方车辆的速度和与对方车辆的距离;④对自己的驾驶技术过分自信;⑤搞错了自己的汽车的性能、速度和长度。

因为驾驶员的性格、经历等各不一样,所以,即使是对同一对象,也会因每个人的情况不同而作出不同的判断,就是同一个人也会因时间、地点的不同而作出不同的判断,而判断的错误往往是交通事故的直接起因。

3)操作错误　由于操作错误引起的交通事故,按其内容可以分为:①由于驾驶技术不熟练而发生的操作错误;②由于情绪不安而发生操作错误;③由于对车辆维护不良,致使制动或回避动作不充分而发生操作错误等。操作上的错误,大多数与反应、判断的迟缓或错误有直接关系,这是操作错误肇事的一大特点。

所以,对驾驶员的责任事故也可以主要划分为两类,其一是客观操作上的原因,如果驾驶员在驾驶中有思想麻痹、操作和判断失误等就会造成交通事故。就1995年的统计,因驾驶员操作失误等原因造成各类形态的交通事故共有271 813起,其中造成71 494人死亡(图9-15)。

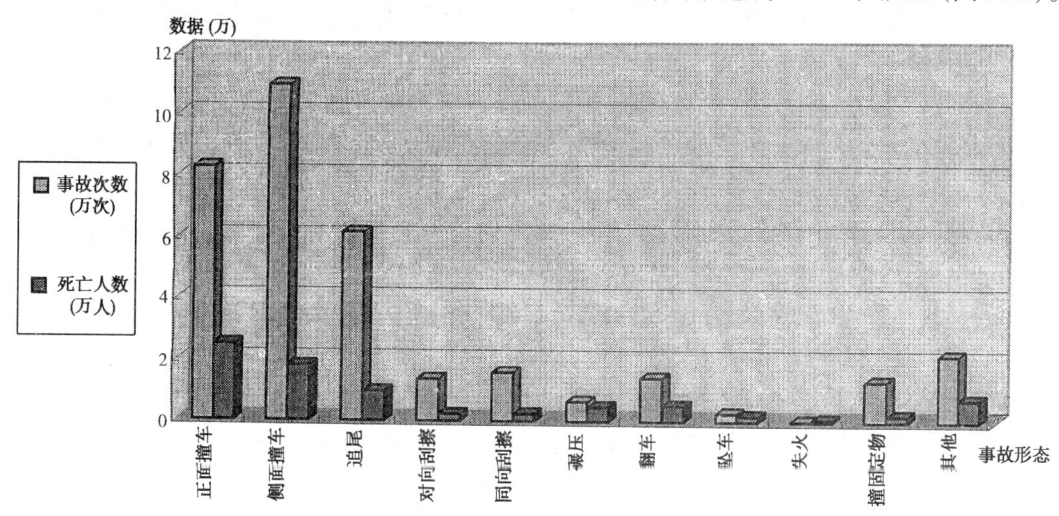

图9-15　1997年我国交通事故形态分布

由于驾驶员的原因造成交通事故的另一方面的因素是驾驶员主观行为造成的,这些行为主要可以总结为酒后驾车、疲劳驾驶、超速行驶、违章驾车、人工直接供油、判断失误、准驾车型不符、疏忽大意等,根据1995年的数据统计,由于这类原因造成交通事故224 288起,占各类原因事故总和的82.51%,造成50,66人死亡(图9-16)。

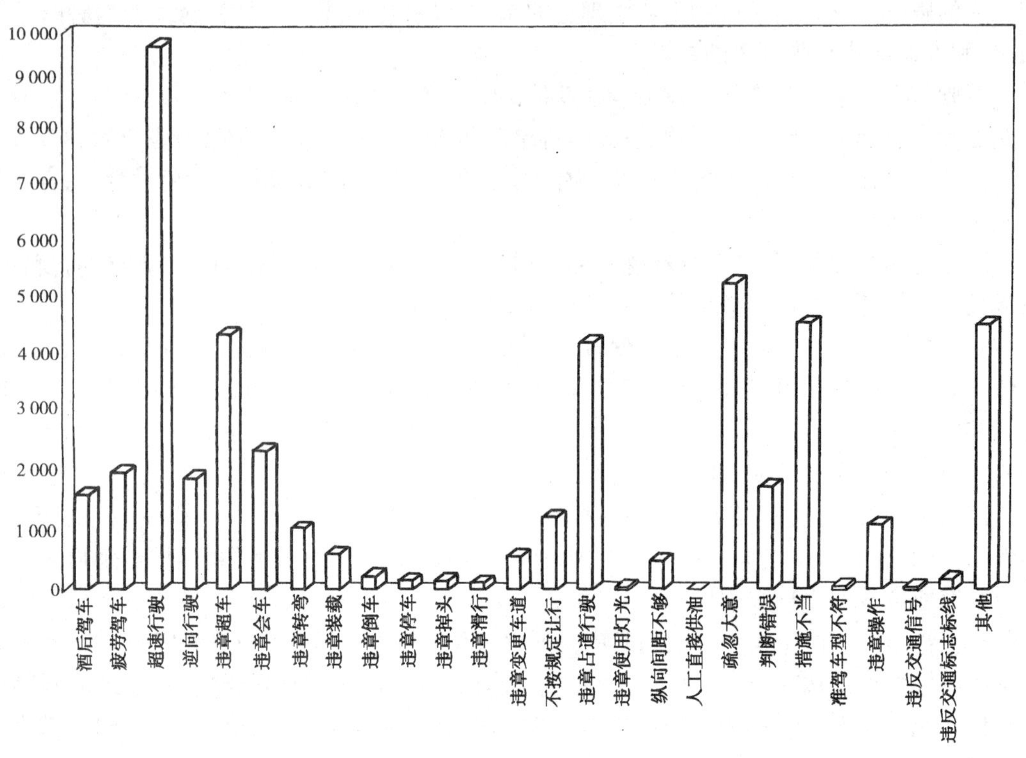

图 9-16

4)驾驶员的操作水平和年龄层次　驾驶员的操作水平是交通事故成因的一个主要因素，这个问题在以前虽然被人提出过，但是，因为对驾驶员操作水平的衡量，从标准到操作上都没有统一，所以，没有进行过系统的分析。目前，这项分析工作主要从驾驶员肇事次数的地域分布和驾驶员的驾龄着手分析的。

根据我国 1995 年的资料，我们将各地驾驶员在全国肇事的情况做了比较，各地万名驾驶员肇事死亡率大致可以分为三个层次，湖南、湖北、安徽、浙江、新疆、江西、宁夏、青海、陕西、山西十省万名驾驶员肇事造成死亡人数均在 20 人以上；河南、四川、贵州、内蒙古、吉林、云南、山东、甘肃、辽宁、黑龙江、河北、福建、江苏、广西十四省万名驾驶员肇事造成死亡人数在 8 ~ 20 人之间；上海、海南、广东、北京、天津五省市万名驾驶员肇事造成死亡人数在 8 人以下(西藏未统计)。排除地理条件、气候条件等因素。总结其他诸因素可以看出各地驾驶员的基本素质和对驾驶员的管理水平，见图 9-17。

同时，如果将驾驶员分成“职业驾驶员、非职业驾驶员和非驾驶员”，一般认为，经常开车的驾驶员比非职业驾驶员在车辆操作上要熟练，应该说，肇事的概率前者要小，同理，非驾驶员的肇事率相对要高，初步统计全国有 35 015 215 人(1995 年统计数据)职业驾驶员肇事次数为 173 151 次，按职业驾驶员人数占全国驾驶员总数的 70%计，职业驾驶员肇事人数占职业驾驶员总数的 0.7%，非职业驾驶员的肇事次数为 45 875 次，占全国非职业驾驶员人数总数的 1.64%，可见非职业驾驶员肇事率比较高，非驾驶员的肇事率因无法统计非驾驶员驾车的数量，所以此处不再计算。根据 1995 年统计数据，驾驶员类别肇事致死人数及分别占肇事总数的百分数，见图 9-18。

驾驶员的驾龄在交通事故原因分析时是一个重要的因素，理论上讲，驾驶员的驾龄越长，

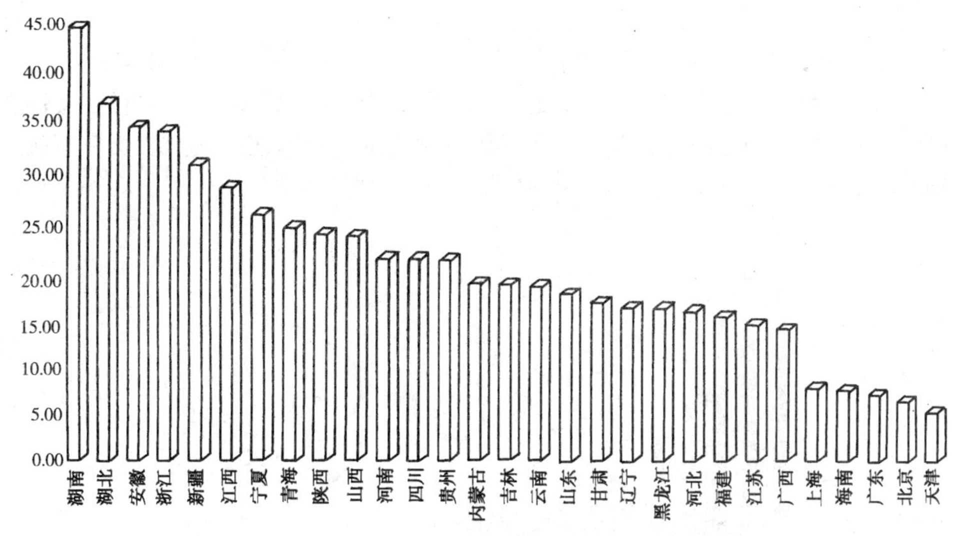

图 9-17 各地区驾驶员肇事造成死亡率示意图

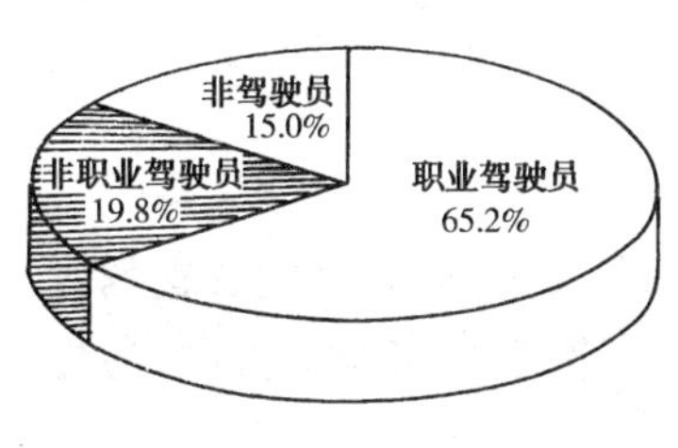

图 9-18 驾驶员类别肇事致死人数构成示意图

肇事率应越低。从全国 1995 年统计的资料上看,这个理论在该年度是准确的,见表 9-5。不同驾龄的驾驶员肇事致死人数也有着同样的规律(图 9-19),根据 1995 年的统计资料分析,驾龄在 2~3 年的驾驶员的肇事率和肇事致死人数都高于其他所有驾龄的驾驶员。这种情况说明,驾龄少于 2~3 年的驾驶员,因为驾车时间偏低,那种初上车的谨慎性比较高,所以,对肇事的数量和事故的恶性程度都有一定的好处,而驾龄在 2~3 年的驾驶员,对车辆的驾驶有了一定的经验,导致在驾车时谨慎性降低,使事故数和事故的恶性程度增高,肇事致死人数当然随之增高。实际此时的驾驶员正处在一个不成熟期(包括技术、年龄和经验等),在这个时期恰恰是提高警惕的时候。

1995 年不同驾龄的驾驶员肇事数统计表 表 9-5

驾龄(年)	<1	2~3	4~5	6~10	11~15	16~20	>20
肇事次数	39 788	52 234	31 543	41 665	14 126	6 213	3 706

2.其他人员的责任者 所谓其他人员的责任者,是指除驾驶员之外,在交通事故中负有一定责任的人,包括:行人、乘车人、非机动车的驾车者等,他们在各自的交通行为中因为有所不当,造成交通事故并负有不同程度的责任。从资料可以看出,交通行为能力强的人员,肇事率就高,从年龄上分析 16 岁~45 岁的年龄段正是交通行为能力强的阶段(图 9-20)。

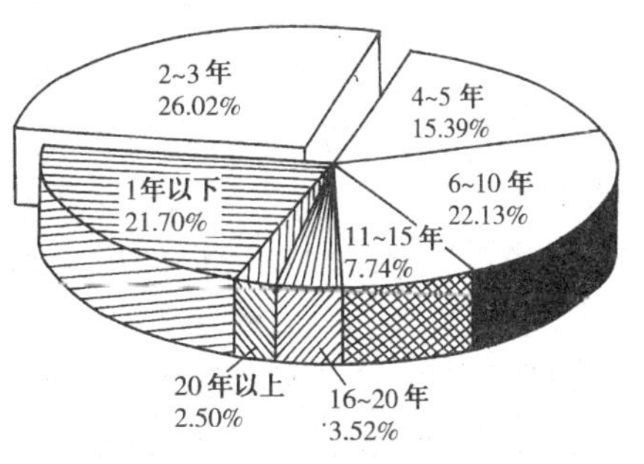

图 9-19 不同驾龄驾驶员肇事致死人数构成示意图

性别也是构成交通肇事的一种因素,从生活常识上看,男同志在性格上比女同志相对要鲁莽一些,胆子也比女同志要大一些,因此,冒险精神相对也强于女同志。这种特性如果表现在交通行为上时,会造成交通责任事故数男同志多于女同志的现象。从1995年我国统计到的交通事故责任人数中分析:全国271 843次交通事故中,男性责任人的有256 926次,占事故总数的94.51%,女性责任人的有12 442次,占事故总数的4.58%(统计数中删除了男、女事故责任不详的2 475次),见图9-21。当然,女性在交通出行的数量上可能要少于男性,这也是女性责任事故偏少的原因之一,但是,责任事故男女比例是20.65比1,这个比例数也实在是太悬殊了。

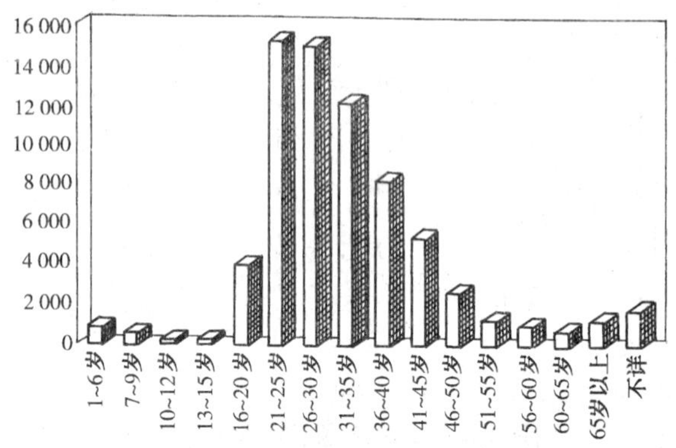

图9-20 1995年不同年龄责任者肇事死亡人数构成示意图

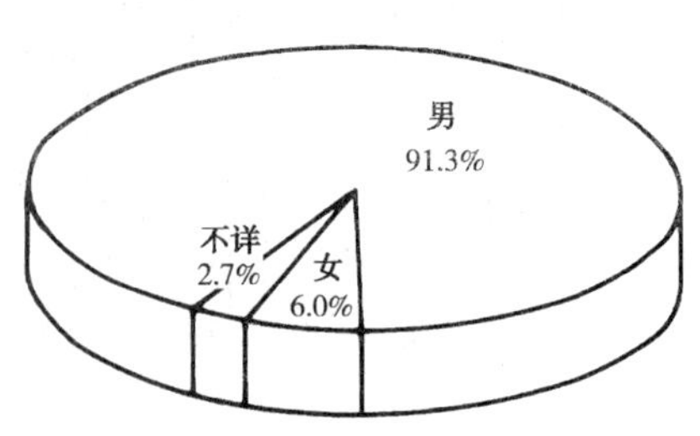

图9-21 1999年我国不同性别肇事致死亡人数构成示意图

这个特性同样可以在机动车驾驶员的性别上得到印证。调查认为,男女驾驶员在驾驶车辆时,在违反交通规则、违反操作规程、超车、会车、"礼让三先"、车辆带病出车等方面,男性驾驶员的违章行为数量远远多于女性驾驶员的违章行为数量。

交通事故责任人员的职业特性也是有一定的规律,有资料认为,交通事故责任人中从事科学研究、工程技术、文化教育、国家机关等工作的人员从数量上少于从事工、商等工作的人员数量,大中专学生少于中小学生和学龄前儿童,其中,交通肇事责任人中农业人员占比例最多。从这个规律分析,事故责任人中受教育程度越高,发生责任肇事的数量越少,这里表现了人的素质和行为准则的水平问题。

二、车辆因素

车辆是现代道路交通的主要运行工具。车辆技术性能的好坏,是影响道路交通安全的重要因素。

由于车辆技术性能不良引起的交通事故比例并不大,但这类事故一旦发生,其后果一般都是比较严重的,这类事故的起因通常是由于制动失灵、机件失灵和车辆装载超高、超宽、超载及货物绑扎不牢固所致。另外,由于车辆行驶过程中,各种机件承受的反复交变载荷,当超过一定数量也会突然发生疲劳而酿成交通事故。除此之外,由于一些单位维修制度不完善、不落实,车辆检验方法落后,致使一些车辆常常因带病行驶而肇事,这也是车辆本身造成事故的原因。对这类事故应当排除责任事故后,其他的统称为"车辆机械事故"。

据典型调查统计,现有运行车辆中有50%左右属于机构失调、带病运行,特别是个体车辆更为严重。1990年,由于车辆疲劳引起的效能事故次数和死亡人数分别上升5%和2.6%。

"车辆的机械事故"主要发生在"制动系统和转向系统"中,从1995年我国交通事故的统计资料中可见,机械事故造成的交通事故中,因为制动方面的故障占机械故障造成事故总数的66.6%,见表9-6。

1995年我国交通事故中机械故障事故数统计表 表9-6

故障种类	制动失效	制动不良	转向失效	灯光失效	其他
事故次数	3 545	5 442	1 299	688	2 520

因此技术监督运输车辆的良好技术状态，对于防止交通事故，保证安全运输具有重要意义。

当然，在交通事故中，我们常常在研究交通事故的发生因素、车辆种类、事故的恶性程度等，这些项目中车辆的种类和事故的恶性程度是有关系的，虽然车辆是由人来操作的，这点，我们在以前已经讨论过了，但是，车辆的种类和性能给与驾车者以一定的难度或错误驾驶的诱导。

我国1993年机动车肇事数量统计 表9-7

车种		肇事次数	死亡人数	受伤人数	损失折款(元)
机动车	汽车	186 732	42 991	107 123	842 758 605
	摩托车	13 415	4 476	10 018	22 492 386
	拖拉机	9 184	2 863	5 475	22 526 816
	其他车	5 210	2 183	4 163	17 037 606
合计		214 541	52 613	126 977	904 815 413

近年来，世界上机动车的发展速度很快，首先是汽车的操纵难度有了明显的改善。同时，汽车的加速性、最大速度和爬坡能力有了明显的提高，加之我国的公路条件也有了明显的改善，驾驶员在这种条件下缺乏驾驭高速车辆的能力。同时，现代车辆上的视觉减速功能、操纵的简易化等往往是诱导驾驶员超速行驶的原因。

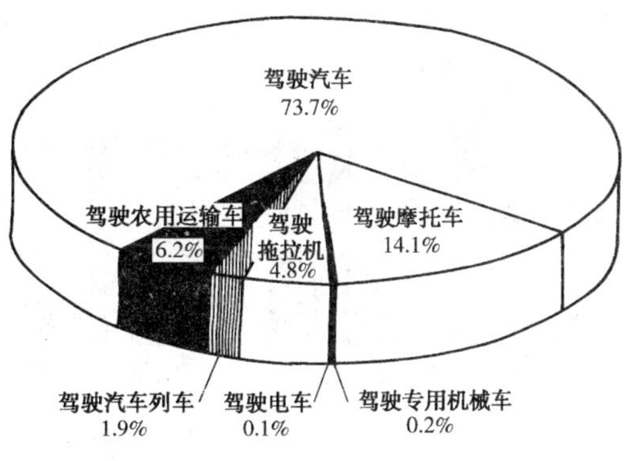

图9-22 1995年机动车分类肇事统计

另外，车辆种类的多样化使驾驶员对所驾车辆的功能并不熟悉，而我国又缺少对新技术、新功能的(指对机动车)培训和咨询部门。这也是导致交通事故发生的一个主要原因。我国1993年机动车肇事共214 541次，其中，汽车肇事占机动车肇事总数的87.1%，到1995年降低到73.7%。但是，摩托车的肇事率从1993年的6.3%上升到1995年的14.1%，这是因为这几年摩托车从种类到数量上有了较大的增长的缘故(表9-7，图9-22)。

关于这部分问题，也可以分类于“交通方式肇事类”中研究。

三、道路因素

道路交通的安全取决于交通过程中人、车、路、环境之间是否保持协调，因此，除了前两个因素以外，道路本身的技术等级、设施条件及交通环境作为构成道路交通的基本要素，它们对交通安全的影响是不容忽视的，在某些情况下，它们可能成为导致交通事故发生的主要原因。从1995年和1997年统计的资料分析，我国因为道路原因造成的交通事故数分别达到271 843次和304 217次，其中，因为城市道路原因造成的交通事故分别是70 207次和91 914次。表9-8、图9-23显示了1997年不同道路事故次数和死亡人数情况。因为道路原因造成的交通事故的恶性程度也是引人注目的(图9-24)，这个问题也应该引起道路规划、设计、养护、管理等部门的足够重视，从中总结出规律性的东西，尽可能的减少不良道路引发事故的隐患。

1995 年我国因道路原因造成交通事故统计表 表 9-8

	次数		死亡人数		受伤人数		损失折款(元)	
合计	271 843	100.00%	71 494	100.00%	159 308	100.00%	1 522 665 624	100.00%
高速公路	4 590	1.69%	616	0.86%	1 600	1.00%	81 989 194	5.38%
一级公路	19 513	7.18%	4 480	6.27%	10 883	6.83%	144 653 991	9.50%
二级公路	66 089	24.31%	20 984	29.35%	41 227	25.88%	436 772 338	28.68%
三级公路	63 233	23.26%	20 137	28.17%	43 839	27.52%	310 688 976	20.40%
四级公路	20 318	7.47%	7 167	10.02%	15 916	9.99%	87 168 617	5.72%
等外公路	7 999	2.94%	2 832	3.96%	6 417	4.03%	31 064 257	2.04%
快速路	4 844	1.78%	790	1.10%	1 698	1.07%	31 372 508	2.06%
城市主干路	55 637	20.47%	8 925	12.48%	23 355	14.66%	277 542 809	18.23%
城市次干路	14 570	5.36%	2 327	3.25%	6 328	3.97%	57 974 154	3.81%
支路	5 490	2.02%	808	1.13%	2 622	1.65%	21 262 628	1.40%
其他城市道路	9 560	3.52%	2 428	3.40%	5 423	3.40%	42 176 152	2.77%

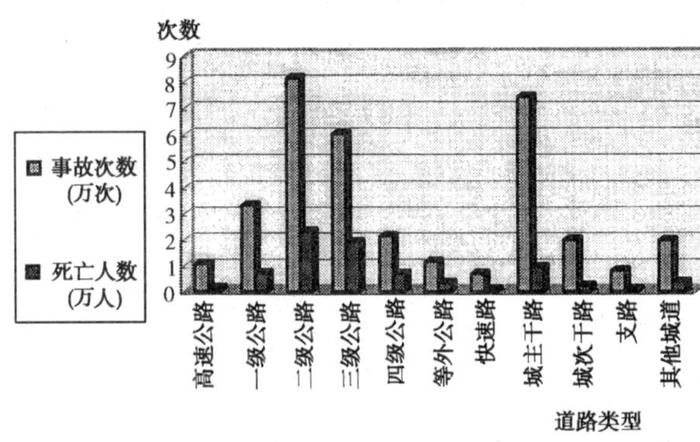

图 9-23 1997 年我国各种道路类型的事故分布

1. 道路线形与交通 道路线形几何要素的不合理以及种种不良的线形组合，均可能导致交通事故的发生。

1)直线 过长的直线路段，容易使驾驶员对行进前方过于一目了然，且道路景观一般是静的，容易因单调而产生疲劳，注意力不集中，从而造成反应迟缓，一旦发生意外情况就会措手不及而肇事。另外，驾驶员为了尽快地驶出直线路段，往往高速行车，使车辆进入直线路段末端的曲线部分速度仍较高，从而造成行车失控。我国多年的统计资料显示，发生在直线段的交通事故远远高于其他道路线型的事故数。

2)曲线 据美国公路部门统计，在弯道上发生的事故次数约为直线部分事故的 10% 以上，特别是与陡坡和路面滑溜等集中在一起时，发生在弯道上的事故会更多。

(1)平曲线 平曲线与交通事故关系很大。英国一学者进行的调查表明；曲率愈大，事故率愈高。原因是曲率越大，汽车在运行中的转弯半径越小，而所受的横向力越大，容易发生溜滑；驾驶员的行车视距变小，视盲区增大，事故的隐患就大。

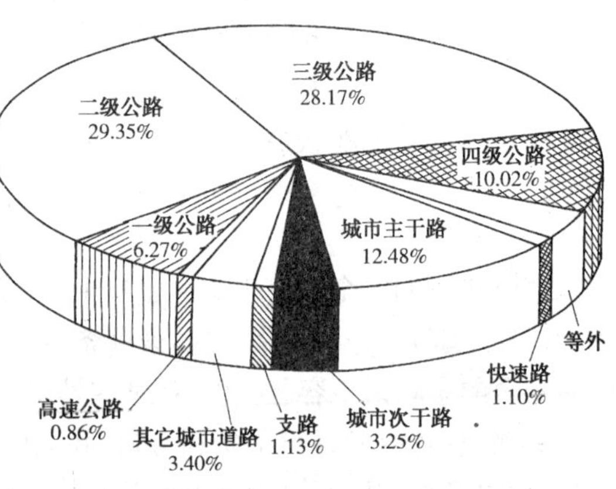

图 9-24 道路原因事故致死人数示意图

(2)竖曲线　由于道路的凸形竖曲线半径过小时，会影响到驾驶员的视距，使其视野变小，也是酿成事故的原因。表 9-9 的调查结果证实了凸形竖曲线的视距越短，交通事故率越高。

视矩与交通事故的关系　　表 9-9

行车视觉	交通事故率(每百万公里)	行车视觉	交通事故率(每百万公里)
240m 以下	1.49	450～750m	0.93
240～450m	1.18	750m 以上	0.68

(3)纵坡度　据前苏联的调查表明，在平原地区、丘陵地区和山区道路上，发生以道路因素的交通事故分别占 7%、18%和 25%。分析坡道上交通事故率高的原因，主要是：①下坡时，驾驶员为节油而常常采取熄火滑行的操作方法，一旦遇到紧急情况来不及采取应急措施，这类事故约占坡道事故的 24%；在车辆下坡时，由于重力作用使行驶速度过高，制动非安全区过长，遇有紧急情况不能及时停车，这种原因引起的事故占坡道事故总数的 40%；③车辆上坡行驶时，由于超越停放或后备功率较小的低速行驶车辆所造成的坡道事故占 18%；④由于其他原因引起的坡道事故占 18%左右。而表 9-10 进一步说明，道路的坡度越陡，事故率越高。

坡度与交通事故　　表 9-10

坡度(%)	事故率(亿车公里)	坡度(%)	事故率(亿车公里)
0～1.99	27.51	4～5.99	112.43
2～3.99	39.76	6～8.00	124.26

2.线形组合　行车安全性大小，与不同线形之间的组合是否协调有密切的关系。下列不良的线形组合往往是导致交通事故发生的重要原因：

(1)线形的骤变　如长直线的末端设置小半径的曲线；

(2)在连续的高填方路段，如果没有良好的视线引导，驾驶员容易使车辆偏离车道中心线，可能冲出路面，酿成车祸。

(3)短直线介于两个不同向曲线之间，形成所谓的断背曲线，这样容易使驾驶员产生错觉，把线形看成为反向曲线，在直线过渡段造成翻车事故。

(4)在直线路段的凹形纵断面路段上，驾驶员位于下坡时看到对面的上坡段，容易产生错觉，把上坡的坡度看得比实际的坡度大。这样，驾驶员就有可能加速以便冲上对面的上坡路段；在下坡路段上行车，驾驶员未觉察自己是在下坡，因而有可能发生事故。

(5)在凸形竖曲线与凹形曲线的顶部或底部插入急转弯的平曲线，前者，因没有视线引导而造成必须突然急打方向盘；后者，在超出汽车设计速度的地方仍然要急打方向盘，这些都是容易引发交通肇事的。

(6)在凸形竖曲线的顶部或凹形竖曲线的底部设置断背曲线，在前者情况下，视线失去诱导的效果，在公路上行驶的车辆，好象突入空中状态，给驾驶员以不安的感觉。车到顶点才知道线形开始向相反的方向弯曲，故在操纵方向盘时也是非常紧张的。而后者会因为道路排水不畅，造成看起来道路是扭曲的，也有使驾驶员视觉产生偏差的缺点。

(7)在一平面曲线内，如果纵断面反复凹凸每每产生这样的问题，即形成只能看见脚下和前方，而看不见中间凹陷的线形，这样的线形容易发生事故。

(8)转弯半径较小的平曲线与陡坡组合在一起时，则会使事故从数量和恶性程度上剧增。德国的比兹鲁在高速公路上进行的事故调查已证实了这种规律(表 9-11)。

弯道和坡度相结合的路段与交通事故的发生关系　　表 9-11

事故数＼坡度 曲线半径	坡度(%)				事故数＼坡度 曲线半径	坡度(%)			
	0~1.99	2~3.99	4~5.90	6~8		0~1.99	2~3.99	4~5.90	6~8
4000 以上	28	20	105	132	1001~2000	50	70	185	200
3001~4000	42	25	130	155	400~1000	73	106	192	233
2001~3000	40	20	150	170					

注：事故数单位为次/亿车 km。

总之，道路的坡道（纵坡）和弯道（平曲线）是道路的主要组成部分，但是在道路设计时和养护中如果不注意科学性和实用性，就会造成交通事故，从我国 1995 年的统计资料分析，各种坡道和弯道共造成交通事故 48 787 次，各种道路共造成 71 494 个人员死亡，见图 9-25。

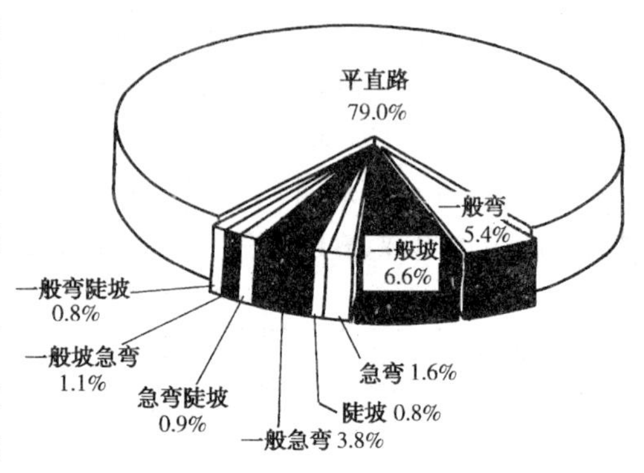

图 9-25　1995 年各种道路线型事故致死情况示意图

3. 道路路面与交通事故　道路路面与行车有着密切的关系，这个关系主要表现在路面和车轮之间的附着性，也可以认为是摩擦系数。附着性和道路路面的材料有关，不同的路面材料有着不同的摩擦系数，即使是相同的材料，路面表面的粗糙程度、干湿程度以及路面的完好程度都会成为交通事故发生的因素（表 9-12）。同时，上述条件对车辆行车时的附着力越有利，交通事故的发生率越低，交通事故的恶性程度也低（图 9-26）。

1995 年我国各种路面条件下的事故情况　　表 9-12

道路状况	事故次数（次）	道路状况	事故次数（次）	道路状况	事故次数（次）	道路状况	事故次数（次）
潮湿	19 889	泛油	433	冰雪	2 059	路障	1 925
积水	3 427	坑槽	1 641	泥泞	1 270	平坦	22 2472
漫水	406	塌陷	356	翻浆	132	其他	17833

由表 9-15 可见，路面状况对交通安全的影响很大。有人在美国宾夕法尼亚州进行交通事故调查发现，路面湿润时的事故率是干燥路面的 2 倍，降雪时是干燥路面的 5 倍，结冰时是干燥路面的 8 倍。据英国道路研究所发表的有关资料介绍，因路滑发生的事故与道路线形关系极大，半径为 150m 以下的弯道部分，因路滑的肇事率为直线区间上肇事率的 48 倍，而环形交叉道路上因路滑肇事则是直线区间肇事数的 80 倍。

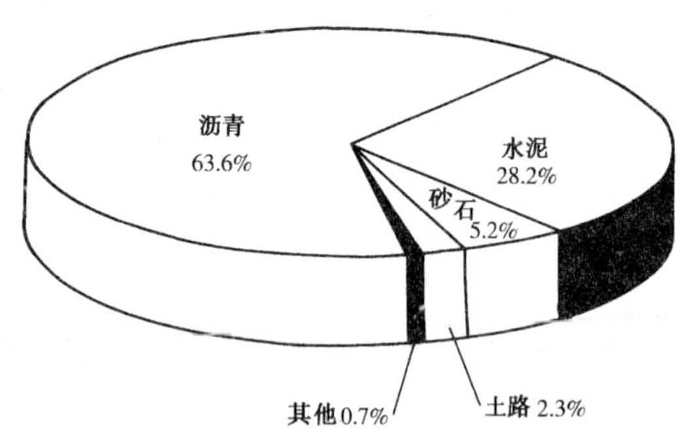

图 9-26　1995 年各类路面类型的事故死亡人数构成示意图

据日本东京 1961 年的调查，由于道路缺陷而造成的交通事故中，因路面光滑而肇事者占 30%。因路面光滑肇事有两种情况，一种是发生在制动前，路滑使驾驶员控制不住汽车；

另一种是发生在制动后，在预定距离内不能减速或停车。因此，对路面进行防滑处理，增大其摩擦系数，可以有效地减少事故的发生。

4.道路类型与交通事故　有人在美国加利福尼亚州的高速公路上(完全控制进出口)做过交通事故调查。结果表明，这种高速道路的事故率比普通道路低，特别是两车相撞和交叉口肇事明显减少。1961 年美国加州发生 316 起死亡事故，郊外和市区高速公路的肇事率为 2.43 人/亿车 km 和 2.08 人/亿车 km，而一般公路为 5.77 人/亿车 km，高速公路的肇事死亡率仅为普通公路的 50%。英国的统计数字更明显地说明道路类型不同其上的交通事故率也不相同。

不同类型的道路，由于车道数、车道宽度、公路路肩、中央分隔带等设置的不同，对交通安全的影响程度也不同(表 9-13)。

英国各种类型道路上受伤事故率　　表 9-13

道路类型	事故率(次)/万车 km	道路类型	事故率(次)/万车 km
商业中心道路	5~8.1	两块板式道路—乡村	1
居住区道路	2.5~4.4	两块板式道路—城市	3
乡区道路	0.9~1.6	高速公路	0.4
3 车道道路	1.3		

5.道路交叉口与交通事故　交叉口是道路交通的枢纽，驾驶员在交叉口处要选择自己的行车路线，从而与其他车辆交织或冲突，因而平面交叉口往往是交通事故的高发点。国外统计资料表明，平面交叉口的交通事故约占全部事故的 50%左右。

这是由于交叉口附近的交通流既有汇聚、又有分散，不同方向的车流在交叉口处形成了较多的冲突点和交织点(图 9-26)

由于图 9-27 可以看出，T 字形交叉口的冲突点为 3，十字形交叉口的冲突点数为 16。冲突点越多，发生交通事故的可能性越大。

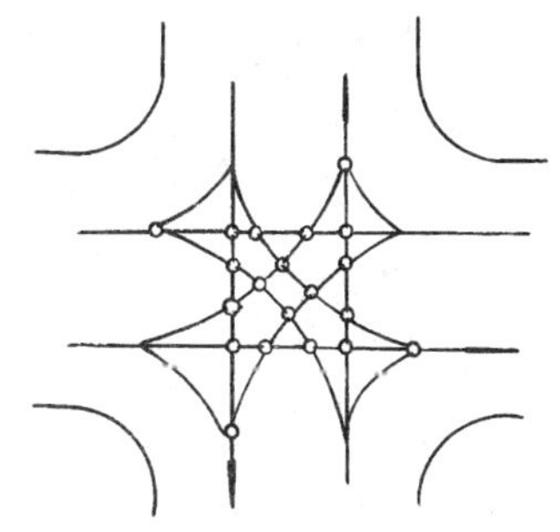
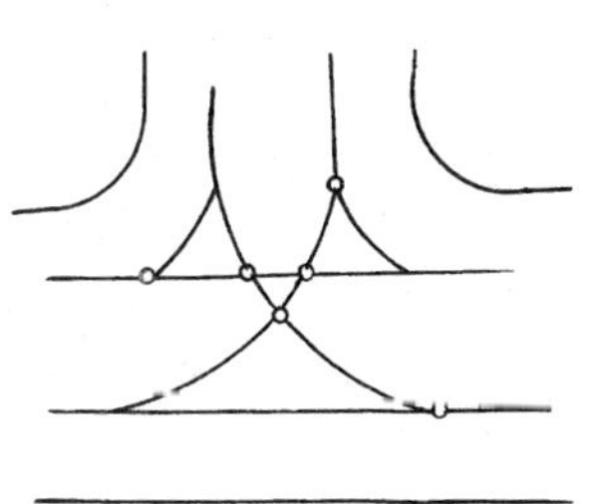

图 9-27　平面交叉口的冲突点与交织点

若交叉口向外伸延的道路均是双车道路时，其冲突点数可由下式计算：

$$C = n^2(n-1)(n-2)/6$$

式中：C——交叉口内的冲突点数；

n——由交叉口向外伸延的道路条数。

可见，交叉口的冲突点数和会集道路的条数 n 成 4 次方的关系。汇集的道路条数越多，冲突点也越多，交叉口内事故率也越高。1969 年日本对 1013 个交叉口进行的交通事故调查表明：除了交通冲突点以外，影响交叉口交通事故的主要因素还有：交通量大小，交叉口有无信号控制及方式、交叉口长度及车道宽度等。此外，距离交叉口远近不同，事故发生率也不尽相同，交叉口事故绝大多数发生在路口内和相距路口 20m 范围的路面上。日本东京一干道的交通事故统计如表 9-14。

距离交叉口远近与交通事故的关系 表 9-14

距　离(m)	路　口　内	0~10	10~20	20~30	30~50	>50
事故发生率	42.8	26.8	16.9	5.2	5.5	2.8

据我国统计资料也可以看出道路上各种路口、路段发生交通事故的情况,表 9-15 表示了我国 1995 年统计的资料。

我国 1995 年各种路口路段发生事故的情况 表 9-15

路口路段类	事 故 次 数	事 故 率%	路口路段类	事 故 次 数	事 故 率%
三分叉口	22 470	8.27	隧道	481	0.18
四分叉口	21 157	7.78	桥梁	5 234	1.93
多分叉口	852	0.31	窄道	4 259	1.59
环行交叉	1 450	0.53	高架路段	25.4	0.92
立体交叉	851	0.31	变窄路段	1 804	0.66
铁路道口	220	0.08	其他路段	210 561	77.46

四、交通环境因素

驾驶员行车的工作状况,不仅受道路条件的影响,而且还受到道路交通环境的影响。

1.交通量的影响　在影响驾驶员行车的诸多交通因素中,交通量的影响起着主导作用。交通量的大小,直接影响着驾驶员的心理紧张程度,也影响着交通事故率的高低。

根据交通工程学工作者的研究,交通量车流速度和交通事故的关系如图 9-28 所示。

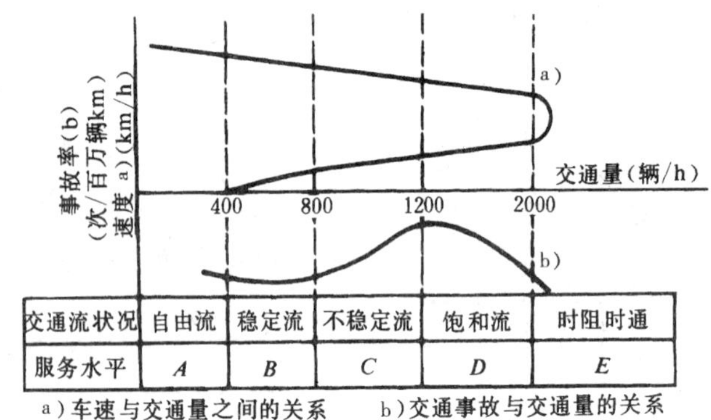

图 9-28　交通量、速度和交通事故的关系

(1)交通量非常小时,驾驶员只根据道路信息操纵汽车,在没有同向和逆向汽车的干扰时,驾驶员可以根据汽车动力特性和制动性能自由选择车速,这时,一般车速都比较高。当道路的视线受到限制、路面宽度不足、路面粗糙度不够时,行车速度过高,驾驶员往往应付不了道路环境的变化。所以,在交通量小的道路,交通事故的绝对数虽然不大,但按每百万辆千米计算的相对事故数比较,则有可能超过交通量大的道路。

(2)随着交通量的增大,驾驶员开始注意到同向汽车和迎面来车的影响,使驾驶员行车开始谨慎,这时事故的相对数量有所减少。

当交通量再增加时,超车将受到限制,即超越时必须先跟随被超越车辆,等待适当的时机才能完成超车,车多时有可能形成2~3辆的跟车车列,故此时的车速较前一段有所下降,而相对的事故将随交通量的增加而增长。

(3)由于交通量的不断增加,与超车有关的道路交通事故的相对数量亦不断增加。同时,事故的增加与平均昼夜的交通量成正比。多数国家的规范规定,当双车道路的交通量达到6 000~7 000辆/昼夜时,必须把这种道路的行车道分隔开,使车辆单向行驶,在这种条件下超车非常困难,所以汽车相互影响,驾驶员在超车时,必须等候迎面来车出现足够的间隔才能进行。交通量越大,得到这种间隔的机会越少,超车的风险也越大。道路交通事故的相对数与平均每昼夜交通量之间近似直接关系被破坏。这个阶段车速继续下降,相对事故数上升很快。

(4)交通量再增大,速度继续减低,这时只有冒着风险才能超车。同时超越车对迎面来车形成障碍,使迎面来车减速,甚至需要刹车或驶向路肩。这样冒险超车的驾驶员虽然不是大多数,但却使道路交通事故的相对数达到最大值。

在这种情况下,多数车辆只能跟随行驶,且使跟随车相互的速度差变小,而出现所谓"饱和车流",速度继续下降,相对的交通事故数也有所下降。

综上所述,在交通量很小时,车辆的行驶主要取决于车辆本身的性能。这个阶段的交通肇事往往是由于高速行驶、冒险行车、汽车的运行与道路条件不相适应所致。随着交通量的不断增加,交通条件逐渐成为影响安全行车的主要因素,由于车辆的相互干扰、互成障碍,超车不当,避让不及,常导致交通肇事。因此,在行车中,妥善掌握行车速度是减少交通事故的重要环节。

2.交通混杂程度与行车速度的影响　有人在德国的高速公路上调查发现,在稳定的小客车交通流中,若混入载货汽车,交通事故率将随载货汽车的混杂率的增大而急剧地增大。

我国的道路多为双车道,且为混合式交通,由于各种机动车在一条道路上行驶,其动力性不同、行车速度相差很大,特别是机动车和非机动车的差异更大。虽然我国经过初步研究论证了这条事故规律,对交通流中大型车辆的混入率的研究是比较复杂的,针对我国的这种混合交通,分析其中各种车辆数量的成分,我国有人提出了交通"熵"的概念,但是,还未和交通事故的量找出比较成熟的数据关系。混杂率与交通事故之间关系的数量分析虽然有待研究,但客观现实已使我们认识到,我国的混合交通和交通混杂程度严重是交通事故率高的重要原因之一。

车速与交通事故也有密切的关系,有人曾提出以下研究结论,即:

一条道路上,交通事故的多少与车速本身(指路段上一般车辆的行驶速度)的关系较小,而与道路上各种车辆行驶速度的离散程度成正比。路段上的行车速度平均为50km/h,则某车行驶速度为30km/h与行驶速度为70km/h时其危险性是一样大的,而某车行驶速度为20km/h或80km/h,它的危险性则比前者更大。就是说,车速太快或太慢均易肇事,而顺应交通流的一般速度则是最安全的。当然,从整个交通流来说,在交通量一定的情况下,交通流的平均速度越低,交通事故率也越低;反之,则交通事故率高。

3.交通信息特征与交通事故　汽车是在错综复杂的环境中行驶的,行车过程中,驾驶员总是通过自己的视觉、听觉、触觉等从不断变化着的交通环境中获得信息,并通过对他们的识别、分析、判断和选择,做出相应的反应。

不同的信息特征,经驾驶员分析、判断后会产生不同的心理反应,也就是不同的安全感,驾驶员的安全感与道路的安全保证的不同组合,决定着道路的交通安全性程度的高低。

所谓道路的安全保证就是该道路可能为汽车的安全行驶提供的物质保证,或者称道路本身能够满足汽车安全行驶的程度。而道路交通的安全性取决于道路本身技术条件的可靠性以及这种可靠性能否以“信息”的形式显示出来并为人们所感觉。就是说,交通的安全性即与道路的安全保证有关,又与驾驶员的安全感有关。具体的说,有以下一般规律:

1)道路安全保证低、驾驶员安全感也低的道路上,道路交通的安全性可能高即交通事故率可能低。

这是因为道路的安全保证虽然低,但危险性具有信息的先兆性,易为驾驶员所感觉,因而有从思想上和行动上应付的准备,这样,就不易肇事。

2)道路安全保证低、驾驶员安全感反而高的道路上,其交通安全性低即事故率高。

如某些弯道上加宽不够、超高不足(甚至有微量反超高)的路段以及阴雨后初晴的沥青路面(附着系数很低)上,虽然安全保证很低,但因其危险性未直接显示,信息潜伏或信息微弱,同时,道路因为转弯半径并不小,或路面光滑如洗,容易使驾驶员产生比较高的安全感,这样,往往在高速转弯时,发生横向侧滑、翻车或遇到紧急情况(信息突显时)不能迅速停车及制动时侧滑、跑偏而肇事。

3)道路安全保证高,驾驶员安全感低的路段上,其安全性并不高,即事故率较高。

长(沙)—常(德)公路上,沿益阳往长沙方向有一马鞍型路段,下坡400m处与一桥梁及一支路连接,从几何线型上看,该桥和路的连接上是协调的,能够保证行车安全。但是,由益阳到长沙来的车辆,在两旁植树视线的诱导下,进入马鞍型长坡400m后,一般车速较快,此时,丁字形交叉口及公路桥同时出现,而且无树木出现表现的空旷,此时,人—车—路—环境协调关系遭到破坏,致使驾驶员思想紧张,在心理作用力的干扰下,驾驶员容易产生制动的操作错误,造成此处为一碰车、翻车的事故高发点。这些说明了上述结论的正确性。

4)道路安全保证高,驾驶员安全感更高的路段上,交通安全性也不高即事故率较高。

某二级公路城市出入口路段,呈微凹形,路面平直、宽阔、视线良好。驾驶员进入该路段,首先获得这些信息,安全感很高,容易产生摘档滑行并提前提速冲坡的心理活动及驾驶操作,一旦遇到行人临车横穿公路、自行车放坡失控或高速转弯等突显信息,便惊慌失措而肇事。此为该地成为事故高发点的主要原因之一。说明安全保证、安全感更高的道路上,交通安全性并不一定高,有时反而事故率高。

5)道路安全保证和驾驶员安全感适度的道路上,交通安全性比较高,即事故率背景低。

在此情况下,道路既足以保证行车安全,交通环境给予驾驶员的刺激信息又不致造成十分安全、可以任意行驶的感觉,因此安全性高。一些道路条件好,交通标志设置齐全、合理的路段以及有适度弯、坡路段比长直线路段事故率低的事实,就证明了这一点。

由上述分析,当道路的安全保证较高,而驾驶员的“信息”又并非十分安全的道路交通环境为最佳;最差的是不具备较好的安全行驶条件而给予驾驶员的“信息”又相当“安全”。交通管理的任务之一,就是通过改善交通环境,设置合适的交通标志来调节道路的安全保证与驾驶员安全感之间的关系,使其转向有利于交通安全的组合。

第四节 交通安全及其评价

交通安全及其评价问题,在我们日常生活中几乎处处都能接触到。无论是何时何地,只要该地区有交通行为存在,交通安全问题便马上跃入社会和民众的心目中。

近年来,由于我国改革开放政策的实施,道路交通事业和其他行业一样,突飞猛进。但在人民群众眼里似乎交通越发达,其安全问题越使人牵挂。这种“牵挂”体现了人们对交通运输造成交通事故程度这种情况的评价。这可以称为广义的“交通安全评价”。经调查,大多数人认为交通量随年份的增加,人们的安全感越来越低了。我国的交通事故次数从1951年的5 922次,到1999年已达到412 860次,因交通事故死亡人数从1951年的852人已经增长到1999年的83 529人,从1980年开始统计,因交通事故死亡人数为21 818人,到1999年死亡人数几乎翻了几翻,这个数字令人咋舌。即便这样,交通运输行业没有因此而停止。祖国各条道路上,仍是车轮滚滚、车水马龙。经济要发展,但事故在增加,这成为一对矛盾。如何看待、理解和评说这一矛盾现象呢?只有用科学的态度才能认识这一问题。正确研究和评价交通安全问题,这对我国乃至全世界各国人民都有着安定和指导作用,同时也对各级交通管理机构和工作人员以借鉴,以更加明确今后努力的目标。

一、交通安全及其评价理论

(一)交通安全概念

这里讲的交通安全是指道路交通安全问题。所谓道路,一般包括城市道路和各种等级的公路(不包括一般厂矿企业内部的道路)。道路交通安全与否是建立在对道路交通事故定性分析认识的基础之上。

在道路交通系统中,如果对交通工具使用不当或因其他什么原因,就可能造成人员的伤亡及经济损失。若发生这样的情况,人们就认为不安全。若此类事件多次发生,人们就认为是非常不安全。然而,在一定的区域范围和一定的时限内不发生或极少发生交通事故,则认为是安全的。若要求绝对不发生这类事件,除非此区域不再有道路交通行为。这在当前高速发展的社会里,是不可能的。而且在今后一个时期,道路交通事业的发展与道路交通事故的发生,这对矛盾还会越来越尖锐,交通事故不可能陡然消失。问题是如何减少这种灾难性事故的发生。这一观点既反映了全社会的呼声,也把对交通安全的认识由理论上的“绝对观点”转变为“相对观点”。这是符合辩证唯物主义认识论的。

(二)交通安全的评价理论

当我们在对交通安全概念上有了一个正确的认识之后,便可以把人们对交通事故发生的惧怕心理的程度能够用一种尺度来界定,这便是对交通安全的评价。但是,如何科学、正确地评价交通安全的程度,这一直是全世界有关专家、学者致力钻研的一个问题。若使评价具有科学性,即能够起到实事求是的反映交通事故的客观事实,又能够对人们做出准确的解释和有说服力的安定作用,则评价方法必须有较充实的理论作为基础。评价者一般以管理者的身份出现,这一点世界各地的专家和学者几乎都有统一的认识。

最初的交通安全评价是以交通事故所致后果的大小程度来衡量的。其目的是以此给交通行为的表现者以铭深的教训。这种方法因其“简明、直观”的特点,经整理后在全世界沿袭至今。这便是人们所熟知的“四项指数”法。由于社会的发展,人们认识的提高,其他种类的评价方法继后也纷纷出现,如每万车死亡人数和每万车万人死亡人数的相对指标已成为今天全世界通行的标准评价指标。我国有关学者也推出了一些评价方法。其主要的事故评价体系如图9-29所示。

下面就评价体系中的一些主要方法分别作以简单介绍。

1.“四项指数”法　是指在不考虑交通事故发生的任何主、客观因素,只在要求的一定范围内(如一个国家、一个城市、一条公路、一个地区等)统计“四相指数”,即:①交通事故的发生次数;②因交通事故死亡的人数;③因交通事故受伤(可以分轻伤和重伤)的人数;④因交通事故造成的直接经济损失(一般按规定折算成货币元)。因这四项指数无任何参照比较值,所以称为绝对数,也称为绝对指标。这种方法在统计上简单易行,对比度明显,可以单纯的作纵向、横向的比较,人们比较容易接受,所以,在我国是一种常用的方法。但交通事故的发生是由多种原因造成的,从数理统计和概率论的观点出发,车辆和人越多,事故出现的概率就越大。而"四项绝对值法"没有反映这些背景数据和因素,所以在不同等条件下没有可比性。因此,作为不同地区、不同条件的比较安全程度的指数时是缺乏科学性和说服力的。

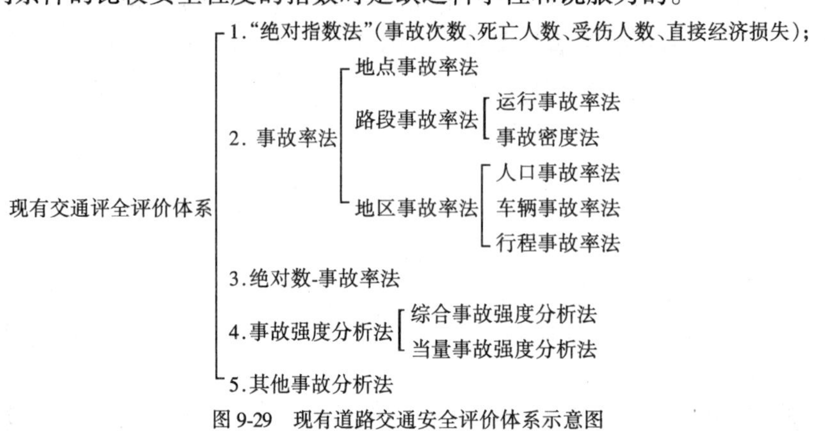

图 9-29　现有道路交通安全评价体系示意图

2.条件强度比较法　有人认为交通事故是交通行为的产物。参与交通行为的主要因素是车、人和路。当车、人和路数量增多时,事故自然增加。要用交通事故的四项指数评价交通安全时,必须以相应保有的车辆数、人口数及道路数等作为比较的相对条件。从这种观点出发,出现了下面三类复合评价指标:

(1)每万辆车死亡人数和每百万辆车死亡数,表示为:死亡人数/万车、死亡人数/百万车;

(2)每万辆车、万人死亡人数,表示为:死亡数/万车人;

(3)每万辆车、万人、万千米死亡人数,表示为:死亡人数/万车人千米。

由上述三类指标可以看出,在评价安全指标时,由于掺入了相对参照数据,评价数据就表现出了一定的科学性和可比性。但是对这种评价指标也有批评意见,主要认为道路有等级好坏之分,汽车有大小快慢之别,人有素质之高低,不能平等做比较。这在理论上是对的,但要绝对做到平等比较是困难的。因此,上述三类指标中万车死亡数和万车万人死亡数这两项指标认为相对差异较小,而容易被人们接受。这在国际上也视为比较的统一评价指标。而道路因此各国在评价所需或其他用途时也作为评价指标,如以某一等级的公路为"标准路",将其他等级的公路换算成"当量标准路",然后采用万车万人千米死之数(死之数/万车、万人万千米)做指标等。"鉴于目前车辆状况不断改进,道路状况不断改善,人口不断增长的现实,不少学者都在努力修正条件强度比较法,以获得更为合理的评价结果。

3.综合事故率评价法　中国人民公安大学李兵教授等人认为,"四项绝对指数"法,忽略时间和空间及交通条件的因素,是缺乏科学性的,如果在评价中加入人口数量、汽车数量因素,虽然这些指标是静态的,但是,它考虑了人、车的交通因素,相对是比较合理的,因此提出了"综合事故率评价法",其数学模型为:

$$K_s = 10^4 \frac{D}{\sqrt{P \cdot N}}$$

式中:D——死亡人数;

P——(地域)人口数(人);

N——(地域)机动车数;(辆)

4.数理统计法　是由吉林大学赵文和吉林工业大学李江教授提出的,他们认为,交通事故的发生是属于随机事件,因此,可以用数理统计的方法来研究,所以提出了概率法;具体做法是:将被评价的路段分成 k 个小区间,令其 Q_i 为第 i 个区间相对于全路段发生事故的危险率,即第 i 区间上发生的交通事故的概率(图 9-30)所以:

$\sum_{i=1}^{N} Q_i = 1$;再令 Y_i 为第 i 区间上,在时间间隔[0.T]内发生的事故,则

$$Y_i = \sum_{i=1}^{T} y_{it}, \quad y_{it} = \begin{cases} 0 \\ 1 \end{cases}$$

这表示在第 i 区间上第 t 段时间内发生的事故数。由于每小段时间间隔都取得很短,以致来不及发生两起交通事故,所以 Y 上取 0 或 1。因为$[0,T]$这段时间是取在交通繁忙的时间段,可以认为每小段时间段 t 内,发生事故的概率均为 Q,(其中 $t=1,2,\cdots,T$)由于每个时间间隔都是相互独立的,因此 Y 服从二点分布,又因为在第$[0,T]$时间内,y 应服从二项分布:即;

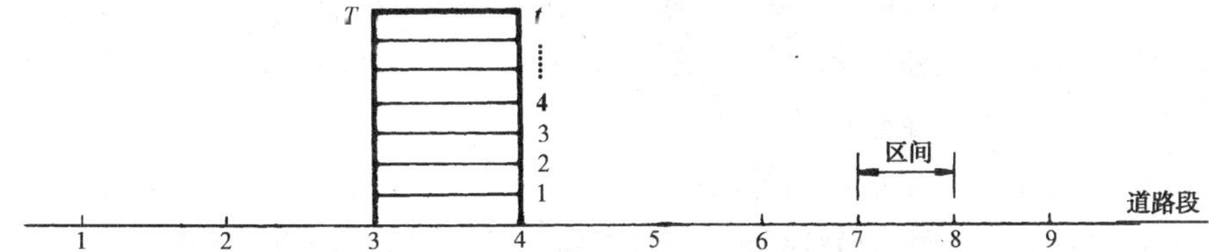

图 9-30　路段区间与时间间隔划分示意

$$P(Y_i = Y_t) = C_T^{y_i} Q^{y_i}(1-Q)^{T-y_i}$$

其中:均值 $m_i = IQ_i$ 方差:$D_i = TQ_i(1-Q_i)$。

当:$T \longrightarrow +\infty$时,由泊松定理可得,

$$P(Y_i = y_i) \to \frac{m^{yi}}{y_i} \cdot e^{-mi}$$

也就是说第 i 段小区间内发生事故数 y_i 的概率是符合泊松分布的。借助第 i 段路段上主要交通因素的观测值(如行人交通量、机动车交通量、道路宽度、沿线条件、自行车交通量、大型车辆混入率等等)建立数学模式(多元回归方程)来确定估算值 $\hat{y}_i$ 用以代替 m_i,这样便 $m_i = \hat{y}_i$。从而第 i 段区间路上发生的事故数 y_i 可以视为以 $\hat{y}_i$ 为均值的按泊松分布的随机变量。当 $\hat{y}_i > 5$ 时,时间间隔数 T 就充分大了(可以认为是对$[0,T]$区间数 T 充分的大,也可以认为$[0,T]$分段很细,也就是说时间单位取得很小,故 T 就相对的大了。)

根据德莫非—拉普拉斯定理,随机变量 Z 为:

$$Z = \frac{Y_i - TQ_i}{\sqrt{TQ_i(1-Q_i)}} = \frac{Y_i - \hat{y}_i}{\sqrt{\hat{y}_i - \left(1 - \frac{\hat{y}_i}{T}\right)}}$$

它近似服从于标准的正态分布 $N(0,1)$(当 T 趋近于∞时),由于 Y_i/T 是充分的小,这样随机变量 Z 为:

$$Z = \frac{Y_i - \hat{y}_i}{\sqrt{\hat{y}_i}}$$

鉴于上述的假设和推理,可以认为各小区间内的交通事故发生数 T_i 是近似于正态分布

的。如果将划分的小区间以省、市地区等区域而定,那么，也可以得到上述相似的或相同的结论,并且可以对不同的省、市地区的事故进行预测和安全度的评价。(对于该方法在此只做概要的叙述，详细方法请查阅有关资料)

5.综合强度修正法　是北京交通管理干部学院的张凡安副教授等人提出的。认为:考虑人、车、路、环境就是为了增强评价的可比性,具体的说就是应该将所评比的地区的基本条件换算成基本相同的当量值,在这种情况下的评价才具有“可比性”,因此提出了强度修正法,其数学模型为:

$$R=\frac{D_1k_1+D_2k_2+D_3k_3+D_4}{365K_\mathrm{i}}\times10^{-3}$$

式中: R——安全度评价值,根据计算原理,其值越小越好;

D_1——某一时间段内，被评价区域发生的交通事故次数;

D_2——某一时间段内，被评价区域因交通事故死亡人数;

D_3——某一时间段内，被评价区域因交通事故受伤人数;

D_4——某一时间段内，被评价区域因交通事故造成的直接经济损失;

K_1——D_1 的经济折算当量值的折算系数;

K_2——D_2 的经济折算当量值的折算系数;

K_3——D_3 的经济折算当量值的折算系数;

K_i——关于对道路在路面和沿线环境方面(气候、地理等)的修正值,用如下公式计算:

$$K_\mathrm{i}=\frac{\sum\limits_{\mathrm{i}=1}^{\mathrm{n}}l_\mathrm{i}m_\mathrm{i}d_\mathrm{i}f_\mathrm{i}J_\mathrm{i}b}{B}$$

其中: l_i——评价段第 i 段道路的长度(km);

m_i——第 i 段道路的路面修正系数(1~0.50);

d_i——第 i 段道路的地理状况修正系数(1~0.55);

f_i——第 i 段道路的气候条件(多雨及多雪等)修正系数(1~0.50);

b_i——第 i 段道路的实际宽度(M);

B——标准道路的宽度(M);

J_i——第 i 段道路上的年平均日交通量。

(注:以上修正系数条件好时取大值)

该公式根据被评价区域公路及运行在道路上的实际交通量和天气、地理等情况对强度法进行了修正。这种方法在 1985 年 7 月于西宁召开的“全国交通安全评价学术讨论会”上得到了充分的肯定。

从以上各计算式中可以看出,各式都以死亡人数作为特别指标,将四项指数作为基本指标进行演绎变形而得。由此可见死亡人数是人们最为关注的数值,这在世界各国都是认识统一的。

关于交通安全的评价具体方法可以根据具体的评价目的来选择方法。或应用上述几种方法进行组合、比较等,这种做法在我国和世界其他地方都有应用,为了比较深刻的理解交通安全评价的做法这里选一我国某一社区的交通安全评价的资料为例。加以说明。

二、我国某一社区的交通安全的结合评价方法介绍

(一)评价指标的选择

1.首先根据社区的特点,同时考虑与国家和国际通用指标接轨,选择四项指数修正法和当量条件强度比较法为基本的评价方法。

2.数学模型的建立:

$$Z_1=\frac{S}{C};\ Z_2=\frac{S}{C\cdot R},Z_3=\frac{SH+S+S_a+J}{C\cdot R},$$

其中:Z_1、Z_2、Z_3——评价指标;

S——死亡人数(人);

C——车辆保有量(万辆);

R——人口数(万人);

SH——事故数(次);

S_a——受伤数(人);

J——直接经济损失。

3.修正项目及考虑因素

(1)把各等级公路按宽 12m 的值换算成当量里程;

(2)按公路穿越地区山岭重丘多少和恶劣气候占评价时间段的长短在标准当量里程上再作修正;

(3)采用实际交通量(年平均日交通量)作为评价条件;

(4)将“四项绝对值”仍作为基本指数。整个修正理论采用“模糊数学”的模糊观点评价内容为指导思想,并将修正值向公路管理部门人员征求意见,确认修正得当。

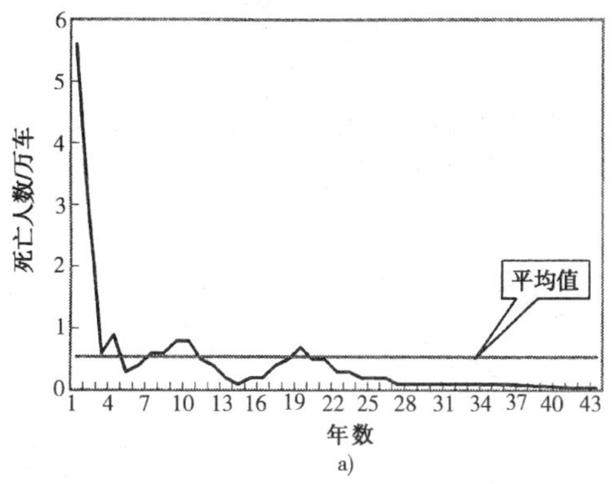

a)

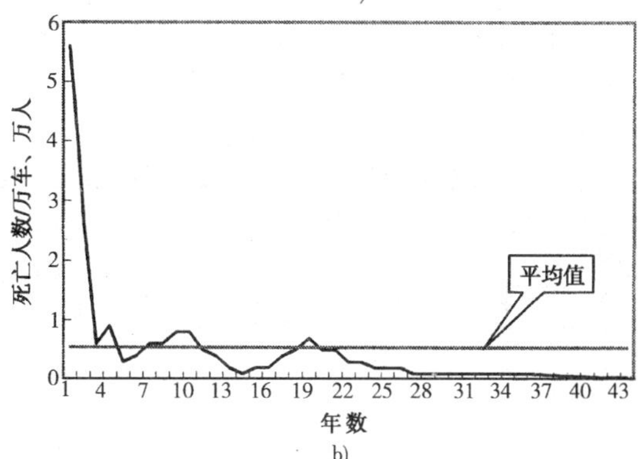

b)

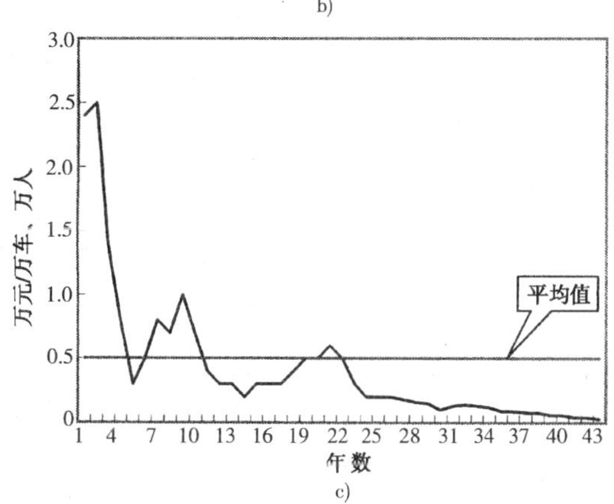

c)

图 9-31 42 年交通安全统计评价图

(二)评价方法与理论

当把评价区域内的各因素当量化后,受评价的对象则处于同一个基准面,这样便有了一个公平的起点。在评价后可用比较的方法给予定论。而安全度的论证还需考虑两个因素:①交通事故的发生是不可避免的;②安全与否在不同的时间段内(年代段、月份段等)是相对而言的,如前十年评价时定为安全年的,若将评价时间段扩大若干年后,可能是相对不安全年。根据这个理论,在评价时以数理统计和概率论中“符号检验法”为指导,将被评价年(月)定为三个档次,即;“安全年、临界年、和不安全年”。可以以公路(条、段)为单位进行评价,以比较评价值的大小为标准,小者比大者较为安全。

(三)对社区交通安全情况的评价

对某社区 42 年(1951~1995 年)交通安全评价,采用了三个类型的评价指标:即:

I类:万车死亡数(人/万车);

表 9-16

某社区 42 年交通安全的评价表

时间段（年）	机动车保有量（万辆）	人口数（万人）	事故数（次）	死亡数（人）	受伤数（人）	经济损失（万元）	死亡数/万车	评价	死亡数/万车人	评价	元/万车人	评价
1951	0.010	161.380	12	9	6	0.529	900.00	不安全年	5.577	不安全年	24166.889	不安全年
1952	0.013	162.880	18	6	26	1.203	461.538	不安全年	2.834	不安全年	25030.791	不安全年
1953	0.028	164.010	30	3	42	0.922	107.143	安全年	0.653	不安全年	14372.148	不安全年
1954	0.053	173.240	72	9	13	0.922	169.811	不安全年	0.980	不安全年	8277.417	不安全年
1955	0.177	179.410	112	10	24	2.549	56.497	安全年	0.315	安全年	3464.039	安全年
1956	0.334	199.920	263	33	122	5.836	98.802	安全年	0.494	安全年	5279.146	不安全年
1957	0.396	204.640	557	53	244	25.618	133.838	不安全年	0.654	不安全年	8410.010	不安全年
1958	0.415	225.000	502	59	228	27.753	142.169	不安全年	0.632	不安全年	7025.732	不安全年
1959	0.489	260.010	999	108	557	49.025	220.859	不安全年	0.849	不安全年	10858.077	不安全年
1960	0.685	248.650	809	139	417	56.628	202.920	不安全年	0.816	不安全年	7271.715	不安全年
1961	0.689	211.420	325	84	272	17.015	121.916	不安全年	0.577	不安全年	4712.876	不安全年
1962	0.669	205.010	267	66	156	16.862	98.655	安全年	0.481	安全年	3554.582	安全年
1963	0.638	209.740	306	34	157	19.320	53.292	安全年	0.254	安全年	3079.042	安全年
1964	0.631	219.480	290	14	129	12.960	22.187	安全年	0.101	安全年	2281.816	安全年
1965	0.633	230.450	285	39	206	15.039	61.611	安全年	0.267	安全年	3191.195	安全年
1966	0.575	240.620	450	34	208	21.243	59.130	安全年	0.246	安全年	3866.976	安全年
1967	0.604	250.450	295	65	140	25.221	107.616	安全年	0.430	安全年	3189.790	安全年
1968	0.616	260.950	427	87	193	22.365	141.234	不安全年	0.541	不安全年	4152.673	安全年
1969	0.634	271.930	754	124	251	30.759	195.584	不安全年	0.719	不安全年	5800.521	不安全年
1970	0.737	282.730	759	121	319	34.202	164.179	不安全年	0.581	不安全年	5094.419	不安全年
1971	0.840	295.650	1032	126	673	48.522	150.000	不安全年	0.507	安全年	6309.941	不安全年
1972	1.173	307.060	1291	132	975	58.616	112.532	安全年	0.366	安全年	5598.731	不安全年
1973	1.212	318.160	920	139	602	67.387	114.686	安全年	0.360	安全年	3835.657	安全年
1974	1.845	328.750	1228	157	690	74.688	85.095	安全年	0.259	安全年	2926.540	安全年
1975	2.367	337.490	1310	189	640	104.909	79.848	安全年	0.237	安全年	2331.014	安全年
1976	2.623	346.580	1381	228	710	80.374	86.923	安全年	0.251	安全年	2293.068	安全年
1977	3.182	356.750	1508	210	746	96.200	65.996	安全年	0.185	安全年	1876.442	安全年
1978	3.842	364.860	1591	237	771	97.320	61.687	安全年	0.169	安全年	1624.775	安全年
1979	4.415	372.020	1581	276	877	119.239	62.510	安全年	0.168	安全年	1519.329	安全年
1980	4.492	376.900	1586	292	92	92.210	65.010	安全年	0.172	安全年	1040.415	安全年
1981	4.786	381.600	1468	259	987	104.053	54.120	安全年	0.142	安全年	1367.907	安全年
1982	5.103	392.790	1647	280	1148	105.268	54.874	安全年	0.140	安全年	1402.821	安全年
1983	5.572	392.570	1618	319	1226	108.885	57.252	安全年	0.146	安全年	1367.908	安全年
1984	6.470	401.670	1817	315	1275	142.594	48.685	安全年	0.121	安全年	1203.859	安全年
1985	7.691	407.380	2369	400	1473	282.218	52.007	安全年	0.128	安全年	1231.227	安全年
1986	8.781	421.120	2207	369	1199	281.090	42.025	安全年	0.100	安全年	922.150	安全年
1987	10.007	427.900	2510	454	1420	363.549	45.369	安全年	0.106	安全年	942.879	安全年
1988	11.293	434.200	2643	470	1352	290.894	41.618	安全年	0.096	安全年	832.823	安全年
1989	11.741	440.200	2957	455	1275	445.600	38.752	安全年	0.088	安全年	796.936	安全年
1990	13.047	447.660	2724	438	1293	455.689	33.572	安全年	0.075	安全年	679.655	安全年
1991	14.084	454.430	2728	440	1249	483.140	31.242	安全年	0.069	安全年	614.601	安全年
1992	15.085	461.020	1558	409	888	536.762	27.112	安全年	0.059	安全年	415.838	安全年
1993	16.474	466.700	1627	430	908	993.732	26.102	安全年	0.056	安全年	391.830	安全年

Ⅱ类：万车万人死亡数(人/万车人)；

Ⅲ类：万车万人当量经济损失(元/万车人)。

这三类指标都是相对指标，相对于被评价地区各年代的机动车保有量、人口拥有数量，其中，事故死亡人数在计算中采用了真实数据，因为交通事故致死的数据在人们对交通安全的心理是十分敏感的数值，世界各国对此数据都十分重视，所以，在评价中提出"致死率"的理论就是这个原因。而对事故造成受伤人数这一指标一般都不放在较重要的位置，在本评价中对受伤指标也没有直接在评价中反映出来。为了不忽略这一重要指标，在本评价中用了一个综合指标，即将事故致死数、受伤数、事故次数、都用了一个假定的货币数进行折算(如假定发生一次事故折算货币为某一值、事故致死一人折算为某一值、事故致伤一人折算某一值，折算单位可以自定，因为是为了评价方便，不是实际价值这点很重要，不要误解)然后加上实际的经济损失，和相对项目数量单位进行比较，称为相对数的"当量"经济损失。

在评价时，对上述三项指标分别计算，并和评价时间段的单位平均值进行比较，若某一单位时间(如年单位)的某一评价值大于平均评价值时，可以认为该评价项目在该时间段位的安全度是"不安全"的，若小于则称为"安全"，出现相等时被认为是处于"安全"和"不安全"之间，被命名为"临界"。如果在某一时间单位(如年)的三项指标均是不安全，可以认定为该时间单位是"不安全单位"(如不安全年)，如果三相指标结果不统一时，就评价为"安全"见图9-31a、b、c。这个方法也称为"一票否决法"。应用该方法对本例中某一社区42年的交通评价如表9-16所示。

对表9-16所示的结果进行分析，其结果认为，该社区42年中，有9年是'不安全年'见表9-17。但是，从评价指标的趋势看，因交通事故死亡的人数虽然在增加，但是评价指标逐年在下降，说明我国的交通设施逐年在完善、交通管理水平逐年在提高的，事故造成死亡数的增加是个绝对数，而相对于机动车、人口的增加情况分析，交通安全度在提高。

社区交通安全评价结果表　　表9-17

第Ⅰ类指标 评价不安全年 (年)	第Ⅱ类指标 评价不安全年 (年)	第Ⅲ类指标 评价不安全年 (年)	一票否决法 的总体评价 (年)
1951	1951	1951	1951
1952	1952	1952	1952
	1953	1953	
1954	1954	1954	1954
		1956	
1957	1957	1957	1957
1958	1958	1958	1958
1959	1959	1959	1959
1960	1960	1960	1960
1968	1968		
1969	1969	1969	1969
1970	1970	1970	1970
1971		1971	
		1972	
$\sum=11$年 占总年的26%	$\sum=11$年 占总年的26%	$\sum=13$年 占总年的30.9%	$\sum=9$年 占总年的21.4%

该社区的"不安全年"是，1951、1952、1954、1957、1958、1959、1960、1969、1970九年，对这些

年的情况可以从历史背景、经济发展等方面的因素来分析，1951～1954年正是我国刚刚解放的时期，当时的社会还不算稳定，该社区的交通处于落后状态，车辆陈旧、道路设施十分落后，交通管理工作几乎处于刚刚起步的阶段。1957～1960年阶段，当时受“左”的思潮的影响，社区内展现出一片“大跃进”的“繁忙”景象，随之进入了我国三年经济困难时期，人们的工作、生活都处于一个特别的时期，交通事故多发是十分正常的。

1969～1970年阶段，正值文化大革命时期，社会程序陷入混乱，车辆运输、调配极不安全，交通管理更不正常，交通事故率自然上升。这种分析结果，赢得了社区交通管理部门认定，社区有关领导的赞同。可见评价结果是比较准确的。

从表9-20中也可以看出，该社区的交通安全宏观评价具有不安全年具有连续性和不安全年分布在解放后的前20年这种时间分布特点。

第五节　交通事故预防

一、交通事故的严重性

据资料统计，第二次世界大战结束以来，全世界约有3000万人死于交通事故，致伤残人数达到1亿多人，死伤人数是世界局部战争死亡人数的几十倍。近几十年来，全世界的汽车数量有了突破性的增加，车辆的性能有了相当程度的改进，道路从数量上也有很大的增加，尤其是高速公路的大量修建，给道路运输增加了很大的活力，从而使道路交通流量也有了明显的增加。就汽车消费的大国——美国而言，道路交通十分发达，美国的各种运输业的总产值占美国GDP(国内生产总值)的11%，发达的交通运输同时也给美国人民的生命和财产安全带来了极大的威胁；每年因交通事故导致死亡和受伤的人数也很多，如1997年美国公路交通事故导致41 967人死亡和340多万人受伤，其医疗费用达到了1 650亿美元。由于公路交通事故导致的人员死亡和受伤数量，占所有与运输有关的事故导致人员死亡和受伤总数量的比例分别是94%和99%，同时公路交通事故是造成6～27岁人员死亡的主要原因。可见，交通事故的危害性之大。

我国的交通事故情况也是十分严重的，自20世纪80年代中期起，交通事故数的增长趋势比较明显(见图9-32)。虽然在90年代开始交通事故数上升速度有所缓和，但是因事故造成的死亡人数却上升较快。1990年时，因事故死亡人数为49 327人，到1999年上升为83 529人。造成直接经济损失上升的更快，1990年时因事故造成的直接经济损失是3.63亿元，到1999年达到21.2亿元；这说明交通事故的恶性程度增加了。尤其在我国高速公路高速发展的今天，由于道路条件得到了极大的改善，汽车的性能也有了很大程度的提高，道路运输业也表现出了空前的繁忙，这也是道路交通事故数量增加和恶性程度加大的一个重要因素。

二、交通事故的预防

交通事故给人们的生命和财产带来了十分严重的损害。作为一个国家经济发展重要支柱的道路交通运输业，在运行中保证完全不发生交通事故是不现实的，如何有效的减少交通事故的数量及降低交通事故的恶性程度，是摆在每一个交通行业建设者、应用者和管理者面前的课题。交通事故的减少是由对交通行业的管理水平、道路条件的优劣、车辆性能的好坏及相关人员的素质等因素所决定的。例如，美国每年的旅客周转量为6 400亿人 km，货物周转量为

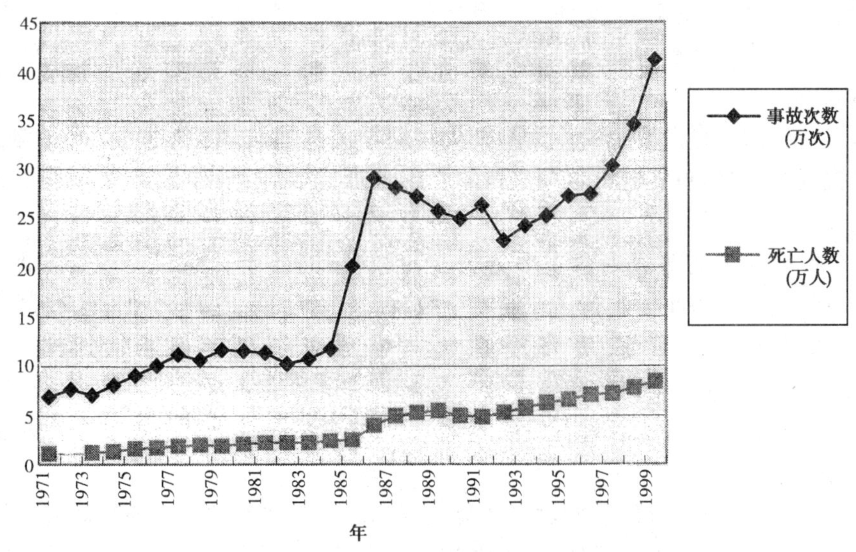

图 9-32　1970 ~ 1999 年我国交通事故次数、死亡人数统计

5 920亿 t·km,美国的万车死亡率从 80 年代起一直保持在 3 以下。我国以 1995 年为例,旅客周转量为 4 603.1 亿人 km,货物周转量为 4 694.9 亿 t·km,都低于美国的运量,但是我国的万车死亡率一直在 20 ~ 50 之间,这是十分惊人的。从安全度的角度衡量,我国的道路交通安全度与美国相差甚远。从万车死亡率指标来看,我国和亚洲、日本、土耳其、德国、法国及意大利等几个国家比较(1987 年资料)(图 9-33),我国的指标高高在上比交通安全度较差的韩国还高,这是十分惊人的。从这种比较中我们也认识到,交通事故虽然不能完全消灭,但是,是可以减少的。因此,我国有关部门提出了对交通事故采取"以防为主、依法综合治理"的方针。

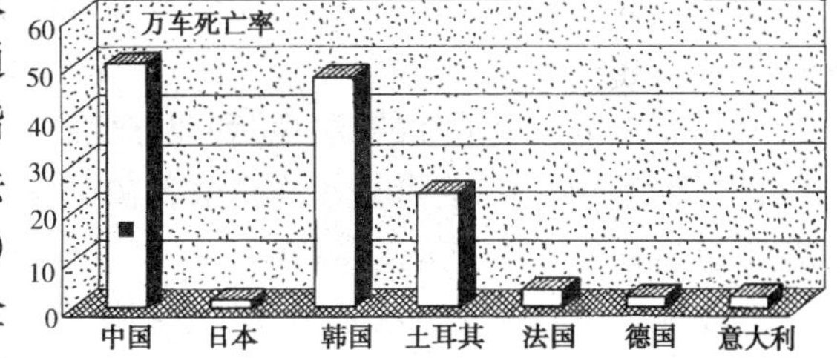

图 9-33　万车死亡率比较图

(一)保证交通安全的主要途径

保证交通安全的主要途径可以总结为三部分(见图 9-34)

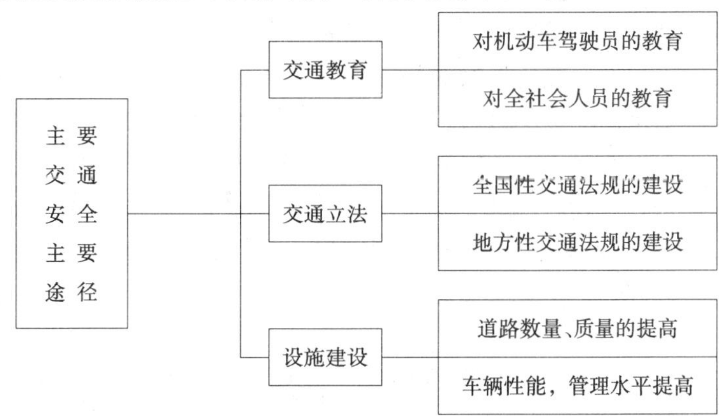

图 9-34　保证交通安全主要途径示意图

1.所谓“交通教育”就是指“交通安全教育”。为了提高交通安全,全世界各国都十分注意交通安全教育,交通安全教育主要分为两大部分,即:对机动车驾驶员的教育和对全社会人员的安全教育。

(1)对驾驶员的教育内容主要分为驾驶员定期学习交通法规;学习机动车的新技术、新操作机能、机械理论,包括对驾驶员定期进行的理论考核、操纵考核和车辆审验都可以归纳到这个范围内。

(2)对全社会人员的教育内容主要分为学校教育,国外十分重视交通安全的学校教育,1920—1925年,美国在中小学实行了交通安全教育。实验证明,受过交通安全教育的中小学生的交通事故率明显下降。目前,发达国家在中小学开设交通安全课已经十分普遍,在第三世界国家给中小学开设交通安全课的尚属少数。我国在一定数量的大中城市虽然也开展了对中小学生的交通安全教育,但作为课程开设的还十分少,交通安全活动开展的也不普遍和不是经常性,这是十分遗憾的事情。

利用一切新闻媒介和宣传手段对全社会进行交通安全教育和对交通法规的宣传是交通安全社会教育的主要方法和内容,目的是加强和提高人们的交通安全意识和交通法制的观念,从而达到全面提高交通安全的水平。

2.交通立法就是对交通的法治。法治是管理学科的一个重要内容,是事务管理的最有效方法之一。法制的首要条件是立法。对交通管理进行立法,是对全社会人们制定了一个交通行为准则,其目的是要人们进行交通行为时自觉地约束自己。同时给予了交通管理者一个执法的依据。

交通立法包括全国性的“法规”和地方性的“法规”两种,有人把全国性法规称为“通则”,地方性法规称为“细则”,后者是作为执法者在“通则”的指导下“因地制宜”执法。一般情况,地方法规不能违背全国性法规的条款。

3.设施建设。主要指道路建设数量和质量的建设及车辆性能和交通管理水平的提高两部分。

(1)道路是为车辆行驶服务的,道路数量的增加可以有效的进行交通分流,是减少交通事故的有效方法之一。同时,道路的质量对行车安全也是十分重要的,在高级(次高级)和中低级路面的道路上,在同等交通流量和同等管理水平下,中低级路面的道路上交通事故发生的概率要大于高(次高级)级路面事故发生概率值。道路的沿线设施是否完备,是能否降低交通事故的重要因素,沿线设施比较差的道路,交通事故的发生率要大大高于沿线设施比较完善的同级道路。当然,道路的管理水平也是影响道路安全度的一个重要因素。

(2)道路和沿线设施是发生交通事故的静态环境,而机动车辆是发生交通事故的重要动态因素。车辆因素中,排除了驾驶员的因素,车辆的基本性能也是事故的发生原因。当今,汽车的性能比20世纪七八十年代有了大幅度的提高,合适的行车环境和适应的驾驶水平是减少交通事故的理想条件,如果相反,高性能的车辆会成为交通事故的隐患。

道路交通的管理水平也是事故发生多少的标志,一个具有先进的交通管理设施和具有高科技管理手段的交通管理队伍,是减少交通事故最有利的因素。

(二)保证交通安全的一些具体措施

1.汽车上安装安全玻璃、配备安全带、避险安全气囊、驾驶员的座位应有靠枕,备有道路防滑设备。

2.道路的设计要求更合理和更科学,道路沿线应该有完备的交通设施和服务机构,道路的数量应该和道路交通运输相配套。

3.人车分流，进行合理的交通渠化，科学的控制道路的进、出口。

4.有条件的道路应该实施立体交叉，对平面交叉要进行科学的管理，应用高科技管理设备和措施。

5.实现国家和地方两级的交通立法，全面实行交通法治的科学手段。

6.大力发展交通通信事业，加强车与车、车与交通指挥中心及社会的通信联系。交通信息的有效传递，能够增加驾驶员安全驾驶的能力。

7.道路的沿线应该设置道路交通信息动态信息板，及时的向驾驶员传递道路上具体情况、天气情况等使驾驶员能做到有的放矢的进行驾驶，增加驾驶的安全性。

8.应用高科技技术，提高车辆的防撞能力和智能化程度，有效的减少车辆的碰撞、追尾事故发生。

9.按期培训机动车驾驶员的技术能力，及时介绍关于车辆、道路等方面的新科技、新技术、新产品。

10.通过限制交通流量的的方法来保证交通安全，在任何道路段通过对道路的通行能力计算，并利用该路段交通流特性的分析，可以找到一个最佳的交通量，当交通量达到此值时，将对道路的入口进行流量的控制，以调整路段的交通量到最佳值，同时路段的管理者在流量调整阶段，向车辆发布分流信息，提供最佳绕行路线。

11.维持路段交通流的整体流速，以保证道路的交通安全，对那些达不到交通流整体流速宽度的车辆，进行及时分流，以减轻交通流的波动度。

12.改善交通的控制设施，合理设置交通控制信号，力争做到交通流的线控制和面控制。

13.及时改善事故多发地点或路段的交通条件。事故多发地点和路段一般通过调查分析来确定，目前使用的识别危险地点(路段)的方法有：

1)分类法　根据交通量、道路、事故情况等因素来分类确定事故多发地点。

2)数量法　对道路交叉口和路段发生的事故数量做比较。

3)事故率法　按车·km发生的事故数，或每万车的事故数进行比较。

4)数量比率法　对事故数量和事故率进行综合比较。

14.限制车速的方法。当车速超过道路条件、交通条件所能允 许的范围时，容易发生交通事故，因此，需要由立法、规划、划线、修颠簸车道的方法限制车速。

(三)通过运政管理预防交通事故

道路交通事故是社会秩序、人、车、路、环境等多种因素的综合反映，是一个严重的社会问题。预防和减少交通事故是全社会各行各业、千家万户共同的责任。

交通安全管理工作是一项复杂的社会系统工作。虽然道路交通安全统一划归公安部门管理，但是，交通部门在交通安全管理方面仍然有义不容辞的责任。

安全行车的因素是多方面的，预防和减少交通事故的途径是多方面的，方法措施也是多种多样。各行各业应该利用其自身的优势，在预防和减少交通事故的工作中发挥应有的作用。

交通运政管理工作和交通安全管理有着密切的联系。因此，各级交通运政部门要根据行业管理的原则，对所有运输单位和所有个体运输联户的安全运输工作加强领导和指导，整顿运输秩序，依法治运，强化运营车辆管理，确保运输安全。

(1)要根据货源和客源以及道路网的通行能力合理调控运力，防止运力盲目增长，做好货运车辆配载工作，以减少交通拥挤程度，促进道路的畅通与安全。

(2)对运输经营者的开业审批工作中，要认真审核其车辆条件使之与经营范围相适应，要促进其健全各项交通安全管理规章制度，配备必要的安全管理人员。

(3)认真把好“营运许可证”核发关，对驾驶员及车辆状况要严格核查。

(4)在审批客运线路(特别是新开线路)时，要认真审核线路的安全条件及经营者的安全运行措施是否符合营运条件。

(5)在营运管理中，要严格禁止客货车超载运输。

(6)客运站点设置要合理、实行社会客运车辆统一进站管理，线路管理要严格，不准客车相互追逐抢客源；要建立货运有形市场，防止车辆乱停乱放，影响公路的畅通与安全。

(7)加强对运输经营者的监督和管理，强化内部安全管理机制。帮助其建立健全驾驶员安全运营、内部车辆检测和维修、违章事故处理等规章制度。

(8)个体联户的车辆技术状况普遍较差、又没有严格的维修制度，带病运行以及疲劳驾驶、无证开车现象较为严重。因此，对个体车辆要相对集中管理，改变其失控状态。要组织他们开展交通安全学习，加强其车辆的技术监督，对不符合安全运行条件，又不及时修理的车辆，不准营运，吊销其“营运许可证”。

(9)强化营运车辆技术管理，加强对汽车维修质量的监督，确保营运车辆良好的技术状况，预防和降低车辆机械故障引起的交通事故。

(10)注意了解本地区道路交通流的变化规律和交通事故成因规律，合理组织客、货运输，及时交流交通安全信息，指导运输经营者做好安全运输工作。

总之，要搞好公路运输安全工作，交通运政管理部门起着举足重轻的作用。因此，交通运政管理部门要以对国家和人民高度负责的精神，切实做好安全管理工作，最大限度的减少交通事故的发生，也只有这样，才能使公路运输更好地为发展和满足人民生活需要服务。

(四)公路运输企业安全管理

公路运输企业在交通管理工作中，要认真做好以下工作：

1.认真开展安全教育活动

(1)要保证安全教育时间，尤其对驾驶人员每星期至少安排两小时的安全教育。

(2)安全教育的主要内容是，国家关于安全教育的方针、政策，安全工作的重要意义，交通规则、安全基本常识，规章制度等。

(3)安全教育的形式要多种多样。

(4)安全教育要理论联系实际并与加强两个精神文明建设、开展职业道德教育结合起来，针对混合交通状况与如何加强安全工作的讨论结合起来，强化职工安全意识。

(5)曾经发生重大事故的单位，要结合事故后果、原因及责任分析、反复进行教育，使职工吸取教训，时刻不忘安全工作。

2.强化安全管理工作

(1)摆正安全与生产的关系，坚持安全是为了生产，生产必须安全和管理生产必须安全的原则。

(2)实行安全责任制，明确安全责任。运输企业的经理对安全工作要负第一位的责任，分管安全工作的副经理要负重要责任；其他领导也要负综合治理的责任。

(3)对安全工作要进行全方位管理，党、政、工、团要分工合作，齐抓共管。

(4)分管安全工作的企业领导每月至少两次跟班上路或深入车队、车站督促检查安全工作。

(5)充实安全科室人员,并保持人员的相对稳定。

(6)对违反劳动纪律,不遵守操作规程的人员要及时批评,纠正其错误。情节严重者,要进行必要的处理。

(7)对已发生的事故,不论大小,均要坚持“三不放过”的原则,查明情况,严肃处理,认真总结教训,提出改进措施。

(8)认真加强基础工作和安全业绩的考核工作,要使安全质量具有否决权,把安全情况列为评比、升级的重要条件。对事故多的单位,要组织人员进行整顿。

(9)加强安全工作的全面质量管理,要使安全工作逐步科学化。推广“生物节律”理论在安全管理中的应用。

3.进一步健全安全规章制度。要建立健全安全规章制度,并将安全责任层层分解,落实到人,形成上下结合,左右配合的安全保证体系。

4.认真开展安全大检查。

5.切实加强车辆技术工作要严密注视车辆的技术状况,每年对车辆进行技术检查,鉴定技术状况;合理使用车辆,不超载运行,不乱停乱放;要坚持日常的车辆进出场检验,特别是客车,经检验后要层层签字,未经检验合格,一律不得参加营运;严禁车辆带病运行。

6.严格遵守操作规程。

(1)督促职工,尤其是驾驶人员学习并熟悉有关的操作规程和安全注意事项。

(2)要教育驾驶人员养成勤检查、勤调整车辆的习惯,使转向、制动、传动、灯光、喇叭等车辆安全保障系统经常处于良好、有效状态。

(3)驾驶人员在运行途中要集中精力、不闲谈、不赌气、不强超抢会、不盲目快速、严禁超载,等等。

7.积极组织安全竞赛。

8.努力提高职工素质。

(1)对新招收的职工,在上岗前必须进行必要的技术、业务培训,使他们掌握基本的安全常识。

(2)严格按照有关规定选拔、培养驾驶人员。

(3)对在岗职工尤其是驾驶人员要分期分批、因时因地制宜进行业务培训。

9.切实关心职工生活。

10.及时交流安全信息,掌握本地区道路交通流的变化规律和交通事故成因规律,指导驾驶员安全行车。

安全是汽车运输的第一质量。公路运输企业要以对国家、对人民高度负责的精神,切实搞好内部安全管理工作,最大限度地减少交通事故,这是对社会应尽的责任,也是企业生存、发展,取得良好经济效益的前提和保证。

复习思考题

1.什么是交通事故?交通事故有哪六要素?

2.交通事故统计分析有什么作用?

3.交通事故的统计分析指标和统计分析的主要方法各有哪些?

4.交通事故有哪些分布特征?这些特征的形成原因主要是什么?

5.人、车、路、环境与交通事故的形成各有些什么影响?

6.为什么在道路交叉口及附近的产通事故频率比较高?
7.道路的服务水平及道路上的交通量对交通事故率有什么影响?
8.不同的道路条件及其交通信息特征与道路上交通事故率有什么关系?为什么?
9.我国的道路交通事故状况如何?具有哪些特征?
10.谈谈预防交通事故的主要途径和措施,怎样通过加强交通运政管理预防交通事故?
11.汽车运输企业在加强安全行车管理、降低交通事故工作中应做好哪些工作?
12.简述道路交通事故处理的一般程序和一些主要的技术原则和法律、法规原则。
13.请阐述道路交通安全度的基本定义和概念。
14.为什么要进行道路安全度的评价?
15.请简述道路交通安全度评价的基本理论和基本方法。

第十章 交通管理与控制

第一节 概 述

一、交通管理与控制的目的、意义

道路交通的管理与控制是道路交通工程的一个重要组成部分。国内外大量的实践已经证明,现代化的道路交通建设,只有具备科学的管理与控制条件,才能得到良好的效果。现代交通管理与控制,简称"管制",包括两大部分内容:交通控制即采用人工或电子技术如信号灯、监视器、检测器、通信系统等科学方法与手段,对动态交通流实行控制。交通管理即执行交通法规按有关规则和要求合理地引导、限制与组织交通流。通过交通管理与控制使交通中的人、车、货物能在安全、迅速、畅通条件下运行,从而获得最好的安全率、最少的交通延误、最高的运输效率、最大的通行能力、最低的运营费用,以取得良好的运输经济效益和社会效益。

现代交通管理与控制,应具有指导性与协调性,即根据现有的道路网及其设施和出行分布状况,对各种出行加以指导性管理,使整个系统从时间上和空间分布上尽可能地得到协调,以减少时间、空间上的冲突,从而保证交通的安全与畅通,充分发挥道路网的作用。

(一) 交通管制的指导性

交通管制的指导性是对交通需求加以指导性管理。从国内外一些城市道路交通所出现的车辆拥塞、事故多和污染严重的情况分析,并非都由于道路面积不够所产生,实际上与管理不善有很大关系。由于道路交通系统的发展规模与水平受到社会经济发展的限制,且城市的发展又导致土地利用功能与运输网之间产生协调或矛盾。而道路通行能力的大小又取决于现有交通结构及其数量与管理水平。因此,相同的道路交通系统,由于管理的良莠而使通行能力出入很大。例如 1971 年伦敦会议的一份报告曾指出:"尽管我们花费巨款兴建道路使之改善,但它的交通质量和环境质量却面临着日益衰退的局面……,除非采取有效措施,控制交通,否则,新建的道路会很快被堵塞……"。在 20 世纪 60 年代,日本为配合经济起飞,实施了大规模的道路兴建计划,但到 70 年代初,交通事故创历史最高纪录,25%的道路和 40%的时间都发生交通拥塞。美国洛杉矶的城市道路用地尽管超过城市面积的 1/3,但仍有 1/3 的时间交通拥挤不堪。我国近年来不少大中城市曾用巨额投资兴建与改建道路,不断增加道路网密度,但仍出现交通拥塞,事故增加的局面。上述诸例证明,单纯地兴建与改、扩建道路不仅不能完全解决交通拥塞的问题,在某些情况下,反而会刺激、吸引交通流,加剧交通量的增长。交通流重新分配的结果,产生新的交通拥挤和事故。因此需通过交通管制,从根本上对交通的需求加以引导和指导。

(二) 道路交通管制的协调性

道路交通管制的协调性旨在通过各种方法,协调道路交通系统中人、车、路、环境各个要素,使某些矛盾着的方面达到一致,以充分发挥路网及其设施的作用。为此,可通过控制出行量以协调供需总量间的矛盾；通过控制出行时间以协调供需方面在时间上的矛盾；控制信号的联动以协调绿灯显示与车辆到达之间的矛盾；设置各种标志、标线以协调道路和环境实际状况与交通使用者之间的识别、判断之间的矛盾等。

当前，我国许多大、中城市道路及其出入口干道和高等级公路正不断地新建和改、扩建中。在某些道路上，由于种种原因，由于交通要素的不协调，产生的拥塞和事故多发已影响到人们的生产、生活与生命安全，正为人们所瞩目。而众多原因中，管制不善则是一重要的和不可忽视的、亟待解决的问题。为适应道路交通发展的需要，不少事实说明加强管制，是一种花钱少、效率高的办法，所以必须深入地对道路交通管制内容与途径进行研究。

二、交通管理与控制的内容

交通管理与控制的范围广、内容多，具有社会科学和自然科学两重属性，主要内容可分下列五个方面予以概括、说明：

1.技术管理

(1)各种技术规章的执行监督；

(2)交通标志、交通标线的设置、管理与维护；

(3)信号及专用通信设施的设计、安装、管理与维护；

(4)建立各种专用车道与交通组织方法；

(5)安全防护及照明设施的安装与管理。

2.行政管理

(1)规划组织单向交通与建立合理的管理体制；

(2)禁止某种车辆、某种运行方式；

(3)实行错时上下班或组织可逆性行车；

(4)对于某些交通参与者(老人、小孩、残疾人员)予以特殊照顾；

(5)决定交叉口的管理或控制方式。

3.法规管理

(1)执行交通法规；

(2)建立驾驶人员的管理制度；

(3)建立各种违章与事故处理规则并监督实施；

(4)各种临时的局部的交通管理措施。

4.交通安全教育与培训考核

(1)交通警察的培训与考核；

(2)驾驶人员的培训与考核；

(3)对驾驶人员进行经常性的安全教育；

(4)对人民群众特别是青少年进行交通法制与安全教育；

(5)对各种违章的教育与处罚。

5.交通控制

(1)交叉口控制；

(2)线路控制；

(3)区域控制。

第二节　交通法规与交通违章

一、交通法规的概念

所谓交通法规,是指以交通管理中新形成的各种社会关系为调节对象的法律、法规的总称,是调整交通过程中人、车、路相互关系的法律规范和依据。

交通法规属于国家行政法的范畴,具体讲它是行政法的一个分支。行政法的一个重要特征就是,其规范的内容散见于宪法、法律、行政法规、行政规章和地方性法规之中。这也就是说,不能认为交通法规仅仅是指交通规则(或交通管理条例)。宪法、法律、行政法规、行政规章和地方性法规中所有涉及交通管理的内容都是交通法规的组成部分。例如《刑法》中关于交通肇事罪的规定,《治安管理处罚条例》中对违反交通管理行为的处罚规定。虽然它们从性质上看是由全国人大和全国人大常委会制定的法律,而且也没有直接写进交通规则中,但它仍属于交通法规的内容。从这一法学原理出发,可以看到交通法规的法律形式(又称法律渊源)应该包括:①宪法,它是国家的根本大法,是制定一切法律、法规的依据;②法律,它是由全国人民代表大会及其常务委员会制定的规范性文件;③行政法规,它是由国务院制定的规范性文件;④行政法规,它是由公安部、交通部等国家部、委制定的规范性文件;⑤地方性法规,它是由地方人民代表大会和人民政府制定颁布的规范性文件。

交通法规根据其规定的内容和所执行的职能,可以从不同角度加以分类。根据行政法的一般原理,可以把调整交通管理关系的交通法规分为:交通管理组织法——即规定由谁来管理交通,它的管理权限是什么,它的管理系统是怎样的;交通管理作用法——即规定交通管理机关管理交通的具体内容。主要包括:对道路的管理、对机动车辆的管理、对驾驶员的管理、对行人的管理等;交通管理处罚法——即规定哪些行为是违反交通管理的行为,对违法行为给予什么样的处罚;交通诉讼程序法——即规定一旦发生交通事故,产生交通纠纷、争议,应按照什么程序进行调解、裁决等。当然,对于交通法规的分类还可以从其他角度、按照其他不同的标准进行。需要说明的是,这里所说的“交通法规”是指整个交通管理法律规范而言,而不是仅指某一个交通规则。也就是说,这几类规范可以蕴含在一个交通法规之中,也可以散见于其他法律、法规之中。

二、交通法规的作用

交通法规的制定和实施的根本作用是为了建立和维护有利于广大人民利益的交通秩序和在交通管理活动中形成的各种社会关系。其规范作用主要是:①指引作用,交通法规作为一种社会规范,为人们的交通行为提供了某种行为规则或行为模式,它告诉人们可以做什么、不能做什么、必须做什么;②评价作用,交通法规具有判断、衡量他人的交通行为是合法还是违法的作用;③预测作用,与交通法规的指引作用、评价作用相联系的是它的预测作用,也就是人们可以通过交通法规预测到或预见到自己的交通行为是否合法,会产生什么样的法律后果(交通法规本身为人们的交通行为提供了一定的标准和方向,遵守它或违反它必然会带来合法或违法的法律后果);④教育作用,交通法规的教育作用表现为通过法律的实施,对一般人今后的交通行为发生影响,即通过法律制裁或法律褒奖,使人们从中受到教育,告诉人们应当怎样进行交通行为或不应当发生怎样的交通行为;⑤强制作用,交通法规的强制作用不仅对违法者给予一定的法律制裁，而且它能对企图越轨的人产生一种心理强制，迫使他按照法律的规定行事，从而起到一种预防的作用。

交通过程有其固有的特定矛盾，这些矛盾的内容，通常是人与人、人与车、人与路、车与车、车与路以及人与环境、车与环境的矛盾等等。这些矛盾在交通活动中，每时每刻都在产生。如果这些矛盾得不到及时处理，就会转化成交通混乱、交通事故，以致给人们的正常工作、生活带来不幸——人民的生命财产受到损失、正常的工作秩序和日常生活受到干扰。

交通法规的上述作用，正是约束所有交通参与者或每个社会成员的交通行为，协调、统一各种交通矛盾。这是因为交通法规的内容反映了道路交通的基本规律，反映了人、车、路、环境的内在联系。它能够实现对行人、车辆的统一指挥、能够合理地利用现有道路，减少行人、自行车、机动车之间的相互干扰，也就是能够实现对道路交通的科学管理。

诚然，法律并不是万能的，要建立一种良好的社会秩序，社会环境，光靠法律的强制也是不够的。建立和维护良好的交通秩序，既要加强交通立法，增强人们的法制观念，提高人们遵守交通法规的自觉性，又要对人们进行思想道德等方面的教育，提高全体人民的道德水准。

三、交通法规的主要内容

根据 1988 年 3 月 9 日国务院发布的《中华人民共和国道路交通管理条例》和 1991 年 9 月 22 日国务院发布的《道路交通事故处理办法》这两个基本的交通法规，可以概括出交通法则的主要内容是：

1. 制定交通法规的目的及车辆、行人靠右通行，各行其道的基本原则；
2. 关于交通信号、交通标志和交通标线的种类及功能的规定；
3. 关于车辆及车辆驾驶员的要求及规定；
4. 关于车辆装载及车辆行驶的要求及规定；
5. 关于对行人和乘车人的行为要求及规定；
6. 关于道路使用及保证道路畅通的要求及规定；
7. 关于违反以上要求和规定的行为之处罚规定；
8. 关于道路交通事故及其等级划分以及交通事故处理机关及其职责的规定；
9. 关于交通事故现场处理、责任认定及处罚规定；
10. 关于交通事故处理的调解、损害赔偿及其他规定，等等。

四、交通违章及其处罚

交通违章是指人们违反交通管理法规、妨碍交通秩序和影响交通安全的过错行为。通常所说的交通违章，不包括因违章而造成的交通事故。

1. 交通违章的性质　交通法规属于国家行政法规。违反行政法规的行为，除极少数情节恶劣、后果严重而触犯刑律的称为犯罪外，一般对情节比较轻微，也未造成严重后果的行为称之“违章”。所以，交通违章是一种过错行为，只具有轻微违法的性质。

认定交通违章时，应注意，一是将违章和犯罪相区别；二是将交通违章和其他违法行为相区别。

2. 交通违章的特征　根据交通违章的定义，违章应具有以下特征，或者说应具有以下构成要素，它主要说明构成违章的标准，即怎样才算是违章。

(1)违章行为所侵犯的客体，是国家对交通的管理活动和交通秩序。这是交通违章同其他违法行为的主要区别。

(2)违章的客观方面是人们违反交通管理法规的行为。构成违章必须有人的行为,或是积极的行为(法律禁止做的而做),或者消极的不做行为(法规要求做的而不做)。如果仅仅有违章的意图,而在客观上并未实施妨碍国家和社会公共交通的管理活动和交通秩序以及交通安全和畅通的行为,是不能构成违章的。

(3)违章的主体即实施了违章行为,依照交通法规应对其违章行为负担法律责任的自然人和法人。

作为违章主体的自然人是达到一定年龄的人,没有达到一定年龄的人不能作为违章的主体。我国交通管理法规中一般以14周岁为违章的法律责任年龄。14周岁以下的儿童违章的不予处罚。除此以外,作为违章主体的自然人还必须是具有责任能力的人,无责任能力的人不能作为违章的主体。

法人是由若干人组成的、经过国家认可的、能以自己名义行使权力,承担义务的组织,法人也可以做违章的主体。但由于法人的活动是通过自然人来实现的,因此,法人违章,其违章的责任应由法人的代表或对法人违章负有直接责任的人承担。

(4) 违章行为人的主观方面即违章行为人对其实施的违章行为所具有的故意和过失的必然状态,也就是过错。违章行为人的过错有两种表现形式,即故意和过失。

故意违章 行为人明知实施某种行为是违反交通法规的,并且实施了这种行为,因而构成的违章是故意违章。

过失行为 行为人应当知道实施某种行为是违反交通法规的,但因为疏忽大意而没有注意,因而构成的交通违章是过失违章。

第三节 交通标志与标线

一、交通标志的定义和分类

交通标志属于静态交通控制。它是用图形符号和文字传递特定信息,对交通进行导向、警告、规制或指示的一种交通设施。

交通标志分为主标志和辅助标志两大类。

主标志有下述四种:

1.警告标志:警告车辆和行人注意危险地点的标志。

2.禁令标志:禁止或限制车辆、行人交通行为的标志。

3.指示标志:指示车辆、行人行进的标志。

4.指路标志:传递道路方向、地点、距离信息的标志。

辅助标志是附设在主标志下,起辅助说明作用的标志。

二、交通标志的三要素

要充分发挥交通标志的作用,必须使驾驶员在一定的距离内迅速而准确地辨认出标志形状和文字、符号,从而掌握交通信息和管制要求。因此,要求交通标志有最好的视认性。决定视认性好坏的主要因素是标志的颜色、形状和符号。标志的颜色、形状和符号被称为交通标志的三要素。

1.交通标志的颜色　颜色可分为彩色和非彩色两类。黑、白色系列称为非彩色,黑、白色系列以外的各种颜色为彩色。不同颜色有不同的光学特性,如对比性、远近性、视认性等。

相邻区域的不同颜色相互的影响称为颜色的对比性。有的色彩对比效果强烈,有的则对比效果较差。如把绿色纸片放在红色纸片上,绿色显得更绿,红色显得更红;若把绿色纸片放到灰色纸片上,对比效果就差,而且会妨碍视认。

远近性的表现是,等距离放置的几种颜色使人有不等距离的感觉。如红色与青色放在等距离处,红比青感到近。红、黄色为显近色,绿、青色为显远色。

颜色的视认性,是指在同样距离内,可见光的颜色能看清楚的易见性好。如红色的易见性最高,橙黄、绿次之,即以光的波长为序,光波长的视认性高于光波短的颜色。

根据心理学的研究,不同颜色会使人有不同的联想,产生不同的心理感觉。因此可利用颜色的不同特性,制成不同的功能标志。

各种颜色的光学特性和人的感觉特征如下:

(1)红色　注目性非常高,又是显近色,所以视认性很好,适用于紧急停止和禁止等信号。红色在人们心理上会产生很强的兴奋感和刺激性,给人以危险的感觉。

(2)黄色　也是显近色,对人眼能产生比红色更高的明度,特别能够引起人们的注意力,使人感到危险,但无红色那么强烈,只产生警惕的心理活动。黄色和黑色组成的条纹是视认性最高的色彩,故用以表示警告、注意等含义。

(3)蓝色　它是显远色,注目性和视认性都不太好,但与白色搭配使用时,对比明显、效果好。蓝色在太阳光直射下颜色较明显,适合用作交通标志,表示指示、指令等含义。

(4)绿色　为显远色,视认性不太高,但能使人联想到大自然的一片翠绿,由此产生舒服、恬静、安全感,用于表示安全、通行的含义。为了不与道路两旁树木绿色相混淆,在交通上只用作指挥灯的通行灯色,而不用于标志。

(5)白色　它的明度最高,反射率最高,给人一种明亮、清洁的感觉。它的对比性最强,常在标志中用作底色。

(6)黑色　它的明度最低,但和其他颜色相配时,却显得美观、清晰。故大部分标志用黑色作图形的颜色。

正是由于以上原因,我国安全色国家标准 GB 2893—82 和国际安全色标准都规定,红、蓝、黄、绿四种颜色为安全色(表 10-1),并规定黑、白两种颜色为对比色。所谓安全色,是表达安全

我国国家标准安全色的含义及用途　　表 10-1

颜　色	含　义	用　途　举　例
红　色	禁停,停止	禁止标志;停止信号;机器车辆上的紧急停止手柄或按钮,以及禁止人们触动的部位
	红色也表示防火	
蓝　色	指令①,必须遵守的规定	指令标志;必须佩带的个人防护工具; 交通上指引车辆和行人行驶方向②
黄　色	警　告 注　意	警告标志;警戒标志:如厂内危险机器和坑池边周围的警戒线; 行车道中线:安全帽,机械上齿轮箱内部
绿　色	提示② 安全状态通行	提示标志;车间内安全通道;行人和车辆通行标志;消防设备和其他安全防护设备的位置

①蓝色只有与几何图形同时使用时,才表示指令。

②为了不与道路两旁绿色树木相混淆,交通上用的指示标志为蓝色。

信息、表示禁止、警告、指令、提示等的颜色。在交通标志中，一般是以安全色为主，以对比色为辅按表 10-2 的规定配合使用。其中，黑色用于安全标志的图案、文字和符号以及警告标志的几何图形；白色作为安全标志红、蓝绿色的背景色，也可用于安全标志的文字和图形符号。

对比色　　表 10-2

安全色	相应的对比色	注
红色	白　色	黑白色互为对比色
蓝色	白　色	
黄色	黑　色	
绿色	白　色	

2.交通标志的形状　交通标志上要记载各种文字和符号，故应选择比较简单的形状。

根据研究，同等面积的体积其视认性随着几何形状的变化而不同。在一般情况下，具有锐角的物体外形容易辨认。在同等面积、同样距离、同样照明条件下，容易识别的外形顺序是：三角形、长方形、圆形、正方形、五边形、六边形等。交通标志的基本形状就是按此顺序选用的三角形、长方形和圆形。

(1)三角形：最引人注目，即使在光线条件不好的地方，也比其他形状容易发现是视认性最好的外形。因此，国际上把三角形作为“警告”标志的几何形状。

(2)圆形：在同样的面积下，圆形内画的图案显得比其他形状内的图案大，看起来清楚。所以，国际上把圆形作为“禁令”标志的外形。如果圆形内有“＼”，即“×”的一半，则为禁止标志。

(3)方形和矩形：长方形给人一种安稳感，同时有足够的面积来写文字说明和画图形，所以用作特殊要求的“指示”标志。

不同功能的交通标志，其几何形状应有明显的区别。我国《安全标志》国家标准 GB 2894—82 规定如表 10-3 所示。

安全标示的种类及其含义　　表 10-3

图形	含义	图形	含义
圆加斜线⊗	禁　止	圆　○	指　令
三　角　△	警　告	方和矩□□	提　示

3.交通标志的符号　交通标志的具体含义，即规定的具体内容，最终要由图案符号或文字来表达。

(1)图案　用图案表示交通标志的内容，直观、生动、形象、易懂，从而可使识别交通标志的人不受文化程度的限制。因此图案设计要简单明了，与客观事物尽可能相似。同时表示不同客观事物的图案要有明显区别，以使于驾驶人员在车速很快、辨认时间极短情况下能迅速识别。投影图案具有简单、清晰、逼真的特点，从远处观察视认性好，所以交通标志图案一般使用投影图案。

(2)符号　交通标志所用的符号也必须具有简单、易认、意义明确和不受文化程度局限等特点。在规定符号所代表的意义时，要考虑其直观性和符号的单义性，要符合人们在日常生活中的思维习惯，使人们容易理解。例如用“↑”代表直行，“⤺”代表调头，使人见到符号就能理解其意义。还必须考虑符合与其他之间的配合，习惯上虽然用“×”表示“不允许”或“禁止”，但在标志上画一个“×”往往会把图案或文字涂敷太多而不清楚，因此用半个“×”即“＼”表示“禁止”，这也符合人们的思维习惯。

(3)文字和数字　据许多生理、心理学方面的研究认为：在同一视觉条件下，图案符号信息比相同大小的文字信息传递更为准确和迅速，易为人们理解和识别，因而交通标志中应尽可能考虑采用图案和符号。但是图案和符号毕竟是抽象的东西，有些内容也不可能用图案和符号来表示,如“停车”只能用一个“停”字来表达。停车的“时间”和“范围”也必须用数字来表达。所以文字和数字在某些交通标志上也是一种必要的表达方式。使用文字表达应尽可能简明扼要,一般不宜超过两个字。使用的单位要符合国家法定计量单位,如,高度、距离用 m,质量用 t,车速用 km/h 等。

三、交通标志的文字尺寸和视认距离

标志牌的大小应能保证在距标志一定距离内,能清楚地识别标志上的图案和符号文字,故符号及文字的大小应满足必要距离的条件,从而决定标志牌的大小尺寸,此距离称为视认距离。

视认距离与行驶速度有关,据日本研究的资料如表 10-4 所示。文字尺寸应与车辆行驶速度相适应,并应按设置地点的交通量、车道宽度、地形与线形情况以及周围环境而有所变化。指路标志上汉字高度如表 10-5 所示,字宽与字高相等。

视认距离与行驶速度关系　　表 10-4

速　　度(km/h)	<50	60	70	80	90	100
视认距离(m)	$240h$	$239h$	$236h$	$227h$	$209h$	$177h$

表注:h 为文字的高度(m),表列为白天数值,夜间为 60%~70%

文字尺寸和行车速度关系　　表 10-5

计算行车速度(km/h)	汉字高度(cm)	计算行车速度(km/h)	汉字高度(cm)
>100	40	60~40	20
90~70	30	<30	10

我国对文字高度和视认距离的关系有如下公式计算:

(1)在白天、步行、白底黑字情况下:

$$h \leqslant 45\text{cm 时}, D = \frac{20}{3}h;$$

$$h > 45\text{cm 时}, D = 300 + 90\left(\frac{h-45}{25}\right)^{\frac{2}{3}} \tag{10-1}$$

式中:D——视认距离(m);

h——文字高度(cm)。

(2)在夜间情况下:

$$D = \left(25 + \frac{h}{3}\right)\lg L + 3.4h - 7 \tag{10-2}$$

式中:L——标志板的照度(Lx);

D,h 同上。

视认距离与汉字的笔画有关,以 10 画为基准,则笔画为 5 画的汉字视认距离为 10 画的 1.5 倍,笔画为 15 画的则为 10 画的 0.9 倍。

视认距离还因字的种类不同而不同。汉字与拉丁字母的视认距离比为 2:1,即拉丁字母大小可采用汉字的 1/2。

四、交通标志设置的原则

为了充分发挥交通标志的使用效果,交通标志的设置应遵循以下原则:

1.交通标志的设计与安装应与道路的交通条件和行车速度相适应；

2.设置的交通标志应当是引人注目的，以便能在足够远的距离就引起驾驶员的注意，易被辨认并保证驾驶员有充裕的时间采取必要的驾驶操作；

3.标志应设置在使驾驶员视线不致偏离过大、且不易被其他车辆等遮蔽的地方；按具体情况可设置在道路前进方向的右侧、中央分隔带或车行道上方；

4.交通标志的设置要考虑整体布局，以保证交通畅通和行车安全为目的、兼顾道路环境美化的要求，避免重复设置，尽量用最少的标志把必需的信息展现出来。

5.在高等级公路或夜间交通量较大的道路上，应尽量采用反光标志；

6.同一地点需要设置两种以上标志时，可安装在一根标志柱上，但最多不应超过四种。解除限制速度标志、解除禁止超车标志、干路先行标志、停车让行标志、减速让行标志、会车先行标志、会车让行标志应单独设置。标志牌在一根支柱上并设时，应按警告、禁令、指示的顺序，先上后下，先左后右地排列。

五、道路交通标线

道路交通标线是由各种路面标线、箭头、文字、立面标记、突起路标和路边线轮廓标等所构成的交通安全设施。也是一种静态交通控制形式。

交通标线的作用是管制和引导交通。它可以和标志配合使用，也可单独使用。高速公路、一级公路、二级公路等均应按国家规定设置交通标线。为解决混合交通问题，在一般道路上，可先考虑设置机动车道和非机动车道的分界线。

交通标线主要是路面标线，它包括车行道中心线、车道分界线、车行道边缘线、停车线、减速让行线、人行横道线、导流线、车行道宽度渐变段标线、接近路面障碍物标线、出入口标线等。其次是导线箭头、路面文字标记、立面标记、突出路标和路边线、轮廓线等。

第四节　交 通 控 制

交通控制是为控制与诱导交通、促进交通安全、畅通的一种管理手段。它包括静态交通控制和动态交通控制。动态交通控制包括，交通信号和可变标志。这里所谓“动态”，是指交通信号和可变标志根据交通/情况随时间变化而言。

一、平面交叉口的交通控制

平面交叉口是道路的咽喉，平面交叉口的交通效能如何，关系到车流的速度与畅通。根据国内外现有的经验，平面交叉口可采用下述几种控制形式。

1. 交通信号灯法　各色信号灯的指挥功能一般规定如下：

红灯——禁止信号，用于禁止车辆通行。面对红灯的车辆应该在交叉口的人行横道线前停车，而且不能超过停车线。但机动车准许右转弯行进。

绿灯——通行信号，面对绿灯的车辆可以直行、左转弯和右转弯(另有标志禁止某一种转向者除外)。

黄灯——警告信号，它告诉驾驶人员或骑自行车人，信号灯马上就要变为红灯。当黄灯亮时，已越过停止线的车辆和已进入人行道的行人，可以继续通行，其余的车辆和行人禁止通行。

这种控制方式现在被广泛采用。关于交通信号的功能国际上的规定大同小异，除上面一般性的规定外,有些国家和地区还有特殊的、具体的法律规定。

2. 多路停车法　在交叉口所有引道入口的右侧(右侧通行的国家和地区)设立停车标志,驾驶员见到这种标志,必须先停车,然后找间隙通过交叉口,此法也称为全向停车法。

3. 二路停车法　在次要道路进入交叉口的引道上设立停车标志,次要道路上的来车必须先停车,然后找间隙通过交叉口,此法也称单向停车法。

4. 让路标志法　在进入交叉路口的引道上设立让路标志,车辆进入交叉口前必须放慢车速,看清岔路上有无来车,估计能通过时再通过。

5. 不设管制　对于交通量很小的交叉口,不设管制标志,由驾驶员本着"一慢二看三通过"的原则自行控制。

为了有效地对交叉口交通实行控制,对于不同类型的交叉口及其交通情况选用不同的交叉口控制类型。

1. 按照道路分类性质选择　对道路按主干道、次干道和支路大致分类,交叉口按相交叉道路的类型选择控制类型见表 10-6。

按道路分类性质选择控制类型　　表 10-6

序号	交叉口类型	建议控制类型
1	主干道与主干道	交通信号灯
2	主干道与次干道	交通信号灯、多路停车或二路停车
3	主干道与支道	二路停车
4	次干道与次干道	交通信号灯、多路停车、二路停车或让路
5	次干道与支道	二路停车或让路
6	支道与支道	二路停车、让路或不设管制

2. 按交通量和事故情况选择　按进入交叉口的交通量大小和交叉口的交通事故情况选择,控制类型,见表 10-7(交通量以小汽车计,若以其车型计算,则需要换算)。

按交通量和事故情况选择控制类型　　表 10-7

项目		控制类型				
		不设管制	让路	二路停车	多路停车	交通信号灯
交通量	主干道路(辆/h)				300	600
	次要道路(辆/h)				200	200
	合计(辆/h)	100	100～300	250	500	800
	合计(辆/日)	≤1000	≤3000	≥3000	6000	8000
每年直角碰撞事故次数		<3	≤3	≤3	≤5	≤5

3. 其他因素　自行车与行人流量特别大,有需要时可安装定时的行人过街信号。如果主次干道车流量高峰小时特别集中,间隙特别小时,则应考虑安装感应式自动控制信号,以便在交通量高峰小时能自动调整红绿灯间隙。

在我国,平面交叉口的交通控制除了交通信号灯控制和交通警察指挥(有时是作为信号控制的一种辅助控制)以外,大量采用的是交通规则规定的主干道优先控制,即次干道车辆让主干道车辆优先通行。

二、交通自动控制信号三要素

相位、绿信比、周期是交通自动控制信号的三个主要控制参数，亦称三要素。

1. 相位　在一个信号周期内有几个信号控制状态，每种控制状态都包括同时显示的一方绿灯和交叉方向的红灯，这就是信号相位，简称相位。相位表示在交叉路口给予某个方向的车辆以通行权的程序。例如，一个十字交叉路口，东西向绿灯放行，南北向红灯禁行，这是一个相位；南北向绿灯放行，东西向红灯禁行，这又是一个相位。这种信号有两个相位称为两相控制。

设置相位是为了减少行驶车辆在通过交叉路口时与别的车辆相冲突。因此相位越多，路口冲突点越少，车辆通过交叉路口就越安全，但延误时间会随之增加，行进效率降低。

我国城市交通当前用两相控制方式较多。两相位控制可以提高交叉路口通行能力，但人行相位有车干扰，不太安全。目前，我国一些城市已在某些交叉路口采用多相位控制，但其控制效果仍在摸索试验阶段。

2. 周期　周期是指红绿灯显示一周所需要的时间，也就是红、黄、绿灯所需时间之和，以秒为计算单位

周期 = (绿灯时间 + 黄灯时间) + 红灯时间

周期长度是自动交通控制信号设计的基本参数，一般是通过对道路交叉口的交通量观测分析，由概率理论算出。

3. 绿信比　是指在一个周期内，绿灯时间(有时包括黄灯时间)所占周期时间的比例，以百分比表示

绿信比 = 绿灯时间/周期

绿信比的确定是决定交叉路口交通信号控制效果的重要工作。在实际工作中，人们往往利用相同的信号周期、不同的绿信比来满足一个路口在不同时段里交通流量的要求。

三、交通信号自动控制的基本类型

交通信号自动控制可以分成三种基本类型：孤立的交叉路口控制(即点控制)、主干道交通信号协调控制系统(即线控制)、及区域交通控制系统(即面控制)。

1. 点控制　交通信号单点控制是指采用交通信号机独立地对一个交叉路口进行控制。其特征为被控制的交叉路口与前后左右的交叉路口不产生任何必然的联系。点控制通常可分为定周期和感应式两种。

1) 定周期交通信号控制　定周期控制是根据交叉路口一定时间的交通量或最大交通量的情况，预先确定信号周期的交通信号控制方式。这种控制方式的绿信比和间隔是固定的，特别适用于各个方向交通量相差不大的交叉路口。

2) 车辆感应控制　是根据交叉路口的交通量需要变换信号灯色，没有固定的周期与绿信比，特别适用于各个方向交通量相差很大且无规律的交叉路口。车辆感应控制使用感应式信号机，并通过埋设或悬挂在交叉路口的车辆检测器获得车辆信息，给出信号交换。

2. 线控制　简称线控，是在某段主干道连续若干个相邻的交叉路口，施行相互关连的自动信号控制，也称联动控制、协调控制。由于它形成协调的绿灯信号变换的控制方式，使汽车沿主干道保持一定的速度范围行驶时尽可能不停地通过各交叉路口，被控制的各交叉路口的绿灯根据相位差像波浪一样地向前推进，所以又称绿波带控制。

线控制的三个控制参数是周期、绿信比和相位差。所谓相位差就是指线控干道上，以一个

主要交叉路口的绿灯起始时间为基准，相邻几个交叉路口绿灯起始时间的偏移，也就是各个交叉口绿灯起始时间的时间间隔。

理想的线控制是绿波交通，即当一辆车或一个车队进入线控制路口，按既定相位差，依次通过其余的交叉路口，直至最后一个路口，都遇到绿灯。绿波交通具有最短的旅行时间，最少的停车次数，最少的等待时间，最大的通过量，投资少，行车安全（事故最少）的特点，它比单点控制优越，线控制一般选择干道上的各个相邻的交叉路口在 1km 以内。如相邻两个交叉口超过 2km 以上去实现线控制，将使各种车辆离散开来，形不成车流，意义也就不大。

3．面控制　区域控制俗称面控制，是指对一个区域内形成的道路网络交通，采用电子计算机进行综合的全面控制。即把路口控制机和检测器通过传输通信线与控制主机连接起来。计算机采集检测器的数据信息，确定最佳的区域控制方案，然后由路口控制机将最佳控制方案付诸于各个交叉口，指挥区域内各干道上的交通流量。

区域控制与点控制、线控制相比，其明显的特征是区域内的每一个路口和前后左右的交叉口发生了一定的关系。即：它的每一个控制参数的变化不再是独立的，而是与前后左右的四个交叉路口发生了直接的影响。

第五节　高速公路现代化管理系统

我国道路现代化管理系统的建设刚刚起步，许多人对其认识不尽相同。随着我国高速公路的迅猛发展，以及车流量的不断增加，现代化管理系统越来越显示其在公路管理中不可取代的地位。目前已开通的沈大、合宁、沪嘉、广佛、京津塘以及首都机场高速公路等，均采用了现代化管理系统，有的正在实施之中。现代化管理系统是采用先进的现代化的电子设备，对交通、收费、路况等进行监控和管理的总称。它涉及到系统工程、交通工程、电子通信、计算机、电视摄像、录像广播等专业技术，因而是一个多学科的技术密集的系统工程。该工程投资大，是高速公路管理指挥中心和中枢，其管理的好坏直接影响高速公路安全、快速、舒适和高效功能发挥。下面将分别对道路现代化管理系统的组成及其各组成部分的情况加以介绍。

一、系统组成

高速公路现代化管理系统按功能划分，可分为通信系统、监控系统、收费系统和电源系统四大部分。每个系统又包括若干个功能单元，每个功能单元完成一些特定的功能，系统组成如图 10-1。

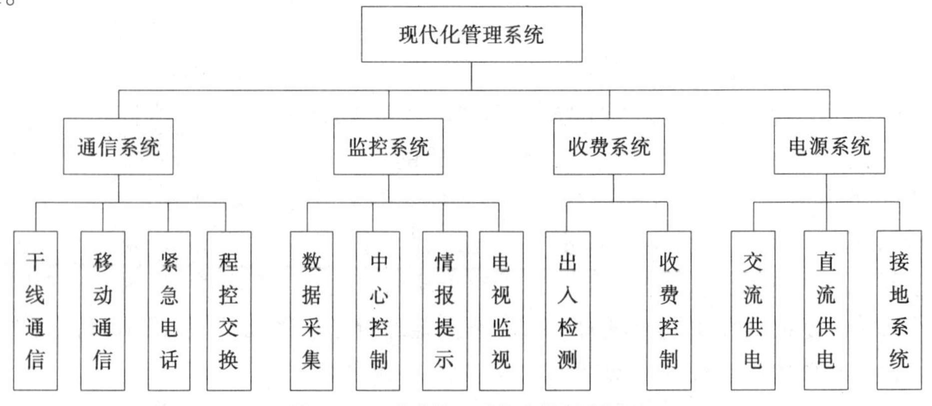

图 10-1　现代化管理系统功能划分框图

通信系统包括干线通信(微波、光纤等)、移动通信、程控交换、紧急指令等系统设备,完成的主要任务是:根据规定的技术要求确保全系统数据、命令、图像及语音信息传输的及时性和准确性。

监控系统包括数据采集(主干线和匝道)、中心控制、情报显示、电视监视等系统设备。主要完成实时采集、记录和显示交通流数据、事故信息、气象信息,并据此判断各路段的交通状况,发布交通控制信息,对全线交通状况进行控制和调度。

收费系统包括出、入口检测和收费控制等系统设备。实现的主要功能:收费口交通量统计和车辆分型,按标准收取通行费并发放收据,汇总、整理收费的有关数据和交通流数据,传送到上一级计算机和监控中心进行处理,并根据监控中心发布的命令,对出入高速公路的车辆进行控制和调节。

电源系统包括交流供电、直流供电、接地系统及路面供电系统等设备,主要功能:按照规定的技术要求,不间断地对机房内部设备和外场终端安全供电。

下面将各部分逐一进行介绍。

二、通信系统

1. 通信系统的基本构成　高速公路的通信系统应在经济适用、因地制宜的前提下,力求达到技术先进、运行可靠、操作灵活、维护方便,确保通信系统内部的话音、数据以及图像信息能够及时地传输。从技术角度看,高速公路通信系统由综合业务交换、通信传输、移动通信三部分组成。

1) 综合业务交换　综合业务交换网络支持以下业务:调度电话、紧急电话、业务电话和其它业务电话。

(1) 调度电话

① 特征和作用　调度电话是高速公路综合业务交换网中的一个子系统,它无需与市话公用网有任何联系。调度电话的所有终端用户都直接受控于调度总台,用户间不进行自动交换,因而不可能出现占线示忙现象;总台按下相应的按钮即可同时调度数个或全部终端用户,用户也无需拨号即可与总台通信。

调度电话的作用主要有:重要指令或信息的迅速传达或发布下行信息;重大事件或信息的及时报告或反馈上行信息;业务调度;会议电话。

② 构成方式　基本上有两种。一种是开发数字程控交换机的会议调度功能;另一种是设置专用会议调度总机。当利用调度总机来组建调度电话网络时,建议考虑调度网与内部业务电话网之间的联系。

③ 主要功能　调度员调度直通用户并通话;调度员完成某直通用户请求与另一直通用户通话的话路连接;召开电话会议。

(2) 紧急电话

① 紧急电话的作用

a) 高速公路的宗旨之一是"快速",这种快速不仅表现在车辆行驶速度的提高,同时还表现在服务水平的提高,快速地为司乘人员排忧解难便是内容之一。紧急电话便是司乘人员在紧急情况下进行呼救的最方便、最快捷的通信手段,控制中心接到呼救信号后通过调度电话系统向有关部门转达信息,以便采取相应的救助措施。

b) 有助于道路管理部门对道路上所发生的重要事件的及时了解和恶性交通事故的及时

处理与排障，为减少财产损失、抢救人民生命争取宝贵时间。

c) 为道路养护人员、路政人员、通信人员、救援人员及其他道路管理者提供辅助通信工具。

② 网络总体要求　高速公路通信系统应按照国家标准(GB 7262.2～7262.3—91)《公路通信技术要求及设备配备和组网技术要求》中的规定，对高速公路专用网的设备配备原则、各级网络的设备配备及有线电话、移动电话、公路紧急电话进行配备。

紧急电话是道路使用者在紧急情况下向管理控制中心报告情况、请求救援的一种特殊通信手段，因此对使用者来说，要求简单、方便、可靠。作为接收控制中心，必须具备声光警告与呼救位置显示、应答及时，与交通警察、路政管理、施救支援等部门具备热线联系。紧急电话的话机在室外，其工作环境比室内要复杂、恶劣，因而对其应有些特殊要求，如对外界环境温度和相对湿度的要求；对防雨、防腐、防尘措施的要求；抗干扰能力的要求；结构强度与抗破坏能力的要求；夜间照明或反光标志要求等。

③ 构成方式　紧急电话的构成为：

a) 电话机为直立式；

b) 电话机采用免提式，使用应简便可靠；

c) 电话机宜用分体式；

d) 电话机外壳的上部，应有紧急电话的定向反光标志，标志的图案和颜色参照 GB 5768；

e) 电话机话音频带为 300～3400Hz。

(3) 业务交换

① 业务交换网络的构成及主要任务　专用交换网络的核心设备是专用程控用户交换机及外围设备、用户线路、用户终端设备。其中心任务是完成网内用户之间的话务交换、网内用户与市话用户之间的话务交换、网内有线用户与本系统无线网的双向自动接续。同时也为市话网承担了大量的内部用户间的交换业务，起到话务集中的作用，这在我国公用网还不是太发达的现阶段尤其明显。新的数字交换设备一般都具有 ISDN(综合服务数字网)功能，因而可对网内用户开放图像、数据、文本、传真等非话音交换业务；允许网内用户访问公用数据网。

② 程控用户交换机及选型　程控用户交换机由于在控制方式上的存储程序化和交换自动化，因而接续速度、交换质量等方面都较人工交换机有了质的飞跃。而且，由于采用了脉冲编码和时分复用技术，使得数字程控交换机在交换速度、交换质量、容量能力、组网能力、系统维护管理诸方面比模拟程控交换机也更具优越性。因此，今后的应用趋势必然采用数字程控机。

另外，在专用网与公用网的中继方式和用户线路的敷设方式上，也要注意与实际情况相结合。

2) 通信传输　通信传输系统的基本任务，就是保证“信息流”在特定的传媒中畅通，并做到及时、快速、准确。目前在我国高速公路通信传输系统中，一般以市话电缆(或长途电缆)、数字微波、数字光纤三种传输手段混合适用。

(1) 市话电缆传输　无论是公用网还是专用网，电缆传输在整个通信传输系统中占有相当大 的比重。电缆有很多种，比如市话电缆、同轴电缆、高频对称电缆等。

市话电缆是由许多对二线线对构成的，通常应用于市话中继线路、用户线路和部分长途线路。在高速公路中可作为业务电话的用户线缆、调度电话、紧急电话以及道路情报板、可变限速标志、车辆检测器、收费口、匝道口与控制中心进行低速数据通信的传输媒介来使用。

(2) 数字微波中继传输　数字微波中继传输采用 TDM(时分调制)技术,被公认为是地面传输的一种有效通信手段。其特点是:基建投资少、建设周期短、上下话路方便、抗自然灾害能力较强,既适于长途通信也适于短途通信。

微波通信是利用无线电波在空中视距传输进行通信,由于受地形和天线高度的限制,其中继间距一般在 30~50km;另外,微波通信受雨雪天气和不利地形条件影响较大。因此,在系统设计时应预先充分考虑雨雪吸收损耗和衰落,使系统接收电屏有较大的储备。

(3) 数字光纤传输　用数字式的电信号来调制光源、以光波为信息载体、以光纤维作为传输媒介的通信称作数字光纤通信。其最大特点是传输容量大、中继距离远、抗干扰能力强,因而在高速公路中也广泛应用于中长距离数字通信及图像传输。

(4) PCM(脉冲编码调制)数字基群(复接)设备　可对各类信号源送来的电信号进行处理,使它们适合微波信道机或光端机的接口要求。发送信号时,将各种电话、传真、计算机数据、电视图像等信号经电平扩张、取样编码、多路复接、码型变换处理后送往微波信道机或光端机的接收口;接收信号时,将微波信道机或光端机送来的数字信号经码型反变换、码流分路、解码、电平压缩处理,还原成接收终端可以接收的电信号。

我国数字交换和数字传输设备均为采用 CCITT(国际电话电报顾问委员会)建议的 A 律 2048K—PCM 系统的设备。PCM 基群设备以时间分割方式可同时传送 30 路信息(TS_{1-15}、TS_{17-31}时隙传送),TS_0 时隙传送帧同步信码,TS_{16}时隙用于传送信令。

目前我国已建和筹建中的高速公路通信干线传输方式如表 10-8 所示。

我国已建(筹建)高速公路通信干线传输方式一览表　　表 10-8

序号	道路名＼项目	光纤通信	微波通信	已建容量(CH)	筹建容量(CH)	备注
1	沈大		√	120		电路
2	沪嘉	√				CCTV
3	莘松	√		60	120	
4	京津塘	√		480		
5	广佛	√		120		
6	佛开	√			480	
7	杭甬	√			120	
8	沪宁	√			480	上海段 120
9	广深珠	√			480	
10	广珠	√			480	
11	沪杭	√			480	
12	宜黄	√			480	
13	西宝	√			480	
14	广环	√		北环 60	南环 120	
15	泉厦	√			480	
16	济青	√			1920	
17	环胶州湾	√			480	
18	京石	√			1920	
19	石太(河北段)	√				
20	首都机场	√				CCTV

3）移动通信　包括常规的无线通信系统和新兴的蜂窝无线系统、集群无线系统、无线寻呼系统、无绳电话系统等。

(1) 移动通信的功能　移动通信的显著特点是通信双方或一方在通信服务区内地址的可移动性。在高速公路的运营管理中，移动通信特别适宜于道路养护、路政管理、交通安全管理、收费稽查、救援等具有流动特征的通信。移动通信网一般都具有如下功能：

①实现控制中心对网内移动用户的指挥调度功能，包括选呼、组呼和全呼。

②建立网内移动用户之间的呼叫，包括选呼、组呼和全呼。

③自动完成网内有线用户与网内无线用户之间的双向接续和通信。

④完成网内无线用户与市网用户之间的人工或自动接续。

⑤实现人工越区通信或越区自动漫游。

(2) 组建高速公路无线通信组网的一般方式

①一呼百应方式　这是无线对无线的通信方式。网内任一对用户通信，其他用户均可收听。这种组网方式投资少、建网快，但干扰大、保密性差，通话质量难以保证。

②选呼方式　这种方式的明显特点是可以有选择地进行呼叫，也可以全呼。通过有线、无线转接设备，以专用用户交换机用户线方式，实现服务区内有线用户和无线用户之间的双向拨号呼叫通信。

③集群方式　集群无线通信方式的基本特征是：多个无线信道动态地、自动地、最佳地分配给网内用户，并把有线通信中的交换技术运用到无线通信中来，在最大程度上利用有限的无线频率资源。集群系统可以通过专用信道建立网内任意两个移动用户间的拨号呼叫；通过交换机和任一话音信道建立任意两个或多个移动用户间以及移动用户与有线用户间的通话；如果增设市话用户线接口或中继线接口，则系统内的所有用户均可与市话用户通信，网内用户可实现越区漫游通信。

2. 通信系统的基本管理

1）通信管理的基本任务和要求

通信管理的基本任务是：

(1) 保障通信线路或空中通道的畅通无阻、通信设备的良好运作。这是首要任务。

(2) 建立通信管理的规章制度、原则和执行程序，并不断完善。

(3) 建立横向联系与协作，促进交流，及时掌握通信技术的发展动向和科技信息。

通信管理的要求做到程序化、标准化、数据完整化、计算机化，同时还要接受经济规律和技术条件的约束。

2）通信管理的主要内容

(1) 工作计划　为了保证通信管理工作顺利进行，应当安排的计划有：设备维护保养计划；设备检测维护计划；设备更新与系统改造计划；人员培训与学习计划；物资和仪器购置、调用计划；经费预算、申报、使用额度安排。

(2) 技能培训　系统的运行离不开人的参与，因此必须重视培养和管理一支通信队伍。要做到这一点，就必须要选派专业人员参与通信系统的方案设计、设备选型、工程实施、工程验收等全过程，使之了解系统的各个环节；然后再遵循走出去、请进来的原则，加强行业间的联系；另外，还要加强对话务员和机务人员进行培训和锻炼。

(3) 工作制度的研究和制订　一套完善的、行之有效的规章制度是规范通信工作者行为的依据和准则，是强化管理职能必不可少的重要步骤。为此，要明确各通信科、所的职权范围，对通信值班人员和设施的管理要严格各项守则和制度，制定奖惩规定。

(4) 设备管理　是指对通信主体设备、辅助设施的管理，其目的在于让有限的通信资源发挥最大作用。因此在设备的管理工作当中，应当注意设备使用的正确性，开发利用其所有功能，同时注意对设备的维护。在可能的条件下，还要对设备进行更新与改造，从而维持设备运行的良好状态。

(5) 通信器材、工具与仪表管理　要存储一定数量的备用器材，从而保障通信系统的正常运转。同时，还要配备通信测试仪表，以备检测之用。通信设备的备用器材、工具和测试仪表的管理是一项繁杂的工作。保管人员应具有一定的专业知识和高度的工作责任心，对所管理的物品要分门别类地登记入册、存放整齐、出入清楚、账务相符。

(6) 无线电频率管理　无线电频率是一种宝贵的自然资源。专用网所占用的无线电频率都是经当地无线电管理部门批准并缴纳无线电管理费用，因而是合法占用者和有偿使用者。但由于无线通信的广泛使用，空中电波十分拥挤，往往容易发生与其他无线通信网相互干扰、网外用户的非法盗用现象。因此，必要时应在当地无线电管理部门的指导下加强无线通信的监听和监测工作，摸清干扰的性质和来源，采取措施避免干扰，排除网外用户盗用。

三、监控系统

监控系统是利用电子技术和电子计算机系统，从事高速公路管理业务，对道路安全、交通状况等进行实时的监视和控制，从而达到“安全、高速、舒适、方便”的目的。这里所谓的监视，就是利用路面、路旁的数据采集、监测设备和人工观察，对道路交通状况、路面、天气状况和设备工作状况等参数进行实时观察和测量，并通过传输系统送至中心控制室。所谓控制就是指利用监控中心控制计算机或监控员实时处理系统的各种数据，按照一定的模式进行分析、判断和决策，并将最终决策结果和控制命令通过传输系统送至路上驾驶员信息系统、收费口控制设备或匝道控制设备，将路况及各种控制信息提供给驾驶员，使驾驶员能采取相应的措施和做好心理准备，以促进行车安全，提高行车效率；对于引起延误的事件，迅速响应，提供紧急服务，快速排除事件，把事件引起的延误控制到最小值，从而达到调节和控制道路交通状况的目的。

由上述可知，高速公路监控系统是为了解决高速公路运营中存在的两个主要问题——拥挤与安全而建立起来的。通过建立完善的监控系统，可以减少高速公路常发和偶发性拥挤的影响，获得最大的运行安全，并提供必要的信息，帮助使用者有效地利用高速公路的各种设施，减小他们在脑力和体力方面的紧张程度。同时，如果在高速公路上遇到困难，还可以向道路使用者提供及时的援助。

1. 监控系统的组成　为完成系统的监视控制功能，高速公路监控系统由交通信息采集子系统、中央控制设施子系统、监控输出子系统和通信传输子系统组成一个闭环控制系统，如图10-2所示。

1) 交通信息采集子系统　高速公路监控系统的信息采集的方式，有人工的，也有自动的，主要有下面几种：

(1) 车辆检测装置　在高速公路主线上以及入口匝道和出口匝道等处设置车辆检测装置，用以测量通过车辆数目和存在的时间，由这些参数就可以计算出在某时间间隔处交通参数以及堵塞程度，作为控制中心分析判断、做出控制方案的主要依据。常用的车辆检测器有电感环式、超声波式、电光式等。一般在主线上每隔一定距离设置一只或一对，或者根据需要在指定的区域设置。通过适当的组织和配置，还可以测出车型、车高等参数。

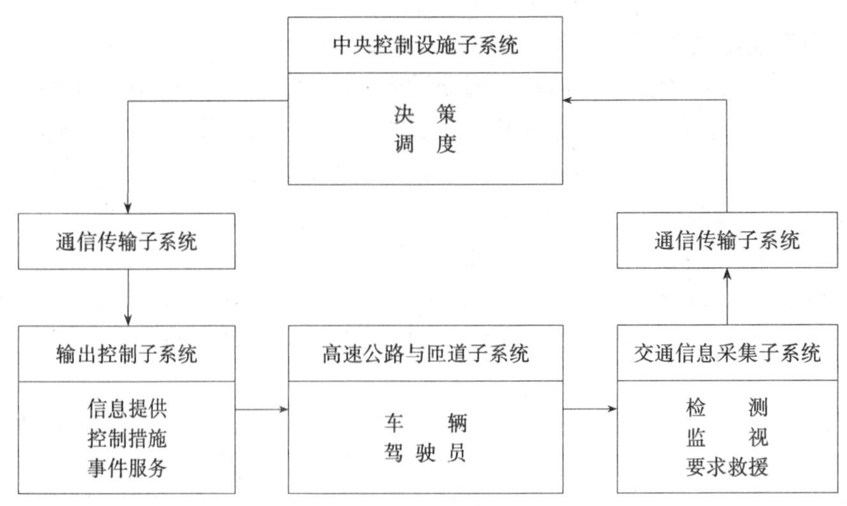

图 10-2 高速公路监控系统组成以及各子系统关系

(2) 气象检测装置 高速公路的高速、安全、舒适等功能与气候条件密切相关,而其中最重要的是风力、降雪、降雨、冰冻和雾。因此,作为控制方案制定的依据必须考虑公路沿线的气候条件和有关参数。根据路段具体情况,高速公路监控系统可以设置专用的气象检测装置,也可以取用当地气象站的数据。

(3) 测速雷达 在高速公路上一些主要路段,或在入口匝道和出口匝道附近,可以装备若干部测速雷达,专门用于检测不符合规定行车速度的违章车辆。一旦发现车辆违章,要及时发出警告信号,同时要拍摄违章车辆的车号和车型,以便事后处理和统计。

(4) 闭路电视(CCTV) 在车流量比较大,车辆密度比较高的区域,或者出口、入口附近以及事故易发区安装一些电视摄像机,以通过视觉的方法掌握有关区段的交通情况。一旦出现故障或发生交通事故,控制中心可以及时地掌握事故发生地点、时间和严重程度,以便迅速地作出反应,采取相应措施,排除故障或妥善地处理事故。

(5) 紧急电话 在高速公路上下行线上每隔一定距离(一般为 500m ~ 2000m)安装一部紧急电话,当车辆发生故障或出现交通事故时,驾驶员可及时向控制中心通报,同时在控制中心的图形显示板上可显示出发出信号电话所在地点和编号,以便采取相应的应急措施。这些电话与中央控制室的接收台直通,不用拨号。

(6) 无线电设备 在高速公路上日夜有巡逻车巡视,车上载有无线电台,供巡逻车与控制中心联络,无线电台通过设置在沿线的无线基地站转发。

2) 通信传输子系统 主要负责交通数据、气象数据、电视信号、电话信号、道路信息板和摄像机的控制等信号传输。以往的传输手段是一般的电话线、电缆线、双纽线和无线等方式。20 世纪 80 年代以后,主要采用光缆来传输上述信号。由于光缆具有损耗低、频带宽、无感应、高绝缘等优点,可实现大容量远距离的无中断传输,大大节省了设备,提高了电视信号及其他信号的传输质量。同时,由于光缆传输的无感应特点,可以用多芯光缆实现多路信号同时传输,简化了设备,便于安装和维修。高速公路监控系统中的通信传输部分,根据传输距离远近可以采用基带传输或载波传输方式,半双工或全双工通信,传输速率一般要求不高,而传输的误码率要求较严格。

3) 中央控制设施子系统 中央系统是监控系统的核心,它主要具备以下功能:

(1)由中心计算机对外场终端设备送来的各种数据进行实时的运算、处理和分析,并根据要求进行显示、打印、纪录或制表；

(2)根据测得的数据进行事件判断，决定控制方案，由控制台发出指令，控制道路信息板，指挥事件处理；

(3)通过闭路电视摄像机监视公路沿线和隧道内的交通流状况；

(4)负责管辖区域内的通信联络，包括紧急电话、无线电话和业务电话的接收和转送；

(5)隧道内火灾、公路上交通事故的监视、记录和警报；

(6)沿线电力系统发电、配电、照明等，有关设备的控制和调度；全系统组成设备工作状态的监测。

中央控制设施子系统的主要组成设备有：

(1)计算机及其外部设备　主要负责各种数据的运算处理、分析判断，并根据预定的方案做出控制决策。同时具有显示、打印或纪录等功能。通常以微型机或小型机按功能分散原则进行配置，关键部分双机备份，以提高工作可靠性。

(2)大屏幕图形显示板　通常采用三种图形显示板。

①模拟式图形显示板　以地图为背景，图上用各种符号、标记字母等表明沿线各设施，如立交点、停车场、服务区、隧道以及各种终端设备(如车辆检测器、紧急电话、道路信息板、摄像机等)的位置，并用各色指示灯标出上述设备的工作状态是正常还是故障等，使操作人员可通过模拟图形显示板了解公路全线上的交通情况，也可用计算机与大屏幕投影屏组成电子地图板。

②交通参数显示屏　用表格显示格式，列出规定时间间隔内主要地点段的交通参数、气象参数，用以判断交通情况，堵塞和检测事件。

③交通限制监视屏　当发生交通事故或由于某种气象原因，或路面施工情况下，要对有关区段实施交通限制，中心控制室就要通过相应的监视屏显示限制区间、限制原因、限制时间、限制内容等，以便掌握限制区间的全貌，统调限制区间上下游的交通情况。

(3)中心控制台　主要功能是实施系统的手动指令，并进行操作人员与系统之间的信息交换。

监控内容包括：公路上的各种道路信息板显示内容的变更，闭路电视摄像机遥控，闭路电视监控器的切换和编辑，图形显示板的显示和操作，交通限制的实施操作，隧道防灾设备的控制与操作，对外场终端设备的统一启动信号。

(4)电话总机台　接收紧急电话、无线电话、业务电话等并在地图板上显示出发信电话的地址编号。

(5)不停电电源(UPS)设备　在电源发生故障情况下，能及时切换到其他电源(电池、油机、其他备用电源)，以保证系统能不间断地正常工作。

4) 监控输出子系统　为了向高速公路使用者提供信息，对交通实施指挥调度，在入口匝道附近及主线上设置道路信息板。信息板上显示有阻塞的发生地、长度、原因，入口的封闭或收费口开放数的限制和原因，主线及出口的禁止通行和原因，工程施工、车辆故障等的注意事项；另外还有显示主要地点间行驶时间的“行驶时间显示板”，提供语言信息的交通广播，路侧广播系统，实施匝道控制、主线控制的交通信号灯、可变标志等；为快速消除交通事件对交通的影响以及为驾驶员服务的事故勘察车、拯救车、巡逻车、救护车、消防车、工程车等设施、人员和相关的机构。

2. 监控系统的管理　目前，无论监控系统的建设还是管理都还处于探索阶段，特别是系统的管理,国内尚未见到完善的范例,而国外的经验不完全符合我国的实际情况。然而,这又确实是高速公路管理部门不可回避的现实问题。

1) 监控系统管理的目的　就是要发挥现有设备的作用,在此基础上改进和提高系统的功能。要发挥现有设备的作用,就必须保证系统的正常运行,努力排除故障隐患,因此必须做好系统的日常维护和故障排除;要改进和提高系统的功能,必须首先吃透原设计的指导思想,找到技术手段上的薄弱环节,再根据系统运行的实际情况进行改进和提高。

2) 监控系统管理的任务　由于监控系统的设备通常在线运行,因此,做好系统设备的日常维护是保证系统正常运行的重要措施。可以通过以下工作对设备进行日常维护:保持控制中心良好的工作环境;定期保养设备;定期检查、测试设备的运行状况;妥善管理技术资料;建立设备档案;做好设备维修纪录及外场设备的保护。

在系统人员的管理方面,应设置专门机构,配备专人负责监控系统的维修与管理。还要建立健全岗位责任制,严格各项规章制度。对于技术人员,应要求多钻研业务,遇到问题尽量自己解决。同时还要培训操作人员,逐步培养他们发现问题和解决问题的能力。

四、收费系统

收费系统涉及到机械工程、电子工程、通信工程、自动控制工程、计算机应用工程、交通工程和系统管理工程等多学科知识。在现实的通行费征收过程中,不同的收费制式和收费方法对交通流产生的影响是不同的。下面将简单介绍它们各自的特征。

1. 收费制式和收费方法

1) 收费制式　国内外的收费制式通常有以下三种:

(1)均一式　是最简单的一种收费制式,收费站设在每个入口,而主线和出口都不再设站。它的优点是不会漏收,车辆只需一次停车交费,手续简便,投资省,效益高。它适合于距离短、道路出入口多而密,交通量大的城市高速公路和短途城市间高速公路。

(2)开放式　开放式收费系统的收费站建在高速公路的主线上,距离较长的高速公路可以建多个收费站,各个出入口不再设站,高速公路对外界呈“开放”状态。每个收费站的收费标准仅根据车型不同而变化,但各站的标准因控制距离不等有区别。这种收费制式具有均一制的某些优势,但长途车辆需多次交费而造成时间延误。这种收费制式适用于较短距离或互通式立交比较稀少的道路或收费的桥梁、隧道等。

(3)封闭式　封闭式收费系统的收费站建在高速公路的所有出入口处,车辆在高速公路内部则可以自由行驶。这是目前应用最多的一种收费制式。这种收费制式的优点是能够严格按车型和行驶里程收费,公平合理,没有漏收问题,道路使用者易于接受。但收费站的建设投资较大,营运管理人员多,通行计费复杂。

2) 收费方法　收费方法一般分为:

(1)人工收费　由人工将车辆分类,套用收费标准计算应收取费用,收钱、开票、找零。目前我国绝大多数采用这种收费方法,其优点是设备简单、人工便宜,缺点是停车交费时间长,差错率高、服务水平低,难以杜绝收费人员的徇私舞弊,甚至出现大量流失应收费用的现象。

(2)半自动收费　指在车辆分类、计算费用、交费、收费、核准放行几个收费环节中有一个或几个环节采用自动装置,但仍需驾驶员停车交费的收费系统。

①计费自动化,一般采用电子货币如磁卡等收费。其收费过程是在入口处将车牌号、车型、入口时间、地点等各种数据纪录在磁卡上,出口处由读卡机验卡并计算费用,交卡缴费。若

碰到意外情况，再由人工加以校核。

②核费自动化，即由人工计费、收费，电子设备监视，以减少差错和作弊，提高工作效率的收费系统。

(3)全自动收费　全部收费过程都由自动化装置完成，汽车可实现不停车收费，完全达到无人操作。此部分的详述见“不停车收费系统”。

2．收费系统的组成　鉴于半自动收费避免了人工收费系统的管理麻烦、少收、漏收、作弊等缺陷，也避免了全自动收费设备复杂、不易解决，对维护人员要求太高等不足，同时又具有抑制收费作弊能力强、管理水平高、运营成本较低等优点，是一种很好的收费系统，尤其适合中国国情，因此下面着重介绍半自动收费系统的组成。

典型的半自动收费系统的组成如图10-3所示。

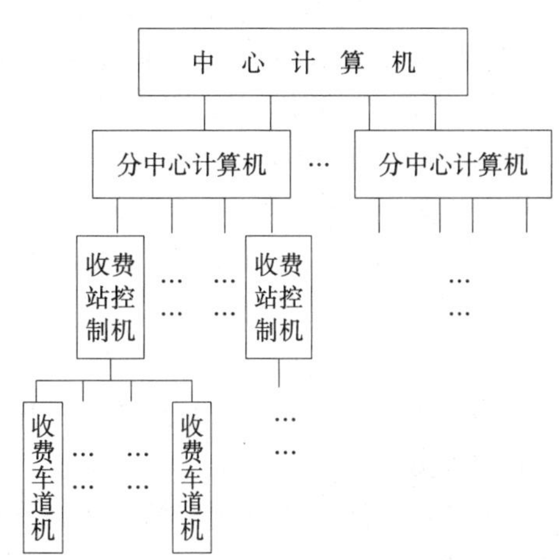

图10-3　半自动收费系统组成图

这种典型的分布式四级计算机数据采集和管理模式，是半自动收费系统设计时经常采用的结构模式，适合于不同方式的半自动收费系统。

1) 中心计算机　负责所有分中心计算机的数据通信，统计、处理、打印所有统计数据和报表。中心计算机应考虑选用存贮量大、可靠性高的微型计算机(或小型计算机)。

2) 分中心计算机　负责管辖范围内所有收费站的数据通信，统计、处理、打印有关数据和统计报表。

3) 收费站控制机　是收费系统的一个小独立中心，应选用一台实时性能好的微型计算机。它负责本站各收费道口设备的管理和监督，用于采集、统计、分析、处理本站所有收费道口的收费数据和交通量数据，建立、存贮、打印相关的统计报表，完成与管理计算机的通信。

4) 收费车道机　收费系统最基本单元，由入口设备和出口设备组成。它的功能是完成每条收费道口现场的有关收费数据和交通量数据采集、初步加工、处理，实现对出入口车辆控制，收取通行费，并完成与收费站控制机的数据通信。

3．不停车收费系统　最大的特点是“不停车收费”，即车辆可以以相当高的速度通过收费口，无需在收费站前减速并停车缴费，一切均由电子设备完成。这样，从根本上避免了为收取道路通行费所造成的交通堵塞现象，极大地改善交通条件。

不停车收费系统是当今世界上最先进的收费系统，它是靠装在汽车上的电子标识卡(存贮与车辆收费有关的大量信息，如预缴金额、车型、车主等)与安装在收费车道旁的读写收发器，通过无线电进行快速的数据交换，实现车辆的不停车收费。具体的付费方式有信用卡预付账、银行转账、定期按账单交费和现金预付等。

目前，不停车收费系统已发展到第三代，第一代为只读型，第二代为读写型，第三代为车载标识卡的读写头与信息纪录计算单元分离型。只读型就是不能像读写型那样在通过收费站时，路边系统通过读写器对标识卡进行双向通讯，它只能读到卡上的信息，不能将新的信息及时写到卡上，因而只能将纪录写于收费站计算机内，进行事后处理。第三代和第二代的差别仅是车载标识卡的读写头与信息存贮计算单元(IC卡)分离，因而第三代系统的标识卡不仅可用于不停车收费，而且还可用于其他目的，可真正实现一卡多用，它将是使用最广泛最灵活的一种不停车收费系统。

一般不停车收费系统主要包括以下几个子系统：车载系统（含用户标识卡）；路边系统；车载系统与路边系统的通信；中心电脑；路边系统与中心电脑的通信；账户系统；监测系统。各子系统之间的关系可以用图10-4表示。

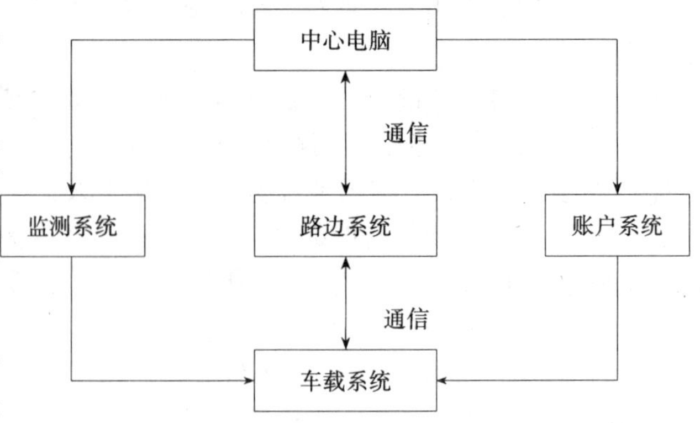

图10－4　不停车收费系统各子系统关系图

一旦不停车收费系统投入运营以后，可以大大降级收费站的拥挤度，节省行车时间，简化财务手续，防止收费人员作弊贪污，使审计、管理等费用得以降低；同时，行车的安全性也可大大提高，并减少能耗，有利环保。另外，通过读取车载电子标识卡的信息，还可完成实时的OD调查以及交通监视等。

纵然不停车收费系统代表了今后高速公路收费系统的发展方向，但要在我国发展这种系统，仍有以下问题亟待解决：

车型的自动识别。为了计算通行费用，防止大车用小汽车的标识卡进行逃费，必须解决车辆实时自动分类。

防逃费的有效办法。国内外都未找到有效的防逃费方法，一般是采用电视监视系统纪录不缴费车辆，然后交通运营单位查出逃费者，邮寄罚款单。

众多的用户和系统兼容问题。不停车收费系统要想带来较好的效益，就要有较多的用户，这就要求有较多的不停车收费道路且不同道路桥梁收费系统的标识卡互相兼容，做到一卡“走遍中国”或“一个省”、“一个地区”，否则用户将很难接受这种系统。

过境车的处理。由于我国高速公路尚未联成网络，交通量普遍较小，又存在上述问题，不宜在全国范围内实现不停车收费，而应在特大城市首先采用不停车收费技术，等条件成熟再推广。

4．收费系统的管理　主要从收费系统的设备和人员两方面来加强管理。

1）设备管理　设备是整个系统的物质基础，应重视这部分的管理。设备应分类存放，便于随时存取，准确无误。设备管理包括：

(1)按设备、种类登记造册；

(2)设备的情况纪录；

(3)专人负责设备管理；

(4)相应的设备管理规章制度；

(5)加强线缆的保护。

2）人员管理　包括技术人员管理和收费人员管理。

(1)技术人员管理　在工程开始实施时，应选派一些有较强的工作责任心和工作能力，热爱本职工作的专业技术人员，参与系统的方案设计、设备研制、安装、调试和工程验收。这些技术人员就是管理中的主要技术力量。技术人员管理关键要分工明确，责任到人，各司其职，各负其责。

(2)收费人员管理　在需要收费人员的收费系统中,收费员上岗前应进行岗前培训和考核,使他们成为一名训练有素的称职的收费人员。应当在以下方面对收费人员进行培训:

①职业道德;

②设备操作方法;

③安全注意事项;

④出现故障时的应急处理。

五、电源系统

电源系统是高速公路现代化管理系统的重要组成部分。随着电子技术的迅猛发展,各种设备不断改进和更新,尤其像高速公路现代化管理系统这样大型、综合的电子系统工程,对电源系统的要求越来越高。如果电源系统不能提供规定指标的电压,现代化管理系统就无法正常工作。因此,交通管理系统就要求电源系统可靠、稳定、小型和高效率。

1. 电源系统的组成　主要由交流供电系统、直流供电系统和接地系统组成。

交流供电系统主要包括变电站提供的交流市电、柴油发电机供给的自备交流电源以及由整流器、蓄电池和逆变器组成的交流不停电电源。为了不长时间间断交流供电,当市电中断时,应能在规定的时间里启动柴油发电机组供电。目前国内已开始采用无人自启动柴油发电机组,在市电中断时,发电机能自动启动。为了确保系统电源不间断、无瞬变,在某些重要的设备中还可以采用静止型交流不停电电源。

在直流供电系统中,对于设备容量较大、比较集中的系统可以采用集中直流供电,这样可以减少电源设备数量,便于电源设备的维护。当系统设备分散布置且电容量小时,应采用分散直流供电系统,使各设备的电源系统相互独立,互不干扰,一路出问题,不会影响其他设备的正常运行。

为了保证各管理系统与人身安全,系统电源的交流和直流供电系统都必须有良好的接地装置。

2. 路面设备供电　在高速公路的现代化管理系统中,除了有大量的设备集中于机房,另外还有许多设备分散布置在道路沿线,主要有:摄像机、可变情报板、可变标志、车辆检测器、气象检测系统、路侧广播以及通信中继等设备。由于设备分散,供电距离较长,因此必须根据管理机构设置采取分段供电,否则,必然提高电源输送电压或加大传输线的线径,这都将提高工程造价。为简化路面供电段电力电缆线路,降低工程造价,可采用交流供电与直流远供相结合的办法给外场设备供电。

第六节　机动车管理

所谓机动车管理,即根据交通法规对机动车进行的技术管理、行驶管理、停放管理总称。

一、机动车的技术管理

机动车技术管理是车辆管理的重要组成部分。它有以下意义:

1.保障交通的安全和畅通　机动车的技术状况不仅影响运输生产效率,同时也与交通安全和畅通息息相关。只有技术状况完全符合技术要求的车辆才能核发牌照、行驶证,准予运行。这样,才能保障交通的安全与畅通。

2.降低公害和污染　机动车辆排放的废气和发出的噪声,破坏了环境的安静和大气清新,给人们的生活和工作带来了麻烦,影响了人们的身心健康。因此,车辆的技术管理对于保障人们的安定生活和生产有着重大的意义。

3.使汽车制造和维修水平进一步提高　机动车技术管理从保障交通安全、畅通、低公害的角度,对汽车的结构、附件、外观和技术性能提出了具体的要求,这些要求通过技术监督使之在汽车制造和维修过程中予以实施,从而促使汽车制造和维修企业提高产品质量、性能及维修水平。

4.及时掌握机动车辆的静态分布　技术管理工作中,通过对车辆分类、登记注册及建立档案,可以掌握有关机动车辆的各种数据,从而为道路规划、建设及交通管理工作服务。

所谓机动车技术管理,就是根据国家有关法规和政策对车辆的检验、审验、登记、发牌、发证以及对车辆制造、保修单位的监督工作。具体地说,机动车辆技术管理的内容是:

(1)对车辆进行分类、核定装载质量及乘坐人数;

(2)对车辆进行注册登记,核发牌照及行驶证;

(3)对车辆补发牌照、换发牌照;

(4)办理异动、变更手续;

(5)审核并办理车辆的封存、启封和报废;

(6)对机动车辆进行检验;

(7)对机动车辆的制造、维修企业进行技术监督;

(8)建立并管理机动车辆档案,掌握车辆的分布及技术状况。

上述工作内容都是公安车辆管理部门对全社会的民用车辆通过车辆号牌、行车执照的核发和管理来完成的。

二、汽车运输业的车辆技术管理

目前我国公路运输已形成了一个多层次、多渠道、多形式的新型运输结构,作为公路运输主要技术装备的汽车也正在迅速发展。据统计,我国民用汽车保有量已从1949年的5.09万辆1978年的136万辆增加到1998年的近1319.3万辆(其中从事公路运输的营运客车为57万辆,营运货车165.25万辆;出租客车58.8万辆,旅游客车1.5万辆),见图10-5。这些车辆是我国公路运输事业的物质基础,管好、用好、维修好这些车辆,使之维持良好的技术状况,是全社会的共同责任,更是道路交通与公路运输管理部门的重要任务。

据典型调查统计,现有运输车辆中有50%左右属于机构失调,带病运行,特别是个体运输车辆更为严重。由于车辆技术状况不良,车辆运行消耗增加,全国专业运输企业车辆维修费用每辆每年高达7000~8000元,轮胎平均行驶里程只有9万多km,燃料浪费惊人。试验表明,这些带病运行的车辆与正常车辆相比,运行中油耗增加10%~15%。同时,由于运输车辆技术状况普遍下降,机械事故明显的大幅度上升,并且发生了一些重大恶性事故。因此,迫切需要加强运输车辆的技术管理工作。

1990年3月7日交通部以第13号部令正式发布了《汽车运输业车辆技术管理规定》,对汽车运输业的车辆技术管理就是依据这个规定开展的。

《规定》明确:对汽车运输业的"车辆技术管理应坚持预防为主和技术与经济相结合的原则。对运输车辆实行择优选配、正确使用、定期检测、强制维护、视情修理、合理改造、适时更新和报废的全过程综合性管理"。

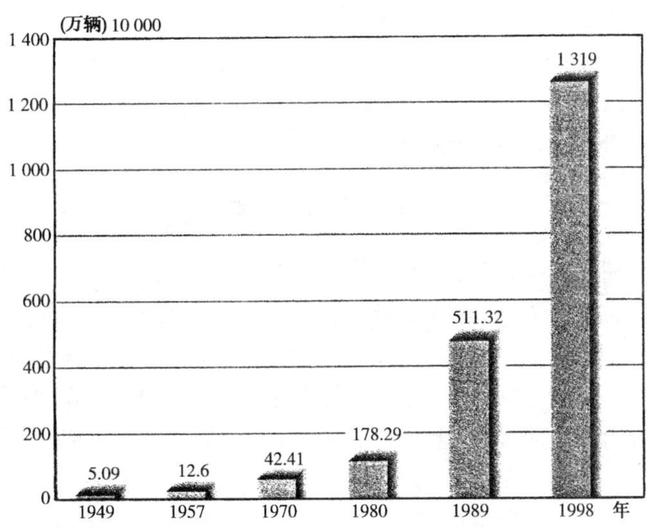

图 10-5　全国民用汽车保有量示意图

根据《规定》要求和我国汽车运输业车辆技术管理的现状，交通部门在车辆技术管理工作中应做好以下几项工作：

1.搞好车辆发展规划，加强运力投放的宏观控制　要通过认真的调查研究，对运输市场的客、货源、分布、流向、运距、运力的数量、结构，油料供应和道路条件（主要指运行能力）、自然条件等现状以及发展趋势进行综合分析，制定出比较符合实际的车辆发展规划。严格开业审查，坚持“先申请、后购置”的原则，加强对运力投放的宏观控制，防止运力盲目增长。

2.加强对营业性运输车辆的技术管理　运输车辆中的营业性运输车辆是为社会提供运输服务的依靠力量，它们的使用特点是运输强度大，运输条件复杂、对车辆的技术性能要求高。对这些车辆的技术管理是交通部门义不容辞的责任。管理的重点内容是：

(1)对营运车辆的定期检测　检测诊断技术是利用检测诊断设备。在车辆不解体情况下检查、鉴定车辆技术状况和维修质量，确定其工作能力的重要手段。检测诊断的主要内容包括：汽车的安全性（制动、侧滑、转向、前照灯等）、可靠性（异响、磨损、变形、裂纹等）、动力性（车速、加速能力、底盘输出功率；发动机功率、转矩和供给系、点火系状况等）、经济性（燃油消耗）及噪声和废气排放状况等。检测的结果，作为运政部门发放或吊扣营运证的依据之一。随着交通部发布《汽车运输业车辆技术管理规定》和《汽车运输业车辆综合性能检测站管理办法》以后，到 1998 年底，全国已建成 893 个汽车综合性检测站，年检测车辆 710.5 万辆次，基本形成了全国汽车检测网。汽车检测，诊断技术和汽车检测站在汽车运输业广泛应用，带来了显著的效益。据大量试验统计，汽车百吨公里燃油消耗量平均可降低 0.3L 以上，千车公里维修费可下降 6.7%以上，在用汽车安全性能、尾气排放不合格率较原来平均可降低 30%。

(2)对营运车辆强制维护车辆维护应贯彻预防为主、强制维护的原则。车辆维护作业包括：清洁、检查、补给、润滑、紧固、调整等，除主要总成发生故障必须解体时，不得对其进行解体。根据维护作业范围，分为日常维护、一级维护、二级维护等。

(3)建立营运车辆的技术档案建立营运车辆技术档案是技术管理的基础工作，是掌握车辆技术状况动态，制定相关政策的依据。交通部门有责任指导督促各运输单位和个人建好车辆技术档案。《规定》已明确：“车辆技术档案应作为发放、审核营运证的依据之一”。车辆技术档案的主要内容包括：车辆基本情况和主要性能、运行使用情况、主要部件更换情况、检测的维修记录、以及事故处理记录等。

3.加强对大中型运输企业的车辆技术管理。

4.抓好汽车维修制度改革工作。

5.建立健全运输车辆技术质量监督检验系统。

三、机动车行驶管理

机动车行驶管理是指对运动中的机动车进行管理，主要包括：

1.行驶中的分道管理　行驶中的分道管理就是对同方向行驶的车辆按车种类型的不同或行驶速度的不同，实施交通流分离通行的管理。一是分离非机动车与机动车，严格控制非机动车驶入机动车道；二是在有条件的道路上分离公交车辆与其他机动车、保证公交车辆优先通行；三是在划有快、慢机动车道的道路上分离低速机动车与快速机动车，提高车道的通行效率和车辆的行驶速度；四是机动车在进入划有路口转向指示符号的道路上分离左转、右转、直行车辆，要求通过道路交叉路口的车辆应在转向符号的标示起点，根据行驶方向、目的，及时变换车道。

2.行驶中的操作管理　行驶中的操作管理就是对车辆的操作规程，实施规范或约束的管理。一是在狭窄的双向道路上，要求驾驶员礼让通行；二是在道路上超车，必须符合交通规则规定的条件，严禁强行违章超车；三是同一车流中的车辆必须保持前后车距，以避免紧急制动所引起的碰撞。前后车距的大小由车流速度、路面状况及驾驶员的反应时间等因素决定。

机动车行驶管理的内容还很多，在有关的交通法规中有明文细则规定，这里不再赘述。

四、机动车停放管理

机动车停放管理就是对道路上停放和欲停放的车辆进行管理。

1.禁止停车的管理　禁止停车的管理就是对一些设有禁止停车设施标志或明文规定禁止停车路段的管理。这些路段主要是闹市商业街、公共场所出入口、消防水龙头以及机关门口等，应严格管理，禁止车辆任意停放。

2.允许停车的管理　允许停车的管理就是对一些允许停车路段的管理。主要有：

(1)指定停车点的管理　对一些设有停车指示标志的路段或区域，指定专人负责，一是管理车辆的停车方位和停车秩序；二是管理车辆的停放安全。

(2)非指定停车点的管理　这种停车现象既普遍而涉及面广且无规律，主要有沿街装卸货、上下客、驾车人就餐、临时购物等多种停车原因。管理的原则是：严重影响交通秩序的段不准任意停车或卸货；允许停车的地段要督促快装快卸，缩短停车时间；对一些有影响而又必须停车的车辆，一要帮助解决问题，二要保证道路畅通。

第七节　驾驶员管理

驾驶员是汽车运动的中枢，道路交通安全的核心。在道路交通中他(她)的主要任务是：

(1) 沿着选定的路线驾驶车辆，完成从起点到终点的运输过程，以实现人员和货物在空间上的转移。

(2) 遵守交通法规，正确理解信号标志、标线的含义，服从交通警察的指挥，自觉维护交通秩序以保证交通的安全和通畅。

(3) 遇到不利情况及时调整车速或改变车辆的位置和方向，及时停车，以避免交通事故的发生。

以上三项任务中，后两项任务决定着车辆运行的可靠性和安全程度。国内外大量的统计数据表明，在所有的交通事故中，与人的因素有关的事故占总事故的90%左右，而由驾驶员负全责和主责的事故占总事故的70%以上。可见，驾驶员是影响交通安全的主要因素之一，驾驶员的管理与教育是道路交通管理中的一项重要工作。

一、驾驶员管理工作的内容

1. 核发机动车驾驶证；
2. 审查并办理驾驶员的换证、增驾及异动手续；
3. 对驾驶员进行考核和教育；
4. 对驾驶员培训单位的培训工作进行指导和监督；
5. 研究驾驶员在道路交通中的生理和心理特性；
6. 管理驾驶员的档案，随时提供各种统计数据。

驾驶员管理就是通过上述工作，提高驾驶员的素质，即提高驾驶员的思想素质、身体素质、精神状态和心理活动、安全行车知识及驾驶操作技术，建设一支有文化、有理想、遵章守法、职业道德好、思想作风过硬、驾驶技术熟练的驾驶员队伍，从而保障道路交通的畅通、安全和低公害。

二、驾驶员管理的措施

从有利于交通安全的角度讲，对驾驶员的管理主要应加强以下几点：

1.严格坚持驾驶员选择标准　由于驾驶员在交通安全工作中起着重要的作用，这就要求机动车驾驶员要有很强的法制观念，熟练的操作技术，正确的判断能力，良好的心理状态，健康的身体条件，方能得心应手地驾驶车辆和适应错综复杂的交通环境，恰当处理各种交通险情，保障行车安全。为此，对申请驾驶机动车的人员必须严格按着交通法规规定的年龄条件、身体条件(包括身高、视力、辨色能力、听力、心理、生理等)进行选择。

2.严格考试制度　为保证机动车驾驶员具备应有的驾驶知识和技能，保障道路交通安全，必须严格考试制度，按考试科目的顺序依次进行。我国对驾驶员考试科目分交通法规与相关知识；场地驾驶；道路驾驶三个部分。每个科目的考试内容、方法、考试时间及评定标准已有严格的规定，应严格执行。

3.加强对驾驶员的科学管理工作　对驾驶员进行管理的实质是对驾驶员安全行车素质的变化实行控制，及时发现问题，及时采取措施。

(1) 定期普查：定期对驾驶员进行生理和心理上的驾驶适宜性检查，了解驾驶员的反应速度、判断能力和对法规的执行是否正确等，是掌握驾驶员安全行车素质的重要手段。对年龄大的驾驶员、单独驾车的新驾驶员、有事故记录的驾驶员尤其要重点检查。

(2)进行“预防事故能力”预测：对驾驶人员的“预防事故能力”的测验可事先拟定不安全因素的综合评定办法，采用问答、模拟操作、随车统计等方式进行。把多次测验的结果按时间序列划出趋向图，视为事故趋向图，以表示事故发生可能性的增减情况，说明“预防事故能力”的变化趋势。预测活动有助于车辆管理人员有计划地进行安全教育工作，明确工作方向，避免盲目性。

(3)严格驾驶员档案管理:对每一名驾驶员应建立技术档案,详细记载驾驶员的考核情况、驾驶车型、行车里程数、违章时间、违章类型及处罚情况、交通肇事时间、肇事类型、事故等级、人员伤亡及经济损失、驾驶员责任、驾驶适宜性检测时间及结果等信息。从而为有针对性的做好对驾驶员的管理及培训工作提供依据。

三、重视职业驾驶员的再培训工作

据统计,截止1998年底,我国已有正式汽车驾驶员2849万人,现每年有300~400万人进入驾驶员队伍行列。我国驾驶员中的职业驾驶员主要分布在各类汽车运输企业及个体运输户,也有部分分布在机关企事业单位,他们的工作,对国家经济建设、社会发展、人民生活和运输生产力的发展影响甚大。我国职业汽车驾驶员在适应混合交通、复杂行驶环境及维护车辆技术能力方面,从整体上看水平不低,但文化素质普遍较低,其生理、心理素质也较差。据调查,在现有职业汽车驾驶员中,文化程度以初中最多,约占驾驶员总数的54%左右;年龄在31~40岁的人数最多;驾龄在4~7年的居首位;高级驾驶员占总数的30%,中级驾驶员占20%。现有驾驶员大部分是由驾培班培训出来的,也有一部分是从军队复员转业的。无论是从驾驶员队伍的文化、技术素质,还是随着车辆技术含量的提高,道路及交通管理发展的现状与趋势,都要求我们必须重视对在职驾驶员的再培训工作。

目前发达国家都很重视对在职驾驶员的再培训,主要是对在职驾驶员开展心理、生理检测及其研究,检测分析驾驶员心理和生理素质对驾驶工作的适宜性,有针对性地开展培训教育,以提高驾驶员的整体素质,达到减少交通事故、提高运输经济效益的目的。近几年,我为也开始重视对汽车驾驶员生理和心理素质、驾培技术与方法、交通事故预防和安全运输对策等方面的深入系统研究工作。80年代,我国曾组织专家对波兰、捷克等东欧国家的驾驶员心理学实验、检测及培训机构设施等进行过考察。1992年,交通部将《在职驾驶员再培训研究》列为重点科研项目,组织行业协会、科研院校、部分省市运管部门联合进行了全面的研究和试验,并从日本引进驾驶员生理、心理检测设备,在全国14个省区对2 392名驾驶员和近千名驾培、安全管理人员进行了检测和技术培训试点。

对在职驾驶员进行再培训是知识更新的需要,有利于交通安全。当然,再培训并不是简单的基本驾驶技能的再训练,而是更高的要求。例如:驾驶员开车不肇事是基本功,应追求更高的标准,使别人的汽车不能撞已车或撞不了已车,这就要求驾驶员掌握安全边际观点和防御驾驶技术。

1. 让驾驶员学一点心理学知识

(1)从"驾驶员—车辆"系统的观点认识事故的实质、事故出现的偶然性与必然性,为消灭事故、增加信心建立科学依据。

(2)认识驾驶员的"信息处理特性",在驾驶中自觉地不采取超出自己能力的驾驶行为。

(3)掌握自己的情绪、自觉调节生活、保持精神饱满,保证行车安全。

(4)学会观察行人及其他车辆驾驶员的心理状态,提高预防和避免事故的能力。

2.帮助驾驶员掌握"车辆行驶特性"和了解自己车辆的性能　在车辆技术迅速发展的今天,驾驶员应掌握车辆的行驶特性和使用性能,才能做到有效地驾驶车辆安全行驶。道路条件的改善,使车辆行驶速度普遍提高,车辆操纵稳定性、汽车制动时的方向稳定性等都需要重视起来。

3.加强对驾驶员的法制教育　对大量的驾驶员违章现象进行统计分析,可以发现,属于驾驶技术不熟练而违章的只占很小的比例,大量的违章是驾驶员无视交通法规的行为所致。例如,无证驾车、酒后驾车、闯红灯、超速行驶等等。因此,对驾驶员进行遵守交通法规的教育应成为驾驶员交通中的一项经常性重要工作。应不断使驾驶员增强法制观念,提高执行、遵守交通法规的自觉性,才能为道路交通的安全、畅通创造一个良好的前提条件。

4.加强对驾驶员的职业道德教育　由于汽车驾驶员通常是一个人独立工作,他一方面要经常独立地处理交通中遇到的车况、路况、交通状况和气候等变化而出现的各种问题,又要和旅客、货主和交通过程中的各方面人员发生这样或那样的工作、业务及其他方面的联系。因此,要不断地培养驾驶员,使之具有独立处理问题的能力、全局观念、业务知识、法律意识、团结协作的精神。

通过培训,使驾驶员做到:①时刻把国家和人民生命财产的安全放在第一位,认真学习国家的有关法律和政策,熟知规章制度和安全驾驶操作规程,充分认识行车违章的危害,努力探索安全行车规律,谨慎驾驶,保证安全行车。②加强自身修养,培养良好的个性心理。驾驶中要全神贯注、精力集中、规范操作、遵守交通规则、积极主动维护交通秩序。③养成良好的学习习惯。驾驶员要增强自尊、自信、自强、自爱意识,勤奋学习新知识、新技术、要勇于实践,在实践中总结,在总结中提高,在掌握过硬的驾驶技术的同时,使自己的综合素质不断提高。

四、开展驾驶适宜性检测

在对机动车驾驶员的管理和再培训工作中,还应对驾驶员进行生理、心理方面的驾驶适宜性进行检测。

交通部"职业驾驶员驾驶适宜性检测"课题组,在对全国 11 个省 12 917 名驾驶员在 1987～1990 年交通事故情况调查中发现,发生 2 次以上事故的驾驶员只占 6.86%,但事故次数却占总事故次数的 34.56%。

各国的研究和统计资料均表明,在驾驶员群体中存在着少数特定的反复发生事故的人,即存在事故多发者,也就是说事故倾向性确实存在。

所谓事故倾向性,是指在驾驶员群体中存在着一部分人容易发生事故,而且这些人重复发生事故的概率很高的现象。这些容易发生事故的人,我们称谓事故多发者。事故倾向性的存在引出了驾驶适宜性理论。驾驶适宜性是指准备从事汽车驾驶工作的人员的心理、生理素质适宜于驾驶工作的程度。驾驶员的素质是由先天素质和后天学习的技能构成的,二者相对稳定而又互相弥补。其中先天素质是机体以遗传为基础的心理、生理特点,它起决定作用,影响着驾驶技能的训练。简单地说,驾驶适宜性就是驾驶员具有的安全驾驶车辆的素质。驾驶适宜性优秀的人,未来成为安全行车的优秀驾驶员的可能性大;而驾驶适宜性差的人,则未来成为事故多发驾驶员的可能性也大,因而不适宜做驾驶工作。

驾驶适宜性可能转化,即在外界条件作用下,适宜性可向好的方向发展,也可能向坏的方向发展。正因为如此,才可能对驾驶员实施针对性的再培训或开发。但在总体上,驾驶适宜性是相对稳定的。基于驾驶适宜性的相对稳定性,则可以对个人的适宜性做出预测,即通过一定的心理、生理指标测试,可以反映出每个驾驶员的驾驶适宜性。驾驶适宜性检测结果可以作为管理、教育驾驶员及淘汰少数不合适驾驶员的依据。

驾驶适宜性检测的目的是借助科学的仪器,诊断出事故多发驾驶员,并对他们实施针对性的再教育和训练,指出他们存在的问题和今后开车中应注意的事项。对严重不适宜的驾驶员,做其思想工作,让其改谋其他职业。这样可有效提高驾驶员群体的素质,从根本上达到预防事故发生的目的，因此，驾驶适宜性检测是事故预防的“拐杖”。

借鉴国外开展驾驶适宜性检测的成功经验，我国从20世纪80年代中期开始进行了驾驶适宜性研究工作，并取得了初步成果。尤其是“我国职业驾驶员适宜性的检测”、“我国职业驾驶员驾驶适宜性及检测标准”等研究成果，已经在实践中逐步推广应用。

机动车驾驶员驾驶适宜性检测是一种科学的综合评判驾驶员生理、心理状况和驾驶技能的手段，它对提高驾驶员素质，减少道路交通事故有着不可替代的作用。

复习思考题

1. 交通管理与交通控制的概念及目的、意义各是什么？

2. 现代交通管理与控制应具有哪些作用？

3. 交通管理与控制主要包括哪些方面的内容？

4. 什么是交通法规？为什么说交通法规不仅仅指交通规则或条例？它有哪些性质和特征？

5. 交通法规的根本作用和规范作用各是什么？

6. 交通法规的主要内容有哪些？

7. 交通违章可分为哪几类？交通违章有什么危害？怎样处罚交通违章？

8. 什么是交通标志？它有哪几种？什么是交通标志的三要素？

9. 什么是交通控制？什么是交通自动控制信号三要素？交通信号自动控制可分为哪几种基本类型？

10. 高速公路现代化管理包括哪几部分？各部分的基本构成是怎样的？

11. 机动车技术管理的主要内容包括哪些？其意义是什么？

12. 驾驶员管理工作的内容有哪些？加强驾驶员管理和教育的措施有哪些？

13. 什么是驾驶适宜性？驾驶适宜性检测有什么意义？为什么驾驶适宜性检测结果可以作为管理、教育驾驶员的依据？

第十一章 智能运输系统简介

第一节 智能运输系统的概念

随着国民经济的快速发展,特别是社会主义市场经济的发展,对交通运输的各种需求明显增长,交通运输与社会经济生活的联系越来越紧密,使得交通基础设施建设和交通运输成为经济生活中最活跃的方面之一。在基础设施快速发展的同时,我们不得不看到,长期以来,中国主要沿用的是大量消耗资源和粗放经营为特征的传统发展战略。在跨入21世纪的今天,这种发展战略显然违背经济规律和自然规律,将成为制约经济和社会发展的重要因素。

随着经济与技术的发展,尽管在全世界的许多地方仍将建设更多的基础设施,但它已不是解决交通运输紧张的惟一办法,面临越来越拥挤的交通,有限的资源和财力以及环境的压力,建设更多的基础设施将受到限制,因此国际上自90年代以来更多的是将电子信息技术引入道路运输系统,进而扩展到铁路和航空的管理和信息交换,称之为智能运输系统(Intelligent Transport Systems,缩写ITS),以期利用ITS来提高运输效率,保障安全和保护环境。

关于ITS的定义和理解是各种各样的,以欧洲和日本为代表的观点是将ITS作为整个社会和经济信息化的一部分,目前在欧洲将ITS称为"信息通信业务在交通运输中的应用"(Telematics Application for Trasportation),这些国家是从道路交通信息化的角度来推动ITS的;而美国则是将ITS分成了由政府主导和提供的智能运输基础设施和民间厂商提供的应用产品两部分。但是无论怎样的分法,出发点是一样的,即设想道路交通应该能使每一个交通的参与者和交通基础设施的潜能得以充分的发挥,同时又保持高度秩序化。要做到这一点,必须是在高度信息化的条件才能实现,当前信息技术的高度发展为实现这一理想提供了条件。因此,我们可以说ITS是在较完善的基础设施(包括道路、港口、机场和通信等)之上,将先进的信息技术、通信技术、控制技术、传感器技术和系统综合技术有效地集成,并应用于地面运输系统,从而建立起大范围内发挥作用的,实时、准确、高效的运输系统。

第二节 智能运输系统的研究内容

目前世界上在智能运输系统的研究中,美国、日本和欧洲处于领先的地位,但他们又各有侧重点。美国虽然起步稍晚于欧洲和日本,但从智能运输系统研究领域和内容来看,美国的研究领域较宽,内容也比较丰富。

一、美国的ITS研究内容

在1994年10月以前,美国的智能运输系统被称为智能车路系统(IVHS)。其研究内容主要集中在"先进的交通管理系统"(ATMS)、"先进的出行者信息系统"(ATIS)、"先进的车辆系统"(AVCS)、"先进的公共运输系统"(APTS)、"商业车辆运营系统"(CVOS)等方面。目前,美国的ITS研究集中在7个领域共29项研究内容。1996年美国运输部(USDOT)确定智能运输系统的研究项目为309项。以下主要介绍ITS的7个领域共29项研究内容。

1. 出行和运输管理系统

(1) 路上驾驶员信息系统　该系统包括驾驶员的引导系统和车内标志系统。驾驶员的引导系统主要为驾驶员提供实时的交通流状况、交通事故、建筑情况、公共交通时刻表、气候条件等信息。利用这些信息,驾驶员可以选择最佳的行驶路线,出行者可以在中途改变其出行方式。车内标志系统主要提供与路面实际标志相同的车内标志,也可以包括道路条件的警告标志和一些特殊车辆的安全限速。

(2) 路线引导系统　为出行者提供到达目的地的最佳行驶路线。早期的路线引导系统是一个静止的信息系统,如果能实现全方位的调度,这个系统就可以为出行者提供及时的信息,使出行者遵循最佳的行驶路线到达目的地。

(3) 出行者服务信息系统　这个系统可以为出行者提供快速服务,如出行者到达目的地的位置、工作时间、食物供应情况、停车场的情况、车辆修理站、医院和交通警察办公室。

(4) 交通控制系统　为高速公路和城市道路提供一个自适应的智能控制系统,从而改善交通流状况,为公交车辆提供优先权,以缓解所有机动车辆的交通拥挤问题。

(5) 交通事件管理系统　帮助公共和民间迅速确认突发事件并做出响应,最大限度地减少突发事件对交通的影响。

(6) 车辆排放物的检测和控制系统　系统采用先进的车辆排放物检测设备进行空气质量监控,并采用一系列措施控制污染。

2. 出行需求管理系统

(1) 出行前的信息系统　出行前的信息是指出行者出发前在家中、工作地和其他地方所获得的出行实时信息,如公共交通线路、时间表、换乘和票价等。

(2) 合乘车的信息系统。

(3) 需求管理和营运　该项研究通过制定运输需求管理和控制政策,减少个人单独开车工作出行的数量,促使人们更多利用高乘载率车辆和公共交通运输,并为欲提高出行效率的人员提供更多的备选出行方式。

3. 公共交通运输管理系统

(1) 公共交通管理　为了改善公共交通运输管理,它主要应用计算机技术对车辆及设施的技术状况和服务水平进行实时分析,实现公共交通系统营运、规划及管理功能的自动化。

(2) 途中换乘信息　该项研究可为使用公共交通运输方式的出行者提供实时准确的中转和换乘信息。

(3) 个体的公交运输　这种公共交通运输可以满足个人非定线或准定线的公共交通运输需求。

(4) 公共交通运输安全　为公共交通的乘客和驾驶员提供一个安全的运输环境。

4. 电子收费系统(Electronic Toll Collection,缩写ETC)　是为用户支付通行费、车票费、存车费等提供一种通用的电子收费支付手段,实现收费和支付的自动化。

5. 商业车辆的运行系统

(1) 商业车辆的电子通关系统　这个系统要求载货汽车和公共汽车装有无线电接收装置,确定主要行驶路线的车辆行驶速度和装载质量,以确保车辆的行驶安全。

(2) 路边安全检查的自动化系统　这个系统为车辆和驾驶员提供一个实时的安全检查途

径,它可确定哪台车应该停车受检。

(3) 车载安全监控系统　该系统能自动监控商业车辆、货物和驾驶员的安全状况。

(4) 商业车辆的行政管理程序　该系统以电子手段办理注册手续,自动纪录里程、燃料消耗报告和检查帐目。

(5) 商业车队管理系统　该系统可为驾驶员、调度员和多式联运管理人员建立通信联系,利用实时信息确定车辆的位置,并使车辆在非拥挤道路上行驶。

(6) 危险品应急响应系统　该系统可以为执法人员提供及时、准确的危险品种类信息,使其能在紧急情况下做出适当处理,从而控制危险,避免事故的发生。

6. 紧急情况管理系统

(1) 紧急情况通报和个人安全。

(2) 紧急情况车辆管理。

7. 先进的交通控制和安全系统

(1) 避免纵向碰撞。

(2) 避免侧向碰撞。

(3) 避免交叉路口碰撞。

(4) 扩展视野防止碰撞。

(5) 碰撞前的预防措施。

(6) 安全预报系统。

(7) 自动化的公路系统　该系统能提供一个全面自动化的运行环境,实际上是创造一个智能的运输系统。

二、欧洲的 ITS 研究内容

欧洲早在 1986 年就开始了大规模的 ITS 研究,其组织和协调主要由欧洲社团委员会(CEC)和 EUREKA(包括 19 个国家的工业研究的创始单位)共同完成。具体研究内容如下。

1. 政府主导的 DRIVE(Dedicated Road Infrastructure for Vehicle Safety in Europe)计划　该计划是以道路基础设施研究开发为主体的项目。DRIVE(现称 ATT)是 CEC 项目的代表,促进了整个欧洲向道路环境一体化研究方向的发展。主要研究内容有:

1) 提高道路交通的运行效率,改善道路交通安全。

2) 减少机动车辆对坏境造成的不利影响。

DRIVE I 从 1989 年开始,在 3 年时间内投入 1.5 亿美元开展了 70 个项目的研究,例如项目的评价和理论模型、交通安全、交通控制、公共交通运输、货物管理、数字地图和数据库、交通信息和广播系统、电信系统等。承担这些项目研究的有私人研究单位、政府部门公司和研究机构。

DRIVE II 实际上被正式称为“先进的运输电子通信系统”(The Advanced Transport Telematics,缩写 ATT)。DRIVE II 在 3 年时间内投入 2.5 亿美元开展 7 个领域的研究,即交通需求管理、交通和出行信息、城市间交通运输管理、城市交通一体化研究、驾驶员引导系统、货物和车队管理、公共交通运输管理。

2. 民间组织为主体的 PROMETHEUS(The Program for European Traffic with Highest Efficiency and Unprecedented Safety)计划　该计划是以车辆为主体的研究项目。1986 年,18 个欧洲汽车公司建立 PROMETHEUS 计划。该计划的主要目的是:

(1) 改善道路交通安全。

(2) 提高道路交通的运行效率和经济性。

(3) 有效地减少环境污染。

该计划同时又提出两点希望:整个欧洲的车辆应安装车载机和双向无线电收发机;建立双向的通信网络,使每个车辆之间建立相互联系,所有车辆与控制中心都建立相互联系。

PROMETHEUS 在欧洲的研究领域为:①扩展视野研究;②应急管理系统;③车辆的运行系统;④商业车队的管理系统;⑤避免碰撞系统;⑥交通管理试验场地;⑦驾驶的协调系统;⑧两种模式的道路引导系统;⑨智能的巡航控制;⑩出行信息系统。

三、日本的 ITS 研究内容

日本 ITS 的研究始于 20 世纪 80 年代后期,政府在其中起到了非常重要的作用。近几年来,日本主要集中对两大驾驶员信息系统的研究,他们是 RACS 和 AMTICS。

1. RACS(Road/Automobile Communication System)被称为道路汽车通信系统,该系统由日本建设部公共事业研究院和 25 家私人公司共同负责。

该系统由以下 3 部分组成:

(1) 车上安装车位推算导航系统。

(2) 路边的通信设备。在整个道路网络中,大约 2km 左右就设置一个这种路边通信设备。

(3) 控制中心。

2. AMTICS(Advanced Mobile Traffic Information and Communication System)被称为先进的交通信息和通信系统,该系统能够为出行者提供广泛的出行信息,例如:道路的拥挤程度、出行时间预测、交通法规、铁路时刻表、某些特殊事件。

该系统由国家警察局、邮政和电信部、日本交通管理技术协会和 59 家私人公司共同负责研究与开发。日本除了上述两个主要研究系统外,还有两个新的研究系统,他们是 VICS 和 SSVS。

3. VICS(Vehicle Information and Control System)被称为车辆信息和控制系统。该系统可以为道路上的车辆提供通信和定位信息,同时还能提供道路引导。

4. SSVS(Super Smart Vehicle System)被称为高智能车辆系统。该系统代替驾驶员完成部分乃至全部的车辆驾驶任务。

四、中国的 ITS 研究内容

我国政府部门和交通运输界已经认识到开展智能运输系统研究的重要性。交通部在“九五”期间已经建立了“智能公路运输系统工程研究中心”,同时指出:“该工程研究中心在学习、消化国外先进技术成果的基础上,结合我国实际情况,分阶段地开展交通控制系统、驾驶员信息系统、车辆调度和导驶系统、车辆安全系统以及收费管理系统五个领域的研究与开发、工程化和系统集成。在此基础上,将成熟的科技成果转化为可供实用的技术和产品。该工程研究中心也将逐步发展成为我国智能公路运输系统产业化基地”。

交通部公路科学研究所于 1998 年完成了“智能运输系统发展战略研究”的报告。在该报告中,提出了我国智能运输系统的体系结构以及近期、中期、远期的发展战略目标,而且还提出了我国智能运输系统的标准化问题。

1. 我国 ITS 的体系结构　该报告中将我国智能运输系统体系结构按照信息的采集、传递、处理、利用过程，分为物理层、传输层、处理层和服务层四个层次(图 11-1)。

(1) 物理层　在实体上包括各种基础设施。它除了完成信息的采集并将原始信息传递给传输层外，还负责完成传输层下达的指令，它是最底层的执行机构。构成物理层的基础设施建设是提供智能运输系统服务功能的基础。我国的高速公路网(包括路网中的各种监控、收费、信息传输以及安全保障设施)，就是实施智能运输系统的的物理基础。

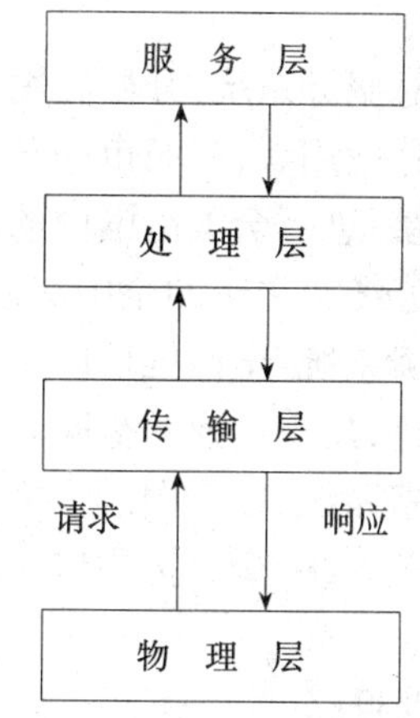

图 11-1　我国智能运输系统体系结构

(2) 传输层　负责信息的双向传递，是信息在物理层与处理层之间流动的桥梁，它将物理层和处理层紧密联系起来。借助传输层，智能运输系统所倡导的信息的充分利用和共享得以实现。传输层中所采用的通信技术，可以为有线网络通信、广域无线通信、短程通信或其他方式。

(3) 处理层　是体系结构中最活跃的一个层次。信息经物理层采集后传递到处理层，处理层负责信息的再加工，这里的信息处理不包括物理层中原始信号的处理，它应当是信息的检索、分类、转储等。这些有效信息和指令再通过传输层传递给物理层，物理层响应之后就体现出某种具体的服务功能。

处理层还具有自适应控制、模式识别、人工智能、辅助决策、事件预测等高级功能。

(4) 服务层　是一个稍抽象的层次，它体现智能运输系统的服务功能。当智能运输系统中的用户请求某项服务功能时，请求信息经物理层采集后由传输层传递给处理层，处理层在识别出请求信息后向服务层发出服务请求，服务层针对申请服务的种类给处理层发出相应的指令，处理层收到服务层的指令后，从信息库中取出对应的信息，随同指令经传输层到物理层后，物理层向用户提供它所请求的服务。

服务层是智能运输系统体系结构中集中反映服务功能的层次。根据对智能运输系统用户的潜在需求分析，可将服务功能分为五类：①先进的交通监控与管理；②集成信息服务；③电子收费；④运输管理；⑤安全保障。

2. 我国 ITS 的发展战略目标　将分三阶段：一个是 2000 年，作为近期目标，它处于我国智能运输系统的起步阶段；另一个是 2010 年，是中期目标；最后一个是长期目标，在 2020 年左右。各阶段内要实现的具体内容为：

(1) 近期目标　交通控制系统：在有条件的高速公路上进行试点，探索出比较符合中国的交通控制模式，对将来形成的高速公路网进行一些基础性的研究。

集成信息服务系统：车载导航设备中的关键技术应当予以突破，公路数据库、数字化地图等基础性工作应初步完成。

通信系统：各主要城市间的道路特点是高速公路应与中心城市建立良好的通信联系。

安全保障系统：进一步加强安全设施的建设，推广使用一些车载安全设备。

电子收费系统：在人工收费计算机管理的基础上，逐步将收费口建成自动不停车收费和人工收费结合的收费口，并要建立固定的不停车收费标准。

运输管理系统：在主枢纽设施的基础上，进行快速客货运输的工业性试验。

(2) 中期目标

交通控制系统:在新建的高速公路上全面建设交通控制系统,并在区域内进行路网控制的研究和具体应用。

集成信息服务系统:开始利用广播、公共网和专网等手段把各种交通信息以有偿或无偿方式提供给道路使用者,在城市内开始进行全面的信息服务。

通信系统:进行全国范围内的交通通信网建设,在充分利用公共网的基础上建设以沿高速公路铺设的光缆为主干的全国交通网。

安全保障系统:全面推广以安全气囊等为代表的车载安全辅助设备,在高速公路上建立起一支设备先进,反应迅速的抢险队伍。

电子收费系统:在全国逐步推广不停车收费,并开始在全国进行联网。

运输管理系统:全力推进以公路为主、多种方式结合的快速客货运系统,争取覆盖全国所有大城市。

(3) 远期目标

交通控制系统:能够全面详尽地掌握整个道路网实际的道路交通信息、事件、事态,通过预测,对已经发生或即将发生的事件进行处理,将交通控制、诱导信息通过通信系统传递给用户。

集成信息服务系统:能够让用户在任何时间、任何地点知晓路网上的各种信息,甚至对即将的出行有一个预知,使用户采取正确的行动。

通信系统:满足各种信息和用户的传输需求。

安全保障系统:保证交通正常运行时人员的安全和舒适,对交通发生异常事件时提供迅速有效的处理。

电子收费系统:减少在收费口的延误和产生的阻塞。

运输管理系统:充分利用以上五个系统提供的信息和保障,通过合理的调度,使运输企业发挥出最大效益。

复习思考题

1. 什么是智能运输系统?
2. 美国、日本和欧洲在智能运输系统方面作了哪些工作?
3. 中国的智能运输系统在发展过程中将遵从什么样的体系结构?发展战略目标是什么?

参考文献

1. 任福田,徐吉谦.交通工程学导论.北京:中国建筑工业出版社,1989.

2. 冯桂炎,李作敏.实用交通工程学.长沙:湖南大学出版社,1987.

3. 李江,傅晓光,李作敏著.现代道路交通管理.北京:人民交通出版社,2000.

4. 李彦武,熊哲清.中国公路建设与环境保护.北京:人民交通出版社,2000.

5. 李卫平、李作敏、赵学敏编.道路交通概论.北京:人民交通出版社,1992.

6. 徐吉谦主编.交通工程总论.北京:人民交通出版社,1991.

7. 李作敏,金同明.道路交通系统的人—机工程探讨.中国交通工程学会第三届年会学术论文选编.1986.

8. 段里仁主编.道路交通安全手册.北京:档案出版社,1988.

9. 公安部交通管理局编.道路交通事故处理手册.北京:科学普及出版社,1991.

10. 陈真主编.公路交通调查指南.北京:人民交通出版社,1990.

11. 中国交通年鉴.中国交通年鉴社,1986~1999.

12. 张正常,潘文敏.道路交通管理词典.沈阳:辽宁大学出版社,1989.

13. 任福田等译.道路通行能力手册.北京:中国建筑工业出版社,1991.

14.《智能运输系统发展战略研究》课题组.智能运输系统发展战略研究.北京:交通部公路科学研究所,1998.

15. 高速公路丛书编委会.高速公路运营管理.北京:人民交通出版社,1999.

16. 中国公路学会《交通工程手册》编委会.交通工程手册.北京:人民交通出版社,1998.

17. 陆化普编著.城市交通现代化管理.北京:人民交通出版社,1999.

18. 朱玉坤,张凡安,王德文等编著.交通事故透析.北京:人民交通出版社,1996.

19. 孙可林等编著.车祸与法规.呼和浩特:内蒙古人民出版社,1991.

20. 张凡安.交通工程学.兰州:兰州大学出版社,1992.

21. 张苏.中国交通冲突技术.成都:西南交通大学出版社,1998.

22. 高速公路编委会.高速公路规划与设计.北京:人民交通出版社,1998.

23. 项贻强编著.高速公路规划与管理.北京:人民交通出版社,1999.

24. 刘伟铭主编.高速公路系统控制方法.北京:人民交通出版社,1998.

25. 严宝杰主编.交通调查与分析.北京:人民交通出版社,1997.

26. 沈志云主编.交通运输工程学.北京:人民交通出版社,1999.

27. 李百川.驾驶适宜性检测的意义.北京:《中国道路运输》杂志.1999.3.

人民交通出版社公路类教材一览

（◆教育部普通高等教育“十一五”国家级规划教材 ▲建设部土建学科专业“十一五”规划教材）

一、交通工程教学指导分委员会规划推荐教材

1. ◆交通规划（王　炜）………………………… 33元
2. ◆道路交通安全（裴玉龙）…………………… 36元
3. 交通系统分析（王殿海）……………………… 31元
4. 交通管理与控制（徐建闻）…………………… 26元
5. 交通经济学（邵春福）………………………… 25元

二、21世纪交通版高等学校教材

（一）交通工程专业

1. ◆交通工程总论（第三版）（徐吉谦）……… 36元
2. ◆交通工程学（第二版）（任福田）………… 38元
3. ◆交通管理与控制（第四版）（吴　兵）…… 35元
4. ◆道路通行能力分析（陈宽民）…………… 27元
5. ◆交通工程设计理论与方法（马荣国）…… 40元
6. ◆公路网规划（裴玉龙）…………………… 27元
7. 交通工程专业英语（裴玉龙）……………… 28元
8. ◆交通运输工程导论（第二版）（姚祖康）… 23元
9. 交通流理论（王殿海）……………………… 21元
10. 交通系统仿真技术（刘运通）……………… 26元
11. 停车场规划设计与管理（关宏志）………… 30元
12. 交通工程设施设计（李峻利）……………… 35元
13. ◆智能运输系统概论（第二版）（杨兆升）… 25元
14. 智能运输系统概论（第二版）（黄　卫）…… 24元
15. ◆运输经济学（第二版）（严作人）……… 44元
16. ◆道路交通工程系统分析方法（王　炜）… 28元
17. 交通调查与分析（第二版）（严宝杰）…… 38元
18. ◆交通运输设施与管理（郭忠印）………… 33元
19. 道路交通安全管理法规概论及案例分析（裴玉龙）…… 29元
20. 交通地理信息系统（符锌砂）……………… 31元
21. 公路建设项目可行性研究（过秀成）……… 27元
22. 交通工程专业生产实习指导书（朱从坤）… 7元

（二）城市轨道交通系列教材

1. 城市轨道交通概论（孙　章）……………… 30元（估）
2. 城市轨道交通系统（彭　辉）……………… 32元
3. 轨道工程（练松良）………………………… 36元
4. 城市轨道交通设备系统（周顺华）………… 32元
5. ◆地铁与轻轨（第二版）（张庆贺）……… 40元

（三）土木工程专业（路桥）/道路桥梁与渡河工程专业

I. 专业基础课教材

1. 土木工程概论（项海帆）…………………… 32元
2. 道路概论（第二版）（孙家驷）…………… 20元
3. 土质学与土力学（第四版）（袁聚云）…… 30元
4. 公路工程地质（第三版）（窦明健）……… 23元
5. ▲道路工程制图（第四版）（谢步瀛）…… 36元
6. ▲道路工程制图习题集（第四版）（袁　果）… 26元
7. ◆道路建筑材料（第四版）（李立寒）…… 35元
8. ◆测量学（第三版）（许娅娅）…………… 36元
9. ◆基础工程（第三版）（王晓谋）………… 33元
10. 结构设计原理（第二版）（叶见曙）……… 51元
11. 公路经济学教程（袁剑波）……………… 23元
12. 专业英语（第二版）（李　嘉）…………… 33元

II. 专业核心课教材

13. ◆路基路面工程（第二版）（邓学均）…… 52元
14. ◆道路勘测设计（第三版）（杨少伟）…… 42元
15. 道路结构力学计算（上、下）（郑传超、王秉纲）……… 50元
16. 水力学（王亚玲）…………………………… 19元
17. ◆桥梁工程（第二版）（姚玲森）………… 62元
18. 桥梁工程（第二版）（土木、交通工程）（邵旭东）……… 52元
19. ◆桥梁工程（第二版）（上）（范立础）…… 42元
20. ◆桥梁工程（第二版）（下）（顾安邦）…… 38元
21. 桥梁工程（陈宝春）……………………… 45元
22. ◆桥涵水文（第四版）（高冬光）………… 28元
23. ◆预应力混凝土结构设计原理（第二版）……… 28元（估）
24. ◆现代钢桥（上）（吴　冲）……………… 34元
25. ◆钢桥（徐君兰）…………………………… 16元
26. ◆公路施工组织及概预算（第三版）（王首绪）……… 32元
27. ▲桥梁施工及组织管理（第二版）（上）（魏红一）…… 39元
28. ▲桥梁施工及组织管理（第二版）（下）（邬晓光）…… 39元
29. ◆隧道工程（第二版）（上）（王毅才）…… 65元

III. 专业方向选修课教材

29. ◆道路工程（严作人）……………………… 40元
30. 道路工程（土木工程专业）（凌天清）…… 32元
31. ◆高速公路（第二版）（方守恩）………… 21元
32. 高速公路设计（赵一飞）…………………… 38元
33. 城市道路设计（吴瑞麟）…………………… 22元
34. GPS测量原理及其应用（胡伍生）………… 28元
35. 公路测设新技术（雒　应）………………… 36元
36. 公路施工技术与管理（廖正环）…………… 40元
37. 土木工程造价控制（石勇民）……………… 30元
38. 公路工程定额原理与估价（石勇民）……… 36元
39. 道路桥梁检测技术（胡昌斌）……………… 31元
40. 特殊地区基础工程（冯忠居）……………… 29元
41. 道路与桥梁工程计算机绘图（许金良）…… 31元
42. ◆公路小桥涵勘测设计（第四版）（孙家驷）……… 31元
43. 路基设计原理与计算（李峻利）…………… 40元
44. 路基路面工程检测技术（李宇峙）………… 46元
45. 公路土工合成材料应用原理（黄晓明）…… 22元
46. 水泥与水泥混凝土（申爱琴）……………… 30元
47. ◆环境经济学（董小林）…………………… 32元
48. 公路环境与景观设计（刘朝辉）…………… 30元
49. 桥梁工程概论（第二版）（罗　娜）……… 27元
50. 桥梁检测与加固（王国鼎）………………… 27元
51. 桥梁钢—混凝土组合结构设计原理（黄　侨）……… 26元
52. 桥梁结构试验（章关永）…………………… 22元
53. 桥梁抗震（叶爱君）………………………… 15元
54. ◆桥梁建筑美学（第二版）（盛洪飞）…… 30元
55. 大跨度桥梁结构计算理论（李传习）……… 18元
56. 隧道结构力学计算（夏永旭）……………… 29元
57. 公路隧道运营管理（吕康成）……………… 22元
58. 隧道与地下工程灾害防护（张庆贺）……… 45元
59. 土木规划学（石　京）……………………… 38元

IV. 实践环节教材及教参教辅

60. 《道路勘测设计》毕业设计指导（许金良）……… 30元
61. 桥梁计算示例丛书—桥梁地基与基础（第二版）（赵明华）…… 18元

62. 桥梁计算示例丛书—混凝土简支梁(板)桥(第三版)(易建国) …… 27元
63. 桥梁计算示例丛书—连续梁桥(邹毅松) …… 20元
64. 结构设计原理计算示例(叶见曙) …… 40元

V. 研究生教学用书

道路与铁道工程

1. 现代加筋土理论与技术(雷胜友) …… 24元
2. 道路规划与几何设计(朱照宏) …… 32元

桥梁与隧道工程

1. 高等桥梁结构理论(项海帆) …… 35元
2. 高等钢筋混凝土结构(周志祥) …… 27元
3. 结构分析的有限元法与MATIAB程序设计(徐荣桥) …… 28元
4. 工程结构数值分析方法(夏永旭) …… 27元
5. 箱形梁设计理论(第二版)(房贞政) …… 32元

(四)公路工程管理专业

1. ◆工程项目融资(赵　华) …… 29元
2. 管理信息系统(李友根) …… 31元
3. 公路工程定额原理与估价(石勇民) …… 36元
4. 工程风险管理(邓铁军) …… 21元
5. ◆工程质量控制与管理(邬晓光) …… 29元
6. 公路工程造价编制与管理(第二版)(沈其明) …… 43元
7. 工程项目招标与投标(周　直) …… 30元
8. 高速公路管理(王选仓) …… 35元

(五)工程机械专业

1. ◆施工机械概论(王　进) …… 35元
2. ◆公路施工机械(第二版)(李自光) …… 43元
3. 现代工程机械发动机与底盘构造(陈新轩) …… 38元
4. 工程机械维修(许　安) …… 38元
5. 工程机械状态检测与故障诊断(陈新轩) …… 29元
6. 工程机械底盘设计(郁录平) …… 36元
7. 公路工程机械化施工与管理(第二版)(郭小宏) …… 37元
8. 工程机械设计(吴永平) …… 38元
9. 工程机械技术经济学(吴永平) …… 23元
10. 工程机械专业英语(宋永刚) …… 36元
11. 工程机械机电液系统动态仿真(王国庆) …… 18元

三、普通高等学校规划教材

1. 理论力学(东南大学) …… 29元
2. 材料力学(东南大学) …… 25元
3. 工程力学(东南大学) …… 29元
4. 交通土建工程制图(第二版)(和丕壮) …… 38元
5. 交通土建工程制图习题集(第二版)(和丕壮) …… 20元
6. 画法几何与土建制图(第二版)(林国华) …… 39元
7. 画法几何与土建制图习题集(第二版)(林国华) …… 25元
8. 土木工程制图(丁建梅　周佳新) …… 36元
9. 土木工程制图习题集(丁建梅　周佳新) …… 18元
10. ◆土木工程计算机绘图基础(尚守平) …… 39元
11. 工程经济学(李雪淋) …… 22元
12. 工程测量(胡伍生) …… 25元
13. 交通土木工程测量(张坤宜) …… 33元
14. 结构设计原理(毛瑞祥) …… 26元
15. 路基路面工程(何兆益) …… 45元
16. 道路勘测设计(第二版)(孙家驷) …… 46元
17. 道路与桥梁工程概论(黄晓明) …… 32元
18. 道路经济与管理 …… 16元
19. 公路施工组织与管理(赖少武　李文华) …… 35元
20. 公路工程施工组织学(第二版)(姚玉玲) …… 38元
21. 公路施工与组织管理(廖正环) …… 22元
22. 公路养护与管理(许永明) …… 18元
23. 水力学与桥涵水文(叶镇国) …… 38元
24. 桥位勘测设计(高冬光) …… 20元
25. 道路规划与设计(李清波) …… 46元
26. 道路交通环境工程(张玉芬) …… 19元
27. 公路实用勘测设计(何景华) …… 19元
28. 公路计算机辅助设计(符锌砂) …… 30元
29. 公路工程预算与工程量清单计价(雷书华) …… 35元
30. 公路工程造价(周世生) …… 42元
31. 软土环境工程地质学(唐益群) …… 35元
32. 公路与桥梁施工技术(盛可鉴) …… 30元
33. 桥梁美学(和丕壮) …… 40元
34. 桥梁结构理论与计算方法(贺拴海) …… 58元
35. 钢管混凝土(胡曙光) …… 38元
36. 隧道施工(于书翰) …… 23元
37. 公路隧道机电工程(赵忠杰) …… 40元
38. ◆道路交通管理与控制(袁振洲) …… 40元
39. 交通工程学(第二版)(李作敏) …… 28元
40. 交通项目评估与管理(谢海红) …… 36元
41. 工程项目管理(周　直) …… 20元
42. 测绘工程基础(李芹芳) …… 36元
43. 工程机械运用技术(许　安) …… 40元
44. 现代工程机械液压与液力系统(颜荣庆) …… 39元
45. 水泥混凝土路面施工与施工机械(何挺继) …… 30元
46. 现代公路施工机械(何挺继) …… 45元
47. 工程机械机电液一体化(焦生杰) …… 28元

四、高等学校应用型本科规划教材

1. 结构力学(万德臣) …… 30元
2. 道路工程制图(谭海洋) …… 28元
3. 道路工程制图习题集(谭海洋) …… 24元
4. 道路建筑材料(伍必庆) …… 37元
5. 土木工程材料(张爱勤) …… 39元
6. 土质学与土力学(赵明阶) …… 30元
7. 结构设计原理(黄平明) …… 47元
8. 结构设计原理学习指导(安静波) …… 35元
9. 结构设计原理计算示例(赵志蒙) …… 40元
10. 工程测量(朱爱民) …… 30元
11. 基础工程(刘　辉) …… 26元
12. 道路勘测设计(张维全) …… 32元
13. 桥梁工程(刘龄嘉) …… 45元
14. 公路工程试验检测(乔志琴) …… 47元
15. 路桥工程专业英语(赵永平) …… 44元
16. 水力学与桥涵水文(王丽荣) …… 27元
17. 工程招标与合同管理(刘　燕) …… 33元
18. 工程项目管理(李佳升) …… 32元
19. 公路施工技术(杨渡军) …… 64元
20. 公路工程机械化施工技术(徐永杰) …… 32元
21. 公路工程经济(周福田) …… 22元
22. 公路工程监理(朱爱民) …… 33元
23. 道路工程(资建民) …… 38元
24. 道路工程CAD(许金良) …… 23元
25. 路基路面工程(陈忠达) …… 46元

各地经销商电话见人民交通出版社网站首页,网址:http://www.ccpress.com.cn。

咨询电话:010-85285965(岑瑜)